RISK MANAGEMENT & ENGINEERING

风险管理工程控制

鲁剑颖 编著

上海科学技术出版社

图书在版编目（CIP）数据

风险管理工程控制 / 鲁剑颖编著. -- 上海 : 上海科学技术出版社, 2023.6
 ISBN 978-7-5478-6195-0

Ⅰ. ①风… Ⅱ. ①鲁… Ⅲ. ①保险业－风险管理－研究－中国 Ⅳ. ①F842

中国国家版本馆CIP数据核字(2023)第090416号

风险管理工程控制
鲁剑颖　编著

上海世纪出版(集团)有限公司　出版、发行
上 海 科 学 技 术 出 版 社
(上海市闵行区号景路159弄A座9F-10F)
邮政编码 201101　　www.sstp.cn
常熟市华顺印刷有限公司印刷
开本 787×1092　1/16　印张 19.75
字数：390千字
2023年6月第1版　2023年6月第1次印刷
ISBN 978-7-5478-6195-0/X·65
定价：168.00元

本书如有缺页、错装或坏损等严重质量问题，请向工厂联系调换

内容提要

风险管理工程控制是一个非常特殊的领域,国内与之相关的专业人才极为稀缺,更无任何系统的规范及资料可以参考。本书系统地介绍了风险管理工程控制的理论和流程,剖析了针对常见风险点的工程控制技术手段,并介绍了风控领域新技术的应用及人才的培养,旨在帮助从事风险管控的相关人员系统地了解风险管理工程控制的理念和专业,全面提升风险控制水准。

本书可供保险行业的风险控制工程师,工厂和企业的风险经理和安全工程师,保险公司核保及相关从业人员,工程项目经理、设计和施工人员,以及消防相关从业人员等参考阅读。

序 1

保险公司是服务实体经济并保障国计民生的重要金融服务主体。保险的本质是互助共济，是风险经营与风险保障。现代保险企业的经营模式已经脱离了原本"靠天吃饭、听天由命"的初级阶段，转而成为以合作共赢为目标，以专业服务为依托，以风险减量为指征，潜心打造集产品研发、精算定价、投资经营、风险管控、理赔服务等于一体的专业化金融服务机构。而在所有的能力打造、指标评价项目中，风险控制能力无疑是最能凸显保险公司专业品牌形象的要素之一。我们的客户在"趋利避祸"的生产经营过程当中，往往将重心放在了"逐利"，而在"避祸"上投入不足，影响了企业长治久安、永续经营的根本。因此，保险公司更需要担当起"保险姓保"的重大责任和使命，在为实体经济建立保障后盾的同时，提供高效、专业、全面的风险解决方案。

华泰保险是行业内最早设置独立风控部门的保险公司之一。在数十年的发展历程中，华泰保险利用风控的专业技术优势不仅有效避免了很多重大风险事故损失，也为客户提供了众多切实可行、行之有效的风险改善建议和解决方案，获得了行业、客户的一致好评。如今，华泰风控团队已经发展壮大成为一支拥有近30名工程师的专业团队，他们将风险控制、风险减量的重大使命通过客户服务、行业分享等方式传递给了企业和社会，而这一切都与本书的作者鲁剑颖先生有着密不可分的联系。

因为一个机缘，剑颖2015年加入华泰财险，开始领导公司的风控团队，当时他正在追求事业的一个新起点。在我们的接触中，他丰富的风控经验、专业的风控能力和宽广的风控视野给我留下了深刻印象。他后续的工作表现也印证了我的看法，不仅个人先后获得了保险行业"千人计划"认证风控专家、"一带一路"再保险共保体风险管理专家及华泰集团"践行华泰价值观典范人物"等称号，他所带领的团队也多次获得公司"优秀部门"和"优秀员工"的奖项。

剑颖编写的《风险管理工程控制》这部书籍我早有所闻，在这个版本之前实际上是一个华泰内部流通的英文版本。也许是怕珠玉蒙尘，也许是英文书成后的意气风发，但我想更多的应该是他有教无类、大义大道之举而作此书，希望激励更多的有志者加入风控这个行列，提升整个行业的风险管理水平，更有效地防灾减损，尽社会责任，减无妄之灾！这本耗时三年多完成的书稿，是剑颖在工作之余笔耕不辍所成，内容涵盖了风险管理基本概念、财产险风险控制基本逻辑、常见和特殊风险说明、项目实例、自然灾害风险介绍与预防应对、现场风控服务技能、风控新技术发展与人才培养等，可谓初、中级财产险风险控制技术的宝典级书目。我认为，本书内容详尽、论证缜密，既能作为日常工作的技术参考资料，也可作为风控工作的引导手册，非常值得保险行业和负责安全生产管理的朋友们参阅学习。

近年来，中国银保监会对风险管理控制工作愈发重视，始终在大力推动风险减量工作的专业化进程，以期保险业对经济社会的平稳发展发挥更大的作用。中国保险业正处于从高速增长到高质量发展的转型关键期，这样一部专业书籍的出版恰逢其时。它不仅凸显了保险业的专业化属性，也表现出优秀保险从业者的匠人精神。希望有更多的保险从业者以此书为"引"，发表更多的专业论文和书籍，为中国保险业专业健康地发展贡献力量。

恭喜剑颖新书顺利出版！

华泰财产保险有限公司董事长
2023 年 2 月

序 2

和剑颖在中怡保险共事多年，很早就知道他在编写一部有关风控的专著，深以为此书对财险业意义重大，可谓凝聚艰辛、秉承众望。近期欣闻《风险管理工程控制》一书即将付梓，衷心祝贺剑颖著作完成，期待早日面世。

保险经纪人承担着向保险公司介绍和描述客户风险的责任，肩负着帮助客户管理和降低风险总成本的使命。在保险经纪人交付给客户的风险管理解决方案中，风险分析与风险控制是不可缺少的核心环节。这一环节需要经纪人凭借高度的责任心和过硬的专业能力，完成客户的委托。在这些专业能力中，尤其是工程技术方面的能力，相当考验从业人员将理论与实践结合的水平，其涉猎之广、钻研之深、应用之巧、功力之厚，绝非一朝一夕速成所能获得。行业内一直很缺乏这方面的专业人才，更缺少一套系统的适合中国本土风控人才学习、能将理论讲透彻、知识说明白、实操讲清楚、要点说准确的集成手册。

如今，这本集众家之长、补行业之短、集作者之心血、成行业之大利的著作终于问世，对中国财产保险行业来说，无疑是为风控管理体系填补空白，为追赶世界领先水平补齐短板，为广大财产保险从业者及众多有志于风控事业的优秀人才，实现长期以来孜孜以求但求之不得的愿望，实属行业之幸，时代之福。

本书凝聚了作者无数的心血，寄托了作者美好的夙愿。"宝剑锋从磨砺出，梅花香自苦寒来"。剑锋磨砺，出自剑颖三十多年的工作经验积累、三年多的笔耕不辍；翰墨飘香，源于他将对风控行业的热爱、事业的追求，融入朴实、严谨、富有深情的文字中。这本著作让我们看到了一位使文武贯通、将中外融合的风控大师矢志不渝、笃行不怠、潜心创作、终铸成器。宝剑出鞘，意义不仅在于开发出一套顺手的"兵器"，更是开启本土匠心自我升华之路，为中国自有人才跟上乃至引领世界潮流建设出一条效率之道，其自主创新价值放在当下更具有难以衡量的重大意义。

在和剑颖共事的岁月里，深知他的家国情怀、志存高远，对工作兢兢业业地尽职，对事业孜孜不倦地追求。在成为行业极宝贵的顶尖专家后，仍身体力行、躬耕实干。著此书，让先进知识得以推广，让经验智慧得以传承，不负时代赋予的使命。

  感谢剑颖的创作，为我们开创了中国式风控管理的系统指引，激励我们为共同事业不懈探索，对共同目标不懈奋斗。祝愿剑颖继续保持创作热情，带来更多作品，为我们更高的梦想谱写更美的华章。

中怡保险经纪有限责任公司前首席执行官

2023年2月

序3

在保险行业的产业链上,对于承保大型复杂商业风险的保险公司,工程师是一个非常重要的价值存在,离开了他们对风险标的的专业查勘和评估意见,核保人不可能给客户提供准确、专业和靠谱的保险方案。工程师也是一个高端而小众的存在,一般只有少数的大型客户才能享受到他们的专业服务。造成这个局面的原因,一是职业门槛高,上手不易,深造更难。工程师需要对各行各业的风险建立既深入又系统的认知和理解,没有扎实的专业功底和长期的实践经验,很难胜任这个岗位。二是工作压力大,长期坚守难。这是一份需要经年累月出差的工作,家庭和工作的平衡会是一个长期的挑战。而且无论标的所在地多么荒僻、偏远,甚至危险,工程师都必须亲临现场查勘。如果没有强大的内心和信念,一般人很难把这份职业长期坚持下去,往往中途就改行了。所以,优秀的风控专家总是凤毛麟角,而剑颖就是我有幸认识的一位个中高手。

与剑颖结缘始于我之前服务的一家保险公司,当时我负责公司的商险业务,需要为公司的风控团队物色一名负责人。经人介绍,与剑颖相识。初次见面,他就给我留下了深刻的印象:扎实的专业知识、过硬的从业资质(美国认证专家)、丰富的从业经验(曾就职于多家知名跨国保险企业),还有彼此对风控团队在公司定位和发展愿景高度一致的认识。于是我们顺理成章地成了同事。

对经营商险的保险公司,最重要的两个能力点就是专业和服务,而这两个能力点都涉及风控。当时,在价值定位上,我服务的公司把专业的风控服务视作公司的核心竞争力之一,提出了为客户提供国际一流的风控服务的奋斗目标。在接下来的几年里,作为团队负责人,剑颖不仅自己要撸起袖子,承担大量的查勘任务,还要花大力气组织培训,将自己多年的经验和心得传授给新人。在剑颖的持续努力下,公司的风控团队成为一个典型的学习型团队,团队成员在知识储备、专业能力和服务意识方面取得了长足的进步。公司的风控服务逐步在市场上建立了良好的口碑,对内为核保品质的管控提供了有力的支持和保障,对外赢得了客户和经纪人广泛的认可和赞誉。

剑颖属于严格自律、热爱学习、涉猎广泛、永远挑战自我的那类人。为了与更多的海外客户直接沟通和交流,他在流利掌握英文的基础上,又自学了西班牙语。为了从先人的视角认识风险,他还研习了易经和奇门遁甲。闲暇时间里,喜欢阅读、健身。每年圣诞节,他都会穿着圣诞老人的服饰在办公室给同事们分发巧克力。用当今流行的用户画像的说法,剑颖的人设标签就是学霸、专家、善知识、实把式、胸怀温情、勇于担当⋯⋯

《风险管理工程控制》是剑颖耗时三年精雕细琢的成果,沉淀了他数十年在风控领域学习和实践的心得和感悟。他写书的初心是因为他在做内部培训时,苦于在市面上找不到合适的风控专题系统的教材和工具书,为此他决定自己动手写一本。为了写好本书,他甚至专门租了一个工作室,工作日一个人住在工作室里,每天卯时准时起床写作,这一写就是三年。第一稿出炉时,就超过50万字,后续又删繁就简、打磨精炼,最后定稿于现今的版本。这本凝聚了剑颖多年心血的专著对有志于在风控领域发展的专业人士不啻于一本可供随时学习、借鉴和参考的权威工具书,相信对推动行业风控能力的提升也大有裨益。

我理解本书的出版只是一个开始,后续风控专题的写作计划剑颖已经在酝酿中。对此,我充满期待。加油,剑颖!

劳合社保险(中国)有限公司首席执行官
2023年2月

序 4

CFPS(Certified Fire Protection Specialist)是美国防火协会(NFPA)在 1971 年设立,旨在认可那些在火灾控制能力及经验上达到一定水准的专家。自设立以来,全球获得认证的也不过寥寥几千人。尽管作为防火专家的最高等级认证并在全球都得到认可,但在中国大陆取得 CFPS 专家称号的目前只有两人。作为国内另一个 CFPS,剑颖特意邀请我给他的新书写序。琢磨多日,着实有些汗颜,因为我已经离开技术风控多年,不如剑颖十年磨一技,继续深研技术,并将风控技术归纳总结成书。不过回顾自己成为风险工程师所经历的困难与挑战,深知剑颖此书对于行业的贡献及成书的不易。风险工程师这个行业缺少入门教科书,严重限制了这个行业的发展。

风险工程师需要广泛的基础技能及专业能力,从事风控行业通常需要深厚的工科基础。此外,还需具备风险专业知识,例如火灾、建筑、电气、化学、材料及自然灾害等。保险公司风险工程师的数量很少,且都靠自己培养,这就要求风险工程师还要掌握各个行业的基础运营流程,标准化的安全、火灾、危化品等的控制流程及安全管理制度。由于风险工程师需要迅速评估出各个行业的特殊风险及重大风险的等级,这就要求风险工程师除了具备基础的知识技能外,还需要具备对于各行业特殊风险的深度了解。21 世纪是创新的年代,新行业、新材料、新运营模式层出不穷,以往风险工程师累积的行业经验可能会逐步过时,对于新风险的控制又要求风险工程师在原有风险技能和经验的基础上迅速学习并掌握新的风险控制方法。另外,风险工程师的工作需要通过现场查勘、文件资料审核,以及同现场管理人员的沟通,迅速评估并建立对于标的公司的风险描述及评级。这就决定了每个风险工程师都必须具有深度学习技能及全面迅速地发现问题、解决问题的能力,才能在风险工程师这个行业持续成长。

风险工程师是一个非常特殊的行业,尤其在中国,根本没有相关的专业学科与之完全匹配,更无任何系统的规范及资料可以参考。很少有一个行业或者专业,需要工程师或者顾问短时间对不同行业、不同专业的知识快速累积,而且所累积的资料在国内基本找不到。直到现在,这个行业所需要的知识与技能还是从国外不同的规范及行业资料获取，或者从前辈资深工程师的传帮带而来。我在第一家公司作为风险顾问工作了近五年，当离职的时候整理打印出来的外文资料都有将近一米高，当时就感叹这个行业太不容易。然而，风险工程师这个行业对于损失的控制又具有长远的意义，这个行业综合了安全、防火及各行业风险专业知识，集中于损失的减少和控制，是一门非常综合的学科。本书将风控行业的基础知识，包括 NFPA、FM 标准规范，以及浩繁冗杂的各类风险控制所需的专业知识与技能进行了汇总与提炼。新入行的工程师通过本书可以迅速熟悉风险工程控制原理和技术应用的标准，实在是行业所需且在国内填补了行业空白。

一阴一阳谓之道，人类的活动自一开始就伴随着风险，风险工程师这个行业的存在对于风险的控制践行了"天行健，君子以自强不息"的奋进思路。剑颖的这本专著在中国开行业先河，给想从事这个行业的人提供了坚实的基础。借这个机会，也预祝想从事风控行业的人员"苟日新，日日新"！

NFPA-CFPS

2023 年 2 月

前言

天地滋养了万物，同时也带来了火灾、风暴、地震、洪水等诸多灾害。人类只有遵循自然规律，与自然和谐共处，才能规避风险。掌握了风险管理控制的方法论和专业技能，就能有效地防灾减损。风险管理和控制含阴阳、重平衡，故合乎道。阴柔者，安全管理程序也，各种规章制度、法令条例、巡检维保、培训演练等。阳刚者，工程控制系统也，消防安保、泄漏检测、防爆泄爆、排风除尘、防风抗洪等。要有效管控风险，必须阴阳调和、刚柔并举。

目前国内风险管控领域可谓"阴盛阳衰"。国家在安全管理方面投入很大，法令和规范也基本完善，只要加强监管和落实即可。各大企事业单位从事安全管理的团队人才济济，安全管理相关的书籍和资料也是琳琅满目，然而至今没有系统讲解风险工程控制方面的书籍，影响了传承，导致该领域的专才非常稀缺，能全面掌握风控技能、燮理阴阳、登堂入室的风控大师更是寥若晨星。

作者从事风险管理工程控制数十年，参与了不少国际知名项目，积累了一定的实践经验。回顾个人的专业成长道路，也曾摸黑前行，经历过无数坎坷。所幸机缘巧合，得遇两位前FM的老法师指点迷津，使我茅塞顿开，从工程师转变为设身处地为客户提供专业解决方案的风控顾问。然而并非所有人都能有此机缘，但风险控制却要后继有人，又适逢银保监大力推动风险减量工作，因而痛下决心，把先贤"多言数穷"的教诲束之高阁，现身说法，不敢藏私，作此书以抛砖引玉。希望能有更多专家同心协力，培养风控新生力量，为社会禳除灾祸。

本书的写作主要有两个目标：首先，它是作为新入行工程师的培训基础，以便他们能够迅速熟悉风险工程控制原理和技术应用标准。其次，为所有与风险控制和安全管理相关的从业人员提供一个基本的指南，本书针对关键的风险控制知识点列举了大量的权威参考资料。

书中内容以国际标准为主，特别是NFPA标准，同时结合了国标和其他规范。这是因为：

（1）如今有许多中国企业在大力拓展国际业务，各国都有必须遵守的当地现行法律、标准和规范，不同国家的专家制定的标准之间会有差异，而NFPA是得到国际公认的标准。

（2）随着技术的发展,规范标准都会更新迭代。由于种种原因,当地的做法很可能是过时的,或者对相关危险缺乏充分认识。如果当地标准不充分,保险公司会希望用 NFPA 作为基准。通常在不同标准间有差异时,会采用较严的标准,使风控方案更完善。

（3）NFPA 是目前最全面的一套国际标准,涵盖了许多当地法规缺失的内容。如果没有本地要求,保险公司更愿意使用 NFPA 作为基准。

（4）NFPA 标准的关键设计参数都是基于实际测试得出的,大多会在受控条件下进行全尺寸火灾试验,并且试验结果具有可重复性,从而使得标准本身具有很大的可信度。

本想把多年经验全盘托出,写于一本书中,结果发现篇幅过长,仅某一专题深入展开就已过千页,因此决定拆分为几卷逐步推出,循序渐进地介绍各领域的风控技术和应用。对书中内容反复甄选,希望为读者在风控专业前进的道路上指明方向和捷径。作者自知天资平庸,但作为识途老马,有义务画下路线图作为指南,有不足之处也希望同行指正。本书系统介绍了风险工程控制的规范和思路,读者可以按图索骥并深入学习研究,在风控领域拓展出一片新天地。

写作期间得到了公司领导尤其是董事长丛雪松丛总的大力支持,圈内朋友们也给予了热情鼓励,在此深表感激！在后续丛书中,会逐步介绍风险工程控制的高级技巧和其他险种的风控。想说却没说的话还很多,留着和大家慢慢分享。心中始终怀着美好梦想,"此心光明,亦复何言"！

作者
2023 年 2 月

目录

第1章 概述 ... 001
 1.1 风险管理 ... 001
 1.2 风险工程控制 ... 003
 1.3 风控人才培养 ... 005

第2章 占用性质 ... 008
 2.1 标准产业分类 ... 008
 2.2 北美产业分类编码体系 ... 009
 2.3 贝氏评级 ... 011
 2.4 火灾风控危险评级 ... 013

第3章 建筑及防火 ... 017
 3.1 燃烧 ... 017
 3.2 火灾对防火隔断和建筑材料的影响 ... 021
  3.2.1 火灾严重程度 ... 021
  3.2.2 火灾荷载 ... 023
  3.2.3 通风效果 ... 025
  3.2.4 火灾对建筑材料的影响 ... 026
 3.3 建筑施工原则 ... 028
  3.3.1 框架构件 ... 028
  3.3.2 墙壁 ... 029
  3.3.3 地板/天花板组件 ... 029
  3.3.4 屋顶 ... 030
  3.3.5 隐蔽空间 ... 030
  3.3.6 室内饰面的火灾危险 ... 031

3.4 中国国标建筑分类 033
3.5 美国防火协会建筑分类 034
3.6 建筑风险控制分类 035
3.7 防火间隔与防火区 037
    3.7.1 防火区 038
    3.7.2 防火隔断 038
    3.7.3 防火墙 043
3.8 火灾暴露风险 046

第4章 常见危险 048

4.1 电气系统危险 049
    4.1.1 电气火灾起因 049
    4.1.2 配电系统和设备 051
    4.1.3 动力设备及其保护装置 056
    4.1.4 危险区域电气分类 058
    4.1.5 危险区域电气设备安装 060
    4.1.6 危险区域识别 062
    4.1.7 静电 063
    4.1.8 防雷 064
    4.1.9 通信系统 064
    4.1.10 应急电源 064
    4.1.11 电气维护和内务管理 065
4.2 通风、供暖和空调系统危险 065
    4.2.1 通风系统 066
    4.2.2 供暖系统 068
    4.2.3 空调系统 071
    4.2.4 暖通空调系统的保护 072
4.3 锅炉危险 073
    4.3.1 锅炉损失相关经验 073
    4.3.2 锅炉燃烧过程 075
    4.3.3 锅炉燃料 075
    4.3.4 燃料输送系统 077
    4.3.5 锅炉安全和控制设备 079
    4.3.6 锅炉相关危险 080
    4.3.7 防火防爆 081
4.4 工厂动力系统危险 082

4.4.1　水系统　　　　　　　　　　　082
　　　4.4.2　压缩气体　　　　　　　　　　084
　　　4.4.3　热传导系统　　　　　　　　　086
　　　4.4.4　传动带输送系统　　　　　　　087
　4.5　动火作业危险　　　　　　　　　　　090
　4.6　内务管理标准　　　　　　　　　　　092

第5章　特殊危险　　　　　　　　　　　　　094
　5.1　燃烧工艺设备危险　　　　　　　　　095
　　　5.1.1　燃烧室爆炸　　　　　　　　　095
　　　5.1.2　燃料　　　　　　　　　　　　096
　　　5.1.3　燃烧器特性　　　　　　　　　097
　　　5.1.4　设备设计注意事项　　　　　　098
　　　5.1.5　燃烧控制　　　　　　　　　　099
　　　5.1.6　其他危险　　　　　　　　　　104
　　　5.1.7　保护措施　　　　　　　　　　104
　　　5.1.8　常规建议　　　　　　　　　　105
　5.2　易燃和可燃液体危险　　　　　　　　105
　　　5.2.1　易燃和可燃液体的物理特性　　106
　　　5.2.2　美国防火协会相关定义和分类　110
　　　5.2.3　易燃和可燃液体火灾的特点　　112
　　　5.2.4　易燃和可燃液体的储存　　　　113
　　　5.2.5　易燃和可燃液体的输送和分配　117
　　　5.2.6　易燃和可燃液体火灾消防　　　119
　　　5.2.7　安全保护措施　　　　　　　　120
　5.3　易燃气体危险　　　　　　　　　　　125
　　　5.3.1　易燃气体的危险特性　　　　　127
　　　5.3.2　易燃气体的储存　　　　　　　130
　　　5.3.3　易燃气体处理系统　　　　　　132
　　　5.3.4　易燃气体火灾消防　　　　　　134
　5.4　爆炸性粉尘危险　　　　　　　　　　134
　　　5.4.1　粉尘爆炸特性　　　　　　　　135
　　　5.4.2　工业粉尘危险示例　　　　　　138
　　　5.4.3　粉尘防爆　　　　　　　　　　139
　5.5　易燃气溶胶危险　　　　　　　　　　141
　　　5.5.1　美国防火协会易燃气溶胶分类　142

		5.5.2 易燃气溶胶的火灾危险	144
		5.5.3 气溶胶仓储	144
	5.6	液压系统和设备危险	149
	5.7	计算机中心危险	152
	5.8	其他特殊危险工艺	157

第6章 保护系统   167

	6.1	水流、水力学和流量测试	168
		6.1.1 伯努利定理	169
		6.1.2 管道中的水流	169
		6.1.3 通过孔口的水流	175
		6.1.4 流量测量	176
		6.1.5 消防供水测试	179
		6.1.6 水力梯度	182
		6.1.7 供水数据分析	183
	6.2	消防泵系统	185
	6.3	消防供水	195
		6.3.1 私有消防总管和室外消火栓	196
		6.3.2 配水系统用控制阀	196
		6.3.3 可接受的供水类型	197
		6.3.4 供水充足性	200
	6.4	自动喷淋系统	201
		6.4.1 自动喷淋系统概述	201
		6.4.2 自动喷淋系统设计	202
		6.4.3 自动喷淋系统类型	205
		6.4.4 自动喷淋保护的充分性	207
		6.4.5 自动喷淋系统警报	209
		6.4.6 自动喷淋系统性能	210
		6.4.7 自动喷淋系统供水	210
		6.4.8 自动喷淋系统测试	211
	6.5	水力计算软件	211
	6.6	火灾报警系统	212
		6.6.1 火灾报警系统类型	212
		6.6.2 手动火灾报警	213
		6.6.3 水流驱动报警装置	213
		6.6.4 自动火灾探测器	213

6.6.5 感温和感烟探测器的安装 216
6.6.6 火灾报警系统的警报装置 216
6.7 公共和私有消防队 217
6.8 应急消防设施 218
6.8.1 室内外消火栓 218
6.8.2 灭火器 219
6.9 特殊灭火系统 219
6.10 自检和维护计划 222
6.10.1 工厂检查和维护计划 223
6.10.2 保护设备的检查 223

第7章 仓储风险控制 226

7.1 仓储配置 227
7.2 仓储火灾的燃烧特性 233
7.3 仓库的建筑结构 234
7.4 美国防火协会商品分类 235
7.5 仓储设施的保护 236
7.6 室外储存 240
7.7 其他危险 241
7.8 普通仓储的喷淋保护 241
7.8.1 保护基本原理 242
7.8.2 自动喷淋保护 247
7.8.3 喷淋保护案例 248
7.8.4 货架内喷淋系统 250
7.9 高危险仓储占用 252

第8章 项目风控实例 257

8.1 火力发电 258
8.2 水力发电 261
8.3 风力发电 262

第9章 自然灾害风险 265

9.1 NATHAN 系统 265
9.2 CatNet 系统 267
9.3 再瞰巨灾平台 268

第 10 章　风险查勘及标准　　271

10.1　风险查勘　　271
10.1.1　风险查勘流程　　271
10.1.2　风险查勘报告　　272
10.2　风险控制标准　　275
10.2.1　美国防火协会标准　　275
10.2.2　FMDS 规范　　278
10.2.3　常用国标　　278

第 11 章　新兴风控技术　　281

11.1　传统技术优化　　281
11.2　风控技术信息化　　283

参考文献　　285

附录　　286

1. 危险单位划分　　286
2. 爆炸专题讨论　　288
3. 损害限制结构　　293

第 1 章 概　述

1.1　风险管理

1）风险的基本含义

风险的基本含义包括：①造成损失和伤害的可能性；②可能造成危险的人或物；③可能造成保险标的损失的人、物或特定的危险。

风险（risk）和保险是息息相关的，风险一词早期主要用于保险，当今已经被用于各个领域。风险有时也被理解为客观的危险（hazard），hazard 和 risk 在英语中很容易区分，译成中文后可能会造成概念混淆。

风险是保险产生和存在的前提，保险是基于风险的存在并对风险发生所引起的损失进行补偿的需要而产生和发展的。保险作为微观经济主体转嫁风险的一种重要手段，其经营承保的对象是风险，而风险损失的可能性和不确定性使加强风险管控成为必要。保险公司要盈利，就要减少损失，控制赔付率。因此，保险行业始终走在风险管理和控制的前沿。

围绕保险经营的主要环节，如承保、理赔、风险自留额的确定和再保险安排等，相应伴随着危及保险经营稳定的各种风险，而承保风险是所有保险经营风险的起点，也是保险最关键的节点。故而保险公司在对风险选择的时候会请风控专家对投保人的风险做一个全面的查勘和评估，彻底了解风险。国际上大型的保险公司都会拥有自己的专职风控团队，在承保前对标的风险进行甄别筛选，在承保后为客户提供风险管控和防灾防损服务。这些服务通常包括现场查勘、项目咨询、风控专题培训等。

风险包含两个维度，一个是严重程度（风险事件造成的后果），另一个是可能性（风险事件发生的概率）。要完全避免风险是不可能的，也是没有必要的。随着风险管控的投入加大，风险会大幅下降；然而到了一定阶段，风险下降的速率会明显放缓，风控投入的效果也会显著降低。所以，科学的风险管理思路是去除一部分重大风险，转嫁一部分不能承受的风险，经济有效地全面管控风险。风险管控不是杜绝风险的存在，其宗旨是减轻风险的严重程度，降低风险发生的可能性，尽量避免"黑天鹅"事件的出现，使风险事件处在可承受的范围之内。

保险界对各种风险进行了梳理和分析，总结出了一系列可承保的风险：财产一切险、机器损坏险、营业中断险、货物运输险、公众责任险、产品责任险、雇主责任险等。针对上述风险,都有相应的专业方法和技术手段可以实现风险管控。财产险风控措施示例如下：隔离,建筑的防火间距和防火墙阻止了火势蔓延；限制,围堰和地沟能阻挡易燃液体四流；泄压,泄压阀和防爆膜降低了设备超压爆炸的风险；抑制,ESFR 喷淋系统早期抑制快速响应扑灭火灾。

2) 风险控制

风险控制就是采用专业的技术和合理的方法来减少或者去除可能造成损失的潜在风险因素。风险控制是基于风险评估得出的结论而采取的应变措施,它的外延可以涉及人类生活的所有方方面面。例如："杯水车薪"——通常水能灭火,然而供水量不足,火灾风险就得不到控制；"量力而行"——不管搬东西还是做事,都不要超出自己的能力范围以免受伤。这些生活中的古训和基本常识已经包含了风险控制理念的雏形。风险工程控制则是把工程技术手段融入风险管理系统中的方法论,有时也被称为防损。就专业领域的企业风险控制来说,它结合了大规模的科学试验、分析和计算,以及前人的经验教训,从而得出一系列的规范和标准,然后再运用这些风险控制的规范和标准来指导新项目的实施和企业的日常运作。由于风险控制直接关系到保险业的切身利益,所以专业的保险公司愿意投入人力和物力,培养风险控制的专家团队。

风险控制的基本流程大致可以分为五个步骤(图 1-1),这是一个循序渐进、循环往复的过程,风险在有效的控制下能够得到持续不断的改善。

风险识别需要风险控制的专业知识和经验,国际公认的风控规范和标准是基础。不同层级的工程师识别风险的能力会有很大差异,资深工程师能够通过现场查勘,识别出所有风险点。

风险评估和分析是对某项活动可能造成的危险和损失的考量,对所有发现的风险点进行梳理,通常会使用风险地图来分析各风险点的严重度和发生的可能性(图 1-2)。

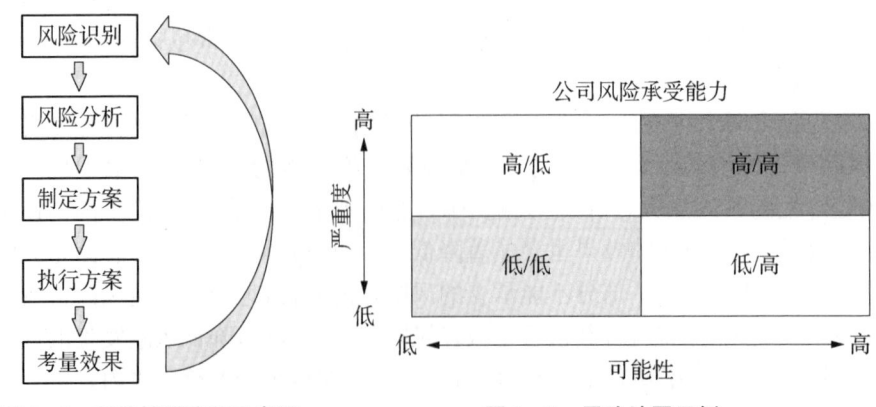

图 1-1　风险控制流程示意图　　　　图 1-2　风险地图示例

基于风险分析结果,风控专家会提出风险改善建议。风险改善建议会有优先等级,使客户把有限的资源投入严重度和可能性高的风险改善上。这很关键,对风控专家的要求也最高。普通工程师能够发现风险点,照本宣科提出风险整改建议;风控专家会根据项目的具体情况,找到风险控制投入的平衡点,灵活把握尺度,为客户提供经济有效、切实可行的风险解决方案。

通常认真负责的企业会根据风控建议制定整改行动方案,落实到具体部门或个人。风控专家会定期回访,跟踪整改进度,提供风控咨询服务、现场指导和技术培训。项目整改完成后,风控专家会再次查勘审核,考量整改后的风险改善情况,并启动下一轮风险评估。风控流程是一个动态循环的过程。

3) 危险和风险的关系

危险是事物本身固有的属性,在一定条件下,危险有可能造成风险事故,从而转化成风险。例如:汽油属于易燃液体,易燃性是它的固有属性,即危险。当汽油在一定的环境条件下遇到了引火源,可能造成火灾甚至爆炸,此时汽油就成了风险。汽油在正常使用情况下,虽然具有危险性,但不一定会燃烧爆炸而转化成风险。

风险管理工程控制首先要识别所有危险(即潜在的风险源),通过工程技术手段不让事物的危险属性转化成风险,使得万物回归本源,处于正常平和的状态。风险控制手段林林总总,如:加油站管理得当,设备维护保养完善;储罐区通风良好,使挥发的汽油蒸气浓度不能达到其爆炸下限;充分的防静电接地和对接;控制引火源等。

通过保险来转移风险是最常见的风险管理手段之一,然而并不是所有风险都能够通过保险来转移,还有不少风险属于不可保风险。在失去了保险这个保护伞的情况下,风险控制工作就更为重要了。真正的风控专家应该是全才,不仅能够对可保风险进行有效的控制,也能为不可保风险提出风险解决方案。

企业风险包含很多危险,所有危险都有相应的风险控制手段来减轻或者消除其造成的影响。火灾风险可能与各大险种均有关联,是风险控制最关注的风险之一。火灾造成财产损失和营业中断,属财产险范畴;火灾造成人员伤亡,属责任险范畴;火灾发生在运输途中,属货运险范畴;项目建造时发生火灾,属建工险范畴。因此,对火灾风险的深入研究是风险管理工程控制的基石。

1.2 风险工程控制

财产险通常指财产一切险,是承保财产因自然灾害或意外事故及由于突然和不可预料的事故造成的损失,除去保险条款规定的除外责任,保险人都负责赔偿。财产一切险是在火险基础上发展起来的。火险只承保火灾、雷电和爆炸,其余风险如地陷、洪水等人力不可抗拒的自然灾害和意外事故,作为火险的附加险,综合形成财产保险,但人为的偷窃、疏忽、他人的恶意行为等风险一概除外。财产一切险则承保了人力不可抗拒的风险和人为的风险,只要不是保险条款列明的除外责任,则都予以负责。

财产一切险所涉及的财产及费用一般可包括建筑物(包括装修)、机器设备、办公用品、仓储物品、清除残骸费用、灭火费用等。被保险人遵守保单中的各项约定,是财险公司承担赔偿责任的先决条件。在投保了财产一切险的基础上,经与财险公司协商一致,可由保险公司加批若干附加条款,以增加对被保险人的保障程度。

财产一切险承保由于自然灾害造成的损失。自然灾害包括雷电、飓风、台风、龙卷风、风暴、暴雨、洪水、水灾、冻灾、冰雹、地崩、山崩、雪崩、火山爆发、地面下陷沉降及其他人力不可抗拒的破坏力强大的自然现象。意外事故包括不可预料的及被保险人无法控制并造成物质损失的突发性事件,包括火灾和爆炸。

1) 企业风险工程控制及相关标准

企业财产风险控制以火灾风险为主,其他各种附加风险和自然灾害风险为辅。因此,工程师对火灾的原理、特性及相应的防控手段应该达地知根、了然于胸。

火灾风险工程控制包括确定火灾如何发生、发展、蔓延、控制和扑灭。所有火灾都需要氧气,而氧气始终存在(空气中氧气约占21%),因此我们可以将其视为一个固有给定值。根据燃烧三要素,每一场火灾都需要一个初始的燃料源、一个初始的能量源及"某件事物"来把它们结合在一起。而"某件事物"中几乎总是有人为因素,通常是将热量和燃料结合在一起的直接行为或疏忽,但有时也可能是设计、安装或维护中的错误而造成的后果。

火灾的起因和火势的发展这两个因素至关重要。一旦火灾发生,保护设施和灭火工作就应该启动。正确设计和维护的保护系统可以在火灾发展开始前的初期阶段对火灾做出反应并将其扑灭,或至少将其控制。在没有消防系统和灭火措施的情况下,火灾会不断发展并最终在燃烧过程中消耗掉所有可燃材料后自行熄灭。

大多工业和商业火灾源于一些普遍存在的危险因素,即所谓的"常见危险"。而一些危险因素是某些行业特有的,被称为"特殊危险"。对于某一特定危险是"常见"还是"特殊",不能一概而论。例如,使用少量易燃液体清洁材料,这是一种很常见的工业和商业操作,然而多数情况下,这是一种非常危险的做法。因此,在实践中要确保在被保险标的所有的危险都得到了综合评估。

风控工程师的重要任务之一就是有效地将火灾或爆炸的可能性降到最低,并减少火灾造成的后果。为此,其并非一定要具备火灾科学方面的专业学位,然而对燃烧过程及火灾对各种建筑材料的影响必须有基本的了解。所有火灾风险工程控制的基础是对建筑材料和施工原理的透彻理解,以及如何在特定场合限制燃烧蔓延。因此,必须学习风控相关标准,包括 NFPA Codes、国标系列规范和 FM Datasheets 等。

2) 高度保护风险

有些保险公司可能会使用"高度保护风险"(highly protected risk,HPR)这个词。事实上,绝大多数保险公司都不提供 HPR 保险方案。HPR 的概念是由 Factory Mutuals 在美国发展起来的,在工程师的指导和推动下,保险公司让客户实施了一个更精细复杂(当然更昂贵)的保护方案,从而通过较少的理赔从较低的保险成本中获益。

HPR 计划的基本要素不仅是采用更高水平的风险工程控制标准,还必须具备以下因素:①被保险人管理层的重视和承诺;②良好的建筑结构;③大额保险价值;④对所涉及行业危险提供充分保护;⑤充分的报警和监控;⑥保单承保的风险敞口较小;⑦所有地点和建筑物均属一个标的;⑧风控专家的频繁查勘。

1.3 风控人才培养

控制风险有诸多方法论,包括风险管理的软实力和风险工程控制的硬功夫。要成为一个真正的风控专家,一定要内外兼修、刚柔并济。回顾作者的职业生涯及同行专家的专业发展历程,总结归纳了一下,和大家分享。

1) 风控成长之路

风控成长之路大致可以分为五个层次:

(1) 入门。了解一些风控的规范标准,初步掌握风控的方法论,能够借助风险清单或工具表对风险进行排查,提出一些粗浅的风险改善建议。

(2) 工程师。基本掌握风控的方法论及主要的风控规范和标准,能够独立完成风险查勘,中规中矩、照本宣科地提出风控改善建议。

(3) 顾问。熟练掌握风控的方法论及风控规范和标准,并且能灵活运用,找到风险和控制的平衡点,给出合理的风险解决方案。

(4) 经理。风控的思维和专业技能已经相当成熟,全面掌握各种风险控制的方法论和领导管理技能,能够授人以渔,帮助团队一起成长。

(5) 大师。毕生所学融会贯通,经历了无数项目锤炼,能够洞悉风险本质并合理有效地控制,云淡风轻、游刃有余。同时传道授业解惑,使风控事业后继有人。

2) 思维模式和技能

思维模式是成长的根本,至关重要。风控人才的心态要积极向上、尽心尽责,充满正能量,因为风控是帮助人们消灾避难的。入门阶段要勤学好问,尽可能多地掌握风控知识和技能，做到在风险查勘时没有遗漏。熟练掌握某险种风控技能后也不能自满，应该不断拓宽自己的视野，熟悉所有险种的风险特点及管控，毕竟学无止境。

风控专业水准上了一个台阶后，往往会出现两种极端——懒惰或骄横。懒惰者说很多风险改善建议就算提了客户也不会执行，所以就免了。如此很可能造成关键风险失控，导致重大损失。骄横者会在现场罗列无数条风险点，把客户评得体无完肤以获得成就感，而没有提供解决方案。这样通常会引起客户反感，就算有合理的风险改善建议也得不到落实。这两种情形应尽量避免。风控的宗旨是防灾减损，风控专家应该根据客户的具体情况为其定制切实可行的风险解决方案。在有效控制风险的前提下，可以吸取"二八法则"的精髓，抓大放小，解决主要矛盾。

风险管控涉及方方面面，因此风控专业需要全方位的技能，比如语言交流、协调沟通、演讲培训、时间管理、统筹安排、项目管理、团队管理等。

英语的读写能力是基础，因为绝大部分风控资料都是英文版的，要提升风控专业能力，必须过英语这一关。如果有海外项目或客户，那么英语口语也是必修课。在风控专业发展方面可以采用点线结合的方式，即针对各个重点（如易燃液体、喷淋系统等）进行模块化研究，再根据不同行业的生产流程把各风控模块有机地加以组合。

发展到了经理层级，除了风控专业技能，还要领导力和管理技能。这方面的培训课程不胜枚举。系统的职场专业能力培训也会使风控人士受益匪浅。

达到大师层级的风控专家屈指可数，除了风控经理的所有技能外，个人认为至少还要掌握1~2门语言。因为在国际保险市场上，你很可能读到其他语种的查勘报告（如西班牙语）。专业报告里的很多术语和描述请普通翻译人员或者翻译软件代劳往往会词不达意，很容易引起风险误判，还是自己亲自操刀比较稳妥。

人类科学对自然界的认知还相当有限，不是每个人都有被苹果砸中的机缘，而如何面对诸多新的风险和未知风险却是一个迫在眉睫的问题。所以，风控大师会运用现有的一切资源来实现对风险的预判和规避，而中国几千年的文明恰好提供了此类工具。以周易64卦为基础，堪舆、奇门遁甲等，前人留下的宝贵财富应有尽有，不好好加以利用那真是暴殄天物，风控大师通常会对其中一门有深入研究。"天垂象，见吉凶，圣人象之；河出图，洛出书，圣人则之"。风控也是从各种现象中发现风险点，从而加以规避控制。"河图洛书"、易经八卦等就是先贤的各种风控规范和标准，积累了前人无数的经验和教训，应善加利用。

"有教无类"，条条大路通罗马，所有人都可能成为风控专家。风控专业相对容易上手的人才通常是理工科专业背景，附加一些项目管理和安全管理经验。给排水、机械、电气、化工、土木、结构等工程专业，具有至少五年的行业实践经验的工程师尤佳。

在风控专业导师的指引下,励精图治、修道保法,假以时日,即有望成为风控专家。目前国际上的风控人才还是相当稀缺,国内的风控专家更是屈指可数,所以希望更多有志者加入风控行业,尽社会责任,保一方平安。

第 2 章
占用性质

占用性质是指企业运营的类型，也可以简单理解为各种不同的行业或产业。行业的风险特性大致决定了该企业的风险等级，是评估风险的一个关键因素。本章将介绍建筑的占用性质及行业的危险等级。涵盖了国际保险行业分类和危险等级。企业在正常业务过程中进行的活动类型和范围决定了该场所的"占用性质"。不同行业的火灾危险等级不同，需要对占用进行一些简化的分类。在对不同行业性质的企业进行风险评估时，可以参考"行业风险等级分类表"完成初步风险识别。常见的行业风险等级分类表包括标准产业分类、北美产业分类编码体系及贝氏评级等。

2.1 标准产业分类

有些国际性保险公司的行业分类系统基于美国管理和预算办公室发布的标准产业分类（Standard Industrial Classification，SIC）。SIC 代码由 4 位数字组成，前两位数字是识别主要行业，第三位数字确定产业类别，第四位表示具体产业。SIC 是根据产业的"基本经济活动"进行分类，包括 11 个"门类"（division），这些"门类"又被分为 83 个"主群"（major group，两位数），然后再分为 413 个"组"（group，三位数），最后细分为 1 005 个"产业"（industry，四位数）（图 2-1）。

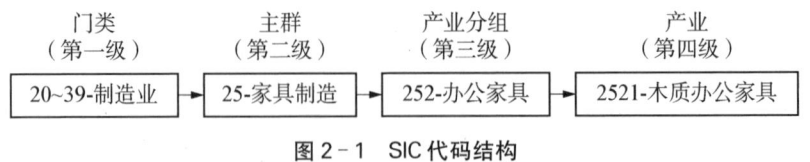

图 2-1　SIC 代码结构

SIC 在保险公司系统中被用作"占用代码"。保险公司将一个或多个"火灾危险等级"分配给每个 SIC 行业，确定被保险企业的主要业务活动后，就可以为该地点分配适当的火灾危险等级。鉴于 SIC 系统的开发目的与保险业没有直接关系，因此有时不能为每一项"经济活动"提供一个特有的火灾危险等级。有时一个以上的危险等级适用于一个给定的"行业"，这取决于投保地点进行的作业的确切性质。工程师必须仔细描述查勘地点的所有相关占用因素，以便核保人能正确选择相应的危险等级。因此,虽然分配保险公司占用代码和火灾危险等级是财产保险核保人的责任,作为工程师也必须了解其分类(图2-2)。

01~09	农业、林业、渔业	50~51	批发业
10~14	采矿业	52~59	零售业
15~17	建筑业	60~67	金融、保险、房地产业
20~39	制造业	70~89	服务业
40~49	交通和公共事业	91~99	公共行政业

图2-2 SIC门类

SIC代码建立于1937年,经过多次更新,直到1987年,北美自由贸易协定作为美国、墨西哥和加拿大之间的自由贸易经济共同体的规划导致了成员国分类系统的新方法。至此,SIC代码需要更新,需要更具体的分类。1997年建立了一个新系统——北美产业分类编码体系,然而SIC系统仍然是很流行的行业分类系统。

2.2 北美产业分类编码体系

北美产业分类编码体系(National American Industrial Code System,NAICS)服务于企业分类、分析。NAICS代码将经济划分为20个门类、99个三位数的子门类、312个四位数的产业分组、713个五位数的产业,最后细分为1 066个六位数的美国产业(表2-1)。

表2-1 NAICS编码方法和代码结构

NAICS分层	NAICS编码	描述(种类)
门类	72	住宿和饮食
大类(子门类)	722	食品服务和饮酒店
中类(产业分组)	7222	有限服务饭店
小类(产业)	72221	有限服务饭店
美国小类(产业)	722211	有限服务餐馆
	722212	自助餐厅
	722213	快餐店和不含酒精的饮料店

NAICS 使用 6 位编码分层,其中前两位指门类,第三位指大类,第四位指中类,第五位指小类。第五位码的产业分层是最详细的产业分层。第六位码确认指定国家的产业。在 NAICS 中,美国有 695 个这样的产业。其结构如图 2-3 所示。

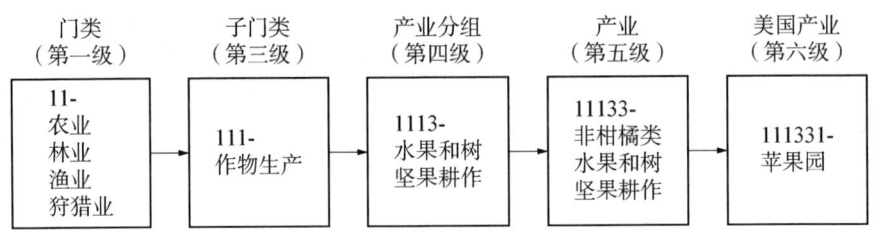

图 2-3 NAICS 代码结构

NAICS 将产业组分成 20 个主要的门类,这与 SIC 体系的主要分组相比增长了 1 倍。另外,许多"新"的门类可作为 SIC 版本类似或改进的门类,例如 NAICS 的农业(门类 11)、矿产业(门类 21)和建筑业(门类 23)实际上分别与 SIC 的农业(门类 A)、矿产业(门类 B)和建筑业(门类 C)的分类范围是一致的。

当然在某些领域有重要的变化。在 NAICS 中,SIC 的金融、保险和房地产部门(门类 H)被分成金融保险业(门类 52)与房地产和租赁业(门类 53);批发贸易业(门类 42)和零售贸易业(门类 4445)而被重新定义。

最大的变化是 SIC 的服务业门类(门类 I),在 NAICS 下将服务业门类的产业分解到 8 个新的门类,其中所包括的 4 个服务业(教育服务业,卫生保健和社会保障业,艺术、文娱演出和娱乐业,除公共管理外的其他服务业)是完全从以前的 SIC 中取出来的(表 2-2)。

表 2-2 NAICS 与 SIC 行业大类对比

NAICS 编码	NAICS 门类	SIC 编码	SIC 最大分配限度的部门
11	农业、林业、狩猎业和渔业(农业普查由农业部实施)	A	农业、林业和渔业
21	矿产业	B	矿物产业
22	公用事业	E	运输、通信和公共事业
23	建筑业	C	建筑产业
3133	制造业	D	制造业
42	批发贸易业	F	批发贸易业
4445	零售贸易业	G	零售贸易业

续 表

NAICS 编码	NAICS 门类	SIC 编码	SIC 最大分配限度的部门
4849	大型旅客航空运输和所有铁路运输业	E	运输、通信和公共事业
		D	制造业
51	信息业	E	运输、通信和公共事业
		I	服务产业

查询某个行业的 NAICS 可以通过网页 https://siccode.com/naics-code-lookup-directory 或 https://www.naics.com/search/ 登录到其官网,通过所属关键词进行快速查询。

SIC 和 NAICS 均未给出财产保险公司关注的行业危险等级。关于危险等级,通常国际性保险公司都会有一个与之对应的产业危险等级表或数据库供核保人参考。如果没条件建立类似系统,则可以利用第三方工具,如贝氏评级的核保及风控手册。

2.3 贝氏评级

贝氏评级(AMBEST)成立于 1899 年,是专门从事保险业信用评级的机构。AMBEST 已经与 SIC 和 NAICS 建立连接,形成了特有的危险评级表,包含了约 600 个核保指南(Best's Underwriting Guide)和风控手册(Best's Loss Control Manual),便于核保人员快速了解不同行业的风险程度。

AMBEST 危险评级指数是为了确定特定类型的商业、工业或市政服务中每个保险范围的相对暴露程度而制定的。指数中给出的数字表明了不同险种的危险等级(低为 1~3;中为 4~6;高为 7~9;极高为 10)。AMBEST 不仅包括财产险的危险评级,同时也涵盖了一般责任险、产品责任险、环境责任险、雇主责任险、BI、内陆运输、网络保险等多险种的危险评级,并在最右列分别对不同险种给出了简短的核保评论,方便核保人和工程师迅速了解风险关注点,并进行初步的风险判断。

从图 2-4 可以看到,在危险评级表下方分别给出了行业对应的 SIC 代码和 NAICS 代码,同时也给出了 LCM 的相关报告,便于核保人更进一步地了解相关风险信息,更好地进行风险判断。

除了危险评级表外,BUG 从保险公司核保的角度,对特定的行业进行风险分析,内容包括行业风险概述、原料与设备及各险种风险概述,以便于核保人充分了解相关行业各险种可能面临的风险暴露。以半导体制造业为例,如图 2-5 所示。

Semiconductor Manufacturing

Update: Tuesday, January 12, 2016

BEST'S HAZARD INDEX

Line	Best's Hazard Index	Underwriting Comments
Automobile Liability	3	Higher with traveling sales force.
General Liability: Premises and Operations	3	------
Product Liability and Completed Operations	7	Quality control essential.
Environmental Impairment Liability	4	Numerous toxic chemicals used.
Workers' Compensation	4	------
Crime	7	Small, valuable merchandise.
Fire and E.C.: Property	8	Valuable facility; many ignition sources.
Business Interruption	7	Lengthy repair and replacement period.
Inland Marine	5	------
Cyber Insurance	7	Cyber security is essential.

Low 1-3, Medium 4-6, High 7-9, Very High 10

SIC CODES AND CLASSIFICATIONS

3674 Semiconductors and Related Devices

NAICS CODES AND CLASSIFICATIONS

334413 Semiconductor and Related Device Manufacturing

LCM RELATED REPORTS

Computer and Computer Peripherals Manufacturing
Laboratories - Commercial Testing
Laboratories - Research and Development

图 2-4 AMBEST 危险评级表(半导体行业示例)

RISK DESCRIPTION

Semiconductor manufacturers primarily create integrated circuits (ICs), or microchips, which are key components in almost all electronic products, including consumer electronics, telecommunications equipment, cell phones and other wireless devices, and military electronics. The key component, semiconductors, are materials that have a conductivity between conductors (general metals) and nonconductors or insulators (e.g., ceramics). Semiconductors are made from pure elements, typically silicon or germanium, or compounds, such as gallium arsenide. In a process called "doping," small amounts of impurities are added to pure semiconductors causing large changes in the conductivity of the material.

Essentially, an IC is an arrangement of miniature transistors and other electronic components that has been built into a piece of semiconductor material, which itself is attached to a frame with metal leads used to insert the IC into a printed circuit. ICs transmit information by completing one or more electronic circuits.

This industry spends a greater portion of its annual revenue on research and development than other fields do – US$35 billion in 2014, the highest share of revenue of any American industry, according to the Semiconductor Industry Association, a trade group representing the industry's interests in the United States. Such aggressive spending is a result of the intense competition within the industry, which spurs manufacturers to develop products more advanced than those of their competitors.

In 2015, the Semiconductor Industry Association described how semiconductors are manufactured (primarily using computer-numeric-controlled [CNC] processing machinery) this way:

The process starts with production of the wafer (i.e., a thin, round slice of a semiconductor material varying in size 6 to 12 inches [152.4 to 304.8 millimeters] in diameter). The finished wafer is approximately 0.6 inches (15.2 millimeters) thick. The materials are primarily silicon; however, gallium arsenide, silicon carbide, germanium and others undergo similar processes. Purified polycrystalline silicon is created from sand and is heated to a molten liquid. In a process similar to repeatedly dipping a wick in wax to make a candle, a small piece of solid silicon (seed) is dipped in molten liquid. As the seed is slowly withdrawn (by mechanical means) from the melt, the liquid quickly cools to form a single crystal ingot.

This cylindrical crystal ingot is then ground to a uniform diameter. A diamond saw blade slices the ingot into thin wafers. The cut wafers are then processed through a series of machines where they are ground (optically) smooth and chemically polished. The wafers are then sent to the wafer fabrication area, where they are used as the foundation for manufacturing ICs.

The fabrication process takes place in an environmentally controlled cleanroom. One speck of dust can devastate an IC's functionality. Fabrication can take anywhere from 10 to 30 days to complete, but sometimes, it can take longer.

Through thermal oxidation, wafers are precleaned using high-purity deionized water and various low-particulate chemicals. The wafers are then heated to approximately 1,832o F (1,000o C) and exposed to ultrapure oxygen in the oxidation furnace. Under carefully controlled conditions, a silicon dioxide insulator film of uniform thickness is formed on the wafer's surface. To help visualize the wafer's appearance, picture a typical compact disc but without the hole in the middle.

图 2-5 BUG 风险概述示例

LCM 中除了行业风险概述、原料与设备信息，还有独特的查勘表，便于工程师就某类行业快速地了解其关键风险信息、注意事项，在现场查勘时更有针对性地进行风险识别。因此，LCM 非常适合初级工程师作为风险指南来使用(图 2-6)。

AMBEST 的危险评级表不可能覆盖所有行业，尤其是新兴行业。即使是同类行业，不同工厂的生产工艺、保护措施都可能存在差别。AMBEST 的危险评

```
Fire and E.C.: Property
Exposures: Flammable and combustible liquids. Expensive cleanrooms. Incompatible chemical mixtures. Hazardous chemical and acid drainage systems. Faulty or
malfunctioning wiring. Smoking. Flammable ductwork.
On-Site Inspection:
  □  Building – age; type; condition
  □  Hazards from adjacent or nearby structures
  □  Wiring – age; type; condition
  □  What is the layout of the premises?
  □  Have the premises been segmented and compartmentalized as much as possible with fire- and explosion-resistant walls?
  □  What is the explosion rating of the walls of rooms used to store flammable or pyrophoric gases?
  □  Multiple ventilation, fire detection, and fire suppression systems present in the production area
  □  Cleanroom separated from the rest of the facility by a firewall of at least a three-hour rating
  □  Is the interior of the cleanroom broken into multiple draft areas?
  □  Heating devices – age; type; condition; equipped with automatic shutoffs
  □  Electrical tools and appliances – properly grounded; NRTL-listed; cords free from cracks and fraying
  □  Acids and solvents – separate drainage systems; collection tanks kept separate from the production building
  □  Does machinery that handles pyrophoric gases have such safety measures as double-containment gas lines, excess flow shutoff valves, pressure and temperature
      sensors, gas detectors, and overpressure relief devices?
  □  Pyrophoric gases on the premises stored in specially vented gas cabinets, vaults, or bunkers
  □  Does the insured use welded, double-walled, stainless steel tubing to pipe pyrophoric gases?
  □  Has the insured installed "burn boxes" in the exhaust system of machinery handling high concentrations of pyrophoric gases?
  □  "No Smoking" signs prominently displayed on the entrances to production areas
  □  Fire-resistant receptacles provided in smoking areas
  □  Does the insured pipe large quantities of flammable or combustible liquids from the storage area to the production area?
  □  Workstations in cleanrooms equipped with individual automatic extinguishing systems
  □  Is the insured's ventilation system equipped with noncombustible ductwork and with fire detection and suppression systems?
  □  Fire detection equipment – age, type; condition; equipped with infrared sensors
  □  What are the age, type, and condition of the insured's fire suppression equipment?
  □  Are annually tagged Class ABC fire extinguishers located throughout the premises?
Items to Investigate:
  □  Does the insured have in place a comprehensive fire safety program that makes all employees familiar with the principles of NFPA 318, Standard for the Protection of
      Cleanrooms?
```

图 2-6 LCM 检查表示例

级表可以作为初步行业危险评级的参考,但如需得到更为精确的某个投保场所的风险评级,则需要工程师现场查勘并结合实际的 COPE 情况来进行精准的评估判断。任何没有专业危险评级系统或死板教条地使用危险评级系统的情况,都可能导致对投保标的真实风险情况的误判。

2.4 火灾风控危险评级

对于每个投保标的,保险公司首先会应用火灾危险评级,该评级是一个综合评级,代表了被保险人主要活动场所中通常存在的所有操作危险。不同保险公司的危险评级系统不尽相同,下面以某国际保险公司的危险评级作为示例,和 AMBEST 的危险评级基本对应。

例如:典型的生产设施可能包括办公室(危险等级为 3 级或 4 级)、原材料仓库(危险等级为 6 级或 7 级)、主要生产车间(危险等级为 4 级或 5 级)、进行非常高危险操作的一些局部区域(危险等级为 9 级)、试验区和实验室(危险等级为 8 级)及产品储存和仓储(危险等级为 7~10 级)。这些不同的操作可以在现场物理上分开,也可以不分开,从而构成单独的保险公司定义的防火区。该地点或设施的综合火灾危险等级可能为 5 级或 6 级。

1) 火灾危险等级 1:不可燃

该等级几乎没有危险,适用于很少或没有可燃材料的场所。如果存在超过可忽略数量的可燃材料,则应将占用情况分类为第 2 级。没有已知的爆炸危险。

示例:石灰石、花岗岩等矿物的开采(非炸药开采);公路和街道建设等。

2) 火灾危险等级 2:危险性很低

少量的商品或材料会有助于燃烧并受损。火灾爆发的可能性相对较小,很容易得到控制。不涉及高危险占用(燃油设备、易燃液体、易燃气体、液压机械等)。其为可忽略的爆炸危险。示例:石棉产品(织物、绝缘材料、建筑板等)的制造;预拌混凝土制造商和经销商;油气井酸化服务;高岭土、球形黏土和黏土产品的生产;海水或盐水盐(氯化钠)的制造或精炼;冷加工钢管或管道拉丝工艺;电解法生产铜;汽车批发商;纸张、文件和办公机械负荷最小的小型办公室等。

3) 火灾危险等级 3:低危险

少量的商品或材料会有助于燃烧并受损。火灾将局部爆发,易于控制。不涉及高危险占用。其为可忽略的爆炸危险。示例:制造预制板件;制造各种结构金属件;制造电动手动工具;机场、公交线路等的客运站;管道和供暖设备及用品批发商;典型办公场所,如银行、保险、汽车租赁、工会等;普通医院等。

4) 火灾危险等级 4:中度危险

少量到中等数量的商品或材料,如果点燃将有助于燃烧,并容易损坏。不涉及高危险占用,但可能偶尔使用易燃液体、易燃气体、易燃气溶胶等。除文具、工具等正常消耗品外,没有储存或仓储设施。爆炸危险可忽略不计。示例:典型的农场(不包括农作物);医生或牙医的手术室;法律、会计和其他专业顾问办公室等;大多数矿物的地上开采(燃料除外);非危险无机化学物质的制造;餐具制造;各种类型的机器制造;批发场所等。

5) 火灾危险等级 5:中等危险

在制造过程中适量的商品、原材料或产品将有助于燃烧,并且容易损坏。火灾不会迅速蔓延,控制也不会造成不寻常的灭火问题。除燃烧的工艺烘箱(或锅炉)外,该场所的正常操作中不使用高危险占用。没有重要的储存或仓储设施。除燃料外,爆炸危险可忽略不计。示例:一些食品制造业;内燃机和飞机发动机制造;空调和供暖设备、工业制冷设备等批发商;男装批发商;商学院和职业学校;博物馆和美术馆等。

6) 火灾危险等级 6:中等危险

中等至大量的商品、原材料或制造过程中的产品会构成支持燃烧的燃料源。如果没有固定的自动消防设施,火灾会迅速蔓延。火灾控制不会造成不寻常的灭火问题,但即使有固定的保护措施,最终灭火和清理可能会增加火灾损失。在正常操作中,除燃烧的工艺设备外,可能存在多个高危险占用。储存或仓储可能是设施正常运行的一个因素。爆炸可能处在可以忽略不计到重大危险的区间,这取决于该地点涉及的高危险占用的具体情况。示例:许多食品的制造;大多数烟草制造业;针织机械生产的纺织面料;橡胶和塑料鞋类的制造;家用电器和家庭用品的制造;没有印刷业务的书籍、杂志和报纸的出版商;医院和医疗批发商、牙科等商品和用品；服装和配件零售店；大多数餐厅等。

7) 火灾危险等级7：相当危险

含有大量可燃物的较大开阔区域，如果不加以控制，这些可燃物将自由燃烧并迅速传播。一旦过了初期阶段，或者没有固定的自动保护装置进行控制，火灾通常很难扑灭，并且经常需要长时间的灭火行动。可能存在多个高危险场所，这些场所通常使用超过中等数量的 Class ⅢA 或 Class ⅢB 可燃液体。储存和仓储通常是这些占用的一个重要因素。爆炸可能性处于中等到相当大的危险，这取决于该地点涉及的高危险占用。示例：食品罐头厂和食品制造；羊毛织物制造；皮革鞣制和整理；灯泡制造；印刷电路板制造；涉及广泛加工作业的制造业占用；电视零售店等。

8) 火灾危险等级8：高危险

含有大量易燃商品或材料的较大开阔区域，燃烧强度很大，如果暴露在高于正常温度的环境中，还可能释放出易燃或爆炸性蒸气。可能存在大型仓储设施，储存类似的商品或材料。火灾将迅速蔓延，除非有足够的固定自动保护系统，否则火灾不可能得到控制。灭火可能很困难，需要特殊设备，而且需要很长一段时间。这些场所通常涉及使用或储存数量不可忽略的 Class Ⅱ 可燃液体或易燃气体。火灾发生后可能发生重大爆炸。示例：地下煤矿开采；肉类加工和包装厂；玉米油、玉米粉和其他玉米制品的制造；生产棉花、人造纤维或丝绸、地毯、袜子、纱线等的纺织厂；多租户建筑中各类服装的制造；香料和调味品制造；塑料薄膜、棒和型材、塑料管等的制造；建筑材料（如屋顶和壁板）批发商；百货公司等。

9) 火灾危险等级9：非常高的危险

与前一等级类似，但存在使用或储存某些商品或材料的占用，这些商品或材料燃烧强烈，或在常温下可能释放易燃或爆炸性蒸气。Class Ⅰ 易燃液体的加工或处理就是一个例子。火灾发生后爆炸可能性极高。示例：动物脂肪加工、牛脂制造；服装制造用织物防水；床上用品制造商；所有类型木材的锯木厂和刨床厂，包括地板、胶合板、家具等制造；涂布纸和层压纸产品制造；报纸、书籍、杂志等印刷；农药及农药生产；木材、胶合板、木制品批发等。

10) 火灾危险等级10：严重危险

火灾荷载极大或在正常运行期间可能存在含有易燃蒸气或爆炸性粉尘的大面积开放区域的占用。典型的占用是指加工或处理精细分割状态下的可燃固体（颗粒、粉末、粉尘等）；在高于环境温度的压力下加工可燃液体或气体的工厂；保护不充分或与生产区隔离不充分的大型储存区或仓库；生产或使用会引起剧烈反应的化学物质，从而导致难以控制的问题或不稳定且危险的成分等。本质上，这一等级包含了涉及严重火灾和爆炸危险的过程，这些危险是不可预测的，不适合工程控制或风控设计。在许多情况下，爆炸危险必须被认为是严重的，即使在没有发生火灾的情况下。示例：轧棉；面粉和谷物加工；使用易燃溶剂制造植物油;制造和储存纸张和大多数纸制品;油漆制造;使用易燃溶剂制造轮胎和内胎;制造发泡塑料制品;制造和使用镁或钛金属或合金;工业油漆作业;使用玻璃钢建造或修理船舶或船只;制造塑料玩具等。

因为保险会接触各行各业,所以风控专家对所有行业的风险都要了解。

第 3 章
建筑及防火

本章将介绍燃烧过程及火灾对建筑构件的影响,涵盖国标及 NFPA 的建筑分类、火灾危险等级、防火空间分隔、防火分区和防火墙等要素。

3.1 燃烧

燃烧是一种放热的、(通常是)自持的化学反应,使燃料被大气中的氧气氧化。燃烧可能涉及固体、液体、气体或混合物。

放热化学反应释放热量。一般来说,对于放热反应,反应温度每升高 10 ℃,反应速率和放热速率就会翻倍。由于火灾燃烧过程中释放的热量有一部分被吸收以加热未反应的燃料和空气中,火灾一旦开始,强度和放热将持续增加,直到温度和反应速率达到平衡。在平衡条件下,从初始点火到最终完全燃烧所花费的时间,即使对于大型工业火灾来说,通常也可以用分钟计。这一过程将是自持的,直到所有燃料耗尽。

灼热燃烧通常涉及固体燃料的直接氧化。有焰燃烧发生在气相中,包括气体燃料、雾化液体或挥发性物质,由固体燃料加热而产生的可燃蒸气。火焰可能具有很高的亮度,也可能几乎不可见。所有火焰都可以通过延烧相邻的可燃材料来传播,发光的火焰还能通过其产生的辐射热来促进火势蔓延。有焰燃烧可以是预混燃烧,即在点火前燃料与空气预先充分混合;或者是扩散燃烧,即燃烧发生在燃料和氧气正在混合的区域。

1) 气体燃烧

可燃气体容易与空气混合燃烧,但前提是空气中的气体浓度在某些极限之间,通常称为爆炸下限(LFL)和爆炸上限(UFL)。如果气体浓度低于爆炸下限,则混合物浓度太稀而不能燃烧。如果气体浓度超过爆炸上限,则过浓也不能燃烧。当气体和空气的混合物浓度介于两个极限之间时被点燃,它就会燃烧。如果预混合燃烧发生在受限空间内,压力会迅速增加,通常会引起爆炸。这就是可燃气体泄漏引起的火灾如此具有破坏性的原因。

气体被广泛用作燃料,在正常燃烧过程中,燃烧器的设计是为了使气体与空气适当混合,并确保始终存在稳定燃烧。这就是预混燃烧,此时不会发生爆炸,因为空气和燃料的混合气体引入速度和其燃烧的速度相当。在燃烧器发生熄火或冷启动燃烧器不能立即点火时,燃烧控制系统会确保燃气供应被切断。

2) 液体燃烧

易燃液体自身并不燃烧,是它的挥发气体在燃烧,认识到其燃烧本质是一种气相化学反应非常重要。可燃液体在气相燃烧,因此和易燃气体燃烧的原理是相同的。除了在受控试验中,燃烧不发生在液相。当在燃烧器中使用液体燃料时,它们经常被预热以帮助蒸发,而燃烧器的设计是为了确保液体雾化成细小的液滴。

对于静止液体,如储罐中易燃或可燃液体泄漏,液体表面上方的燃烧会产生稳定的火焰。这是因为所有的液体都有蒸气压,意味着在液体表面上方的大气中含有这种液体的分子。对于易燃或可燃液体,液体表面上方的大气中含有燃料蒸气,如被点燃,就会燃烧。一旦液体表面开始燃烧,释放出来的热量将使更多的液体蒸发,从而使火蔓延,并增加其强度,直到达到平衡燃烧速率。事实上,液体的整个表面都是一个燃料源,燃烧时通常伴有明亮的火焰,并导致火灾迅速扩散。

易燃液体或可燃液体的泄漏会导致其蒸气在空气中传播很远的距离。如果这种蒸气/空气混合物被点燃,不仅有爆炸危险,而且火焰有可能会回到原来溢出液体的表面,从而在液体表面形成稳定的火焰。当蒸气密度大于空气密度时,这种影响尤其明显,因为此时蒸气会停留在地面附近,而不是消散到大气中。

在讨论易燃或可燃液体的燃烧时,通常要考虑液体的闪点。对于所有易燃或可燃液体,存在一个液体温度,低于该温度时,液体表面上方大气中的蒸气量太少,不足以支持燃烧,并且不会发生点火。随着液体温度的升高,最终会达到一个温度点,即在液体表面上方存在足够的蒸气,能使点火源点燃,从而开始燃烧过程。这个温度是液体的闪点。许多常见易燃液体的闪点接近或低于正常大气温度,这些低闪点特别危险,是许多商业和工业火灾的起因。

普通家庭油锅起火是一个很好的例子,烹饪油属于可燃液体,在常温下不会达到闪点和燃点,不支持燃烧。当油锅持续加热,油温升高,液体不断蒸发。加热温度达到闪点时,油锅中液体表面的蒸气已经可以支持闪燃。温度继续上升达到烹饪油的燃点后,油锅中蒸发的蒸气量已经足够使油锅起火,此时烹饪油就能持续燃烧。

3) 固体燃烧

固体燃料很常见,不仅包括用作燃料的材料,还包括许多常见的建筑和结构材料、装饰饰面、塑料、包装材料等。大多数固体燃料一旦点燃,通常分解成气体或气态物质,按照气体和液体燃料的方式燃烧,留下的基本上是碳质残余固体。这种分解通常称为热解。这种残余碳质材料的燃烧通常不会伴有很明亮的火焰,但煤焦的温度会相当高,释放出辐射热,这会导致附近其他可燃材料着火造成火灾蔓延。通常,发光扩散火焰会迅速覆盖整个热解表面。

如果将可燃固体用作燃料,则该过程可在固定床中进行,或将燃料粉末悬浮在空气中进行燃烧。对于固定床燃烧,可通过强制通风和预热空气来提高燃烧速率。在意外的火灾中,气流的影响是非常重要的,尤其当火灾有可能沿建筑或结构向上传播时。

粉碎的固体燃料燃烧非常迅速,但仍然伴随着分解阶段,随后是残余含碳物质的燃烧。燃烧速度提高是因为随着颗粒尺寸的减小,表面积与颗粒质量的比值增加,从而使固体燃料有更多的表面与氧气发生反应。类似的现象是工业生产中产生的可燃性粉尘,如果细小粉尘颗粒飘散在空气中,可能会造成非常迅速甚至爆炸性的燃烧。

特例:一些可燃固体材料,如镁、钛、铝、锆(金属)、碳、硫、磷(非金属),它们直接与大气中的氧气发生反应,通常伴随着高强度的火焰和辐射热释放。这些材料当然不会释放出液体或气体分解产物作为燃烧过程的固有阶段。

4) 点火

在燃烧发生之前,通常需要点火。为了使燃料分子和氧分子之间发生化学反应,必须向混合物中注入足够的能量,使其至少在局部被加热到点火温度。燃点是物质在任何大气环境中被加热到自持燃烧的最低温度。在混合物中任何地方达到燃点的能量可以由火焰或火花提供,也可以通过提高混合物的整体温度来实现。一旦局部发生了自持燃烧,局部燃烧释放的热量将升高周围燃料和氧分子的温度,从而使燃烧蔓延。

当燃烧涉及可燃气体时,所需点火能量极小。如果易燃液体处于闪点以上温度环境中,只要输入很小的能量,就能实现点火。固体燃料通常需要大量的能量输入才会开始燃烧。有些固体会发生自燃,在这种情况下,着火点并不明显。在整个过程中,随着内部整体温度的升高,这些固体发生自燃,最终导致着火和燃烧。

根据燃料、氧气浓度、空气流速、加热速率、所涉及固体或空间的大小和形状、点火源的温度,以及存在的其他材料可能的催化或抑制作用,点火温度会发生变化。对于可燃气体和液体化学品,随着温度的升高,开始燃烧所需的点火能量也越来越少,直到在足够高的温度下,混合物暴露在氧气中会立即被点燃。这个点火温度通常被称为自燃温度,这意味着一旦液体达到这个温度,就可以在不引入额外能量的情况下进行燃烧。一些固体化合物在固相中也有自燃温度,但对于大多数固体来说,没有一个类似于液体和气体自燃温度的精确值。不应将气体和液体的自燃温度与固体自燃相混淆,后者是一个不同的过程。

点火源通常是以热量形式存在的能量,它使燃料达到其点火温度。由于大多数工业和商业火灾都不是常规操作预期的,因此火源通常涉及一些异常情况。为方便起见,根据所涉及热量的来源,按以下方式对点火源进行分类:

(1)电能。当电流流过导体或跳过气隙时,电能产生热量。足以引发火灾的过多热量可能通过以下方式产生：①高电流；②高电阻；③冷却或正常热量排出功能失效。

（2）静电。静电也可能是点火源，但必须满足四个条件：①必须能有效产生静电；②必须能积累电荷并保持适当电位差；③必须有足够能量的火花放电；④火花必须发生在可燃混合物中。

（3）热表面。热表面可能会点燃可燃或易燃材料。这些热表面通常是由以下因素产生的：①摩擦；②加热设备；③熔融物质。

（4）火花和明火。火花和明火可能是固定或移动的。动火操作是这种类型的典型危险。固定火源（如烤箱、熔炉和锅炉）可能会点燃移动的可燃物（如易燃蒸气或气体）。移动火源（如便携式燃烧器或焊炬）则可能点燃工厂任何地方的可燃物。切割、焊接或机械研磨操作产生的热火花或熔滴是常见的点火源。此外，纺织品或谷物加工机械的金属部件和物料摩擦也可能会产生热火花，从而点燃绒絮、粉尘或其他易燃材料。

（5）吸烟。吸烟是一个引起火灾的重大原因。虽然从点火源的角度来看，香烟不是一种很好的引燃源，但抽烟行为的普遍性和漫不经心的处置，使其成为火灾的重要原因。

（6）纵火。纵火的火灾特征是有意识地使火灾很严重。易燃液体常常会被用于帮助火势蔓延。通常会使用强火源，并且经常同时发生多起火灾，消防保护系统也可能被关闭。在意外的火灾事故中，扑灭火灾的概率至关重要。在故意的纵火事件中，扑灭火灾的概率会被最小化。

（7）自燃。自燃着火和放热的特征是材料的温度升高而不从其周围吸收热量。自燃放热可由多种放热的生物和化学过程引起。发生自燃放热反应的要求包括空气供应及对周围环境的热传导不良。受到自燃放热（加热到高温）的材料通常会开始氧化并进一步加热。例如，位于火炉或烟道附近的木材会经历几次化学变化，最终会自燃放热。

最容易自燃的材料包括动植物油、农产品和动物产品、木片、煤和木炭、纤维制品，以及油漆及其废料。自燃也可以通过其他放热化学作用发生，如果混合了高反应性材料，有时会突然发生剧烈的自燃，例如水和钠（化学反应中释放的氢被反应释放的热量点燃），或强氧化性物质和有机物。

5）燃烧基本原理

消防科学基于以下原则：

（1）氧化剂、可燃材料和点火源是燃烧所必需的（火灾三要素）。

（2）可燃材料必须加热到引燃温度，才能点燃或支持火焰蔓延。

（3）可燃物的后续燃烧受火焰向热解或气化可燃物的热反馈控制。

（4）燃烧将持续直到：①易燃材料被消耗完；②氧化剂浓度降至支持燃烧所需的浓度（15%）以下；③到达可燃材料的热量被去除或阻止，以防止燃料进一步热解;④火焰被化学抑制或充分冷却以防止进一步的反应。

本书中介绍的所有防火、控制或灭火材料均基于以上这些原则。

3.2 火灾对防火隔断和建筑材料的影响

火灾在起始阶段规模都很小,仅涉及火源附近达到其燃点的少量可燃物质。除非切断可燃材料的供应或有人为灭火,否则这一初期阶段火灾将随着越来越多的可燃材料的参与而迅速发展,最终成为结构火灾。初期火灾相对容易控制,通常手提式灭火器或消火栓就足够了。结构火灾需要更精细和更强大的灭火技术来控制和扑灭。许多火灾无法控制,只能任其燃烧殆尽。

火焰通常会向上蔓延,直到有障碍物阻挡它朝这个方向前进。如果障碍物没有孔、裂缝或开口,火焰会水平地向外冒出,直到它们在障碍物周围弯曲并继续向上。除非有良好的通风条件或存在一些快速燃烧的物质,否则火不会在水平方向上迅速蔓延。火势不会明显向下蔓延,除非是坠落的燃烧材料。

建筑物及其内部防火隔断的耐火性取决于其建筑材料和预期可能遭受火灾的严重程度,即占用属性。如果防火隔断的目的是限制可能发生的火灾规模而不考虑任何灭火措施,则防火隔断必须能够承受防火分区内可燃物燃烧期间可能发生的最大预期火灾。但是,如果障碍物的目的只是控制火势,以便人员疏散并让消防部门进入,则这些行动所需的时间决定了隔断必须阻止火势的时间(耐火等级),除非预期火势会首先自行熄灭。

3.2.1 火灾严重程度

建筑物或防火隔断可能面对的火灾严重程度与防火隔断相邻的封闭空间内完全发展的火灾强度有关。对于房间内火灾,完全发展的火灾是轰燃后火灾。然而,在大型露天建筑中,如在许多工厂中的建筑,在一个局部区域内可能会发生完全发展的火灾,而不会造成整个建筑的轰燃。充分发展的火灾对防火隔断和建筑构件会产生广泛的热应力和物理应力,但屏障有可能在火灾完全发展之前就已经开始被穿透。典型的发展中火灾的特征是火焰前沿在表面上移动和/或局限于固定源的火焰。虽然这种火灾不会大规模地冲击防火隔断或建筑的墙体,但它可以通过建筑中的断层或开口蔓延,并造成局部耐火性的破坏。

轰燃是指火在建筑内部突发性地引起全面燃烧的现象,即当室内大火燃烧形成的充满室内各个房间的可燃气体和没充分燃烧的气体达到一定浓度时形成的爆燃,从而导致室内其他房间内没接触大火的可燃物也一起被点燃而燃烧的现象。

1) 发生轰燃的条件

(1) 通风条件差,燃烧形成的可燃气体在房间内大量聚集。

(2) 可燃气体弥漫到其他可燃物周围或表面。

(3) 可燃气体达到一定浓度并发生爆燃，才能真正达到轰燃。

2) 轰燃的影响因素

影响轰燃发生最重要的两个因素是辐射和对流，即上层烟气的热量得失关系，如果接收的热量大于损失的热量，则轰燃可以发生。轰燃的其他影响因素有通风条件、房间尺寸和烟气层的化学性质等。如果房间内的上方热气温度达到约600℃，则可能发生室内轰燃。通过全尺寸试验和热平衡分析，得出了以下结论：该房间内上方热气温度与火灾释放的热量、房间的通风、房间的大小及建筑材料等因素有关。这些因素也在一定程度上相互关联。房间越大，火灾需要释放更多热量来产生轰燃所需的热气温度。相反，房间内饰材料的可燃性越大，产生轰燃所需的火灾就越小。由此可见，内饰材料的燃烧性尤其重要。房间中的可燃内饰可大大缩短轰燃前的预燃时间。虽然从大规模的试验数据中总结了一些常见家具的热释放率，但估算房间轰燃可能性的一个实际困难在于确定房间内所有物品可能的热释放率值。

不断发展的火灾可能会轰燃，也可能不会，而成为完全发展的全区域火灾。在达到这些阶段前，火灾不太可能威胁到防火隔断，除非通过屏障系统中无保护的开口或存在的其他严重缺陷。完全发展的火灾强度和持续时间取决于可燃物的数量、燃烧速率及可供燃烧的空气。当墙体和屋顶吸收大量热量而不是主要起到绝缘或热辐射屏障的作用时，火灾强度也会在一定程度上有所降低。

涉及特定材料或类似材料分组的完全发展火灾的燃烧速度由以下两种方法确定：①可参与燃烧反应的燃料表面积；②可参与燃烧的氧气量。

这些分别被称为燃料表面控制燃烧和通风控制燃烧。当通风量刚好足够时，进入建筑物墙壁、屋顶或防火隔墙的热传递速率最大，就会发生燃料表面控制燃烧。在较高的通风量下，多余的空气会从火中带走更多的热量。在较低的通风量下，燃烧放热率较小，更多未燃烧的热解产物和燃料颗粒被排放到着火区域之外。

3) 标准时间-温度曲线

耐火屏障在试验炉中暴露于火焰中进行评估，火灾的严重程度遵循一个称为标准时间-温度曲线的时变温度曲线。标准时间-温度曲线于1918年被美国材料试验协会(ASTM)采用，此后几乎成为所有耐火试验的基础。该曲线已被ISO组织采用，与最初的标准相比只有微小的变化。图3-1显示了常用的三条标准时间-温度曲线。

采用该曲线后，美国国家标准局(NBS)进行了一系列全尺寸火灾试验，以确定实际建筑火灾与曲线上所示温度的对比情况。在这些火灾试验中考虑的主要变量是存在的可燃材料量，即火灾荷载。这些测试提供了在不同类型的建筑布置中火灾发展过程中温度变化的代表性定量数据。

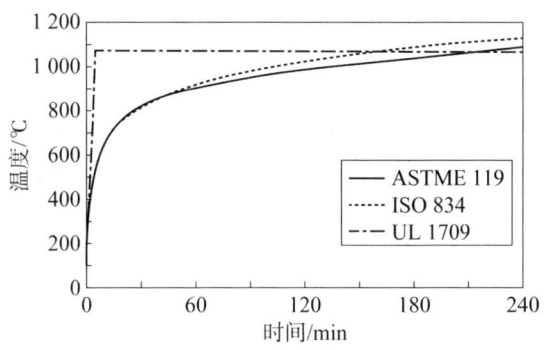

图 3-1 标准时间-温度曲线

专家们提出了等效火灾严重度的概念，以定义具有不同温度变化历史的实际火灾的严重程度。这一概念表明，试验火灾的时间-温度曲线以下和基准线以上的区域是涉及普通可燃物火灾严重程度的近似表示。所用的基准线代表了材料在不损害其耐火性能的情况下可以面对的温度。当时间-温度曲线下的区域相似时，具有不同温度历史的两起火灾被认为具有同等严重性。通过将试验曲线下的区域与标准曲线下的区域相关联，该概念允许将任何火灾试验数据与标准时间-温度曲线进行比较，从而得出不同火灾的严重度。

3.2.2 火灾荷载

火灾严重度和火灾荷载的概念非常重要，这些概念被用作建筑规范中耐火要求的基础。通常由标准时间-温度曲线定义的原始火灾严重度与火灾荷载的关系比更精确的模型分析得到的结果更严重。对于这些情况，使用标准时间-温度曲线是保守的，因为由此产生的误差更为安全。

火灾荷载是一种度量在给定防火分区内所有可燃物燃烧时释放的最大热量。最大放热量是每种可燃物的重量乘以其燃烧热的乘积。在典型的建筑中，火灾荷载包括可燃物、室内装修、地板饰面和结构件。火灾荷载通常用平均火灾荷载（火灾荷载密度）表示，即单位建筑面积上的火灾荷载。平均火灾荷载等于等效可燃物重量除以防火分区面积。

等效可燃物重量是指燃烧热为 8 000 Btu/lb（1 Btu/lb＝2.326 J/kg）的普通可燃物的重量，其燃烧释放的热量与空间中的可燃物燃烧释放的总热量相同。例如，10 Psf（1 Psf≈4.88 kg/m²）燃烧热为 12 000 Btu/lb 的塑料的等效重量为

$$10\,\text{Psf} \times 12\,000\,\text{Btu/lb} = 120\,000\,\text{Btu/ft}^2 (1\,\text{Btu/ft}^2 \approx 1.14\,\text{J/m}^2)$$

$$120\,000\,\text{Btu/ft}^2 \div 8\,000\,\text{Btu/lb} = 15\,\text{Psf}$$

通过对试验的分析，可以得出火灾荷载与火灾严重程度对应于标准时间-温度曲线之间的大致关系。表 3-1 列出了普通可燃物（木材、纸张和燃烧热在

7 000～8 000 Btu/lb 的类似材料）每平方英尺的重量与火灾的严重程度及时间的关系。

表 3-1　办公室和轻型商业占用的火灾严重程度估计

可燃物总量（包括饰面、地板和装饰）/Psf	预计热量/(Btu·ft^{-2})	等效火灾严重度近似等于标准曲线下试验的火灾严重度的时间段
5	40 000	30 min
10	80 000	1 h
15	120 000	1.5 h
20	160 000	2 h
30	240 000	3 h
40	320 000	4.5 h
50	380 000	7 h
60	432 000	8 h
70	500 000	9 h

注：在 8 000 Btu/lb 的燃烧热取值可一直用到 40 Psf；在 50 Psf 时为 7 600 Btu/lb，在 60 Psf 及以上时为 7 200 Btu/lb。表中规定的重量是普通可燃材料的重量，如木材、纸张或纺织品。

国内火灾荷载采用公制单位，但是计算原理相同。办公室和轻型商业用房的火灾严重程度估算值见表 3-2。

表 3-2　我国办公室和轻型商业占用的火灾严重程度估计

单位：MJ/m^2

建筑类型和用途	火灾荷载密度				标准值
	平均值	百分比			
		80%	90%	95%	
民居	564.99	754.92	906.02	1 098.62	1 557.73
办公室	651.63	971.79	1 144.5	1 385.62	2 057.42
商场	223.94	292.48	382.1	510.66	750.07
建材卖场	382.71	498.42	553.04	617.42	897.96
展览	382.97	471.6	499.14	533.87	876.21
超市	420.05	568.89	787.6	901.3	1 046.17

火灾严重程度与火灾荷载关系是一种用于预测各种用途下建筑物预期火灾严重程度的方法。它用于确定防火隔断和结构件所需的耐火等级。尽管该技术

有其局限性,但火灾严重程度与火灾荷载的关系仍然提供了住宅和一些商业用房可能的最大火灾严重程度的近似但保守的估计。当可燃物具有较高的热释放率,且火灾条件可能产生明显高于或低于标准时间-温度曲线的温度时,不应将火灾荷载用作火灾严重程度的近似指标。

在技术上用精确的方法来关联火灾严重程度、火灾荷载和耐火性的要求是相当复杂的,但可以在现场查勘时合理地使用。这些方法比较复杂,需要考虑除燃料荷载以外的其他参数(如通风、墙体类型和屋顶等),目前在建筑构件或防火隔断的设计中难以通用。

1) 低火灾荷载

如果占用区任何隔间净建筑面积的火灾荷载平均值不超过 $114\,000\,J/m^2$,有限隔离区域的火灾荷载平均值也不超过 $228\,000\,J/m^2$,则该占用区为低火灾荷载。前提是,该占用区所需的可燃材料储存程度有限,并用适当等级的耐火结构封闭,与其余区域隔开。低火灾荷载占用示例有办公室、餐厅、酒店、医院、学校、博物馆及机构和行政建筑等。

2) 中等火灾荷载

如果任何隔间净建筑面积的火灾荷载平均值超过 $114\,000\,J/m^2$,但不超过 $228\,000\,J/m^2$,在有限隔离区域内的平均值也不超过 $456\,000\,J/m^2$,则占用区的火灾负荷被称为中等。前提是,该占用区所需的可燃材料储存程度有限,并用适当等级的耐火结构封闭,与其余区域隔开。中等火灾荷载占用示例有零售商店、工厂和车间等。

3) 高火灾荷载

如果占用区净建筑面积的火灾荷载平均值超过 $228\,000\,J/m^2$,但不超过 $456\,000\,J/m^2$,在有限隔离区域内的平均值也不超过 $912\,000\,J/m^2$,则该占用区的火灾负荷被称为高。高火灾荷载占用示例有仓库和其他用于存放具有公认无害性质的大宗商品的建筑物。

3.2.3 通风效果

已经充分发展的火灾的燃烧速率取决于燃料表面积或参与燃烧的空气。当空气充足时,火的燃烧速率取决于暴露的表面积和可燃物本身的性质。当火不能获得足够的空气来维持"燃料表面控制燃烧"的速率燃烧时,它将以通风控制的速率燃烧。从进入屏障的热量输入速率的角度来看,最大火灾强度发生在通风率刚好足以维持表面燃烧的火灾。

充分发展的火灾以燃料表面控制的速率燃烧,需要相当大的通风面积。许多建筑火灾将至少在一段时间内由通风控制,在这段时间内,遏制是一个重要因素。随着通风条件的变化(如窗户破裂),完全发展的火灾可以从通风控制变为燃料表面控制。

通过墙壁、地板和屋顶组件的传热或结构故障而造成的火灾蔓延很少见。在分隔式建筑中，火灾蔓延的常见模式是通过敞开的门、未封闭的楼梯和竖井、未受保护的防火隔断贯穿件和不防火的可燃隐蔽空间。根据防火试验得知，即使在可燃建筑中，普通的石膏板或木龙骨地板也能提供 25～30 min 抵抗完全燃烧的隔断能力。当这些隔断正确安装和维护，而且隔断上的开口具有防火保护时，它们通常能够承受轻危险占用场所的最严重火灾。但是，如果安装和维护不当，而且隔断上的开口没有防火保护时，则防火隔断将无法有效地控制火灾蔓延。

火焰可以水平和垂直地蔓延到房间或火源区域之外，穿过不含可燃物的隔间或空间。火灾产生的未燃烧的热裂解产物将与新鲜空气混合，并随着它们向外流动而燃烧。这会导致火焰在不燃屋顶下、外墙上，以及穿过不可燃垂直开口向外扩展运动。沿着走廊和向上开放的楼梯或竖井，是一种常见的火灾蔓延方式。在工业和仓储建筑的屋顶下，火灾蔓延也有类似的现象。走廊和垂直开口中的可燃内部饰面将被加热并可能产生热解产物。这些产物添加到主火中，增加了火焰的强度和高度。

一旦一个房间的火灾完全发展起来，在没有防火隔离屏障的情况下，火会迅速蔓延到相邻房间。当一个建筑包含相似大小的房间时，发生完全火灾的房间总体积往往以指数级增长。沿建筑物外部蔓延的楼层间火灾并不常见，但这是可能的而且确实会发生。通常窗格玻璃在加热至 288～316 ℃时会破裂，有时在较低温度下也可能会发生一些破裂。高层建筑由于楼层多，而且灭火难度大，火灾蔓延的危险性更大。建筑物宽大的拱肩和凸出部分（如阳台）虽然不一定能阻止外立面火灾蔓延，但是也将降低此风险。

3.2.4 火灾对建筑材料的影响

1) 钢材

钢在火灾条件下有三个值得关注的特性：①钢受热时会大幅度膨胀；②当加热到 480～540 ℃时，钢的强度会大大降低；③钢容易传导热量。

由于长水平梁或其他结构件受热而产生的热膨胀会导致砌体墙倒塌或钢结构件连接的剪切破坏，强度损失是火灾对钢结构和建筑物最明显的影响。在温度上升到约 315 ℃的过程中，低碳钢的强度实际上是增强了，但超过该温度后，强度会持续下降。在大约 600 ℃时，钢的强度降低到几乎无法支撑自身重量的程度，以至于钢构件失效。防火的大型支撑梁通常可以保持建筑的整体结构完整性，然而即使是一个大型钢桁架系统的局部过热也会导致建筑物倒塌。"9·11"事件中世贸中心的倒塌就是个例子，虽然所有建筑构件事先都做了防火处理，然而在航空汽油引发的火灾高温灼烧下，钢构件被迅速加热，最后失去强度导致大楼整体倒塌。此外，热传导可以使热量通过钢传送到其他未暴露在火中的可燃材料，例如钢制屋面板隔热层。

2) 混凝土和砌体

火灾本身很少会导致混凝土或砌体结构件失效,失效通常是由于失去支撑或火灾间接造成的应力。例如,砖墙可能被膨胀的混凝土或钢构件、倒塌的仓储货架或爆炸压力推倒。外露的钢支撑桁架、梁或柱,如果没有喷水降温或隔热保护,可能会发生故障,并可能会拉倒相邻的混凝土或砌体墙。地板可能由于承载被水浸泡的仓储物,导致过重坍塌,很可能涉及多个楼层。

柱、墙或预应力结构件可能产生剥落,这是由于水汽膨胀或受压混凝土外表面的热膨胀引起的。对于钢筋混凝土结构,一旦表面开始剥落,底层钢筋暴露在火中的风险很大,可能导致结构迅速倒塌。这种类型的破坏在任何钢筋混凝土耐火建筑中都是可能发生,除非在合理的时间内(2~4 h)将火势控制住。

3) 木材

虽然木材是可燃的,但从火灾风险角度看,它有一些积极的特性。例如,它在加热时不会显著膨胀,除非被烧掉,否则不会失去强度,而且它的导热性比钢或混凝土小得多。由于木材是一种常见的建筑材料,了解木材的燃烧过程对工程师很重要。下面描述了典型情况下木板的着火、燃烧和最终熄灭过程:

(1) 假设木板最初是由外部热源的热辐射加热的,当它的表面温度接近水的沸点 100 ℃时,气体(主要是蒸汽)慢慢从木材中析出,这些初始气体中几乎没有可燃物。当板坯表面温度升高到水的沸点以上时,"干燥"过程会深入木板的核心。

(2) 随着持续加热,当表面温度接近 300 ℃时,木材表面开始变色。这种变色是可见的热解迹象。当木材热解时,它释放出可燃气体,同时留下一种黑色的碳质残留物,即煤焦。随着表面的持续加热,这种热解过程深入木板中。

(3) 在活性热解开始后不久,可燃气体通常迅速演化,足以支持气相燃烧。然而,只有在引火源或其他足够量的活性化学分子的引燃下,才会燃烧。如果没有这样的引火源,木材表面通常必须被加热到一个更高的温度才发生自燃。

(4) 一旦着火,火焰迅速扩散覆盖热解表面,扩散火焰使热解表面不与氧气直接接触。同时,火焰加热燃料表面,导致热解速率增加。如果原始辐射热源在点火后被抽出,只要木板足够薄(厚度小于 2 cm),燃烧将继续进行;否则,火焰就会熄灭,因为板坯表面由于向内热辐射和热传导而损失了太多的热量。如果有一个相邻的、平行的木材表面(或绝缘材料)面对着被点燃的板,那么大部分表面辐射损失可以返回并被重新捕获,因此即使在初始热源退出后,被点燃的木板仍然可以继续燃烧。

(5) 随着燃烧的继续,一个炭化层逐渐形成。炭化层是良好的隔热层,它限制了热量向木材内部的流动,从而降低了热解速率。当未热解木材的供给被消耗时,热解速率也会降低。当热解速率降低到无法维持气相燃烧的程度时,空气中的氧气将直接与煤焦接触,使其能够进行直接的灼热燃烧,前提是辐射热损失不太大。

(6) 这种情况下,燃烧需要充足(但不过量)的空气供应。如果没有足够的氧气来帮助燃烧存在的燃料蒸气，多余的蒸气可能飘走，并可能在最终找到足够氧化剂的地方发生燃烧。例如，通风不良的房间内发生火灾，可燃蒸气会冒出窗户在外燃烧。通常，通风不良的火灾会产生大量烟雾和有毒物质。

如果向热解表面施加强制通风，氧化剂供应可能超过燃料蒸气完全燃烧所需的量。在这种情况下，过量的氧化剂可以充分冷却火焰，以抑制其化学反应并熄灭火焰，例如吹灭蜡烛。然而，在燃料蒸气充足的大火中，如果向其施加强制通风，只会增加火焰至燃料表面的热量传输，从而使燃料供给速率增加，燃料的燃烧速度也会增加，例如炉膛送风机。

（7）当木板的某一部分被点燃后，火焰很可能蔓延到整个燃料阵列。火焰蔓延可以看作一个连续的引燃点火，其中火焰本身提供了热源。热的火焰通常向上传播，并向上在更大的区域提供热量。因此，每次连续的"向上"点火比相应的"向下"或"水平"点火增加的燃烧面积要大得多。

一般来说，容易点燃的材料也会迅速传播火焰。材料的可燃性由其耐热性（热惯性）和开始热解所需的温升控制。具有低热惯性的材料，如发泡塑料或轻木料，当暴露在给定的热流下时会被迅速加热。这些材料通常很容易被点燃，并能引起非常迅速的火焰蔓延。而致密材料（如乌木、红木等）往往具有相对较高的热惯性，很难点燃。

（8）从火焰到热解燃料表面的辐射热传递主导了更大、更危险的火灾燃烧速率。这种火焰辐射主要来自火焰中发光的烟尘颗粒，通常会产生大量烟尘的可燃物，也会导致更强的火灾。

当木质结构或构件暴露于火灾中时，其过程如上所述。薄构件如板和托梁，比层压木材烧穿或失去强度要快得多。当火焰冲击木材构件时，煤焦的平均穿透率约为每小时 40 mm。

3.3 建筑施工原则

评估任何建筑物的财产损失风险时，一个主要的考虑因素是其构件的可燃性和耐火性。大多数工业化国家都有完善的标准或规范，包括建筑施工和各种建筑技术、材料和构件防火等级的试验。全面了解这些当地规范和标准将有助于根据风险控制的要求对当地建筑进行分类。

通常，建筑的结构件可以分为两组：支撑结构的构件或框架构件，以及包围工作、仓储和生活空间的构件，即墙、楼板和屋顶。

3.3.1 框架构件

框架构件构成了建筑物的骨架，支撑着建筑物及其附属的一切，这就是所谓的"恒荷载"。框架还支持"活荷载"，即建筑物的内部物品、现场人员及地震、风、雪、冰和水的荷载。

结构框架被支撑在基础上,它将建筑物的重量(恒荷载加上活荷载)转移到下面的地面上。柱或承重墙位于基础的顶部,并支撑地面或上方的楼板和屋顶。柱子因火灾而损坏是非常危险的,因为它可能导致建筑物倒塌。

桁架、梁、大梁、托梁和椽条都是支撑楼板或屋顶的水平结构件。桁架可以由钢、木或混凝土构成,由一系列三角形连接在一起,跨越很大的距离,并将荷载传递到建筑物的柱子或承重墙上。由于其相对较轻的重量和多重连接,桁架可能会在火灾早期失效。

3.3.2 墙壁

墙有多种功能,可分为承重墙、非承重墙、公共墙、剪力墙或防火墙。

承重墙支撑的重量超过了其自身的重量,如楼板或屋顶;而非承重墙仅支撑自身的重量。

公共墙是两个独立建筑共用的一面墙。在此情况下,对墙上的孔洞缝隙要尤为关注,因为这直接关系到火灾是否会蔓延,以及危险单位的划分。

剪力墙又称抗风墙、抗震墙或结构墙,一般用钢筋混凝土做成。其作用是支撑建筑物的一部分以抵抗风或地震的力量。房屋或构筑物中主要承受风荷载或地震作用引起的水平荷载和竖向荷载的墙体,防止结构剪切破坏。

防火墙用于分隔一个或多个建筑物,或隔离建筑物内的特殊危险,例如易燃液体储存区。防火墙上的必要开口通常由自动关闭装置保护。防火墙的强度和稳定性各不相同,其结构应保持完好,即使一侧的结构烧坏并倒塌,也不能允许火通过墙体、墙下、墙上或墙周围蔓延。防火墙的效率取决于其自身的完整性及其关闭装置的可靠性。

"防火墙"一词用于结构独立的耐火等级较高的耐火墙,通常为 2 h、3 h 或 4 h。"防火隔断"的耐火等级为 20 min 及以上,但通常它们在结构上并不独立。"防烟隔断"可能具有或没有耐火等级,而主要用于限制烟雾的通过。

饰面墙由单一宽度或厚度的砖饰面组成,贴在背衬墙上;这两种材料在荷载作用下不会形成一个整体。从表面看,这些墙看起来像防火墙。背衬通常是木头,也可以是钢、混凝土或砖石。如果背墙受到火灾的影响,饰面很可能倒塌,必须重建整面墙,饰面无法保全。

3.3.3 地板/天花板组件

地板/天花板组件必须支撑施加在其上的活荷载,会影响建筑物的防火性能。某些组件已经按照国家认可的标准进行了测试,并获得了特定的耐火等级,然而这个等级并不意味着它们是完全防火的。当地板/天花板组件被赋予耐火等级时,它是整个组件的防火等级,而不是地板或天花板本身的防火等级。其他没有经过测试的组件本身可能是可燃的,还可能有火势会迅速蔓延而难以接近的隐蔽空间。屋顶上方的空间也可能含有可燃材料,或者会被用作建筑物空气处理系统的部分。

3.3.4　屋顶

屋顶组件由多种材料组合而成,并且具有多种配置。屋顶基本上由支撑物组成,如梁或橼、屋面板、隔热层和覆盖物。屋顶上的活荷载(雪、冰或水)由屋面板承载,并沿橼和梁传递到柱、基础和下面的土壤。典型的屋面板材料有混凝土、石膏、钢和木材。隔热层通常黏附或机械固定在屋面板的顶部,并由提供防风雨的屋顶覆盖物覆盖。屋顶覆盖物可以是预制式、组合式或单层膜。耐火的覆盖物通常有砖、混凝土、瓷砖和石板。

组合式屋顶膜通常由3~5层组成,在施工现场使用热沥青或其他黏合剂将其固定在屋面板或隔热层上,并相互连接。直接铺设在金属板上的组合式屋顶是一个特殊的火灾问题。单层屋面板通常由各种塑料或橡胶制品制成的柔性防水板组成。这些膜通常应用在隔热层上,通常用机械紧固件连接或完全黏合。

弹性涂料如海帕龙、丙烯酸、聚氨酯泡沫绝缘层等,也可作为屋顶覆盖物,喷涂在屋顶顶部。单层屋顶在建筑施工和火灾中都存在一定的危险。2010年11月,上海胶州路发生的大楼火灾就是外墙聚氨酯泡沫引起的火灾。

3.3.5　隐蔽空间

建筑物可能在墙后、吊顶上方、动力设施管槽、计算机房地板下、阁楼和其他地方包含各种各样的隐蔽空间。隐蔽空间的火灾在建筑物现场人员看不见的地方燃烧,火灾探测经常会延迟。由于隐蔽空间很难被接近,以及固有的通风问题,人工扑救隐蔽空间火灾非常困难。垂直的隐蔽空间还会作为烟道来传播火和热气,使火灾迅速蔓延。

可燃隐蔽空间的火灾发展和蔓延是造成巨大火灾损失的典型原因。火灾可能起源于或扩散到可燃的隐蔽空间,并长时间燃烧且蔓延,最后可能波及整个建筑。水平隐蔽空间(如屋顶阁楼)中的火灾,会在未被发现的情况下蔓延,直到它们烧穿了上面的地板或屋顶,或者导致下面的天花板部分掉落。新鲜空气的供给、预热的可燃物和热解产物结合在一起,会产生迅速发展的火灾,可能会在很大范围内从隐蔽空间中爆发出来。垂直火势扩散到墙内和管道井内,可以将火蔓延到其他楼层和阁楼空间。在阁楼空间里,火会迅速水平蔓延。在木结构房屋的全尺寸火灾试验中,定量地证明了火灾的快速垂直蔓延。在一个9.75 m的竖井底部起火1 min后,顶部的温度已经超过816 ℃。

通过不可燃隐蔽空间蔓延的火灾危险性较低,除非该空间有可燃材料。屋顶上方空间通常包含隔热层、通信电缆、塑料管等。如果隔热层是可燃的,火灾蔓延可能与可燃性隐蔽空间相似。孤立的可燃物不太可能水平传播火灾,但当它们组合在一起时,则可能会传播火灾。

3.3.6 室内饰面的火灾危险

室内饰面是许多致命火灾迅速蔓延的重要因素。建筑物内部饰面的类型或性质本身不会改变建筑物的基本结构,然而当把建筑作为一个整体考虑,评估其抵抗火灾或结构损坏的能力时,室内饰面不容忽视。

室内饰面是由构成建筑物内墙和天花板暴露内表面的材料组合而成的。室内地板饰面是指建筑物的暴露地板表面,包括地板覆盖物,如地毯。装饰品和家具通常不被视为室内饰面,而另行处理。室内饰面可以影响火灾从形成直到轰燃的速度,通过火焰在其表面蔓延而导致火灾扩散,而且提供额外的燃料增加火灾强度,并产生烟雾和有毒气体,从而造成生命危险和财产损失。

1) 墙壁和天花板饰面

内墙和天花板饰面是指建筑物的暴露内表面,包括但不限于固定墙或可移动的隔墙、柱和天花板。室内装饰材料有很多种,包括一些常用材料,如灰泥、石膏墙板、木材、胶合板镶板、纤维屋顶瓷砖、塑料和各种墙面覆盖物。内墙和屋顶饰面应在模拟实际安装条件下进行测试。为了获得正确的评估等级,必须对内部饰面材料组件按照它们将实际安装的场景条件进行测试,不然测试结果很可能不准确。例如,在实际安装时会使用黏合剂,而测试时不用黏合剂,得出的火焰蔓延等级测试结果可能会有很大差异。

材料的类型和最终用途决定了它将要经受何种防火试验。用作墙面覆盖物的材料必须通过火焰蔓延等级测试。用作窗帘或类似窗帘的材料必须通过火焰垂直燃烧的阻火特性测试。如果材料用于软垫家具,它必须经过适当的防香烟引燃耐火试验。合成纤维地毯应用于墙壁或屋顶时,必须进行"房间角落测试"。

内墙和天花板饰面根据实际防火试验的结果进行分类,这些试验记录了材料的火焰蔓延和烟雾发展的情况。火焰蔓延等级提供了火在材料表面蔓延速度的一般指示,而烟雾发展是指与产品产生的烟雾相关的模糊程度。

国际公认的用于墙壁和天花板饰面的火灾试验有建筑材料表面燃烧特性的标准试验方法(NFPA 255)、表面燃烧特性和建筑材料的标准试验方法(ASTM E-84)。

待测材料面朝下放置在试验炉内部的顶部,然后点燃气体燃烧器,火焰在试样底面传播。通过炉膛一侧的密封窗口观察试样 10 min,根据火焰在两种参照材料上的传播距离,计算此时火焰在试样上的传播距离。参照材料是无机增强水泥板和精选级红橡木地板,分别代表 0 和 100 的火焰蔓延值,这些值是所有其他测试材料分类的基准。

火焰蔓延等级分为三类,见表 3-3。

表 3-3　火焰蔓延等级

等级	火焰蔓延值	烟雾发展值
Class A	0～25	0～450
Class B	26～75	0～450
Class C	76～200	0～450

烟雾发展值仅基于烟雾遮蔽程度。选择 450 的数值作为逃生通道可能变得模糊的数值点。有时规范将"A""B""C"称为"Ⅰ""Ⅱ""Ⅲ",但火焰蔓延值和烟雾发展值等级是相同的。

安装完内部饰面后,如果油漆或墙面覆盖物的厚度不超过 0.9 mm,则不受内部饰面要求的限制。然而,如果此类材料或其应用本身可能产生显著的火焰蔓延或烟雾发展,则需要考虑其火焰蔓延等级。多层墙面覆盖物可能会导致火灾迅速蔓延,应符合所使用类型的室内饰面要求。

具有绒毛、簇绒、纺布、无纺布或类似表面的纺织材料不应该用于墙壁或屋顶,除非此应用已通过了适当的防火测试。即使这种类型的材料在按照 NFPA 255 的要求进行测试时获得 Class A 等级,其防火性能在实际应用中仍不能可靠地预测。该应用的正确测试方法是"房间角落测试",该测试使用实际安装系统(包括黏合剂)演示产品的最终形式。

内墙或屋顶饰面要求为 A 类或 B 类材料,当其不超过总墙面积的 10% 时,内墙或屋顶的装饰或附带饰面可采用 C 类材料。不具有适当的火焰蔓延等级的内部饰面材料可以通过应用防火涂料进行改进。这些涂层必须按照制造商的说明进行涂覆,并且应具有所需的持久性,在实际使用时确保有效。大多数防火涂料要求的施涂量是普通涂料的 3～4 倍,必须定期重新涂覆或更新处理,因为定期清洗可能会降低阻燃剂的整体效果。

2) 室内地板饰面

室内地板饰面是指建筑物的暴露地板表面,包括覆盖在普通地板或楼梯上的覆盖物。国际上,这一领域已经有了大量的测试,NFPA 253 和 ASTM E-648 是最常见的标准。测试对样品上发生的燃烧进行了测量,然后将结果转换为"临界辐射通量"。

Class Ⅰ 室内地板饰面的临界辐射通量至少为 0.45 W/cm,而 Class Ⅱ 室内地板饰面的临界辐射通量至少为 0.22 W/cm。临界辐射通量值越大,地板饰面对火焰传播的抵抗力越强。设施内饰面的使用方式及位置(即出口和走廊)决定了适当的地板饰面等级。仅当地板饰面出现不寻常危险的情况,或用户对地板饰面有特殊要求的情况时,才会应用室内地板饰面等级。

设施中自动喷淋系统的存在提供了一定程度的安全性。如果设施内安装了自动喷淋系统,则室内饰面的等级可降低一级。然而,即使安装了自动喷淋系统,额定值也不能降低到适合该占用的最小火焰蔓延额定值以下。

3) 家具和装饰品

当讨论火焰传播特性时,家具和装饰品不被视为室内饰面,但是这些物品可能会为占用区的火灾提供燃料,并且在特定条件下需要满足特定的防火测试要求。例如,窗帘、幕布和其他类似的松散悬挂的家具或装饰品,由于其的用途而必须是防火的,必须通过 NFPA 701 的测试,即阻燃纺织品和薄膜的标准防火测试方法,该试验适用于悬挂的纺织品和薄膜。如果将此类材料作为内饰面应用于建筑表面或背衬材料,则应将其视为内饰面,并按照 NFPA 255 的要求进行测试。

软垫家具也有助于火灾发生,根据家具所处的占用类型,可能需要进行防火测试。许多不同类型的测试可用于确定软垫家具的火灾特性,如:NFPA 260 为软垫家具部件的抗香烟引燃性的标准试验方法和分类系统;NFPA 261 用于测定模型软垫家具材料总成耐阴燃香烟点燃的标准试验方法。如果设施内安装了自动喷淋系统,则无须对软垫家具进行测试。

3.4 中国国标建筑分类

《建筑设计防火规范》(GB 50016—2014)对建筑耐火等级的分类见表 3-4。

表 3-4 不同耐火等级厂房和仓库建筑构件的燃烧性能和耐火极限　　单位:h

构件名称		耐火等级			
		一级	二级	三级	四级
墙	防火墙	不燃性 3.00	不燃性 3.00	不燃性 3.00	不燃性 3.00
	承重墙	不燃性 3.00	不燃性 2.50	不燃性 2.00	难燃性 0.50
	楼梯间和前室的墙电梯井的墙	不燃性 2.00	不燃性 2.00	不燃性 1.50	难燃性 0.50
	疏散走道两侧的隔墙	不燃性 1.00	不燃性 1.00	不燃性 0.50	难燃性 0.25
	非承重外墙房间隔墙	不燃性 0.75	不燃性 0.50	难燃性 0.50	难燃性 0.25
柱		不燃性 3.00	不燃性 2.50	不燃性 2.00	难燃性 0.50
梁		不燃性 2.00	不燃性 1.50	不燃性 1.00	难燃性 0.50
楼板		不燃性 1.50	不燃性 1.00	不燃性 0.75	难燃性 0.50
屋顶承重构件		不燃性 1.50	不燃性 1.00	难燃性 0.50	可燃性

续 表

构件名称	耐火等级			
	一级	二级	三级	四级
疏散楼梯	不燃性1.50	不燃性1.00	不燃性0.75	可燃性
吊顶(包括吊顶搁栅)	不燃性0.25	难燃性0.25	难燃性0.15	可燃性

3.5 美国防火协会建筑分类

NFPA 5000 对建筑耐火等级的分类见表 3-5。

表 3-5 NFPA 建筑耐火等级   单位:h

构件名称		耐火等级								
		一级		二级			三级		四级	五级	
		442①	332	222	111	000	211	200	2HH②	111	000
外部承重墙	支撑多层	4	3	2	1	0	2	2	2	1	0
	仅支撑一层	4	3	2	1	0	2	2	2	1	0
	仅支撑屋顶	4	3	1	1	0	2	2	2	1	0
内部承重墙	支撑多层	4	3	2	1	0	1	0	2	1	0
	仅支撑一层	3	2	2	1	0	1	0	1	1	0
	仅支撑屋顶	3	2	1	1	0	1	0	1	1	0
立柱	支撑多层	4	3	2	1	0	1	0	H	1	0
	仅支撑一层	3	2	2	1	0	1	0	H	1	0
	仅支撑屋顶	3	2	1	1	0	1	0	H	1	0
梁、桁架等	支撑多层	4	3	2	1	0	1	0	H	1	0
	仅支撑一层	2	2	2	1	0	1	0	H	1	0
	仅支撑屋顶	2	2	1	1	0	1	0	H	1	0
地板/天花板组件		2	2	2	1	0	1	0	H	1	0
屋顶/天花板组件		2	1.5	1	1	0	1	0	H	1	0
内部非承重墙		0	0	0	0	0	0	0	0	0	0
外部非承重墙		0	0	0	0	0	0	0	0	0	0

注：① 表头中的三位数数字，第一位数字表示外墙，第二位数字表示柱、梁、大梁、承重墙等，第三位数字表示地板。

② H 表示重木构件。

3.6 建筑风险控制分类

风控查勘时,大体会遇到几种类型的建筑,根据它们不同的耐火程度,姑且分为 A、B、C、D 四大类,对它们的结构和特点分别描述如下。

1) A 类(钢混结构)

A 类建筑的特点是钢筋混凝土框架,柱和梁可以现场浇筑或预制。建筑物的地板和屋顶是钢筋混凝土,外墙可以是砖、混凝土空心砌块、混凝土或其他不燃材料。A 类建筑的墙可能是承重的或部分承重的。内墙和隔墙由砌体、钢或其他不燃材料制成。此类建筑多见于商场、住宅、办公楼、厂房等,从风控角度视为最佳。

2) B 类(钢框架结构)

B 类建筑的主要特点是耐火钢架。耐火材料可以是砖、浇筑混凝土、石膏、喷涂复合材料或其他类型的耐火材料。B 类建筑的地板和屋顶通常由钢筋混凝土建造在受保护的钢架上,并由钢架支撑。外墙可能是由砖、混凝土或者面板组成,面板材料可以是玻璃、金属或其他材料。这种墙通常被称为"幕墙",不承受建筑本身的任何荷载,这是钢框架结构的特点。内部隔墙由砖石、石膏板、混凝土块或金属制成。此类建筑通常适用于超高层建筑,如上海中心大厦。

"耐火"建筑,通常意味着此类建筑结构完全由不燃材料组成,能够承受预计持续 2h 或更长时间的最严重内部火灾而不会发生结构故障,但是应避免使用"防火"一词,容易造成误解。即使是耐火建筑也只能承受有限时间内的火灾影响,除非火势得到合理迅速的控制,否则可能造成重大建筑物损坏和完全倒塌。

由于耐火结构的不可燃性和在火灾期间保持结构完好的能力,所以它是首选的结构类型。对建筑物稳定性至关重要的所有结构件(承重墙、隔墙、柱子、地板及屋顶等)必须采用不可燃或有限可燃材料,并具有适当的耐火等级,一般为 2h 或更长时间,否则建筑物应降级。

以上提到的 A、B 类均为耐火结构建筑。

耐火结构主要涉及结构稳定性和通过物理屏障限制火灾蔓延,其本身并不能限制有毒烟雾的扩散。同样,它也不能保证有限的财产损失。在典型的高层耐火办公楼发生的火灾中,所遭受的直接和间接损失是惊人的,人工控制此类火灾所需的努力已使消防部门不堪重负。因此,应尽一切努力为材料和设备火灾荷载高、放热率高的耐火建筑提供自动喷淋系统保护,特别是存在严重生命危险的情况下。

3) C 类(轻钢结构)

这类建筑的典型代表是金属框架、金属覆层建筑和混凝土砌块建筑,金属面板屋顶由无保护的空腹钢龙骨支撑。这些建筑物的墙壁由无保护钢、空心混凝土砌块、砖或其他不燃材料制成,屋顶完全由无保护钢建造,通常被认为是"不可燃建筑"。

"不可燃建筑"的主要优势是其火灾蔓延有限。建筑物本身不会为内部起火提供大量燃料。然而,这种类型的建筑有一个严重的缺点,即承受火灾超过几分钟就可能发生损坏或结构破坏。此类建筑结构更适用于火灾严重程度较低或灭火系统能成功处理预期发生的最严重火灾的场合。

这里应该指出的是,"不可燃"不能仅按字面意思理解。许多不可燃建筑都含有一些可燃物,如含有可燃物的金属屋面夹心板等。这些建筑物通常有隔热墙,由夹在两块轻质金属板之间的可燃塑料绝缘材料组成。绝缘材料可能是聚苯乙烯(EPS)或聚氨酯(PU),它们高度可燃,燃烧时会产生有毒的烟雾,对财产和人身安全造成重大威胁。绝缘材料应该采用玻璃棉或者岩棉等不可燃材料以减少火灾风险。

4) D类(砖木结构)

在这种类型的建筑中,外墙承重墙由不可燃或有限的可燃材料组成,如砖、混凝土或钢筋混凝土。它们都有至少1h的耐火等级,暴露在火灾中时能表现出稳定性。非承重外墙也由不可燃或有限可燃材料制成。

D类建筑的地板、屋顶和内部框架全部或部分由木材制成,无防火保护的钢材有时也会与木结构构件一起使用,在较新的建筑中较为常见。这种结构中的地板托梁在地板下形成许多通道,用石膏墙板覆盖墙壁和地板框架,能为其提供一些防火保护,但同时也会形成墙壁内和屋顶上的隐蔽空间,火灾可能在其中发生或蔓延。因此,阻火成为建筑物抵抗火灾蔓延能力的一个重要因素。在国内,此类建筑多见于老旧建筑。

5) 混合建筑

建筑物经常有火灾风险较高的附加部分、装修或饰面。对工程师而言,除非较低等级建筑的比例超过整体的一定比例,否则建筑物的分类不会改变。例如,一些可燃材料经常被用于耐火建筑(A类、B类)或不可燃建筑(C类)的壁板、吊顶和室内装饰。当这些材料被证明具有低燃烧性时,它们通常不会对建筑物的完整性及其抵抗火灾损害的能力造成挑战。然而,对于不具有低可燃性的建筑材料或建筑结构,如果没有相关材料防火等级测试报告,最终必须将建筑分类降到最合适的分类,以便核保人员意识到此类材料的存在。

对于保险公司核保人来说,可以基于建筑物的总建筑面积来考虑这个问题,一旦一栋建筑的较低等级建筑数量超过10%,则整个建筑被核保人视为较低的建筑类别。对C类和D类,核保人在降低建筑评级之前,通常可以容忍高达25%的较低等级建筑。但是工程师查勘时必须始终保持良好的判断力,即使劣质元素影响的建筑面积不到总建筑面积的25%,也可能会出现查勘工程师认为实际上需要降级的情况。

6) 钢屋面板

这种类型的结构采用带肋钢屋面板,通常点焊在钢檩条上,屋面板上方有一个 $0.5\sim2\,\mathrm{in}(1\,\mathrm{in}\approx2.54\,\mathrm{cm})$ 厚的"绝缘板",通常是由外部建成的防风雨屋顶覆盖。沥青毡或塑料板制成的湿气屏障可以安装在金属板和隔热层之间。隔热层和防潮层可通过黏合剂或机械紧固件固定在屋面板上,并相互固定,以抵抗风暴。覆盖层通常通过黏合剂固定在绝缘层上。

钢屋面用机械紧固件固定的优点是比较牢固、防风效果好,缺点是可能引起屋面漏水,造成房屋内部物品水损。比较理想的钢屋面固定方法是选用 FM 认证的卡箍来固定屋面,如此就无须在屋面打孔。此方法需要首先了解当地的风速,然后通过工程计算得出设计方案(图 3-2)。

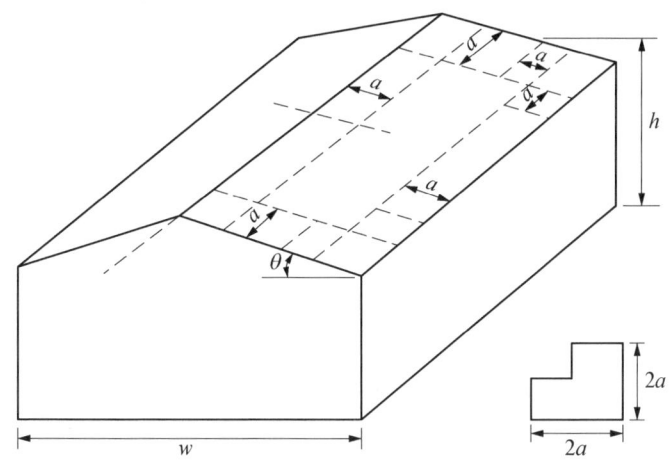

图 3-2　屋面防风设计示例(摘自 FMDS 1-28)

当隔热钢屋面板下方发生严重火灾时,由此产生的温度上升会导致隔热层及其黏合剂分解并释放出可燃气体。这些气体通常会向下穿过钢屋面板接缝,然后被点燃。因此,工程师在查勘时对夹心隔热钢板的绝缘材料一定要多加关注,尽可能获取材料的测试报告以确定相应风险。绝缘材料应采用玻璃棉或岩棉等不可燃材料。

3.7　防火间隔与防火区

对这些主题的考虑是任何财产风险查勘的一个关键因素,主要是因为它们对该地点损失的估计至关重要。首先要关注的是不同建筑和工厂设施之间的空间间隔,足够的净间距是划分危险单位的基础。国际上,MFL 的划分对防火墙或防火分区也很重视,这些分区可能会为了防火目的而对单个建筑物进行细分。

3.7.1 防火区

国际上,几乎所有财产保险核保通常都基于防火区,国内保险界称为"危险单位"。财产保险中的防火区是指在发生不受控制的火灾时,可以被视为相互独立的部分。如果一个防火区发生火灾,即使没有灭火措施,也不会蔓延到相邻的防火区。确定单个防火区的唯一标准是投保场所的各个部分之间的足够空间间隔。除非投保场所在其各个组成部分之间有足够的分隔,否则要将其视为一个单一的防火区。

综上所述,即使存在 MFL 防火墙,单个建筑也不能划分为更小的防火区。通常在没有专业风控意见的前提下,核保会认为同一屋顶下的所有物品都包括在同一个防火区内,这种做法是比较保守和安全的。国内的《财产保险危险单位划分方法指引》也正是基于这个原则,定义最大可能损失是主动保护系统无效情景下的可能最大损失。

建筑物之间的空间物理间隔距离是划分防火区的一个决定因素,这个间隔要求中间没有可燃物。风控专家在判断某场所是否可以划分为两个或更多防火区时,要考虑诸多因素:建筑占用性质和危险等级;建筑结构和建筑材料;建筑高度;当地的平均风速。

3.7.2 防火隔断

加热的未燃烧的热解产物从最初的防火区流出,与空气混合并点燃,这很常见。这种火焰蔓延甚至会发生在不燃的表面上。火焰可以将内部装饰材料加热并释放出热解产物,也会被点燃并提高火焰的强度。

防火的一个重要因素是依赖被动防火隔断来限制火势的蔓延,因此大型物业通常被划分为诸多防火分区。水平火势蔓延受到建筑物之间的空间间隔、水平防火隔断或建筑物内"真正的防火墙"(MFL 防火墙)的限制。建筑物内火灾的垂直扩散受到建筑地板和墙壁结构,以及楼梯间、电梯井或其他开口周围适当的围墙的限制。

防火墙(MFL 防火墙除外)或其他防火隔断的存在与否对建筑物及其内部物品的损失估计没有根本性影响。防火隔断如果设计、建造和维护得当,而且它们的开口得到了适当的保护,则可能会延迟火灾从某房间或某区域蔓延到建筑的其他部分。如果不加保护,防火隔断上的开口(水平开口)将允许火在水平面内蔓延至整个火灾起始楼层。尤其是走廊,必须加以保护,因为走廊不仅是火灾、烟雾和有毒气体水平蔓延的通道,而且也是现场人员逃离建筑时必须经过的逃生通道的一部分。因此,在手动灭火操作开始之前,防火隔断开口处的适当保护对于控制火灾至关重要。

1) 防火隔断结构材料

只能采用通过实际耐火等级测试的墙体结构。国际标准《建筑材料的阻燃测试》(NFPA 251)和我国规范《建筑材料及制品燃烧性能分级》(GB 8624—2012)中对建筑材料的测试要求均有详细阐述。

（1）钢筋混凝土：强度和耐火性都很好的坚固实体墙。

（2）砖石：耐火性很好的坚固墙体。

（3）混凝土砌块：产品有几种厚度，通常需要300 mm的厚度来实现适当的稳定性和强度。耐火等级不同，取决于使用的原材料，以及砌块的表面和腹板厚度。

（4）灰泥：支撑金属框架每侧的金属板条上的灰泥，尤其是轻质集料灰泥，对于构成防火墙一部分的防火桁架是有用的。如果地基不允许使用厚壁，并且地梁无法很好地分配荷载，则可将金属板条上的灰泥用于现有的防火墙。墙的下部(2～3 m)应坚固，以防冲击。实心石膏板墙或浇筑轻质混凝土骨料墙也可用，且更耐久。

（5）绝缘板：带有特殊石膏板芯的金属面板是可以用螺栓固定在结构钢框架一侧或两侧的组件。它们最适用于耐火性有限的单向墙或双层墙，然而它们不适用于需要抗冲击性的场合，例如叉车经常出没的地方。

2) 防火隔断开口

防火隔断能够有效地隔断火灾蔓延，然而防火隔断的开口会严重破坏其有效性。保护防火隔断开口的方法有很多种，如何选择取决于开口的类型、功能和配置。典型的保护措施包括阻火、防火结构、防火门和防火玻璃等，在特殊情况下可能需要其他形式的保护。

地板和屋顶上的无保护开口，称为"垂直开口"，可能会使火灾从一个楼层蔓延到另一个楼层。在地板/屋顶组件上开孔以铺设电缆、导管或管道时，会产生未密封的间隙，从而允许火和烟从一层传到另一层。一些模块化装置可用于密封这些间隙，这些装置中含有一种有机化合物，在加热时会膨胀以密封贯穿件。密封此类贯穿件的其他方法包括使用现场发泡耐火弹性体、各种填缝材料及现场灌注化合物。此外，在贯穿管道、电缆或导管周围可以放置阻火包。当暴露于火灾中时，这些袋子会膨胀并熔合，以防止火灾产物通过。

阻火材料必须符合ASTM E814防火封堵材料火灾测试或《防火封堵材料》(GB 23864—2009)。

某些垂直开口无法密封，因为它们的功能要求它们在楼层之间进行连通，例如楼梯间、电梯井、公用井，以及包裹、洗衣房或垃圾桶的斜槽。此类开口应采用耐火结构封闭。公用井墙壁上的开口应采用自动关闭防火门或为此目的经过防火认证的检修门进行保护。楼梯井和电梯井的外墙开口必须用具有相应耐火等级的自动关闭防火门组件保护。

防火门的安装方法是确保其有效性的关键。门必须平稳运行,任何与其打开和关闭相关的装置都必须正确安装和调试。正确的维护保养是必要的,油漆不应涂在关键元件上,如易熔线组件或滑轮。

为了方便而撑开楼梯门的情况并不少见。防火门附近的木块、楔子、电线或绳子表明现场人员正在阻塞或保持防火门打开。当然,这违背了防火门的作用,是必须立即纠正的情况。如果这种情况变得常见且无法改变,则可能需要安装带有适当驱动装置的电磁防火门,平时处于常开状态,遇到火灾时,会由火警信号触发自动关闭。

在地板/屋顶组件上开孔以容纳自动扶梯,这是一个独特的保护难题,因为将其封闭在防火结构中是不现实的,然而也有各种形式的保护。一种方法依赖于自动火灾探测设备、自动排气系统和自动水幕的组合。另一种方法是用高速水喷雾系统保护开口,水喷雾系统通过温感或烟雾探测自动操作,并配有手动控制阀,以尽量减少水损。目前国内对大空间比较流行的保护方案是采用侦测型自动水炮系统,一旦发生火灾,该系统能自动跟踪定位并喷水。

3) 防火门组件

防火门组件是保护防火墙开口最广泛使用的方法之一,通常由独立测试实验室进行测试以确定防火门组件的适用性。

防火门通常是按耐火等级的额定值分类的,用小时表示。NFPA 80 考虑防火门的额定值为 $1/3h$、$0.5h$、$0.75h$、$1h$、$1.5h$、$2h$ 和 $3h$(额定值为 $1/3h$ 和 $0.5h$ 的门主要用于烟雾控制)。尽管 NFPA 80 的最新版本提到了美国使用的防火门的传统字母分类法,但字母分类只是用来区别防火门应用场景。NFPA 80 主要涉及防火门设计、安装和维护的机械细节。NFPA 252 涵盖了防火门的测试,该标准采用美国标准时间-温度曲线的耐火试验。

我国防火门的国家标准是《防火门》(GB 12955—2008),国标也是按耐火时间对防火门进行了评级。

防火门上都有醒目的标签或分类标记证明此防火门的耐火等级和认证结果。如果非常大的防火门超过了实验室能够进行物理测试的尺寸,则可能没有挂牌标记。然而,实验室可为该门提供一份检验证书,证明其符合与额定防火门相同的设计、材料和结构要求。

每个防火门分类都有特定的应用。防火墙将建筑物分为两个防火分区时,墙上的开口需要耐火等级至少 $3h$ 的防火门进行保护。封闭危险区域的墙壁开口也可以用防火门进行保护。根据当地现行规范或条例,特定应用所需的耐火等级可能会有所不同。

可能会受到来自建筑物外部严重火灾影响的外墙开口处的门,以及保护建筑物(墙体耐火等级为 $2h$)垂直开口的门,应采用耐火等级为 $1.5h$ 的防火门。耐火等级 $1h$ 的楼梯间由耐火等级 $1h$ 的防火门保护。额定 $0.75h$ 防火门用于保护建筑物外墙上的开口,这些开口可能受到建筑物外部轻微或中度火灾的影响。额定0.75h的防火门组件也用于保护一些房间到走廊的开口,特别是为了将危险区域与走廊隔离。

具有0.5h和1/3h耐火等级的防火门主要用于烟雾控制。它们用于需要设置烟雾屏障的走廊,并用于保护安装在房间和走廊之间的耐火等级高达1h的隔墙开口。

4) 防火门关闭

防火门必须能自动关闭或在发生火灾时自动关闭。如果自动释放功能由自动火灾探测装置(如烟雾探测器)启动,则可以使用合适的门夹释放装置。一般来说,只有在有限的区域内,才允许使用易熔线进行自动释放。

自动关闭防火门有时需要在释放装置启动后不超过10s就开始关闭。若有条件时,应对此进行验证确认,因为具有过度延时功能的门夹释放装置可能会在门关闭之前允许大量烟雾通过开口。

通常在工作时间打开的防火门应在非工作时间关闭。可能产生闪燃的高度易燃材料不应储存在防火墙的开口附近,因为在保护装置工作之前,火可能会通过开口蔓延。

5) 防火帘

防火帘用于保护外墙开口。如果建筑物外部的潜在火灾风险严重,应使用耐火1.5h的防火帘。当潜在的火灾风险为中度或轻度时,可使用0.75h的防火帘。如果防火帘安装在开口的外侧,应对其进行防风雨保护,以确保其正常工作。发生火灾时防火帘必须自动关闭。

6) 夹丝玻璃

夹丝玻璃可用于0.75h耐火等级窗户的玻璃材料。防火窗设计用于保护走廊和房间隔墙的开口,以及可能暴露在中等或较轻火灾风险的外墙上的开口。一些防火窗配有自动关闭装置,该装置由火灾自动探测设备启动。在防烟隔断和保护楼梯间的防火门中,夹丝玻璃经常用作观察窗。

7) 特殊问题

穿透墙壁、隔墙、地板和屋顶的管道和输送系统会导致火灾在水平和垂直方向蔓延,在它们需要穿透防火墙的地方尤其麻烦。保护输送系统的开口需要巧妙和精心设计。如有可能,最理想的解决方案是做替代安排,使输送系统不需要通过防火墙。其他方法包括:用自动防火门保护墙上的开口;在墙下修建一条隧道,在入口和出口处设置坚固的防火外壳;安装一个穿墙的带通风的不燃外壳,使其位于比两边开口高的位置。

如果门不可能被输送的物料缠住,则在输送系统(和管道)开口处不需要第二扇防火门。与其他场合的防火门相比,这些门不易受到机械损坏,并且通常运行更可靠。

对于穿过墙壁开口的任何机械输送系统,尽管输送机上有物料,防火门组件及其控制装置的设计安装必须确保防火门在火灾条件下关闭。以下一般规则适用于大多数情况:

(1) 针对输送系统开口保护,可以借用传统防火门的设计理念,加以修改而实现。提供的保护等级通常应与在同一面墙上的防火门等级相当。

(2) 允许在输送机轨道周围留有便于清洁保养的小开口,但细小粉尘过多的区域除外。如果没有紧密封闭,则上方屋顶和开口周围区域必须是不可燃的。

(3) 如果物料可能卡在输送带上,则应设置急停装置来关闭输送系统。

(4) 输送系统设计理念:发生火灾时,输送机应首先停止,门应自动关闭。在一种设计中,输送机电源将立即关闭,允许至少一组门中的一个在输送机上的物料之间找到一个空间可以自行关闭。在另一种设计中,输送机可能会继续短暂运行,直到接近的阻挡物料被转移,门随后关闭。后一种设计方案可靠性稍低,因为火灾时可能随时断电。

(5) 保护开口的防火门应该在输送机不运行的情况下也能有效关闭。

8) 辊道输送机

辊道输送机不存在严重问题,前提是轨道向下倾斜,穿过防火墙每侧 1~2 m;而且设计应该使物料不会回到开口处,或继续进入倾斜部分。靠近防火墙的额外物料可通过挡板防止其进入倾斜部分。应在输送机轨道上提供较窄的间隙,以允许防火门完全关闭。

9) 传动带输送机

可燃输送带应在防火墙的每一侧返回,同时将一段输送辊道插入穿过防火墙的向下斜坡上,该段长度=(物料最长水平尺寸×2)+防火墙厚度。

防火墙两侧的传动带运输机段应联锁,以便下游段与进料段同时移动。应以这样的方式进行设计,以确保物料不会回流到防火墙开口中,并且输送系统在火灾中会停止。

10) 链式输送机

针对链式输送机的开口保护采用"门组"作为解决方案。"门组"由一组防火门组成,防火门的间距与输送机上的物料有关,无论输送机在何处停止,至少有一扇门始终能够完全关闭。"门组"设计高度专业化,需要此类保护的场景数量有限。

11) 气动输送机

气动输送机的速度通常非常快,以至于在快速门关闭之前,燃烧的物料可能通过防火墙,然而这样的快速门也会阻断火势进一步蔓延的通路。通常,这些物料可以被排放到防火墙另一侧的耐火房间,房间必须与周围环境充分隔绝,即使有燃烧的物料进入,也不会造成火势蔓延。

12) 管道、导管和电缆的开口

防火墙上的开口尺寸应保持在最小值,这适用于所有管道、导管和电缆的开口。对于双层防火墙,不得有高于地板1m的开口。设计布置管道、导管或电缆时,可以使其绕过防火墙或穿过防火墙下方。

3.7.3 防火墙

防火墙是常见的一种防火隔断,在占用区预计的最严重火灾情况下,它将阻止火灾从一侧蔓延到另一侧。稳定性是防火墙最基本的性能之一。在火灾期间,即使一侧的建筑框架和结构倒塌,防火墙也必须保持竖立。在接受任何防火隔断作为防火墙之前,必须根据其将失控的火灾限制在起火一侧的能力来评估隔断的充分性。这意味着审查其设计和施工标准包括:稳定性和强度;耐火建筑材料(MFL防火墙大于4h);足够的女儿墙;如果屋顶可燃,则在女儿墙两侧铺设熔渣或砾石;防火隔断每侧有足够的空白外墙(无门窗)。

管道、输送机、电缆桥架和类似穿过防火墙的贯穿件在地震区可能会出现特殊问题,对流动性的需求可能与开口保护标准相冲突。问题的复杂性取决于系统是否设计成一次仅针对一种危险(火灾或地震)进行保护,或者还是考虑地震和火灾同时或连续发生的情况。

3.7.3.1 防火墙类型

防火墙有三种基本类型。

1) 捆绑式防火墙

如图3-3所示,钢框架建筑中的防火墙可以连接到建筑结构中,因此一侧的框架可以抵抗另一侧倒塌的力。墙可以沿着柱子中心线建造,柱子和水平框架连接在墙上。必须保护墙线中的柱和框架,使其具有与墙相同的耐火等级。墙壁必须位于框架内,以便一侧框架的强度能够承受另一侧倒塌框架的拉力。墙壁固定在钢架上,通常把钢架构件包裹在内。墙的着火侧倒塌的钢架拉力必须由另一侧未受热的钢架强度来抵消。沿墙线的任何钢柱、桁架或其他结构件都必须经过防火处理。

由于无法预测火灾将从墙的哪一侧开始,墙必须位于建筑的强度中心,并对称设计。如果做不到

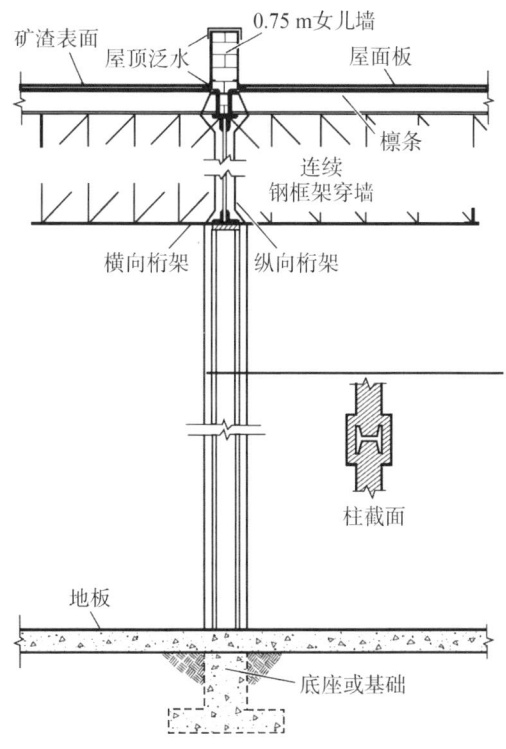

图3-3 捆绑式防火墙

对称,那么这面墙不是真正的防火墙,而是所谓的单向墙。只有当火灾暴露在建筑结构强度较小的部分时,它才会保持竖立状态。

2) 双层防火墙

由两个背靠背的单向捆绑式防火墙组成;当一侧发生火灾时,建筑框架将倒塌、并随之将墙推倒。另一面墙由远离火源一侧的钢架支撑,将保持原样。此类结构常见于建筑物扩建的地方。

3) 独立式防火墙

如图3-4所示,同捆绑式防火墙恰好相反,这些墙完全是自主支撑的,与建筑框架没有任何联系。墙壁安装在钢框架中的伸缩缝内,但并不固定于两侧的建筑框架上。独立防火墙不受相邻建筑框架的支撑。该框架的间隙在每侧不得超过4cm,不然着火侧膨胀的钢结构会在防火墙接受另一侧未加热钢架支撑之前压在墙上,可能会使墙体产生严重的应变。当框架的一侧倒塌时,墙将失去该方向的支撑。为了保持水平的稳定性,它必须依靠自身强度。

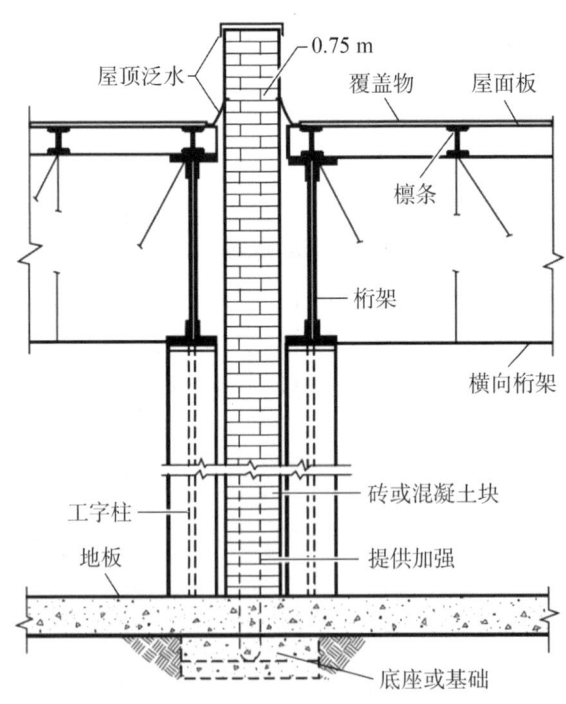

图3-4 独立式防火墙

独立式防火墙最常见于无保护钢框架结构的单层或双层工业和仓库建筑中,最大高度通常受到经济因素的限制。发生火灾时,墙必须能够充当悬臂,以承受所有朝向着火侧的水平力。独立式防火墙的设计应确保其自身能承受至少 24.5kg/m^2 的均匀横向荷载,而无需任何一侧框架的支撑。

砂浆接缝中的拉应力将没有钢筋的 0.3 m 混凝土砌块墙的高度限制在 4.6 m 高。如果要建更高的墙则需要大量的结构施工（在实际项目中很少见），或是对墙体进行加固。一种常见的加固技术是在空心砌体单元内安装固定在地基上的竖向钢筋。加固壁柱也可以沿周界的间隔点嵌入墙内。

独立式防火墙在水平力作用下有非常明显的局限，这可能会妨碍或限制其使用。在地震荷载和外墙承受的风力作用下，它们很容易倒塌。当使用独立墙作为临时外墙时，应将其固定在建筑框架上，直到建造了附加墙，然后再将其分断。有输送系统或管道穿过墙壁时，不应使用独立防火墙。

3.7.3.2 防火墙端部与开口

1）女儿墙和防火墙端部

如果不受控制的火势可以越过或绕过防火墙，那么防火墙就没有什么价值了。应为所有穿透可燃屋面板的墙壁提供女儿墙，其延伸至屋顶上方至少 75 cm。如果防火墙两侧的屋面板不可燃，则无须设置女儿墙。

作为对火灾冲击和辐射热的额外保护，无论是否有女儿墙，防火墙每侧的屋顶覆盖层都应铺设砾石并至少延伸 7.6 m。防火的屋顶通常不需要女儿墙或砾石铺面。

建筑墙壁每侧至少 1 m 应该是空白墙（多层建筑为 1.2～2.4 m），以防止火焰缠绕在墙的末端，并提高墙壁的稳定性。为防止墙角火势蔓延，空白墙应从墙的交叉点向外延伸至少 5 m。

轻钢结构类建筑的稳定性主要取决于其结构钢。如果防火墙包住了其中一些钢或者固定在它上面，框架的一部分倒塌就会造成防火墙毁坏。当裸桁架或大梁暴露在火灾温度下时，它们会失去强度、扭曲和下垂。发生这种情况时，会产生很大的水平力，钢结构框架通常会变形，防火墙也会被破坏。

在考虑防火墙和防火隔断的充分性时，工程师应将火灾期间的情况可视化，想象此时防火隔断必须能够抵抗未燃烧的火灾气体爆炸，坠落材料的冲击，消防水龙带的水流冲击，火灾产生的热应力，以及与防火隔断相邻的屋顶、墙、地板的倒塌荷载等。此外，防火墙和防火隔断不能作为防爆屏障，防爆有其他特殊要求。

2）防火墙开口

查勘时，必须特别注意防火墙上所有的开口。开口对防火墙本身的完整性构成威胁，而且墙上的门或其他封闭装置本身必须具有足够的设计、结构和可靠性。

防火墙的开口越小，其可靠性就越高。所有开口必须尽可能小，并且必须得到适当的保护。一旦防火墙上有任何类型的开口，在未暴露于火灾的一侧也将可能遭受火损、烟损和水损。

主要防火墙上的门应在开口的两侧采用至少 3 h 额定防火门进行保护。只能使用具有绝缘性能的门,如果间隙不足以安装绝缘门,则应使用双钢门。当有叉车通行时,总是需要双门,因为防火门有被损坏的危险。门必须能快速自动关闭。

MFL 防火墙需要 4h 额定值,防火门最多只能低一个等级即 3h。对于完整的 PML 估算,需要在墙壁的每侧安装一个 3h 的门。垂直防火隔断的开孔需要额定值为 1~1.5h 的门。

3.8 火灾暴露风险

一座建筑物的火灾会使邻近的建筑或构筑物暴露在热浪中,此外还有从火灾中飞出燃烧碎片的危险。同样,一座建筑物的某一部分的火灾会使该建筑物其他部分或楼层暴露在火灾危险中。第一种被称为外部暴露风险,第二种被称为内部暴露风险。暴露风险有可能在被保险人的掌控之中,也可能来自保险公司或被保险人都无法控制的第三方。

火灾暴露风险可能通过引燃建筑物的内部物品或室外堆垛,从而导致相邻建筑物着火。NFPA 80A 给出了更全面的解决方案,也可以作为进阶阅读。

1) 影响火灾暴露程度的因素

(1) 建筑间隔距离。
(2) 建筑结构类型和外墙开口数量。
(3) 暴露和被暴露区域的喷淋保护等级。
(4) 暴露火灾的严重程度(其产生的温度、持续时间和规模)。
(5) 气候因素,如盛行风向和风速。
(6) 双方场地管理情况。
(7) 暴露和被暴露的占用性质。
(8) 多租户建筑,尤其是高层建筑。

2) 火灾暴露风险的确定

有必要审查每个风险查勘现场的周边环境,以确定火灾暴露的可能性。应尽可能确定邻近设施的特性和占用情况,以及目前空置的相邻物业的任何运营计划。应考虑上述每一个因素,并采用以下准则:

间隔距离应符合建筑规范及危险单位划分的要求,在无法获得暴露方占用或施工的精确细节的情况下,采用保守方法。除非有确凿证据表明其可接受性(例如,暴露方也在该保险公司投保,并且有最近的风险查勘报告),否则应忽略暴露建筑物的喷淋系统保护。

暴露火灾的严重程度可以根据暴露方的占用情况保守地确定。如果具有高危险等级,则必须考虑存在非常高的暴露风险。在这种情况下,工程师必须确定和评估以下因素:暴露墙的长度;暴露墙的高度;暴露墙的开口;超出暴露墙端部或屋顶线上方的凸出部分。

气候因素有时会增加火灾暴露的危险性，应在相应的情况下进行评估。气候因素本身也可能构成暴露，应单独评估。

场地内务管理对减少内部暴露和外部暴露可接受的间隔距离具有关键作用，工程师应适当权衡这一点。

通常可以从企业的名称推断出其占用情况。同样，查勘现场的管理人员通常可以提供有关邻近企业的信息。工程师应能确定暴露方的主要占用情况，从而做出合理的暴露风险评估。

多租户建筑对暴露风险的确定带来了难题，尤其是高层建筑。工程师必须尽可能多地获取信息，以便确定建筑物的主要占用情况，以及最危险占用的危险等级。

工程师还应警惕可能偶尔发生的其他火灾，如周边的灌木或森林火灾、邻近石油码头泄漏产生的水上易燃材料、附近石油化工厂通过空气传播的易燃蒸气云等。有时还可能会遇到爆炸危险，通常会引起火灾并导致应急措施中断。

在确定存在的火灾暴露危险后，工程师必须分析其严重程度，并决定间隔距离是否足够或是否应采取保护措施。虽然适当的间距是降低火灾暴露严重程度的首选方法，但必须认识到，在现有设施中，要改善这一点几乎无能为力。相反，很多地方最终都会扩建，给现有存在的空间带来压力。因此，工程师必须在现有间距的基础上对风险进行彻底评估，并提出改进建议，以实现主动或被动保护。

对现有建筑的被动保护意味着用不燃材料对其进行涂层或屏蔽，或通过从中间场地移除堆放的可燃材料来确保足够的间距。主动保护是指对被暴露的建筑物或结构用水基消防系统进行保护。

虽然火灾从邻近物业蔓延过来的风险是最重要的暴露风险，但工程师必须警惕其他可能导致财产损失或被保险标的业务中断的暴露风险。其中某些因素如台风或地震，适用于整个地区，但其他因素如洪水，可能只威胁到少数标的。有时，这些风险敞口对营业中断保险范围的影响大于对财产损失的影响，了解这些风险是确定该地点正确损失估计的一个重要因素。

要考虑的因素包括地震、火山和雪崩，风暴、台风或旋风，洪水、海浪冲刷或海啸，暴乱、蓄意破坏和恐怖主义，以及公司勒索。

第 4 章
常见危险

本章将介绍商业和工业项目中广泛存在的常见危险,这些危险包括电气系统、供暖、通风和空调系统、蒸汽或热水锅炉、动力系统、吸烟和动火作业及不适当的内务管理而引起的火灾危险。在工业和商业企业中,还有许多特有的潜在火灾危险,下一章将讨论其中一些较为常见的"特殊危险"。

所谓的常见危险构成了一系列火灾损失的隐患,几乎所有工业企业都有,一定程度上,大多数商业企业也有。与常见危险相关的设施相当普遍,因此它们常被视为理所当然的,其成为火灾损失重要因素的可能性往往被忽视。它们可能会被当作主要业务活动的辅助系统,因此并不总能得到管理层的关注和资金的投入。例如,电力系统总是被看作一种运营成本,而不是收入或利润的来源。在预算紧张时,维护资金和管理重点会放在主要生产设备上,而不是配电系统。

事实上,最显著的常见危险就是配电系统,因为每个企事业单位都有配电系统,即使是简陋的办公室也有电力照明和电源插座。而一个大型工厂,可能有一个与国家电网相连的主进线变电站、几个配电变电站、变压器、数百台电机和控制中心,以及几百公里长的电缆和导线。电气系统是火灾爆发的常见原因,在这两个极端之间,风险的本质是一样的,区别仅仅在于风险事故造成的金钱和时间方面的损失程度有所不同。所幸电气系统都受国家电气规范的保护,而且供电部门通常在新工厂的电气系统充分满足相关标准前不会将电力接入。尽管如此,业主还是有责任对电气系统进行充分的维护,并且保证设备的增加或变更不会使电气系统超出安全设计和运行参数。

电气设备的维护不善或使用不慎,是导致所有火灾的常见原因。电气火灾的主要原因可分为四大类:损坏的电气设备、不当使用电气设备、安全事故、安装缺陷。

风控工程师不必成为电气系统设计和施工方面的专家。电气系统最好由合格的电气专家进行检查和测试,因为他们具备纠正可能导致火灾的电气系统缺陷所需的专项技能。然而,风控工程师通常会在一年内查勘上百个不同的保险标的,了解各种各样的电气系统,因此可以通过其积累的实践经验和专业的电气系统风控知识,来识别潜在的风险因素。工程师至少应能对电气系统的安装质量形成意见,判断其是否进行了充分的维护,以及工厂操作规程是否在使用和操作电气设备时隐含异常的危险。

会经常遇到的另一个常见危险是蒸汽锅炉。即使是小型企业，通常也会有某种形式的蒸汽锅炉或热水器，用于空间供暖。而一个大型工厂可能有几个大型锅炉，不仅提供发电用的高压蒸汽，还提供多个不同压力和温度水平的工厂蒸汽分配系统。普通的火险保单并不直接涉及锅炉及其相关装置和设备的承压部件发生故障可能引起的危险，但它确实涵盖了锅炉爆炸造成的财产损失，当然也包括锅炉燃料泄漏后锅炉房发生火灾的后果。严重的火灾或燃烧室爆炸可能最终导致锅炉压力部件故障，从而增加最初火灾或爆炸后的财产损失和营业中断。燃烧室爆炸是造成损失的一个常见原因，现代锅炉系统拥有非常复杂的控制系统，以将操作员失误或锅炉燃料系统中设备故障的潜在风险降至最低。这些控制装置将监控锅炉运行的每个阶段，包括在锅炉初次点火、日常运行过程中出现的所有可预见情况，以及紧急情况下安全有序地关闭程序。

工程师也不必是蒸汽锅炉设计和运行方面的专家，然而由于他们丰富的经验，他们应该能够就锅炉安装的质量、是否进行了充分的维护及工厂的操作规程是否会在锅炉的正常运行中存在异常危险等问题形成意见。尤其是他们应该能够检查锅炉的燃烧控制和监控系统是否充分，并提供相关风险改善建议。

在本章中，将会讨论几种常见危险，并提供足够的风控技术资料，以便非某一工程领域专家的工程师也能够从风险控制的角度对任何装置的总体质量做出可靠的判断。在典型的工厂查勘中，还有许多其他危险，其中一些被看作"特殊危险"。常见危险和特殊危险的划分是主观的，"常见"一词并不意味着常见危险不如其他可能造成损失的危险那么重要。

4.1 电气系统危险

企业总会有某种类型的电气系统，从简单的照明到专门设计的大型复杂装置。如果设计、安装和维护得当，电气系统的使用既方便又安全，然而电也可能造成火灾和人身伤害。如果电产生电弧或使电气设备过热，则可能引发火灾，并可能因电击和烧伤而导致人身伤害或死亡。

4.1.1 电气火灾起因

电气系统和电路都可能引发火灾。现代的电气设计规范和标准能大大降低风险，但电气火灾是造成火灾损失和索赔的最常见原因。

电气火灾主要是由电弧和过热引起的。当电流或能量试图通过导线上的小裂口、松动的接头和端子处的小间隙时，会产生电弧。电弧产生的热量足以引燃附近的可燃材料，并能释放出热金属颗粒，也能引起点火。电弧还会熔化金属导体并产生火花。

许多电气设备故障都是由不正确的端接、糟糕的工艺、不良的紧固或拼接装置、工厂的环境和大气条件,以及附近其他工厂的空气污染物造成的。因此,在工业场所的电气装置中出现故障的概率很高,因为任何中等规模的电气系统都会包含上千个接头、端子和连接点。

几乎所有涉及电气设备的火灾都源于可预见或可避免的人为错误:

(1) 安装不当。不遵守适用的电气布线规范的规定,包括施工工艺质量差,安装不当可能导致设备过载、设备损坏或过热而引燃附近可燃物。

(2) 缺乏维护。设备在使用过程中磨损,包括电气绝缘的劣化。安装不当会加速老化。

(3) 使用不当。不按设计条件使用的电气设备可能导致火灾。

(4) 粗心或疏忽。在使用或维护电气设备时,即使是短暂的疏忽也会导致火灾。

1) 电弧或火花

当载流电路被有意(如打开和关闭)或无意(如端子上的触点松动)中断时,可能导致开关触点处产生电弧或端子处的高电阻连接处发热。电弧的强度和热度在很大程度上取决于电路的电流和电压及端子处触点的电阻。温度很容易升高到足以点燃附近的任何可燃材料,例如导体的绝缘层。它甚至可能熔化导体的金属。燃烧的可燃材料和热金属产生的热火花可能会四处飞溅或掉落,从而点燃其他可燃材料。产生意外电弧的条件通常会导致保护装置启动,从而缩短热暴露时间。然而,间歇性电弧,例如在接地故障中可能发生的电弧,有时会在不跳闸的情况下发生。

2) 电导体或电缆在使用过程中的发热

当导体携带电流时,产生的热量总是与导体的电阻成正比。用于将电流传输到使用位置的导体电阻,或用于通过设备绕组传输电流的导体电阻应尽可能低。金属铜和铝是很好的导电体,电阻很低,所以通常用作电流的导体。铜通常被认为比铝更"宽容",因为在进行连接和端接时即使出现一些小错误也不太可能导致故障。

在符合设计的条件下,电导体产生的热量几乎不会引起火灾。当导体和其他电气设备的电流超过额定容量时,它们可能会产生危险的热量。过热通常很微妙,很难被检测到,而且点火速度较慢,但它和电弧一样容易引起火灾。过载会使绝缘材料劣化到导电和过热的程度,导致附近的可燃材料着火。过热引起的绝缘故障也会导致导线之间或导线与相邻接地物体之间产生电弧。降低危险程度的一种方法是提供足够的空气循环来降温,以防止温度过高和电气绝缘过早损坏。

3) 电气设备在使用过程中的发热

电气设备和机械在正常工作时也会发热。大多数电气设备在额定负载下的额定温升会超过基准温度,通常为 40 ℃。将电气设备和导线放置在环境温度高于 40 ℃的高温区域(如炉膛、锅炉房或通风不良的区域)时,评定它们的额定值时要降低等级。这是因为如果周围温度超过假定的设计基准,已经在高于正常温度下运行的连接件和运行部件的温度将更容易升高到接近其故障点的温度。

4) 电气设计规范

每个国家都有一些与电气系统的安全设计、使用和维护有关的规范或法规。在多数情况下,如果供电部门因某种原因认为系统有危险,则会终止供电。作为最低要求,所有电气设备的相关标准都会包括旨在防止电弧和过热引起火灾的要求,以及防止可能导致意外触电的要求。

5) 危险及分类场所

一些区域的环境中可能存在可燃气体、蒸气、粉尘或其他可燃物质。在这种情况下,错误地选择电气设备将大大增加火灾或爆炸的风险。应该根据不同场所的危险种类,相应地选择适合该场所的电气设备。

4.1.2 配电系统和设备

在大型工业场所,会有输变电线路连接到电网上,把高电压转换成现场所需的电压。主进户线路的导体通常是悬挂在陶瓷或环氧树脂支架上的未绝缘铝或铜母线导体。在这种情况下,电流数通常不是选择导体的标准。通常,决定标准是供电系统的最大故障电流及承受下游故障产生的大量机械力所需的导体和支撑系统。

1) 主要进户设备

大型工业场所的主要进户设备装置可能是一个独立的油、空气或气体绝缘断路器和变压器,主要设计考虑基于防止供电中断的需求。露天、高压环境中通常没有可燃物,因此室外主变电所的火灾危险主要来自变压器和断路器中绝缘液体的特性。如果绝缘液体易燃,则可能因故障而引燃,导致设备损坏,并有可能破坏相邻的装置或建筑物。

这种火灾可能造成设备自身损坏,但有时也可能引发更严重的后果。所以工程师需要考虑特殊防火措施:间距或物理隔断;筑堤容纳来自故障装置的可燃液体的数量;在断路器或变压器上使用水喷雾系统保护。

非灭弧装置(如变压器)可使用硅油或特殊配方合成碳氢化合物油形式的耐火绝缘液。这些替代方案中的任何一种都可以达到所期望的保护程度。必须进行适当的内务管理,以使易燃物远离这些装置。此外,这些装置之间应有适当的物理隔断(如防火墙),以得到充分的保护。

在较小的工厂中,进户线的电压较低,通常布置在架空或地下,并端接在用户拥有的断路器或熔丝开关设计的设备中。此时,需要重点关注导体尺寸的正确选择和设备绝缘系统的温度额定值,以满足负载要求。应避免将进户线设备和导体安置在高温环境,因为环境温度超过设备设计基准时,会降低设备和导体的额定值。将设备放置在正常环境温度下通风良好的房间,可以更好地利用设备额定值,减少电气故障次数,并降低火灾发生率。

2) 接地要求

危险电压可能会对配电系统和设备造成火灾和人身伤害危险。这些电压可能是由闪电、意外接触高压系统、绝缘击穿、粉尘或湿气引起的表面漏电或电线从其连接处脱落引起的。如果带有危险电压的设备没有得到控制,任何人接触到它(只要有电位差)都会受到电击。

接地有助于安装在未接地导体中的过电流装置的运行。系统的一根导线接地,所有可能通电的金属部件都通过设备接地导线和跨接导线与之相连。如果发生接地故障,这将为接地系统导线提供一条通路,并触发过电流装置启动,从而消除危险情况。故障路径的阻抗必须足够低,允许足够的电流通过以使过电流装置快速启动。

金属电缆铠装、电缆管道、接线盒和配件及电机的框架和外壳必须接地。某些电气工具、电线和插头连接的电器,如洗衣机、烘干机、水泵等,必须通过线路插头中的第三个触点接地。

接地电极连接到系统,以稳定对地电压,并限制因雷电、线路浪涌或意外接触高电压线路而产生的电压。在最简单的情况下,金属地下水管系统可用作接地极,且管道的埋置部分长度超过 3 m。如果金属地下水管是唯一的接地极,则必须另加一根接地极,以保证接地极系统的完整性。复杂的系统安装需要更精细的接地设施,通常包括许多铜棒,这些铜棒被打入地下足够的深度,以接触到足够潮湿的土壤,从而成为一个好的导电体。

应定期检查接地夹和连接器,以确保它们紧固。当在房屋内安装新的电气机械或设备时,应检查其是否已与接地系统正确连接。以上要求对防爆电机除外。如果提供了等效保护,例如双重绝缘,则电器可不接地。

3) 电气系统导线的支撑和连接

在工厂中,配电系统导线可采用多种不同的安装方式。导线可安装在架空或地下的刚性金属导管或电缆管道系统中,直接埋入电缆桥架中,或安装在悬垂架空电缆或架空导线上的架空绝缘子上。在地上也采用刚性金属导管和电缆管道可以实现最大限度的机械保护,但是安装成本极高。架空刚性金属导管组在较小规模的工业电气系统中有着很好的应用场景,这些系统要求对导线进行最大限度的机械保护,并且在一个共同的布线中导线数量最少。

如果提供架空支架的成本过高,且电力负荷已知且不会发生变化,则应考虑直接埋置系统导线。这种方法可以最大限度地防止地表活动造成的机械损伤,并能防止大多数地面火灾。使用的电缆必须适用于此用途,并且必须提供保护,防止挖掘活动。

所有电缆穿过墙壁或地板时,应保护其不受机械损伤。它们还应防止机械过载,这并不像机械损坏那样显而易见。当电缆进入盒、柜和其他设备时,应将其端接在适当的配件中,以将其牢固地固定在适当的位置,而不会损坏导体绝缘。未正确支撑或端接的导管可能会拉开,使导线和绝缘层受损。

当电缆桥架穿过墙壁或隔墙时,应采用防火封堵或防火挡板的标准,有时也可以在电缆桥架下设置防火隔断和水喷雾系统进行防火保护。这些消防系统的目的是保护桥架封装电路的完整性,直到表面火灾得到控制,或留出时间使受火灾影响区域的生产装置有序关闭。

用于电缆桥架或其他支撑系统中的电缆,应选择具有经认证的无火焰传播电缆。在国内,阻燃电缆和低烟无卤电缆主要适用于重要的电力及控制系统。当线路遇到火灾时,该电缆在外部火焰的作用下只能有限燃烧,发烟量少,烟中有害气体也很少。当外部火焰消失时,电缆火焰也能自行熄灭,使火灾对人体及财产损失减少到最低限度。所以,该种电缆广泛应用于石化、电力、冶金、高层建筑及人口密集等重要场所。

耐火电缆主要适用于特别重要的电力及控制系统。当线路遇到火灾时,耐火电缆能抵抗 750~800 ℃高温达 90 min 以上,确保安全送电,以赢得充足的灭火时间。

4) 软线

软线有多种类型,软线和电缆的载流能力受到所用电线类型和规格的限制。电线不得超载或随意缩小规格以确保应有的机械强度。软线经常受到物理损坏和快速磨损。如果绝缘层损坏,可能会发生短路,由此产生的电弧可能会点燃绝缘层或附近的可燃材料。一旦软线出现破损或明显磨损,应立即更换。

有许多涉及软线的不安全做法可能导致火灾,其中包括用它们代替固定布线。延长线只能用于连接临时使用的便携式设备,而不能作为建筑物永久布线的一部分。软线的固定不应钉在墙上,也不应绑在管道上,不应依赖电源线的终端来提供机械支撑。相反,电线应夹在连接器中,以防止电线对终端造成压力。切勿将软线放在可能被车辆、手推车或行人损坏的地方,也不应该让它们盘绕或绞在一起,或在地毯下通过。

5) 过电流保护

当电流达到某个值时,会导致设备、导线或导线绝缘层温度过高产生危险,导线和设备配备的过电流保护装置此时就会断开电路。熔断器和断路器是最常用的过电流装置,它们将在短路和过载情况下工作。热过载装置用于保护电动机等设备。

(1) 熔断器。熔断器主要起过载保护作用。电路中如正确配置了熔断器,当电流过大或温度过高时,熔断器就会熔断切断电流,保护电路安全运行。熔断器有很多种,最常见的两种是插头式熔断器和盒式熔断器,两者都可以是快速反应型或延时型。

(2) 断路器。断路器有多种样式,最常见的不可调式断路器有两种跳闸方式,一种是过载时的热跳闸,另一种是短路时的磁跳闸。当过载时,电流变大,发热量加剧,双金属片变形到一定程度推动机构动作(电流越大,动作时间越短)。当短路时,大电流产生的磁场克服反力弹簧,脱扣器拉动操作机构动作,开关瞬时跳闸。还有一类断路器具有可调跳闸装置,其可能具有常规或固态传感装置。一些断路器具有并联跳闸功能,允许远程操作,例如用于远程关闭餐厅厨房油烟罩下设备的一种断路器。特殊用途的断路器类型有电动断路器、接地故障感应断路器和电机电路保护器。在正常负载下,这些设备都可能发热,但任何设备都不应发热到烫手。

(3) 接地故障断路器(GFCI)。当电流通过除正确路径以外的任何路径到达地面时,这些设备都能感应到。当这种情况发生时,GFCI 几乎立即跳闸,停止电路中的所有电流。GFCI 对于潮湿地区的生命保护极为重要。GFCI 保护由位于配电盘上的专用断路器或安装在出线盒中的 GFCI 插座提供。

6) 开关、接触器和隔离器

所有电路都必须有某种装置来"开关"电流。对于低电压、低电流的电路,使用一个简单的开关就行。而对于涉及更高电压和负载电流的工业应用,则会采用一种更稳健的设计,被称为接触器。开关或接触器通常处理满载电流,在切换时不可避免地会产生电弧。只要开关在其设计参数范围内工作,这种电弧不会造成破坏或危险。

接触器分为交流接触器和直流接触器,它应用于电力、配电与用电场合。接触器广义上是指工业电中利用线圈流过电流产生磁场,使触头闭合,以达到控制负载的电器。

隔离器在原理上类似于开关,只是它的设计不是为了在电流流动时直接打开或关闭电路。电流中断和启动由接触器执行,隔离器的作用是在电流停止后将电路与输入电源断开。隔离器最常见的用途是允许对下游电路或设备进行安全的维护或维修工作,因此通常将其锁定在打开位置。

断路器可以被看作一种特殊类型的开关,但它有能力在电流过大时"感应",并自动"断开"电路。断路器当然也可以手动跳闸,这类似于操作开关。对于许多系统,包括电机起动器,断路器和接触器的功能是结合在一起的。因此,对于电动机,接触器可以手动操作来启动或停止机器,在电动机过载的情况下,断路功能在后台"跳闸"关闭电源。

空气断路器是一种只要电路中电流超过额定电流就会自动断开的开关。它集控制和多种保护功能于一身,除能完成接触和分断电路外,尚能对电路或电气设备发生的短路、严重过载及欠电压等进行保护。空气开关在低压配电网络和电力拖动系统中的使用非常普遍,在普通家庭也极为常见。油浸断路器是以密封的绝缘油作为断开故障灭弧介质的一种开关设备,广泛应用于各个电压等级的电网中,油浸断路器是用来切断和接通电源,并在短路时能迅速可靠地切断电流的一种高压开关设备。在油浸断路器中,中断触点浸没在油中,这有助于在电流中断时抑制电弧。

开关和断路器的主要火灾危险是装置打开时产生的电弧。使用油浸断路器时,此类危险会相对更大一些,如果使用时大大超出其额定容量,或者油的状况很差或没有适当地保持油位,电弧可能会使油蒸发,使外壳破裂,并引起火灾,然而其中的油量通常相对较少(高压设备除外)。每种类型都有其优缺点,但只要设备在其设计范围内运行并得到良好维护,这些重要设备都是非常安全可靠的。断路器和开关必须具有足够的额定容量来承载最大负载及中断最大短路电流。开关和断路器的触点应保持良好状态,油浸断路器中的油应定期更新,油量保持在适当的水平。

7) 配电盘

配电盘应安装在干净和干燥的地方,并得到密切监控,有资质的工作人员才能进入该区域。如果需要在潮湿处或建筑物外安装配电盘,则必须安装在防风雨外壳内。必须为维护操作提供足够的空间,并且电路板周围的区域必须保持清洁,以便快速方便地进入。工作空间内或配电盘顶部不得存放任何物品。

配电盘内的绝缘导线及仪表和控制线路应具有阻燃外壳。一些配电盘会有裸露的带电部件,因此必须有保护措施,可以在这些打开的配电盘周围放置隔断物来实现。此类配电盘通常也会采用母线,母线应得到充分支撑。

8) 接线盒和机柜

插座、开关、接线盒和机柜用于保护设备及其内部的连接,所有这些装置都应配备适当的盖子,机柜中的电线数量不得超过其设计的数量。

9) 变压器

电力系统几乎都有变压器。变压器的作用是改变供电电压,因为电能是由电力公司在高压下分配的,高电压能减少远距离输电的功率损耗。对于大多数工业用电用户来说,在 220~400 V 的电压范围内,某些行业有一些特种设备可能会用到 6 000 V 电压等。

变压器类型主要分为干式和油浸式。干式变压器在较新的商业建筑中很常见,而油浸变压器在工业厂房或旧建筑中更为常见。在大多数情况下,干式变压器不需要单独的房间,但必须与易燃材料分开,并且其所在区域必须充分通风。

油浸变压器通常需要安装在具有 3 h 防火等级的房间中,并设置围堰和地沟,以便在变压器破裂时容纳溢出的变压器油。变压器油可以是矿物油,也可以是不太易燃的合成液体类型,例如二甲基硅油。FM 认证的产品中有"易燃性较低的流体",可以降低变压器火灾风险。

矿基变压器油是天然石油中经过蒸馏、精炼而获得的一种矿物油,它的主要成分是烷烃、环烷族饱和烃、芳香族不饱和烃等化合物,因此是可燃液体。矿基变压器油应该每年进行溶解气体分析,以确保其性能可靠。

室外变压器安装的位置应确保其泄漏的液体不会流向建筑物中或控制在适当的区域。通常在变压器旁会设置地下事故集油池来收集泄漏的液体。变压器的布置方式应确保在变压器发生故障时不会使建筑物出口或窗户暴露在火灾中。

变压器在正常使用过程中会产生热量,如果没有适当冷却,则会过热并升温到可能发生火灾的程度。因此,出于防火目的,变压器最好安装在室外,相邻变压器之间用防火墙隔离。应为所有变压器提供足够的通风,并将应该保持的间距要求标注在变压器上。无关的物料不得存放在变压器外壳上。

4.1.3 动力设备及其保护装置

工业设施使用的大部分电能是在电动机、照明和工艺加热装置中消耗的。许多其他外围设备也在消耗电能。还有一些设施会使用大量电能,如电弧炉或类似设备。然而,所述的三个基本类别——电动机、照明和工艺加热装置,构成了工业电气系统运行中主要的潜在火灾源。

1) 电动机

当电机绕组短路或电刷操作不当时,火花或电弧可能导致电机绝缘层或附近的可燃材料着火。由于润滑不当,轴承可能过热,有时轴承过度磨损会使转子与定子摩擦。轴承的轴向磨损有时会使转子移动,通常会导致冷却风扇结垢。许多不同类型机器的单独驱动有时需要将电机安装在有损电机绝缘的位置。可以导电的粉尘或者纤维沉积物等可能会沉积在绝缘层上,阻止热量的正常散失。电机应定期清洁和润滑。所有电机安装应符合现行电气规范或标准的要求,其中包括危险位置电机的特殊规定。

工厂的自动化衍生出了"电机控制中心室"。生产机械的自动化大大增加了电机及其相关控制电路的使用。电机控制设备被分组安装在相对较大的分隔式金属外壳中。这些是专门设计、原厂定制的设备,它们通常位于单独的隔间内,电机控制中心的电气故障或火灾通常会导致控制中心许多隔间内的设备因快速升温而损毁。

多导体电路被成堆安装在电动机控制柜后面或上方的电缆桥架中,是造成许多重大损失的一个因素。电弧或火灾产生的热量会使控制中心室内的温度升高,使通常会缓慢燃烧的电缆变得非常容易燃烧。这种电缆火灾的发生可能会使一个车间或整个工厂停工数周或数月。

同一个房间内的电机控制中心的数量应受到限制,应避免把大量电路或设备安装在同一个防火分区中。电机控制中心的房间应为不可燃建筑,屋顶或天花板不能在火灾时垮掉。除正常通风外,房间还应配备紧急排风,以便在发生严重火灾时排除热量和烟雾。电机控制中心房间内宜采用的防火措施包括预作用自动喷淋灭火系统、保护外露电缆的固定水喷雾系统、在异常高温或烟雾情况下触发警报的火灾探测器、二氧化碳或洁净气体灭火系统、每个控制室的入口配置手提式灭火器,以及控制室附近随时可用的带有合适软管和可调节喷嘴的消火栓接头。

2) 照明设备和装置

灯具设备常会出现老化和维护不善。电线上的绝缘层可能会干燥、开裂和脱落,造成导线裸露。插座可能会磨损并损坏,灯具本身可能会在安装件中松动。灯具不应直接安装在可燃屋顶上。由于灯具通常在足以点燃易燃材料的高温下工作,因此灯具应安装在离可燃材料足够远处。更换灯泡时使用更大功率的灯泡会导致灯具温度过高,可能会损坏电源导线或引燃附近的可燃物。新型的嵌入式灯具配有热保护装置,该装置在灯具温度过高时会将其关闭。无保护的手提灯如果与可燃物接触,可能会点燃它们,破损的灯具可能会点燃悬浮的可燃粉尘或大气中的易燃蒸气。虽然根据统计数据,照明设备和装置在工业场所并不是主要的引火源,但是在选择危险场所的灯具时应非常谨慎。

白炽灯在正常使用过程中会产生相当大的热量,因此它们本身就具有加热和点燃与其接触的可燃物的危险。正常情况下,如果白炽灯安装在适当保护的灯座和固定装置中,则加热的危险可以忽略不计,但如果灯被可燃材料包围或放置在可燃材料上,则可能会引燃可燃材料。荧光灯的工作温度低于白炽灯的玻璃外壳温度,但通常要使用高压来启动。这就需要使用启辉器、镇流器和开关;在设计适当的保护装置时,必须考虑到这些辅助设备产生的热量。

高强度放电灯(HID 卤素灯)如钠或汞蒸气灯,其工作温度远高于白炽灯或荧光灯,有时会超过 288 ℃,因此必须格外小心,防止此类灯具接触可燃材料。这种灯通常需要镇流器,有时需要电容器,并且设计特殊的灯座。高强度放电灯应仅在它们的专用设计场景中使用。曾经 HID 在仓库照明中比较流行,这大大增加了仓库的火灾风险。随着技术的进步,HID 逐渐被 LED 或 LVD 所替代。

便携式手提灯由于电线的磨损缺陷或灯泡破裂,可能会导致火灾。便携式手提灯最好有一个把手,如果可能受到物理损坏或与易燃材料接触,则应配备坚固的保护装置。在危险场所使用的便携式手提灯必须适用于该场所。

3) 工艺加热装置

现代工业生产中使用各种各样的加热装置,而电加热器可能是最常见的。应用范围从小型烤箱和低温烘干机到空间加热器、窑炉和熔炉,再到最终成为主要生产设备的大型电加热装置。

工业炉通常在低电压、高电流水平下耗电,需要非标准变压器。这些变压器通常需要较长的重置时间,因此可能会出现严重的业务中断风险。几乎所有的工业炉都是以可变的占空比运行的,因此整个电气装置的额定值是否充分必须以最坏的条件为基准,而不是在平均条件下进行设计。

控制电弧炉的油浸式断路器承受着异常严重的工作负荷,除非经常检查和正确维护，否则很可能会发生故障，造成灾难性后果。用于控制油浸变压器的电路断路器工作电压在 600 V 以上的，必须安装在变压器室外。高压断路器上的通风孔必须连接到室外。由于操作的性质，电弧炉电路也会受到高浪涌电流的影响，这可能导致所用的电弧断路器发生故障。

许多热处理工艺采用高频交流电的感应和介电发热设备。为消除此类设备的人员危险和火灾危险，施工和安装必须符合一般电气安装规范中未充分反映的特殊要求。

4) 工业机械

工厂通常会使用许多特殊设计的机器，这些设备的设计中都有电气元件。现代工业的电气设备可以从简单的单电机钻床或挤出机，到涉及高度复杂控制系统的大型多电机自动化设备。后一种类型通常由制造商定制设计和工厂接线。机床包含许多装置和保护措施，以确保生命安全、防火及机器本身的安全性，同时减少因更换零件而造成的机器停工时间。

工业机械中的电气设备通常会受到油、金属屑、冷却剂、过载、误操作和移动部件的损坏。机器的固定接线通常应采用导管保护的导线或矿物绝缘型电缆。例外情况是与连续运动部件的连接，这些部件必须是柔软的多导体电缆。对于涉及较小或不频繁移动的柔性连接，可使用柔性金属导管或液体密封柔性金属导管。

5) 暴露于潮湿或不可燃粉尘的电气设备

安装在建筑物外的电气设备在设计上必须是防风雨的，否则必须将其封闭在防风雨机柜中。这些机柜的设计是为了防止湿气或水进入并积聚。如果安装在墙上或其他支撑面上，机柜与支撑面之间的空隙应至少保持 6 mm。在可能存在湿气和不可燃粉尘的地方应使用特殊的电气设备，称为"蒸气密闭"设备。

4.1.4 危险区域电气分类

在许多工业场所，操作条件可能导致可燃气体、蒸气、粉尘或固体材料污染环境，从而增加火灾或爆炸的风险，例如在炼油厂液体溢出或气体释放的风险，或煤炭开采中存在的粉尘和甲烷释放的可能性等。为了选择和安装电气设备，此类潜在危险的操作环境被称为"危险"或"分类"区域。安装在危险区域或分类区域的电气设备必须适合于在不增加危险的情况下连续运行。NFPA 70 National Electrical Code 是分类区域电气装置应用最广泛的标准之一，得到了国际公认。其他国家也有相应标准，但了解 NEC 对危险区域电气装置的要求是大有裨益的。

由于存在易燃液体、气体、可燃粉尘、可燃纤维或飞絮，许多场所是"危险"的。在这些区域，特殊的电气设备是保证安全的前提。在 NEC 中，危险场所根据所涉及的危险物质的种类分为三大类（Class）；每一类根据潜在危险存在的可能性进一步分为两个级别（Division）。为了对设备进行认证和区域分类，根据其特性对各种空气混合物（非富氧）还进行了分组（Group）。任何危险区域分类的正确规范要求按照该顺序对大类、级别和分组进行说明。

危险场所电气分为三大类：Class Ⅰ（可燃气体或蒸气在空气中的含量足以产生爆炸性或可燃性混合物的场所）、Class Ⅱ（由于存在可燃性粉尘而具有危险性的场所）和 Class Ⅲ（由于存在可燃纤维或飞絮而具有危险性的场所）。

根据潜在危险存在的可能性，每个电气大类又分为两个级别，定义如下：

1) Class Ⅰ, Division 1（Ⅰ类 1 级场所）

（1）在正常操作条件下，可能存在达到可燃浓度的易燃气体或蒸气。

（2）由于维修或维护操作或泄漏，达到可燃浓度的易燃气体或蒸气可能经常存在。

（3）设备故障或错误的操作或流程可能会释放出达到可燃浓度的气体或蒸气，也可能同时导致电气设备发生故障。

示例：①挥发性易燃液体从一个容器转移到另一个容器的地方；②喷漆室内部和喷漆作业附近使用挥发性易燃溶剂的区域；③装有挥发性易燃液体的开放式罐的场所；④清洗和染色工艺中使用易燃液体的场所；⑤工厂正常运行期间，易燃蒸气或气体可能达到可燃浓度的任何地方。

2) Class Ⅰ, Division 2（Ⅰ类 2 级场所）

（1）处理或使用挥发性易燃液体或可燃气体，但通常将液体、蒸气或气体限制在封闭容器或封闭系统内，只有在此类容器或系统意外破裂时，或在设备异常运行的情况下，才能从封闭容器或系统中逸出。

（2）气体或蒸气通常由强制机械通风来防止其达到可燃浓度，并且可能因通风设备的故障或异常运行而变得危险。

（3）和Ⅰ类 1 级场所相似，且易燃气体或蒸气的浓度有时可能会形成，除非通过来自洁净新风足够的正压通风阻止其形成，并且提供了防止通风故障的有效保护措施。

Ⅰ类 2 级场所是使用挥发性易燃液体、易燃气体或蒸气的场所，但只有在发生事故或某些异常操作条件下才会变得危险。Ⅰ类 1 级区域是相对于Ⅰ类 2 级区域而言的，重点是区域周围是否通过来自洁净新风的正压通风进行保护，并提供有效的通风故障保护措施。

3) Class Ⅱ, Division 1（Ⅱ类 1 级场所）

（1）在正常操作条件下，可燃性粉尘持续、间歇或周期性地悬浮在空气中，其数量足以产生爆炸性或可燃性混合物。

（2）机械或设备的机械故障或异常操作可能导致产生此类爆炸性或可燃性混合物，并可能同时通过电气设备和保护装置的故障或其他原因提供火源。

（3）可燃粉尘的导电性达到了危险的量级。Ⅱ类 1 级场所还包括水平表面在 24 h 内积聚的粉尘厚度超过 3 mm 的区域。

示例：谷物和谷物制品、磨碎的糖和可可粉、奶粉、粉状香料、淀粉和糊状物、马铃薯和木粉、豆类制成的豆粕、干草的处理和加工,以及处理其他可能产生可燃粉尘的有机物料。这些都是可燃粉尘。1级分类也可能由导电粉尘引起,含有镁或铝的粉尘尤其危险。

4) Class Ⅱ, Division 2(Ⅱ类2级场所)

(1) 空气中可燃性粉尘的数量通常不足以产生爆炸性或可燃性混合物。

(2) 粉尘积聚通常不足以干扰电气设备或其他装置的正常运行,但是由于偶尔的设备操作不当或发生故障,可燃粉尘可能积聚在空气中。

(3) 可燃粉尘积聚在电气设备的表面、里面或附近,可能足以干扰电气设备的安全散热,或可能因电气设备的不当操作或故障而着火。

5) Class Ⅲ, Division 1(Ⅲ类1级场所)

处理、制造或使用可燃纤维或者生产处理的材料会产生可燃飞絮的场所。

示例:①人造丝、棉花和其他纺织厂的某些部分;②可燃纤维制造和加工厂;③轧棉厂和棉籽厂;④亚麻加工厂;⑤服装制造厂;⑥木器工厂等。

6) Class Ⅲ, Division 2(Ⅲ类2级场所)

储存或运输可燃纤维的场所(不含生产流程)。

针对适合安装在危险区域的电气设备和装置的测试与设计的各种因素,共确定了七组具有类似特性的空气混合物环境:

(1) A组环境:含乙炔。

(2) B组环境:含有氢气、燃料和氢气含量超过30%的可燃工艺气体或具有同等危险的气体或蒸气,如丁二烯、环氧乙烷、环氧丙烷和丙烯醛。

(3) C组环境:含乙醚、乙烯或具有同等危险的气体或蒸气。

(4) D组环境:含有丙酮、氨、苯、丁烷、环丙烷、乙醇、汽油、已烷、甲醇、甲烷、天然气、石脑油、丙烷或具有同等危险性的气体或蒸气。

(5) E组环境:含有可燃金属粉尘,包括铝、镁及其商业合金,或其他可燃粉尘,其粒度、耐磨性和导电性在使用电气设备时具有类似的危险。

(6) F组环境:含有可燃性含碳粉尘的,包括总截留挥发物超过8%的炭黑、木炭、煤或焦炭粉尘,或已被其他材料敏化而具有爆炸危险的粉尘。

(7) G组环境:含有不属于E组或F组的可燃粉尘,包括面粉、谷物、木材、塑料和化学品。

4.1.5 危险区域电气设备安装

虽然电气设备最好不要安装在危险区域,特别是1级场所,但在实践中无法满足。电气照明、电机和仪表通常必不可少,因此必须适合安装环境。以下简要讨论与危险区域电气装置的选择、安装和维护相关的各种因素。

用于Ⅰ类1级场所的设备有时被称为"防爆"设备。Ⅰ类场所防爆设备的基本设计标准是能承受可燃气体或蒸气与空气混合物的内部爆炸,并且防止内部爆炸扩散到周围的易燃环境中。由于周围的可燃气体或蒸气与空气混合物可能进入该设备的外壳,并且在外壳内存在着火的可能性。为了防止火焰传播到可能含有易燃蒸气与空气混合物的外部周围大气中,该设备的外壳必须能够在连接处或其他开口处阻止火焰,具有足够的强度来抵抗内压,以及确保外壳的外表面温度不足以点燃周围的气体或蒸气。安装的设备必须经过测试和认证,并符合相应的电气分组环境。

1) Ⅰ类场所:易燃气体或蒸气

在Ⅰ类危险场所使用的设备必须按照满负荷运行设计,如有可能过载的电机等设备,则必须确保在过载条件下运行时,其表面温度不超过环境中易燃气体或蒸气的着火温度。

(1) Ⅰ类1级场所。这些位置的电机、照明设备、大多数开关、断路器和类似的电气设备必须是防爆型,并针对Ⅰ类场所测试认证过的。也可使用经认可的本质安全型设备。本质安全设备和接线是指在正常或异常条件下不会释放足够电能,从而导致特定危险混合物着火的设备和接线。本安型电气设备外壳必须具有一定的强度,并具备一定的防尘、防水、防外物能力。这些通常仅限于低能控制、信号和仪表系统。

(2) Ⅰ类2级场所。一般情况下,不带电刷和开关机构等的普通类型电机可安装在该场所。但具有滑动触点、开关等的电机必须有防爆设计或者安装在适用于Ⅰ类2级场所的封闭空间内。

灯具的工作温度若高于所涉及气体或蒸气点火温度的情况下,必须采用防爆型灯具。灯具破损造成火花或热金属落下可能点燃2级场所易燃气体的区域,也必须有合适的保护外壳。开关、断路器、控制器和其他产生电弧或火花的装置,必须是防爆的,其触点必须在密封的腔体内,或者浸在油中。便携式灯具的类型必须符合Ⅰ类1级场所的要求。

2) Ⅱ类场所:可燃粉尘

在Ⅱ类场所使用的设备也必须按满负荷运行设计,如果设备可能过载,则必须按过载条件运行设计,其表面温度不得超过可燃粉尘的着火温度。

(1) Ⅱ类1级场所。电机必须是经认证的封闭式电机,且适用于Ⅱ类场所。照明设备、开关、断路器、控制器和熔断器等必须配备经认证且适用于Ⅱ类场所的防尘防爆外壳。在实际操作条件下,Ⅱ类场所的设备表面最高温度不得超过粉尘的着火温度。

(2) Ⅱ类2级场所。全封闭式电动机通常是合适的。在某些条件下,标准的无滑动触点或开关等的开放式电机可用于许多此类场合。固定式灯具和灯座的外壳必须设计成能够最大限度地减少粉尘沉积,防止火花、燃烧材料或热金属逸出。开关、断路器、控制器和熔断器应配备防尘外壳。对设备的温度限制与1级场所相同。

3) Ⅲ类场所:可燃纤维或飞絮

在Ⅲ类场所使用的设备也必须按满负荷运行设计,如果设备可能过载,则必须按过载条件下运行设计,其表面温度不得超过可燃纤维或飞絮的着火温度。

(1) Ⅲ类1级场所。通常该场所的电机必须是封闭式电机。灯具和灯座、开关、断路器、控制器和熔断器必须防尘。对于不过载的设备,实际操作条件下的最高表面温度不得超过 165 ℃,对于可能过载的设备,如电机、变压器等,不得超过 120 ℃。

(2) Ⅲ类2级场所。电机必须为封闭式。灯具、灯座、开关、断路器、控制器和熔断器的外壳必须与Ⅲ类1级场所的外壳相似。温度限制与1级场所相同。

4.1.6 危险区域识别

识别工厂中可能存在危险环境的部分,是一个相当专业的领域。当然,有些区域如存在可燃性粉尘或纺织物飞扬物,会立即被识别出来,并联想到可能涉及Ⅱ类或Ⅲ类危险分区。同样,易燃液体的处理通常建议采用Ⅰ类危险分区。一旦确定可能存在其中一个电气危险分类区域,就有必要确定该区域的划分范围。此外,必须确保已经识别出了所有的电气危险分类区域,而不仅是那些在查勘中很显而易见的区域。作为风控专家,不能过于保守,因为这会导致业主不必要的成本。完成这项任务需要大量的经验,所幸工程师不需要从一张白纸开始来为正在查勘的场所制定一个完整的危险分类区域划分。NFPA 70 为我们提供了详尽的指南。

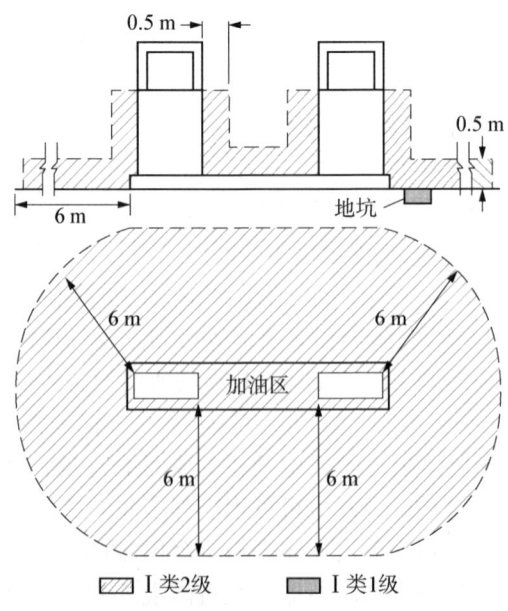

图 4-1 电气分类区域识别

图4-1是加油站周围的危险分类区域划定示例,说明了NFPA是如何考虑对电气危险区域分类的依据。由于加油机下的地坑可能会有易燃液体的蒸气积聚,故定为Ⅰ类1级场所。图中阴影部分为Ⅰ类2级场所。在此类装置中使用的典型泵及其相关阀门的设计中固有的液体泄漏无法完全避免,因此首先假设在正常运行条件下可能存在易燃蒸气-空气混合物。这表明我们正在考虑Ⅰ类危险情况。由于我们处理的是一个汽油加油站,电气危险分组标识符将为Group D。在实践中,我们还要考虑储罐、任何地下坑洞或电缆管道、用于装载罐车或油桶的设施等,最终确定整个装置的电气危险区域。

4.1.7 静电

在存在易燃蒸气、气体、粉尘或其他易燃材料的场所,应采取预防静电火花的措施。具有资质的人员才能在这些场所测试静电,因为操作不当可能会引发火灾。使静电危险得到合理控制的措施有加湿、对接、接地、电离、导电地板或这些方法的组合。

1) 加湿

仅靠增加湿度来消除静电并不是完全可靠的方法,然而较高的相对湿度有助于减少静电危险。如果可行,只要不会造成其他问题,相对湿度应尽可能高,然而有些工业操作不能在高湿度环境中进行来降低静电危险。

2) 对接和接地

对接就是用一根连接线将两个金属物体连接起来,能消除金属物体之间的电位差。接地是为了使物体和地面之间的电位差最小化而进行的连接,并提供低电阻路径以启动过电流保护装置。如果安装了此类接地连接,则必须经常检查,以检测腐蚀、连接松动或可能增加接地电阻的任何故障。

流动的气体、液体或颗粒状固体会产生静电,因此它们的容器应该被对接或接地。例如,当汽油从金属桶转移到金属罐时,在液体转移之前,桶和罐应该用两端牢固接触的导电线连接在一起并牢固地连接到接地线上。对接和接地连接应具有坚固的结构,使其不容易断裂,连接安装位置应醒目以方便检查(图4-2)。

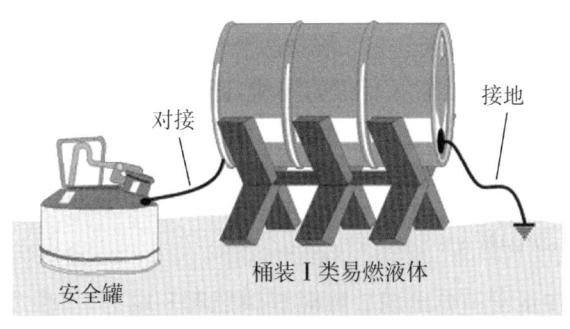

图4-2 接地和对接

3) 电离

电离是一个增加空气导电性的过程,使空气将静电带离该区域。一种电离技术利用静电的倾向,使其集中在至少曲率半径的表面上。带有针尖(静电梳子)或金属金箔的金属棒可去除移动板材上的静电。另一种技术使用一种所谓的电中和器,它产生一个交变电场,使带电的薄板材料通过。静电也可以被来自放射性表面的 α 辐射电离。

在考虑不同技术在消除静电方面的有效性的同时,也要评估它们可能带来的危险。

4.1.8 防雷

安装防雷系统是为闪电提供了一条替代的、非破坏性的路径,使其能被安全导入地下。当闪电沿着这条路径前进时,建筑材料就不会受到雷击能量通过建筑物时产生的热量和机械力。建筑物中任何可能被影响的部位,如烟囱、通风机、尖塔、老虎窗和其他凸出部分,都应受到保护。这是通过安装一系列空气端子、引下线、二次导线和接地端子来实现的,也可以安装避雷器来保护建筑物的电气系统。

接闪器安装在建筑物屋顶的边缘和凸出部位,并通过导线连接。避雷带引下线至少提供两条路径与接地端子连接。附近的金属物体通过次级导体与系统相连,防止侧闪造成损坏。所有这些导线都是由厚规格的铜或铝制成的,以防腐蚀。

由于防雷系统所用的材料很坚固,只需要很少的维护,但有必要至少每五年全面检查一次。检查所有导线是否过度腐蚀或机械损坏,靠近地面的避雷带可能被车辆损坏,与接地端子的连接可能被割草机或其他地面工具破坏。防雷系统风险控制可参见 NFPA 780。

4.1.9 通信系统

通信系统包括电话、网络、火灾和防盗警报及值守监控系统等,通常在低电压和低电流下运行,如果不与高压系统发生意外接触,则不会出现异常危险。然而,由于可能存在燃烧产物从一个区域扩散到另一个区域的危险,如果布线在管道、增压气室或其他与环境空气有关的场所,则通常对这些系统的布线有要求。如果电源来自额定电流相当大的蓄电池组,则应对接线和设备采取特殊的预防措施。由于这些系统的重要性,应正确设计和安装,确保其性能可靠。

4.1.10 应急电源

应急电源能在正常供电出现故障时提供照明和电力,一般安装在需要人工照明的集会场所,以及有大量人员聚集的地方。工业场所也需要应急电源用于维持断电后一些关键设备的运行及疏散照明,如玻璃厂熔炉的应急供电系统等。

可用于应急照明设备的电源有:

(1) 具有适当容量的蓄电池。

(2) 由某种形式的原动机驱动的发电机。

(3) 在电气和物理上与常规供电系统分离的第二路电力供应,以将两路电力供应同时中断的可能性降至最低。

(4) 应急电源与主供电线路的连接,应该与主供电设施充分隔离,以防止在其服务的建筑物内发生事故时,同时中断常规和应急电路的供电。

应急照明电路布线独立于所有其他布线和设备,不得与其他布线进入同一电缆槽或机柜,除非在由正常和应急电源共同供电的应急逃生照明设备和切换开关处。安装后应对整个系统进行验收测试,并定期进行性能测试,以确保系统保持在适当的工作状态,同时应保存测试记录。

4.1.11 电气维护和内务管理

完善的电气系统设备预防性维保计划是一个经济有效的程序,可以提高安全性并将设备故障降到最低限度。火灾统计数据表明有效的、持续的预防性维护计划、清除环境中可燃物的管理方法及保持消防设备有效性的措施是非常有价值的。可靠性维保或电气预防性维护计划的目的是减少工业电气系统和设备的故障,或故障对生命和财产造成的危险。电气预防性维护计划的周密规划和严格执行,在减少昂贵的工业电气系统计划外停机和防止生产的重大损失方面有额外的实质性好处。通常,后一点是说服工厂管理层建立这样一个计划的要点。

电气预防性维护计划的规划和制定包括如下四个基本步骤:

(1) 编制工厂所有设备和系统的清单。

(2) 确定在维修和生产损失方面,哪些设备是最重要、最关键、最昂贵的。

(3) 开发一个系统来记录和存档维护保养要完成的事情。

(4) 为相关内部人员提供培训,或与具有专业资质的外部承包商签订合同。

这项计划的成功取决于管理层的持续支持,以及管理层的技术能力和管理技能。如果执行得当,将使配电系统在火灾、设备故障和生产损失最小的情况下运行。

4.2 通风、供暖和空调系统危险

通风是借助换气稀释或排风等手段,控制空气污染物的传播与危险的一种建筑环境控制技术。通风系统是包括进风口、排风口、送风管道、风机、降温及采暖、过滤器、控制系统及其他附属设备的一整套装置。

大多数建筑和身在其中的工作人员通常需要某种形式的供暖或制冷,或两者兼而有之,这取决于风险标的所处的地理位置。有时,生产场所对温度或其他气候条件比人更敏感,因此供暖和空调系统本身的复杂程度也会有所不同。

对于许多工业企业而言,暖通空调系统是生产场所本身不可或缺的重要组成部分,例如微芯片制造中的洁净室。但在更普遍的水平上,良好的通风系统是安全处理易燃液体、气体和粉尘,以及涉及喷漆操作的关键。例如,在家具制造业中,应尽量减少粉尘的积聚。

对于财产险风控,主要关心的是暖通空调系统是否会引发火灾,或导致火灾蔓延波及其他设施。某些特定的专用通风系统可能会导致该场所的业务中断。总体来说,工程师在评估暖通空调系统时,并不需要从设计或其预期用途的适用性角度对系统的充分性做出质量判断。

4.2.1 通风系统

工业通风系统至少包括空气分布,以满足通风空间内用户的舒适要求,几乎总是使用管道进行空气分配。而管道则可能帮助火灾产生的气体和烟雾在整个建筑或区域内扩散,造成火势蔓延。通风系统只是通过自然或机械的方式向空间内送风或向外排风。空气可能被过滤或清洗,但在一个简单的通风系统中,空气不会被加热、冷却或除湿。

1) 设备位置

中央通风系统的风机、过滤器和其他相关设备最好位于一个与建筑其他部分隔开的独立机房内,机房的墙壁、地板和屋顶组件的耐火等级应大于 1 h。机房还应配备一个带有自动闭门器的防火门,耐火等级大于 0.75 h。该布局可防止通风设备的火灾迅速蔓延到建筑物的相邻区域,还可防止未经授权的人员进入机房。机房应保持整洁,不得用于存放任何物品。在风机和其他设备正确安装和维护的情况下,火灾风险通常较低。

2) 风扇

风扇通常非常可靠,不会直接造成火灾风险。缺乏润滑和粉尘积聚是风扇和电动机的两大隐患。这两种情况都会导致设备过热,以至于成为一种点火源。

3) 新风入口

为通风系统选择新风入口的位置至关重要,因为来自建筑物外部的火焰和火灾产生的烟气很容易通过这些进风口被吸入并扩散到整个建筑中。考虑的范围不应局限于毗邻建筑物或可燃物储存。同一建筑物的不同防火分区或邻近建筑物的火灾对进风口的影响也是必须考虑的一个因素。由于烟雾通常会上升,入口安装得越低,吸入烟雾的可能性就越小。还必须考虑到从烟囱或焚化炉排放管道等地方吸入火花或其他燃烧产物的可能性。

4) 空气滤清器

空气滤清器具有清除气流中夹带的粉尘和其他颗粒物的功能,因此存在潜在隐患。这些尘埃颗粒会积聚在过滤介质或除尘器收集板上，如果被点燃，可能会燃烧并产生大量烟雾。烟气和其他燃烧气体可通过空气处理系统在整个建筑内循环，从而对生命安全构成直接威胁。不可忽略的还有，过滤介质可能被涂上可燃黏合剂或本身就是可燃的。

许多系统都有通风计量表，可以用声光形式直观显示过滤器压降过大，让使用者知道何时应该清洁或更换过滤器。大多数系统都使用一次性过滤器，脏了就应该丢弃更换。有些系统的过滤器使用可清洗介质，则应按照供应商的说明进行清洁。任何过滤介质，如果不定期清洁或更换，可能会由于可燃性粉尘等的积聚而变得危险。

空气净化有许多工业应用，涉及的过滤和清洁的方法超出了上述总结范围。可燃蒸气、粉尘和其他悬浮物的排气系统需要有悬浮物回收的设备。无论专业空气净化的目的是什么，以及使用的设备是何种类型，设备的选择和保护都是值得关注的，因为其火灾危险与常见类型的空气净化设备相似。

5) 通风管道

管道可由金属、混凝土或其他不燃材料制成。玻璃纤维增强塑料管道的使用目前相当普遍。各种尺寸的金属管道所用管壁的厚度及支撑、加固和悬挂的方法通常包含在适用的当地建筑规范中。火灾时，管道可能会输送致命的烟雾和燃烧产物，如果不采取正确的设计和安装预防措施，火灾烟气、热量甚至火焰会蔓延到整个管道系统所涉及的区域。因此，根据现场不同的危险等级，对管道的材质有不同要求。

有时管道可能会穿过防火墙、隔墙、地板或屋顶，一个洞就可能毁了防火设计。理论上，管道本身会填满开口，但是如果在没有适当考虑防火措施的情况下进行安装，这是无效的。在严重的火灾情况下，管道最终会倒塌，在防火隔断中形成一个开口。保护此类贯穿件的有效方法是安装防火阀。

6) 烟雾控制

利用通风或空调系统来控制建筑物内的烟雾是两种公认的方法。被动处置法要求在火灾期间关闭风机并关闭管道系统中的防烟阀，阻止烟气在火灾区域内传播。主动处置法则是利用空调系统将燃烧产物排至室外，以防止烟气在火灾区域内扩散。

当使用主动处置法时，系统中可省略大部分的烟雾和防火挡板。被动处置法的防烟阀应安装在主风机房的管道中。它们还应安装在穿过烟雾隔墙的管道中，并由位于管道或占用空间内的烟雾探测器控制。国内的消防设计采用被动处置法的项目居多。

7) 特殊通风系统

通常需要特殊的通风系统来清除易燃蒸气、腐蚀性蒸气及烟雾、烹饪设备中充满油脂的空气或房间内的可燃粉尘。此类系统存在的危险包括风扇、气流中的异物或轴承过热产生的火花可能点燃易燃物质或蒸气。

为减少火灾危险，风机应为不燃结构，易于维护，结构坚固，能抵抗磨损。用户也应该能够通过遥控装置关闭风扇。在用于排放易燃物质或蒸气的系统中，风机叶片和外壳应采用有色金属制成，以尽量减少产生火花的可能性。

这些特殊排气系统应彼此独立，且独立于其他通风系统。应通过最短路线直接向室外排风，且不得穿过防火墙。定期检查、测试和清洁系统的计划是任何风险控制程序中的一个重要元素。

4.2.2 供暖系统

工厂可能会涉及多种类型的供暖系统，最常见的供暖系统包括集中供暖系统、空间供暖系统或空调系统，其设计目的是根据需要输送加热的空气。当然，也可能安装一些其他加热设备。

由于能源危机和更严格的烟气排放环境法规，建筑供暖系统发生了重大变化。业主们开始在外墙上增加隔热层，用中空窗户玻璃取代了单层玻璃，并用节能隔热材料覆盖了隔热效果差或不隔热的管道。他们修理和更换了泄漏的、未隔热的烟囱和排气烟道，并采用了效率更高的锅炉和加热装置，从而减少了能量消耗。

这些变化中的不少举措大大提升了消防安全和建筑安全。例如，管道和其他热表面增加的隔热层减少了热量向相邻表面的传递，从而降低了建筑火灾的可能性。高效的锅炉和加热装置降低了烟囱的温度，从而减少了烟囱烟道和屋顶起火的可能性。

尽管有这些有利的条件，但能源危机及其高昂的燃料成本在建筑物内造成了一种新的危险：用户更多地使用便携式设备来提供个人或区域供暖，而便携式电加热器过热很容易引发火灾。

1) 集中供暖系统

许多大型建筑使用燃油、燃气热水或蒸汽锅炉来给建筑供暖。热水或蒸汽管道系统将这些热量分配给空调机组、单元加热器、翅片管换热器。小型建筑和住宅通常使用电热取暖器和空调机组来控制温度，这些系统经过合理的设计，非常节能。

(1) 暖气片系统。如果只安装一个加热系统（没有通风或空调要求），该系统通常包括一个锅炉和暖气片。锅炉可以是蒸汽式或热水式，并配有防止超压的安全装置。自动燃烧的锅炉也有控制装置，可以在低水位条件下或当达到预定压力或温度时关闭燃烧器或电加热系统。

在最高温度为66℃的系统中，热水管和暖气片没有安装间距的要求。当提供高达121℃热水或压力高达100 kPa的蒸汽时，需要与可燃物保持25 mm的间距。锅炉的火灾问题涉及锅炉的安装及与可燃物的间距。燃烧室中未燃烧的燃油积聚或超压条件导致的爆炸可能会使燃油管路破裂，从而导致火灾或爆炸。

暖气片的加热过程可能是完全依靠对流，也可能是风扇辅助的，在这种情况下，它们通常被称为"热交换器"。加热的介质通过管道进入独立的暖气片，冷却后的介质被收集在回流管中并再循环到锅炉中进行重新加热。因此，加热系统包括供应和回流管道，可能还有加压泵。

（2）中央热风系统。中央热风炉有重力式和强制送风式两种。重力式热风炉安装在地板上，只加热上面的空间。大多数现代工业装置将加热和通风系统结合在一起，因此同一组管道及其相关的风机、过滤器和其他设备可以全年提供通风，并在寒冷时期提供热风。在这些系统中，强制空气加热炉作为一个整体元件添加到基本通风系统中。热风炉由具有适当燃烧控制装置的燃烧器、燃烧室和将燃烧热传递到气流的热交换器组成。

强制式热风炉配有增压室，其温度足以点燃相邻的可燃物。此类热风炉应配备一个温度限位控制器，当增压室或供给管道入口处的温度达到预定水平时，关闭燃料供应。它们还应配备高温限制控制装置，当排气温度达到预定水平时，切断燃料供应。与所有加热设备一样，保持炉壁和可燃物之间的足够间距是很重要的。

最理想的情况是将热风炉安装于独立隔断的主通风系统机械室内成为中央加热炉。热风炉可以是燃油型、燃气型或电加热型。通常在加热炉热风室或主送风管起始端的空气达到将近120℃时，高温限位可以自动切断燃料或电力供应。自动控制不能设置在规定的温度限值以上。

中央热风炉可能由于与可燃结构的间距不足、缺乏适当的限位控制、热交换器烧坏，以及其他与安装、维修和保养不当有关的原因而引起火灾。如果高温限位控制发生故障，暖风系统的水平送风管、垂直风管、立管、防尘套等都可能会达到危险温度，因此必须远离可燃物。NFPA 90B包含了许多暖风管道系统配置所需的间距要求。

2）空间加热器和空间供暖系统

空间加热器是一种更大容量的设备，用于将建筑物内的大型非通风空间的温度升高到所需水平。之所以使用空间加热器，是因为通常与工业操作相关的更大的开放空间和更高的屋顶不方便使用蒸汽或热水供热的暖气片，而且不需要类似中央热风系统的管道系统。然而，所有的空间加热器都会将燃料、明火或热表面等危险引入主厂房区域，而厂房区域通常存在可燃物。

（1）单元加热器是独立的、自动或半自动控制的空气加热装置，与烟囱或通风口连接，集成了用于局部空气循环和分配的风扇或送风机。它们包含一个燃气或燃油燃烧器、燃烧室和热交换器。燃烧产生的废物通过烟道排到室外。单元加热器是永久性安装的，可以是落地安装的，也可以悬挂在屋顶上，并配有温度限制控制器。

(2) 辐射式空间加热器,是永久性安装设备,用于工业和商业场所的局部区域或全部建筑供暖。加热是通过红外线辐射直接加热物体或人员来实现的。辐射式空间加热器的外壳中有一个燃烧器,外壳通风或不通风均可。燃烧器用于将高发射率的材料加热到"发红发热",在这种温度下,它成为有效的红外辐射源。一个表面明亮的反射镜将辐射导向被加热的物体。不通风型加热器在多孔陶瓷或金属网筛的外表面发生明火燃烧的现象是很常见的,外表面在790~900 ℃范围内加热至红色。

(3) 新风加热器用于将建筑新风的温度提高到与建筑环境相适应的水平。许多工厂都有废气处理的工艺或设备,除非提供足够的新风供应,否则当空气从建筑物或工作区排出时,外部空气的渗入可能会引起问题。例如,使用自然通风的燃烧器设备将受到烟道和烟囱的回流影响,排气通风效果可能会降低。为了避免这些问题,安装从外部空气中抽吸的风机。新风加热器可以是直接或间接燃烧式。间接燃烧式的新风加热器基本上是燃气或燃油管道炉,其中所有或部分待加热的空气来自建筑物外部的吸入口,而不是仅来自内循环。

3) 采暖设备安装

在安装采暖设备时,主要考虑的是它对附近可燃物的影响。如果可燃物长时间持续暴露在中等温度下,它们可以在远低于其通常点火温度的情况下着火,因此安装间距是最重要的。

烟囱和通风管连接件由不可燃、耐腐蚀的材料制成,如钢或耐火砌体,能够承受烟气温度并抵抗物理损坏。连接件必须尽量短,安装支撑良好,并持续朝烟囱或通风口倾斜。它们还应与可燃物保持足够的间距。

通风孔与特定类型的采暖设备一起使用,在必须保护垂直开口的建筑物中,通风孔应采用耐火结构封闭。对于四层以下的建筑物,此封闭结构必须具有1 h的耐火等级。对于四层或四层以上的建筑物,此封闭结构必须耐火2 h。

4) 采暖设备损失相关经验

大多数由采暖设备引发的火灾是由以下原因引起的:

(1) 缺乏维护而导致的错误操作。

(2) 燃料从有缺陷或机械损坏的管道中逸出。

(3) 加热器和烟道周围的安全间距不足,由于设备过热或回火点燃可燃物。

在有可燃结构或可燃物品的地方需要喷淋系统保护,否则可能发生火灾。无论是由采暖设备还是其他原因引起的火灾,都可能会造成严重的损失。相对火灾而言,采暖设备燃料爆炸的概率较低,损失主要限于加热器本身。其原因可能是燃烧器和控制装置的维护不合格、燃料安全截止阀泄漏、试点火时间过长、未经认证的火焰监测保护装置动作缓慢等。

4.2.3 空调系统

空调系统由三个主要部分组成：进气系统、空调设备和分配系统。空调系统可被视为具有附加设施的特殊通风系统，用于将空气温度控制在与当前环境温度不同的某个水平，或改变空气湿度。因此，有关通风系统的所有注意事项同样适用于空调系统。构成中央系统空调机组的所有风机、过滤器、冷却器和相关制冷设备、加热器、电机和相关电气设备最好位于一个房间内，该房间与建筑的其他区域隔开，耐火等级不低于1h。机房内不得存放可燃物品。

空气制冷设备有两种基本的危险：电气设备危险和制冷剂危险。在设备得到正确安装和维护的地方，火灾风险通常较低。制冷剂在少数情况下会有可燃性危险，在大多数系统中使用的卤代烃类制冷剂有轻微易燃性。与制冷机组相关的最大问题是制冷剂超压导致的爆炸危险。

1) 空调系统管道

空调系统的管道与通风系统的管道基本相同，但有一个明显例外。为了保持管道内的空气温度，它们都会有绝缘保温。因此，所有先前的注意事项都适用，并附加了一个要求，即应仔细考虑风管的绝缘情况。可安装隔热层，以尽量减少热量泄漏到管道内较冷的空气中，在这种情况下，隔热层必须包含一层蒸汽屏障，以防止空气中的水分在隔热层内积聚为水或冰。这种积聚会影响绝缘，可能导致腐蚀，并可能因其重量而使管道支架过载。

对于含有较热空气的管道，需要绝缘保温以保持内部空气温度。对于某些系统，可能需要隔热层，以在冬季保存热量，并在夏季防止热量渗入。绝缘材料应该采用不可燃材料。

2) 空调设备损失记录

只要设备安装和维护得当，空调制冷机组的损失记录一般是良好的。由于设备间传统上会被用于储存化学品及其他物品，因此它们可能需要使用烟雾探测和灭火系统进行保护。维护和清洁计划是安全运行空调和通风系统的关键。作为维护计划的一部分，与系统相关的消防设备（即防烟设备、报警器、防火和防烟挡板等）应定期进行测试。

为了降低电力成本，在不同时间段和空闲时间可能会关闭风机。在没有气流的情况下，管道内火灾烟雾探测器可能无法探测到火灾，因此无法提供空调系统应有的保护。可变容积空气系统的使用正在增加，因为这些系统的总能耗比其他大多数系统低。此类系统中管道气流的变化可能导致管道安装探测器的灵敏度出现问题，并导致错误读数和警报。风机循环和可变容积系统也会导致占用空间的气压关系发生变化。当风机在一种模式下运行时，一个区域可能与另一个区域具有正压力关系，而当风机循环时，可能会出现完全不同的关系，这可能会影响探测系统和控制系统的性能，因此需要进行仔细的设计评估。

4.2.4 暖通空调系统的保护

装有通风设备的工作间宜采用自动喷淋保护,至少应安装烟雾探测器,以启动警报并关闭系统。机房内不得存放易燃物品。

1) 风扇、控制器和电动机

空调系统上的风机机组应该安装在牢固的地基上,易于接近以便清洁、维修和润滑。风机应配备过度振动开关,在轴承即将发生故障时发出警报并触发系统停机。安装在管道或增压室内的风机电动机需要保护装置,在达到可能产生烟雾的温度之前切断电源。大多数小功率电动机都有过热保护装置。对于 1 马力(1 马力≈735.5 W)或更大功率的风机电动机,建议使用热过载继电器保护。所有通风系统都需要配备手动关闭装置,在发生火灾或其他紧急情况时使用。这种关闭装置应该安装在醒目且容易接近的地方。

2) 空气滤清器

空气滤清器火灾可释放大量烟雾或气体,这些烟雾或气体会通过空气处理设备扩散到整个区域。必须在空调系统内部和周围设计足够的保护装置,以尽量减少发生这种情况的可能性。有必要采取一些方法来防止烟雾和火灾气体通过主送风机扩散到系统服务的所有区域。为了实现这一点,将探测器(温感或烟感,取决于系统的大小)安装于主供气管道中过滤器或空气滤清器的下游,以检测烟雾或燃烧颗粒。探测器和空调系统联锁,以便在启动后立即关闭整个通风系统。

3) 采暖设备

(1) 加热器应按照制造商的说明维护。空气循环速率不得低于建议的最小值,加热器的燃料输入不得超过其额定值。

(2) 应定期对加热器和燃烧器系统进行检查,每年必须完成一次全面检修,最好由专业服务机构进行。

(3) 如果使用空气过滤器,应制定清洁或更换时间表,以确保热空气不受限制地良好循环。

(4) 必须定期检查和维护燃油供应系统,以防泄漏。

(5) 应定期检查和测试所有加热器安全控制装置和联锁装置。

(6) 必须为高架或屋顶加热器提供现成的通道,以便维护和消防。

4) 通风和管道

燃料供应和管道必须按照易燃液体或气体燃料推荐的安全规程进行布置,必须提供防止物理损坏、膨胀、收缩和振动的保护。燃料燃烧设备所在的建筑物必须提供足够的新鲜空气,以确保燃烧充分。加热器不应位于空气呈负压的区域,最安全的方法是机械通风,把排气口设在建筑物的最高处,并合理设置进气口使空气能正常流动。

加热器应配备不可燃烟道、烟囱或风管接头，尽可能直接向室外排出，并且使水平敷设管道长度最小。管道应绝缘隔热，周围空间应设置通风，以使可燃屋顶、地板和墙壁的温度保持在71℃以下。金属循环管道、排气管道或烟囱不应穿过可燃屋顶、墙壁或地板。如果不可避免地要将金属排气管穿过可燃屋顶，则必须提供金属环、防雨罩、间距或适当的绝缘和间隙，以将可燃屋顶的表面温度保持在71℃以下。

金属循环管道、排气管道或烟囱不应穿透防火隔板。如果不可避免地要穿透用作防火分隔的墙或地板，则应使用自动防火门或挡板。应安装保护装置，以确保金属循环管道或排气管道与储存的可燃材料之间的间隙至少为455 mm。

4.3 锅炉危险

蒸汽锅炉是工业上最常见的机械设备之一。锅炉在尺寸、设计特点、燃料、容量和操作条件方面差别很大。本节涉及工业或商业可能使用的锅炉机组，对于财产保险，锅炉是一种特殊类型的燃烧工艺设备。

锅炉基本上有两种类型：水管锅炉和火管锅炉。在水管锅炉中，水通过被炽热燃烧的气体包围的管子，并转化为蒸汽。在火管锅炉中，炽热燃烧的气体通过浸没在水中的管子，使水转化为蒸汽。以下概述的安全原则同时适用于这两种类型的锅炉。有些锅炉不用水产生蒸汽，而是蒸发或加热有机材料，这些材料反过来可用于热传递。有机物可能是可燃物或惰性物质。这些系统中最常见的是道森（Dowtherm）——一种惰性材料，最初由陶氏（Dow）化学公司出品。

锅炉房经常成为建筑材料和化学品的储存区，因此应实施良好的内务管理。此外，应在锅炉房内安装火灾探测和灭火系统。

4.3.1 锅炉损失相关经验

锅炉的大部分损失与锅炉炉膛燃料爆炸有关，这种爆炸可能发生在点火失败或正常点火过程中因未燃烧燃料或不完全燃烧的易燃产物的危险积聚而引起。就工业和商业设施中的锅炉炉膛燃料爆炸而言，燃气和燃油机组的爆炸案例数量几乎相当。使用炉排的固体燃烧锅炉的爆炸不常见，但煤粉锅炉则有许多爆炸案例。锅炉爆炸造成的财产损失通常与所涉锅炉的尺寸成正比。对于燃气和燃油机组，大约60%的爆炸发生在点火期间，其余的则发生在正常燃烧期间。

锅炉产生爆炸的主要缺陷可分为三大类：人为因素、安全控制不足和设备故障。

1) 人为因素

大约1/4的事故是由人为因素造成的。最常见的是操作不当，在点火失败后没有充分吹扫、短接或篡改控制装置的情况下反复尝试点火,以及缺乏维护。

预防措施:①足够的安全控制,要求操作员在停机后重启时遵循正确程序;②对锅炉操作员等现场人员不断进行培训;③正确维保的安全程序,以及正常和紧急情况下装置启动点火的专业指导。

2) 安全控制不足

约1/3的锅炉燃烧室爆炸事故是由于安全控制不完善和设备布置不当造成的。不足之处包括主燃烧器试点火时间过长,燃料供应压力、吹扫、燃烧气流、油雾化介质确认和主火焰监测缺乏联锁,引燃器或点火器不足,不接地的安全控制电路故障等。

预防措施:①对燃料和空气供应进行充分监测;②保持适当的燃空比;③正确的吹扫程序;④使用具有主火焰监测功能的安全保护系统;⑤设计良好的点火系统。

3) 设备故障

近1/3锅炉燃料爆炸的主因是设备故障。这些故障主要发生在锅炉辅助设备中,特别是自动挡板或燃烧调节器,如果它们不能保持正确的位置,通常会导致变比燃烧和空气不足。风扇故障和燃气供应调节器故障也是原因之一。

预防措施:①改进辅助设备的设计以减少机械故障;②在控制系统中提供监控联锁;③合适的预防性维护;④根据制造商的说明操作设备。

由于联锁装置和火焰监测设备的机械缺陷,安全控制装置中可能出现设备故障。缺乏维护或不正确的应用通常是造成这些缺陷的主要原因,尽管在某些情况下也会涉及设计缺陷。燃料安全截止阀的故障相对较少,尽管锅炉爆炸通常是由于阀门泄漏或其他阀门故障引起的。必须按照制造商的说明正确安装、操作和维护合适的安全截止阀,并定期检查安全截止阀的密闭性。清洁燃料管道并在燃料供应中采用滤清器能防止异物干扰阀门的操作。

造成锅炉损失的一些具体因素包括燃空比不正确、燃油雾化介质故障、试点火时间过长、主火焰监测不到位。

锅炉燃烧室事故中,不正确的燃空比是一个特殊成因,在某些情况下,可能会引发一系列事件而以爆炸告终。这一问题在点火过程中最为普遍。当空气挡板调整不当或卡在不正确的位置时,也可能造成点火失败事故。这种情况会导致点火困难,随后点火延迟。在一些初始点火失败的情况下,多次尝试重新点火,再加上试点火时间太长,以及两次尝试之间缺乏足够的燃烧室吹扫,最终导致爆炸。

燃油空气控制调整不当、空气调节器或风门卡滞、燃油供应调节器故障及未检测到的风扇故障都是在正常点火期间可能导致爆炸的因素。这些故障通常会导致不完全燃烧的易燃产物延迟点火,而传统的火焰监测燃烧保护装置可能无法监测到这一点,因为火焰并不总是会完全熄灭。

燃油雾化介质故障是燃油点火事故的一个特殊成因。空气或蒸汽雾化供应的故障或部分故障会导致燃油火焰不稳定,导致燃烧器尖端的燃料不完全燃烧。未燃烧的油被喷射到炉膛中,在那里被热锅炉耐火材料、燃烧器火焰汽化并点燃,或者在没有充分吹扫的情况下重新启动燃烧器,从而形成爆炸。

试点火时间过长、缺乏主火焰监测是自动点火燃油或燃气锅炉爆炸的主要成因,尤其是在使用反应迟缓或未经认证的保护措施的情况下。若仅监测一个点火器,而没有独立的主火焰监测,会导致主燃烧器的试点火自动限制失效。

导致锅炉燃烧室爆炸的其他因素包括:尝试在火焰中断后立即重新点火,而不是安全锁定;启动和重启之前,缺乏足够的气流和容积变化的强制吹扫;以过高的燃速点火;安全控制电路中的接地故障。

4.3.2 锅炉燃烧过程

燃气或燃油锅炉内的燃烧是通过引入连续控制的燃料和空气而实现的。引入的燃料量与锅炉中产生的蒸汽量直接相关。在点火处和整个燃烧器中,不仅要控制燃料和空气的流量,还要控制燃空比。如果其中任何一个输入中断或变得不规则,可能失去点火,受控的易燃混合物可能变成不受控的爆炸性混合物。

燃料和空气是分别引入的。通常在燃料引入点处,空气受到某种方式的限制,以提供一个可燃物混合区,通常此时燃料浓度高,并确保稳定点火。剩余燃料和空气在炉膛中混合并燃烧。

在没有点火源的情况下,聚集在炉膛燃烧室内的燃料如果被点燃,也可能爆炸。因此,出于安全考虑,燃烧器应配备控制器,以便在发生故障时切断燃料供应。主安全控制装置在发生点火失败时应关闭燃料供应。如果引风或强制通风失效、雾化失败、燃油压力出现危险波动或采用加热油的燃烧器中的油温低于应有的最低温度时,联锁电路将切断燃油供应。良好的锅炉操作规程要求操作员使用日志记录日常的定期运行试验,以验证所有安全控制装置的功能是否正常。

虽然在固定床上燃烧固体燃料的锅炉不存在上述危险,但在许多方面,固体粉末燃料的燃烧类似于燃气或燃油的燃烧,同样存在着失去点火后燃烧箱爆炸的潜在危险。

4.3.3 锅炉燃料

天然气、油和煤是锅炉最常用的燃料。实际上,任何可燃材料都可以用作锅炉燃料,有时是锅炉消耗制造过程中产生的废料或副产品,锅炉燃烧过程成为生产过程中不可或缺的一部分。除了较常见的燃料所需的预防措施外,这些替代燃料通常还需要特别的预防措施。

1) 燃油和燃气锅炉

燃烧器是油气燃烧设备的主要组成部分。它以适当的比例将燃料和空气引入炉内,以维持燃烧,从而最有效地释放热量。燃料和空气的供给量应能满足锅炉在预定运行范围内的负荷需求。燃烧器的效率应尽可能高,以尽量减少燃烧产物中的未燃烧燃料和过量空气。燃烧器的设计及其结构中使用的材料必须能够在规定的使用条件下提供可靠的运行。在所有操作条件下,安全始终是首要考虑的问题。

必须提供超过空气量理论值的空气,以确保燃烧室内的燃料完全燃烧。提供的过量空气量应刚好足以完全燃烧燃料,以尽量减少废气中的热量损失。

(1) 燃油燃烧器。为了以锅炉机组所需的高速率燃烧燃油,必须使燃油雾化,即以细雾的形式引入炉内。有几种类型的燃油雾化器,最常见的两种是蒸汽雾化器和机械雾化器。为了正确雾化,有时需要加热燃油以降低其黏度。蒸汽或电加热器用于将油温升高到所需水平。

(2) 天然气燃烧器。天然气是锅炉的理想燃料,因为它不需要准备工序就可以与燃烧风快速而紧密地混合。

(3) 双燃料燃烧器。许多燃烧器既可以使用燃气也能使用燃油。当天然气供应不足时,用户会转而使用燃油,反之亦然。双燃料燃烧器就是同一个燃烧器中既有燃气喷嘴又有燃油喷嘴。双燃料燃烧器的调风器、稳燃器、点火装置及控制部分的火焰监测装置都要同时适合两种燃料的要求。

2) 燃煤锅炉

当粉碎的煤在锅炉燃烧室中燃烧时,空气中的氧气通过炉排与燃料床中的碳结合,从燃料床释放出来的气体包括一氧化碳、二氧化碳、氮气,可能还有一些氧气。当新鲜的煤被施加于火的表面时,水分以蒸汽的形式排出,碳氢化合物成分被蒸馏成气体。从燃料床进入的空气中的氧气与一氧化碳结合形成二氧化碳,并将挥发性碳氢化合物气体燃烧成水和二氧化碳。

煤粉系统有点不同,因为燃烧发生在燃烧器中,而不是在炉排支撑的固定床上。一般有两种处理粉碎燃料的方法:直吹式或单元式系统;中间储仓式系统。

直吹式系统中,原煤被送入磨煤机粉碎,然后与空气混合,直接吹入燃烧器。储仓式系统中,煤被输送到原煤仓存储,然后被输送到磨煤机粉碎干燥,在输送到炉膛之前它被保存在一个煤粉燃料箱中。

3) 各种固体燃料锅炉

各种固体燃料包括原木、木片及造纸厂产生的木材废料、褐煤、泥炭、甘蔗,以及许多其他可燃物,如树皮、城市垃圾、纸张等。这些燃料的燃烧方法因装置类型和特定燃料的性质而有很大不同。

这些燃料的燃烧通常类似于上述的碎煤,分两个阶段进行:第一阶段是破坏性蒸馏,热量将燃料中的水分和可燃气体排出,留下类似木炭的可燃残留物。第二个阶段是燃料上方空气中气体的燃烧和木炭的燃烧,木炭与氧气结合,形成一层炽热明亮的煤床。燃烧气体和木炭产生的热量从燃料中蒸馏出更多的挥发物,从而提高了燃烧的温度和速率。

4.3.4 燃料输送系统

为了确保燃烧安全,锅炉炉膛燃料应尽可能不受污染并受到控制,因此燃料装卸系统的设计和可靠性是降低爆炸和火灾风险的重要因素。

燃油和天然气管道必须是全焊接钢结构,在维护操作需要断开管线的地方配备法兰。必须避免使用螺纹丝扣接头,也必须避免使用铸铁或有色金属材料。管道的布线应确保其不易受到机械损坏,在建筑物内敷设的管道长度应尽可能短,因为漏油会造成潜在的火灾危险。在需要紧密关闭的情况下,以"双阻塞和排放"设计配置的润滑旋塞是最安全的解决方案。任何调节或控制流体流量或压力所需的阀门必须假定为易于泄漏,且不能作为切断阀。所有止回阀都必须被认为是迟早会泄漏的,并且不应被用作安全控制。

如果锅炉安装在建筑物内,则必须在锅炉房外的安全位置提供远程燃料主切断阀,以便在紧急情况下切断燃料。对于带再循环的燃油,再循环管路还必须配备切断阀。这些阀门必须有清楚的标记、照明良好,并且始终易于接近。对于气体燃料,高压调节器应位于远处,以使锅炉附近的燃气管道承受的操作压力尽可能低,从而将气体泄漏的后果降至最低。每台燃油或燃气锅炉应配备一个由熔断丝触发的主燃料切断阀,温度熔断丝应安装在锅炉燃烧器前部附近。

1) 燃油系统

燃料供应设备的设计和尺寸应确保燃料的连续、稳定流动,以满足机组的所有运行要求。管道和阀门不能暴露在可能遭受物理损坏和极端温度的环境下。燃油可能含有研磨性、腐蚀性或蜡状污染物,这些污染物可能堵塞过滤器、产生磨损或以其他方式损坏燃油燃烧设备。过滤器、存水弯和集水坑是一些可用于去除燃油系统中有害污染物的装置。在对过滤器或类似设备进行常规清洁和维护操作时,需要关注各处液体的存留和排放。

单独燃烧器截止阀应尽可能靠近燃烧器,以尽量减少阀门下游燃烧器管线中可能残留的油量,或在紧急跳闸或燃烧器关闭后可能排入炉膛的油量。必须采取积极措施防止燃油泄漏到闲置的燃烧器中。

燃油必须在特定的温度和压力下输送到燃烧器,以确保正确雾化。必须提供足够的再循环以控制燃烧器内的油黏度,以便进行初始点火和后续操作。需要采取积极措施防止燃油通过再循环阀进入燃烧器集管系统。含有已加热燃油的燃油管路必须在油加热器下游进行绝缘隔热,以保持热量。

图 4-3 展示了安装在小型燃油锅炉主燃烧器上的阀门和相关仪表,这些锅炉的设计符合较高的安全标准。图中使用蒸汽作为雾化介质,雾化蒸汽压力由燃烧器处的主要燃油压力设定。采用燃油再循环,监控装置提供供油和燃烧器集管低油压监控。在集管和每个燃烧器上提供燃油和蒸汽压力的本地指示,并

且供油总管中的燃油温度也在本地显示。主燃料安全截止阀是一种不依赖于主燃料控制阀的密封设计,因此不需要双阻塞和排气装置。主燃料控制阀由锅炉控制系统调节,在需要手动控制锅炉燃烧率的情况下,应提供旁通阀。止回阀用于防止蒸汽流入油集管及燃油流入蒸汽集管。而且提供了手动三通清洗阀,以便在需要拆除燃烧器时冲洗其中的残余燃油。

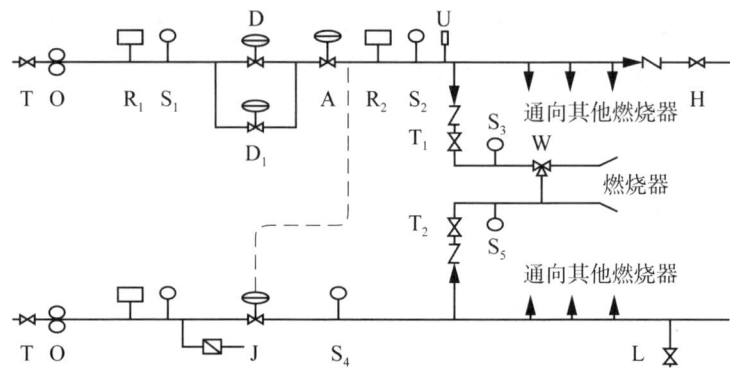

A—主燃烧器安全截止阀;D—主燃油控制阀;D_1—主燃油旁通控制阀;H—再循环燃油阀;J—雾化蒸汽压力控制阀;L—排气阀;O—过滤器或清洁器;R_1—燃油总管燃油低压压力开关;R_2—燃烧器集管燃油低压压力开关;S_1—燃料总管压力表;S_2—燃烧器集管燃油压力表;S_3—单独燃烧器燃料压力表;S_4—雾化蒸汽集管压力表;S_5—单独燃烧器蒸汽压力表;T—手动切断阀;T_1—单独燃烧器手动燃油阀;T_2—单独燃烧器手动蒸汽阀;U—燃油温度计;W—燃烧器燃料清除阀

图 4-3 典型蒸汽雾化燃油锅炉系统的燃料和蒸汽管道布置示意图

2) 燃气系统

天然气燃料供应系统必须能够在燃烧器规定的燃料集管压力限制范围内提供连续、稳定的燃料流,以满足装置的所有运行要求。位于锅炉房外的燃料供应系统部分的设计布置,必须防止燃烧器供气系统中的燃气压力过高,即使在主供气恒压调节器发生故障的情况下也是如此。

该系统应具有防止气体泄漏到闲置炉内的措施。管道应在通向燃烧器或点火器的任何管线上的最后一个截止阀的上游排气,还应在供气管道中预留检测设计以便对泄漏进行测试并进行后续维修。这些设计应包括对主供气安全截止阀和主燃烧器供气安全截止阀进行气密性试验的方法。

通风孔的位置应确保排出的气体不可能进入锅炉房、相邻建筑物或通风系统的进气口。排气口的位置应足够高,使逸出的气体不会引起火灾。集管通风管应独立运行,点火器通风子系统应独立于燃烧器通风子系统运行。不同锅炉的通风系统之间不得有交叉连接。

3) 煤炭系统

主要储煤堆与任何厂房设施之间必须有足够的间距,传送带系统或其他将煤送入锅炉煤仓的系统必须配备适当的防火装置。

4) 煤粉系统

对于直吹式和储仓式煤粉系统,总体的系统要求类似。在第一种系统中,燃料一旦粉碎就直接供给锅炉燃烧器。在第二种方式中,煤粉被送至储料仓,在那里积聚以后供给燃烧器。

两种煤粉燃烧系统都能燃烧各种煤燃料,并且具备一些必要的功能。储存的原煤必须进行初步粉碎,然后以控制的数量输送至磨煤机。热风被吹入磨煤机,使煤变干。磨煤机出口处的气流温度根据燃烧煤种的不同,保持在其特定限值之内。温度过低会影响制粉过程的效率,而温度过高可能会导致结焦,增加磨煤机和管道内发生火灾的风险。煤被刚好粉碎到一定的细度,使它可以在燃烧室中悬浮燃烧,而不会发生延迟点火或出现未燃烧的可燃物。经过计量,数量可控的煤和一次风从每个磨煤机或储料仓被均衡地分别输送到相应燃烧器。煤和空气混合物与燃烧器处计量和控制的二次风相结合,以实现完全燃烧。

4.3.5 锅炉安全和控制设备

锅炉的基本安全保障措施包括:①在燃料到达主燃烧器之前有可靠的点火源;②主燃烧器有限的试点火时间;③点火失败时切断燃料。

联锁装置和经认证的火焰监测燃烧安全保护装置的正确组合至关重要。对燃料压力、气流、合适的空气挡板位置、吹扫、油温和油雾化介质的监控对于预测不安全条件的发展和启动安全切断非常重要,这种监控通过防止可能导致危险情况的不当操作提供了进一步的保护。

传统火焰监测保护装置只感知火焰的存在与否,有一定局限性。它不能检测到偏离燃空比的燃烧情况,因为不管燃料类型如何,都可能存在一些燃烧器火焰,结果是未燃烧可燃物的排放。同样,在油雾化介质故障时,部分油火焰可能仍然存在于燃烧器中,并释放出未燃烧的油,这些油随后可在燃烧室中蒸发。燃料空气和雾化介质供应的特定联锁监控装置将有助于最大限度地减少这种情况。

向锅炉房提供充足的燃烧风,并适当调整燃烧器燃空比,将进一步减少过浓燃烧的可能性,以及不完全燃烧可燃物在锅炉炉膛内的积聚。安装了自动燃烧控制装置,就可以根据负荷变化改变燃烧速率,保持恒定的燃空比。这些控制装置通过压缩空气或电力驱动来操作燃料供应中的强制通风和引风挡板及控制阀。错误操作或调节自动燃烧控制装置可能会导致爆炸,特别是在点火失败或过浓燃烧的情况下。

可燃物-氧气分析仪为操作员提供了一个可以预判的辅助设备,通过其连续持久的记录,可以给出锅炉燃烧状况的趋势。建议用它在达到预设浓度时启动警报。

即使燃烧器中的火焰仍然存在,如果燃烧室中的条件只允许部分燃料燃烧,而且氧气浓度足够的话,也可能发生炉膛爆炸。燃料不完全燃烧也是低效和浪费的。可燃物-氧气分析仪基于燃料爆炸安全的一个基本和直接的原则:监测三个爆炸要素中的两个——燃料和空气。在许多燃烧条件下,它可以对可燃物浓度的逐渐增加发出警告,从而使操作员有时间采取纠正措施,以避免停机和爆炸;同时,它有助于锅炉更经济地运行。

分析仪的可燃物检测部分只检测在仪器当前温度下不可冷凝的气体或蒸气。它可以在任何炉温条件下检测燃气,它不能检测固体煤颗粒或不完全燃烧的煤中的固体碳、液体燃料油或在高于分析单元温度下冷凝的未裂解油蒸气。然而,在大型锅炉中,大多数爆炸发生在炉温高到足以将固体煤或液态油裂解成可燃气体时,此时气体分析仪可以检测到。无论燃料是天然气、燃油还是煤,该仪器都被推荐为大型锅炉运行的辅助设备。

锅炉安全保护控制和监视器,以及联锁装置和安全切断装置组成了锅炉的监控系统。现代锅炉由可编程控制器在计算机监控下运行,对锅炉运行趋势和状况的监控是改变燃速的基础。现代锅炉点火是全自动的,有时甚至是远程启动,并且过程中的每一步都是联锁的,在点火成功确认之前,不能继续下一步。

锅炉监控的质量对财产保险公司来说是至关重要的信息,工程师进行工厂查勘的一个很重要的方面是调查锅炉及其安全监控系统,并在查勘报告中汇报这些情况。

4.3.6 锅炉相关危险

爆炸和火灾是锅炉炉体及其相关燃料供应、管道和风机的主要危险。爆炸是由积聚在设备密闭空间内的可燃燃料和空气混合物点燃而引起的。每种锅炉燃料都有其自身的潜在危险。

1) 燃油系统的危险

如果油泥积聚在储油罐中,它可能会被吸入燃烧器和堵塞过滤器或燃烧器尖端,从而导致熄火。机油中的水也可能导致熄火。

机械雾化燃烧器的喷嘴可能受到磨损引起尺寸变化,从而影响燃烧效率。在使用极少过量空气的燃烧器中,可燃物可能会聚集在炉内,可能需要定期进行流量测试或更换喷雾板。安装或维护人员未能在燃烧器组件中正确安装喷嘴或喷雾板,也会造成不安全的操作条件。

燃油流过运行中的燃烧器时发生快速瞬变可能是由于快速操作供油阀、单独燃烧器截止阀或燃烧器集管回油管中的调节阀而引起的,这些不受控制的燃油输入变化会导致非常危险的情况。流向单个油枪的油流可能会受到诸如燃烧器高度、与调节阀的间距和管道尺寸等条件变化的不利影响,所有这些都可能对低压燃烧器造成危险。

2) 燃气系统的危险

燃气系统中的主要危险是气体泄漏并在锅炉或结构外壳内形成富燃料混合物。当气体管道经过通风不良的密闭区域时，建筑物内很有可能形成具有潜在危险的积聚物。

在锅炉内，燃空比有可能发生严重变化，而不会在燃烧器、炉膛或烟囱处产生任何可见的迹象，从而使情况逐渐恶化。对锅炉蒸汽压力降低或蒸汽流量增加而对燃料需求增加做出反应的燃烧系统具有潜在的危险性，除非对其进行保护或联锁，以防止产生富燃料混合物和点火失效。

湿的天然气中存在碳氢化合物液体或水，如果将其带入燃烧器，可能会导致燃料输入瞬间增加和熄火，此时如果再次点火就可能发生爆炸。因此，在使用湿的天然气时需要特别注意，应在燃烧器控制系统前安装洗涤塔。

如果从一个或多个来源供应的气体在热值上存在显著差异，则可能会产生不可接受的危险。对于这种多变的供气，有必要提供能够响应热值变化的仪表和适当的报警和燃烧补偿装置。

气体泄压阀或任何其他形式的大气通风口的排放物都可能造成危险，除非采取特殊预防措施消除点火源或防止排放物再次进入锅炉房。

燃烧器脉动是与燃气燃烧相关的问题之一，与燃油燃烧关系不大。当一个大型机组上的一个或多个燃烧器开始脉动时，其动作可能会变得相当剧烈，甚至会使整个锅炉震动。有时只要对燃烧器轻微调整就可以消除脉动，而有时可能需要对燃烧器进行物理改造。

3) 燃煤系统的危险

燃煤的大小和杂质的含量各不相同。原煤粒度尺寸的变化可能会导致对炉排、破碎机或磨煤机的供煤不稳定或不受控制。在供货商交货时，煤炭可能含有许多异物，如铁屑、木材、碎布或岩石等，这些杂质可能中断燃煤供给，损坏或堵塞设备，或成为破碎机或磨煤机内的火源。

一种特殊的危险是从新破碎或粉碎的煤中释放出来的甲烷气体，它可能积聚在封闭空间中，例如储料仓及磨煤机和燃烧器管道内。

煤粉通过带有气流的管道从磨煤机输送到燃烧器。为了防止煤粉颗粒在燃烧器管道中沉降和潜在的预燃，必须保持足以使煤粉悬浮的空气速度。当磨煤机或燃烧器管道对应的燃烧器关闭时，应对其进行冷却和排空。这是为了防止磨煤机或燃烧器管道中可能发生的自燃和爆炸。磨煤机火灾和爆炸是严重的危险。这种火灾或爆炸可能是由于将燃烧的燃料从原煤仓送入磨煤机，或是由磨煤机或管道中的燃料自燃引起的。

4.3.7 防火防爆

防火防爆的基础是预防。可靠的设备、良好的设计、系统监控和故障报警仪表、操作员培训和高水准维护标准是防止锅炉系统火灾和爆炸的关键因素。良好的设计要求锅炉安装在单独的房间或结构中，最好采用不可燃结构。锅炉炉体应设置在混凝土地板或平台上，在每个方向延伸至设备外至少1.2 m的距离。

应提供联锁系统，以防止操作人员进行错误的操作程序，并在发生某些关键故障时关闭操作。声光报警用于警告操作员采取某些纠正措施，其他警报可指示已执行哪些自动功能以减少危险。

安全操作不能仅通过设备设计和遵守制造商的操作说明来保证，还需要经验丰富、有能力的操作员来完成，因为他们了解所涉及的操作流程。应通过持续的再培训计划来保持技术能力，强化操作人员的安全意识。如此，他们即使对系统相当熟悉后，也不会试图在操作流程中走"捷径"或绕过安全装置。

需要制定预防性维护计划，以保持设备及其控制装置的可靠性。不良的预防性维护可能导致频繁的纠正性维护。清洁和良好的内务管理，特别是在以煤粉为燃料的地方，也有助于防止火灾和爆炸。自动喷淋系统或水喷雾系统是可燃锅炉房的有效消防保护。在不可燃锅炉房内，持续发生火灾的可能性很小，手提式灭火器或消火栓就足够了。

4.4 工厂动力系统危险

公用动力系统通常将水、压缩空气、冷却水、热油、燃气、氧气等从中心动力站分配到设施正常运行和维护工作所需的各个使用场所。工厂的电气系统就是一个公用动力系统，动力系统通常不会有异常危险，但偶尔会因设施设计或维护不当而导致严重的风险，因此工程师了解其所涉及的潜在风险非常重要。一个常被忽视的导致严重火灾、火势迅速蔓延和工厂完全停产的原因就是大型工厂中常见的输送带系统。

公用动力系统在工厂内通常不会很受关注，其维护标准可能并不总是像生产设备那么高，而且随着工厂设备的增加或生产流程的改变，公用动力系统经常会超载。工程师尤其需要警惕老旧的公用动力系统中可能出现的弱点。

4.4.1 水系统

每个工厂都有管道将生产用水输送到生产线，其中许多工厂也有独立的消防用水系统。一些工业生产可能会在不同的操作环节用到纯水、去矿物水或蒸馏水，包括锅炉的给水。一些工厂可能会使用冷却水用于工艺冷却，而冷却塔的危险往往被忽视。统计显示，大约2/3的冷却塔火灾发生在冷却塔运行期间。即使在运行时，冷却塔内确实有一些相对干燥的区域，它的火灾风险仍然存在。

在功能上，冷却塔被设计用来将水中的热量传递到空气中。公用动力系统的冷却塔大多为机械通风式,机械通风塔一般有两种类型:鼓风式(FD)和引风式(ID)。它们可以进一步分为逆流式(图4-4)和横流式。冷却塔可以是全金属的、金属框架带有木材或塑料填料,以及全木质或陶瓷结构。有些冷却塔有不燃外壳。如今,大部分冷却塔都采用玻璃钢作为填料。

大多数冷却塔火灾都是由外界引燃的,这些引火源中最常见的是维修期间动火产生的火花,无论是在塔架上还是在邻近的结构上。其他原因包括随意丢弃的烟头、闪电和周边暴露火灾。另一个问题是风吹的树叶和垃圾会聚集在冷却塔周围,很容易被点燃。

冷却塔设备引起的火灾可能是齿轮减速箱和轴承的机械故障、风扇叶片错位或金属疲劳导致的局部发热。电动机的电气故障、线路短路和其他电气故障也是冷却塔火灾的原因。

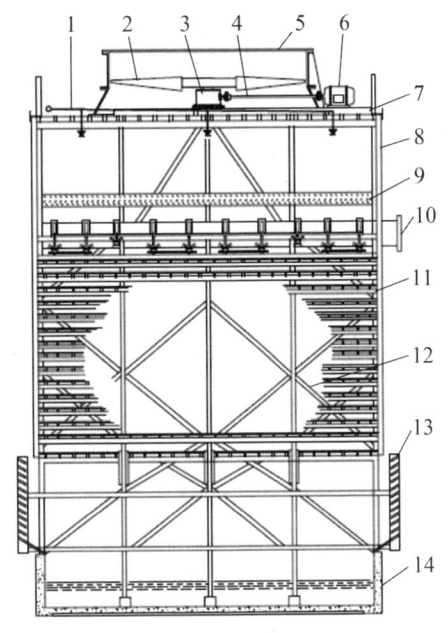

1—喷淋管;2—风扇;3—减速器;4—驱动轴;5—风筒;6—驱动电动机;7—风扇平台;8—外壳;9—除水器;10—进水管;11—可燃填料;12—框架;13—进气百叶;14—水池

图4-4 逆流式冷却塔

冷却塔的结构是减少火灾危险的主要环节。小型冷却塔或者主结构体积不超过 57 m³ 的冷却塔通常完全不可燃,因此很少有问题,然而大型冷却塔通常含有大量的可燃材料。此外,消防队的水枪射程可能无法达到建筑物屋顶上的冷却塔。在室外的冷却塔可以加装围栏保护并对杂草加以控制,以防止与邻近建筑物之间彼此的暴露风险损害。

一旦确定了危险程度,在处理基本上可燃的冷却塔时,可考虑以下保护措施:①与周边暴露风险充分分离;②采用不可燃外壳;③在冷却塔之间建立防火墙;④自动消防系统,如雨淋灭火系统;⑤适用于冷却塔外部的自动水喷雾系统;⑥消火栓和灭火器;⑦防雷。

冷却塔消防的关键要素是提供谨慎的、符合风险控制工程的设计,充分考虑自动灭火系统保护和良好的预防性维护,这都是为了确保风扇甲板、风扇及相关的电机和驱动器能够在火灾的影响下完好无损。冷却塔和其他室外构筑物一样,建造和设计必须防止风暴损坏,还应注意冷却塔不能设置在高压电线下方或变压器附近。

冷却塔防火还包括定期维护计划。机械零件过热、过度磨损、润滑不足等异常情况是定期维护计划的重要组成部分。有时,冷却塔的冷却水池也会用作消防水池,在这种情况下,必须对水塔和水池进行维护操作,以免损坏消防水系统。

4.4.2 压缩气体

各种类型的压缩气体经常分布在公用动力管道系统中,其中某些气体如燃气或焊接气体,可能造成严重的火灾或爆炸危险,而其他气体如氮气、惰性气体或二氧化碳,可能会带来安全隐患,尤其是在封闭的建筑物中。氧气分配系统会增加火灾危险。在大多数情况下,压缩气体系统的设计可确保系统部件不受过高压力或温度的影响,并配备了适当的密封切断阀。在气体压缩的场所,压缩机设备必须进行适当的设计,并从火灾损失的角度进行保护。

1) 压缩空气

压缩到高于环境压力的大气构成富氧大气,尽管它不像纯氧那样危险,但可燃物质的易着火性却增加了,火焰传播的速度比在常压大气中快得多。压缩空气在现代工业中有着广泛的用途,包括用于驱动生产或维护工具的空气、用于过程或其他控制的空气、用于阀门或机器驱动的空气及用于工艺消耗的空气。压缩空气系统始终要求空气压缩机不会向气流中添加杂质。此外,空气中必须没有任何润滑剂或压缩机中润滑剂分解产生的产物。在空气压缩机产生的压力和温度下,一些润滑剂可能会分解并在压缩空气系统中释放出一氧化碳或碳氢化合物。

为压缩机的新风入口选择合适的位置很重要,因为污染气体或蒸气很容易通过这些进气口被吸入并扩散到整个系统中。如果吸入可燃气体,则压缩机或其他系统部件就有爆炸的危险。同样,必须考虑到周围明火或烟囱产生火花或其他燃烧产物的可能性。

压缩机进气过滤器和清洁器具有清除气流中夹带的粉尘和其他颗粒物的功能,因此存在潜在危险。空气在进入分配系统之前必须进行冷却,并且必须提供设施来收集和去除冷却压缩空气中的冷凝水。对于某些场合,在分配之前,压缩空气必须"干燥"。

压缩空气储气罐几乎总是压缩空气系统中的一个部件,考虑到这些设备通常具有的潜在能量,必须对储气罐进行适当的保护,不得暴露在火源中。所有空气压缩机、储液罐、过滤器、冷却器和相关干燥设备及相关电气设备应位于中央压缩机室或通过墙壁、地板和屋顶组件与建筑区域其他部分隔开的房间内,提供至少1h的耐火等级。空压机房内不允许存放易燃物品,且仅限授权人员进入。

2) 燃气

燃气通常从一个中心供气站通过管道系统分配到各用气工位。对于从公用动力公司购买的天然气供应,中心燃气调压站通常靠近工厂边界线。公用动力公司送来的燃气压力较高,因此调压站内有减压阀把燃气的压力调低到各处需要的压力。其他燃气的来源可能是现场含有液化石油气的球罐或储罐。有些工厂如炼油厂和石化厂,在自己的生产过程中产生燃气,这些气体副产品经过收集和净化后,作为燃料分配给工厂燃料消耗设备。

无论在何处使用燃气,都必须始终考虑气体泄漏造成火灾或爆炸的风险,当气体被输送到室内时,此类风险大幅上升。适当的密封切断阀,最好是双阻塞和排放装置,是必不可少的,应始终考虑在潜在损失高的环境安装气体探测器。燃气的加压储存必须适当远离厂房和设备,不得暴露在外,必须配备水冷喷雾器降温,以防止蒸气通过泄压阀不必要地释放。

燃气管道系统应采用焊接钢制成,无螺纹接头,无铸铁或有色金属系统部件。如果必须在设备处提供柔性燃气接头,则只允许使用金属软管。阀门必须具有适当的密封关闭特性,所有关键建筑入口都需要双阻塞和排气配置。该系统应配备在紧急情况下易于接近的紧急切断阀,以便在任何建筑物中发生火灾的情况下安全切断燃气供应。

3) 氢气

氢气偶尔会通过管道输送到工厂中的各个用户,这些系统与燃气系统类似。典型的例子是在植物油工厂,氢用于氢化(有时称为油和脂肪的"硬化");在金属加工场所的焊接预热操作中,氢被用作燃料,以避免被加热的金属吸收碳。氢气用户通常直接购买氢气钢瓶组(压力为 $13.8\sim27.6$ MPa),接入氢气分配系统。有时工厂也会自己电解水来生产氢气。当使用钢瓶组时,钢瓶组通常安装在拖车上,当需要重新充气时,拖车会将钢瓶运送到供气单位。气瓶储存区必须仔细设计,因为叉车可能频繁进出,而且在叉车操作过程中损坏气瓶的可能性很高。气瓶组应位于室外,与暴露的火源适当隔开,大型装置应配备水冷式喷雾器,以在相邻的气瓶拖车发生火灾时将暴露风险降至最低。

4) 氧气

有些行业将氧气从中心气站分配到工厂的各个使用点。氧气通常是氧气燃气焊接或切割作业的成分之一,但有时氧气是单独使用的。虽然氧气本身并不易燃或不稳定,但它的逸出会大大增加与之接触的任何燃烧过程的强度。建筑物内的泄漏很难检测到,大气中氧气含量的增加可能会导致在低于预期温度水平的情况下发生自燃,或者可能导致其他稳定和安全的燃烧加剧并变得不稳定或爆炸。氧气系统如果释放氧气到暴露的火灾,将增加火灾的强度或使消防失效,直到氧气被切断。碳钢设备和管道如含有加压的氧气,当暴露在火中会燃烧,系统组件应为铝或最好采用不锈钢。如果使用碳钢管道进行氧气分配,则必须每隔一段就采用不锈钢材料作为防火隔离。

氧气系统必须配备分段阀,以便在发生火灾时能够安全地切断任何建筑物的氧气供应,并且无论氧气和燃气在哪里汇集,都需要一个双切断和排放阀配置。如果设备用户将软管连接到氧气系统的出口阀门上,则必须使用专门指定为氧气服务预留的软管。此外,氧气软管接头必须具有独特的设计(如左旋螺纹),以便其他软管都不能连接上氧气出口端。

氧气系统中的所有阀门必须设计为专用阀门（即无润滑油脂），并为密封关闭型。氧气系统的所有维护操作必须在无油脂的环境中进行,使用适当的化学溶剂脱脂设备,并由技术人员进行清洁处理。使用任何类型的压缩机压缩氧气都是一种极其危险的操作,氧气压缩机必须用防火和防爆隔板隔断。

4.4.3 热传导系统

热传导系统是一组相当特殊的工厂动力设施,包括广泛的液体或蒸气介质,用于以可控的速率将热能从一个地方传递到另一个地方。几乎所有的生产过程都涉及某种形式的热交换,在化工厂、油漆制造、纺织加工、塑料制品制造、食品加工、石油精炼和造纸工业等行业中,热传导系统的使用尤为普遍。

1) 传热流体类型

大约95%的传热流体是蒸汽或水。如果生产工艺的温度高于水的冰点,并低于约177℃,则通常在这两种介质之间进行选择。对于低于水冰点的温度,最常见的传热流体是空气、制冷剂如卤代烃、氨、盐水或乙二醇和水的溶液。当温度升高到177℃以上时,可使用具有高沸点的流体或汽化流体,但必须使用高闪点、热稳定、无腐蚀性的流体。常用的高沸点液体一般可分为导热油、熔盐或特殊配方的导热介质。

有两种类型的传热系统:液相和气相。对于液相系统,流体的温度随着热量的传递而变化,即使采用大循环速率,也会导致温度不均匀。在气相系统中,热在蒸气的饱和温度下传递,当蒸气冷凝到液相时,它提供了一个几乎恒定的温度。通常可以组合使用这些系统。

（1）导热油。这些是特别精炼的石油,可以在高达315℃的温度下使用。在更高的温度下,油开始发生热裂解,产生轻烃和聚合物。当石油与空气接触时,在高于200℃的温度下也会开始氧化,因此在较高温度下,必须将空气从系统中排出。如果能遵循制造商的使用指南,这些油将具有较长的使用寿命和良好的传热性能。

（2）熔盐。熔盐是在标准温度和大气压下呈固态,而温度升高后存在于液相的盐类。这些盐通常用作吸热剂或冷却介质,因此用于控制某些化学品制造过程中发生的放热反应。最常用的盐是一种熔点相对较低的钠盐和钾盐的混合物。由于这些盐在室温下是固态的,必须注意保持盐的温度高于其熔点,以防止盐在系统中凝固。此外,在启动过程中必须小心控制热量输入,以使混合物缓慢熔化。许多熔盐是强氧化剂,在使用熔盐的地方也应考虑这一点。

（3）合成液体。各种特殊配方的合成液体被广泛用作传热流体。合成液体会发生热裂解和氧化,但在制造商的指南下使用时,它们是安全的、无腐蚀性的、基本上无毒且热稳定的。合成物如果被释放到燃油加热器的燃烧箱中,会产生火灾危险。常用合成液体包括聚氯化苯、二苯基/二苯醚混合物、二芳醚和三芳醚、乙基二苯异构体和类似物。当这些液体在液态中使用时,热输入装置被称为加热器,当液体被汽化时,该装置被称为汽化器。两种加热设备都很常见。

2) 有机传热流体的危险

除了与燃烧的加热器或汽化器相关的燃料相关危险外,有机热传导液体的基本危险是与封闭系统中的可燃液体在接近或高出其燃点的条件下加热和转移有关的危险。原则上,与燃料相关的危险与使用相同燃料的锅炉厂产生的危险相似。由于有机流体的成本,安全阀的放喷点通常设置过高,以至于几乎不可能发生放喷。为此,储液罐和其他系统压力部件的设计工作压力必须至少比正常工作压力高 276 kPa。

3) 使用可燃液体的热传导系统的保护措施

如果具有闪点低于 149 ℃ 的易燃介质的传热系统被加热到高于其大气沸点,则汽化器或加热器和用户设施应位于一个分开的区域或具有损害限制结构的隔断房间内。

如果汽化器和加热器室位于加工厂房内,应具有以下特征:①自动喷淋系统保护;②通过至少 1 h 耐火等级的防火隔断与其他重要设施分开;③管道应牢固支撑,防止机械损伤,并与可燃材料保持足够间距;④为了保护附近的设施,地面要设置围堰和排水沟。

良好的维护是任何无事故操作系统的关键因素,定期测试内容应包括传热介质、加热器点火表面、安全阀和控制装置等。

系统汽化器和加热器应自动控制,并通过出口的温度和压力控制进行调节。在蒸气系统上,必须提供单独的安全限位开关,以发出警报,然后在汽化器液位变得非常低或蒸气压力温度过高时自动关闭加热器。在液体循环系统中,除了低液位切断装置外,还必须提供限位开关,以便在液体温度过高或循环速度较低时自动关闭加热器。

在有可靠的蒸汽或惰性气体供应的地方,建议使用手动控制的蒸汽或惰性气体灭火系统。在任何情况下,燃烧室开口附近都需要配备 B 类手提式灭火器。

为尽量减少有机热传导介质泄漏和浸入管道绝缘层、自发加热和点燃引起火灾的危险,当发生泄漏时,应立即通过重新填充阀杆、更换泄漏的垫片等手段来消除泄漏源。有潜在泄漏风险区域的绝缘层应使用耐油水泥或非吸收性绝缘材料覆盖。

4.4.4 传动带输送系统

传动带输送机主要用于运输各种各样的物料,它们在采矿和矿石加工、纸浆和造纸、谷物处理加工和公用动力等行业很常见。输送机主要用于运送原材料,如矿石、木片、固体燃料和谷物。

传动带输送系统由一个闭环传动带组成,一端装配在驱动轮或头部滑轮上,另一端装配在从动滑轮上。在两端滑轮之间,传动带由支撑在钢框架上的惰轮承载。系统可全部或部分封闭在易燃或不燃的地下、斜坡或架空廊道中。长的越野输送机,如将煤炭从远程采矿场运送至发电厂的输送系统,可能完全开放,或具有最低限度的外壳保护,如局部防风雨罩。

传动带的宽度可能是 0.3~1.8 m 不等,长度可达数千米。传动带速度从接近零到每分钟几百米不等。在大多数情况下,传动带输送系统向生产过程输送原料,其损失可能导致长时间的生产中断。替代的原料转移和处理系统,可能很难获得并且相当昂贵。

各种可燃和不燃的结构和占用条件可能是输送操作的一部分。输送的产品可能是可燃物(谷物、木屑或煤炭)。支撑和保护输送机的外壳可能是木材、塑料板或其他可燃材料,并且可能用暴露的可燃绝缘材料进行绝缘。地下矿山隧道可能用重木料衬砌。公用动力设施,如线槽中的塑料涂层电缆或天然气管道,可能会通过输送机隧道或中转房。这些都可能导致火灾蔓延,增加火灾严重程度和延长生产中断时间。传动带输送机系统也可能位于架空结构内或地下,这两种结构都不便于手动灭火。

1) 传动带输送系统类型

传动带输送系统的布置有三种:完全封闭式、部分敞开式、完全敞开式。

(1) 完全封闭意味着输送带走廊或隧道在其侧面或地板上没有连续的开口,偶尔开有门或检查口的系统仍被视为完全封闭。从火灾严重程度和消防角度来看,这种类型的布置是最危险的,因为可接近性有限,并且可能积聚非常高的温度,这可能导致火势迅速蔓延、结构损坏,最终导致高架部分倒塌。地下隧道和高架钢管是全封闭系统的典型例子。

(2) 部分敞开指沿廊道侧面或底部有连续的开口,带防风雨罩或没有地板的输送带被视为部分敞开。在部分敞开的输送系统中,火灾蔓延的速度较低,因为通风允许热量和浓烟逸出。连续开口还允许外部消火栓的扑救,限制了火灾蔓延,并弥补了内部喷淋系统的流量不足。

(3) 完全敞开式系统是一种没有外壳或机罩的输送系统,例如运输不受天气条件影响的产品的跨国运输系统(如原煤)。由于缺乏热量聚集,而且火灾时可以用消火栓手动灭火,因此沿敞开式输送系统的火灾蔓延缓慢。消火栓、小型消防箱或带水箱的叉车通常可以有效地保护敞开式输送系统。

损失记录表明,输送传动带本身具有足够的可燃性,在没有其他燃料的情况下,能够使火势蔓延。输送传动带由天然和合成橡胶或塑料制成,通常用纤维增强强度。传动带通常是通过层压而成的,以便在倾斜条件下实现产品附着力。

有些传动带与阻燃剂复合,并被宣称符合某些规范。这些阻燃传动带必须通过某些限制性试验,以确定是否容易着火,以及火在传动带上从着火点蔓延开的速度。然而,这些规范性试验并不能模拟传动带输送系统中可能存在的所有条件,例如倾斜、货物堆放及存在助燃的可燃物。所有传动带必须被认为是可以点燃的,并且当输送系统布局在有利于燃烧配置时能够使火灾蔓延。由于这些原因,而且传动带经常更换,在确定潜在火灾风险时,一般不应考虑传动带的阻燃性。目前,绝大多数使用中的输送传动带必须被视为可燃物。

用于处理可能产生可燃粉尘的物料的输送系统还可能存在爆炸危险。一个小的初始粉尘爆炸可以引发二次粉尘爆炸,它可以传播整个隧道或廊道。在粮食加工业和煤矿设施中,传动带引发的火灾是粉尘爆炸的常见火源。传动带输送系统其他的风险包括移动设备的撞击损伤、倒塌和尖锐物体造成的纵向撕裂。已经断开的传动带会沿着高架廊道或隧道向下滑动,造成撞击破坏,而且很难清理。

2) 传动带输送系统风控

(1) 应为传动带输送系统提供自动喷淋系统、雨淋系统或预作用系统保护,但对于在不可燃或耐火结构的全封闭输送系统中运行的宽度小于 0.6 m 的传动带,可省略喷淋。

(2) 对于全封闭系统,提供自动喷淋保护,或者完全或部分拆除外壳。

(3) 对于敞开式或部分敞开式系统,设置与输送系统平行的消防通道,并保持一个移动式消防水箱,用于手动消防响应,或沿系统以 90~150 m 的间隔设置标准消火栓。

(4) 在传输、拼接或驱动室内提供适当的温感探测装置,探测到异常情况时应发出警报,并停掉传动带输送机。

(5) 对于工厂现场的输送系统,室外消火栓系统必须覆盖输送系统的所有点。

(6) 应经常清理输送机外壳和建筑物上沾染的可燃物料。

(7) 处理可燃粉尘的输送机应紧密封闭并配备粉尘收集系统,避免使用地下隧道。

(8) 对于处理可燃粉尘的输送带廊道、建筑物或封闭空间,采用损害限制结构(DLC)。

(9) 传动带输送系统下方两侧 7.6 m 开外的所有杂草、灌木丛和树木都应清除。

(10) 传动带输送系统附近不能有可燃物堆场和未受保护的可燃建筑。

(11) 如果加热过的材料被放到传动带上,当材料超过安全温度或冷却系统关闭时,联锁装置应关闭进料系统。

(12) 所有输送系统场所必须遵守动火许可证及禁烟制度。

(13) 处理可燃粉尘的输送机系统中的电气设备必须符合适用于危险场所的法定电气规范。

(14) 应制定预防性维护计划,以降低其他常见火源的可能性。

(15) 工厂应准备足够的备用传动带,或在 24 h 内修复输送机所需最长的传动带。

(16) 为防止车辆撞击,应在车流量较大的区域保护高架廊道的外露钢支架。大型移动设备可能会在其下通过的高架走廊上应放置警告标志和净空标志。

(17) 为了尽量减少倒塌的可能性,输送系统的设计应符合当地的雪荷载规范。

(18) 应合理保护输送系统,防止自然灾害风险,如滑坡、洪水及周围的沉降。

4.5 动火作业危险

动火作业包括动火等多种操作,不安全的动火作业造成了大约8%的火灾事故及工业财产理赔占比12%~15%的金额。尽管已经采用书面动火许可证制度,但损失仍然很高。无论是报告的事故数量还是损失金额,仓储区都是第一位的。

动火作业期间引发的火灾最常见的是工作区域附近的易燃液体、油性沉积物和可燃粉尘。在许多情况下,这些材料对焊工来说并不明显,因为它们位于封闭设备中,如管道、集尘器、储罐或橡胶衬里设备。其他"隐藏的可燃物"可能是机器下方凹坑中的油性沉积物,以及建筑的隐蔽空间中的保温绝缘材料或木材。与动火作业火灾有关的其他常见材料包括木材、塑料、纸张、建筑保温绝缘材料、纺织纤维等。

经验表明,让操作员自己决定是否可以进行动火是不明智的。唯一安全的方法是由一位称职的主管在动火之前仔细审查将要进行的操作,该主管可以是专门指定的工长,也可以是消防队长、工程师或安全员。他应仔细检查动火的现场,并详细说明必须采取的预防措施,如无法确保动火现场条件符合安全规范,则应禁止作业并坚持采用其他方法。必须实施"动火作业"许可证制度,以确保现场管理层适当参与审查和批准过程。

动火作业都会产生危险火花,如熔化的、燃烧的金属或热熔渣。切割产生的火花,特别是氧燃气切割,通常比焊接产生的火花更危险,因为火花数量更多,传播距离更远。它们是由切割过程中使用的氧气或气流喷射推进的。氧燃气火焰和电弧是固有的和明显的点火源。

1) 动火场所的预防措施

在动火操作期间,应始终贯彻落实风险预防措施。在将所有易燃材料从受影响区域移除或用防火罩覆盖之前,不得开始此类操作。在操作开始前,应准备好手提式灭火器或消火栓水龙带。在操作过程中及在操作完成后至少30 min内,都应有消防值班人员在场。在修理或更换钢制货架时,应考虑使用机械紧固装置和锯子,以避免切割或焊接。

以上所述步骤只是预防动火作业火灾问题的部分解决方案,还有其他重要因素需要考虑,如:在拟进行动火作业的区域内是否有不明显的可燃物?在进行动火操作之前，必须满足哪些条件？谁有责任授权工作继续进行？焊工及其主管是否接受过设备使用和发生火灾时的应急程序培训？如果外部承包商从事动火工作，其员工很可能不熟悉被保险人的经营场所，是否向他们简要介绍了他们将要工作的场所情况？承包商的施工人员是否接受了必需的安全培训？

2) 动火相关规范

国家标准将动火作业分为特殊危险动火作业、一级动火作业和二级动火作业三类：

（1）特殊危险动火作业指在生产运行状态下的易燃易爆介质生产装置、储罐、容器等部位上及其他特别危险场所的动火作业。带压不置换动火作业按特殊危险动火作业管理。

（2）一级动火作业指在易燃易爆场所进行的除特殊危险动火作业以外的动火作业。厂区易燃管道上的动火作业按一级动火作业管理。

（3）二级动火作业系指除特殊危险动火作业和一级动火作业以外的禁火区的动火作业。凡生产装置或系统全部停车，装置经清洗、置换、取样分析合格并采取安全隔离措施后，可根据其火灾、爆炸危险性大小，由安全部门批准，动火作业可按二级动火作业管理。

国际通用的动火作业风险控制规范对动火没有分级，但是要求有严格的动火许可证审批制度及诸多的防范措施。其中最著名的一条就是11m的原则，即动火点周围11m的范围不能有可燃物（图4-5）。如果可燃物不能移走，则必须

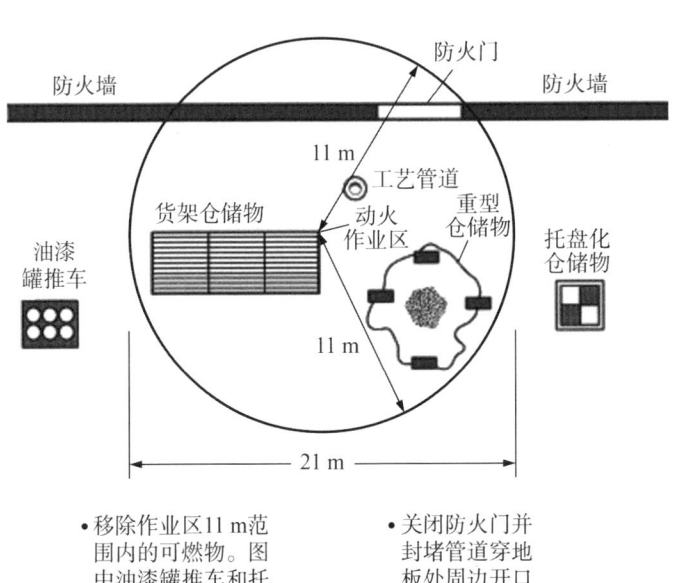

图4-5 动火的11m原则示意图

用防火毯覆盖或其他方法保护，以免动火作业产生的火花引燃可燃物。NFPA 51B是国际公认的动火作业风控标准。

3) 动火流程

(1) 确定工作现场存在哪些易燃材料。

(2) 如有必要，改变动火点或移动可燃物，或将可燃物遮蔽。

(3) 获得管理层的授权（书面许可证）。

(4) 确保焊工了解授权和现场情况。

(5) 确保消防观察员随时待命。

(6) 在焊接或切割作业完成后半小时内，安排火灾观察员值守。

(7) 在动火后4 h内，安排保安或其他人员巡检。

4) 动火注意事项

(1) 在易燃易爆环境中，大量暴露的易燃材料附近、未经管理层授权的区域、带有可燃覆盖物或可燃夹层板结构的屋顶上，不得进行动火。

(2) 地板上应该没有可燃物。如果地板是可燃材料，应保持湿润或采取其他保护措施。

(3) 如果可燃物距离动火点小于11 m，且不能改变动火点或将可燃物移走，则应使用防火覆盖物或金属保护罩对其进行保护。这也适用于可燃建筑的墙壁、天花板或屋顶。

(4) 动火点周围11 m以内的墙壁、地板或管道上的开口应加以覆盖。

(5) 如果管道或其他金属与可燃墙壁、隔墙、天花板或屋顶接触，距离太近，会导致热传导着火，则不应进行动火。

(6) 应配备完全充装的灭火器，并设置受过培训的消防观察员。在没有消防观察员的情况下，至少在动火完成后半小时内仔细检查动火区域和相邻区域，以检测可能的阴燃火灾。

在大多数工业企业中，动火作业都是常规作业。评估被保险人在动火作业中应用安全控制技术的唯一可靠方法是审查现有的程序和控制措施，审阅过往的动火许可证签发记录，以及管理层对动火许可证制度的落实程度。没有人会否认良好的动火作业管控的价值，但统计数据支持这样一种观点：即使具有责任心的管理人员也并非总能落实和践行良好的风险管控措施。

4.6 内务管理标准

良好的内务管理是消防安全的基础。对内务管理的投入和关注程度受到建筑物类型和所涉及设施总体规模的影响，但最重要的是设施的具体占用性质。可接受的清洁程度因占用性质而异。

良好内务管理的三个基本要求是适当的布局和设备、正确的材料处理和储存、清洁和有序,实现这些基本要求的任何设施都为良好的内务管理奠定了基础。工厂可以制定特殊的内务管理实践来处理自己的具体问题,如果没有实现适当的内务管理,通常是因为一个或多个领域没有得到足够的重视或采取的行动不够充分。管理层必须宣传其对良好内务管理的承诺,这种宣传必须定期加强,并在出现显著改善或突出表现时给予表彰。

  内务管理不能因为缺乏必要的工具或设备而失败。某些生产和处理区域可能会不断产生粉尘、绒絮和其他废物,在这些情况下,特定的废物产生点可能需要与排气和收集系统相连的真空收集站。对于区域清洁,可以使用电动地板清扫器或轨道式移动清洁器。大量废料或废弃包装材料不断堆积的厂区不仅需要大型垃圾箱,还需要能够经常清空或更换的机动化设备。

  过度拥挤是妨碍妥善管理的主要因素。通道堵塞会使通行受限,从而妨碍了有效的清洁和垃圾收集。缺乏足够的工作空间和储存容量会导致操作效率低下,无法创建井然有序的环境。杂乱无章的储存对内务管理有着负面影响,通常也不利于有效地防火。灭火器、消火栓箱和灭火系统控制阀可能被堵塞并无法接近,而其他消防设备(如防火门)也可能无法操作。

  建筑物的维护和保养需要特殊的内务管理。厨房烹饪设备的所有排气系统必须配备油脂去除装置,油脂过滤器和其他除脂装置应由不可燃材料制成。经常清洁炉罩、除油装置、风机、管道和相关设备是一种良好的做法,根据使用情况,应每天或每周检查排气系统,以确定是否有油脂或其他残留物积聚在其中。清洁管道对消防安全至关重要,但由于清洁管道是一项困难的工作,因此管道经常比较肮脏,可以考虑外包给专门从事这类工作的专业公司。安装厨房(K类)灭火系统是一个有效的保护,赫赫有名的安素"食人鱼系统"就是其中之一。

  被保险标的内务管理的水准,只有通过现场查勘才能评估。只有定期检查是否保持了适当的内务管理标准,才能确保客户在这方面给予了适当的优先权和管理承诺。

第 5 章
特殊危险

本章将介绍特殊危险占用。虽然并非每个商业或工业企业都会发生此类占用，而且它们的发生频率并不高，但无论何时发生此类占用，都会增加火灾爆炸或业务中断风险。有时，在一个特定的场所中会发生不止一个特殊危险占用。任何时候必须仔细分析和评估每种占用情况，重要的是所有工程师必须认识到这些危险过程是什么，在查勘现场并评估风险和保护时，应对特殊危险占用保持警惕。

这些占用中最常见的包括含有燃烧作业的工艺设备、易燃液体、易燃气体、爆炸性粉尘、易燃气溶胶、液压系统、计算机控制中心等。本章中还包括多个更特殊的高风险工艺，如机加工、喷涂、粉末喷涂、浸渍涂层、化学反应、溶剂萃取或分离、洁净室、实验室和油淬火等操作。

特殊危险占用导致火灾损失的可能性异常高的一个因素是，虽然这些是被保险人活动的重要组成部分，但工厂人员和管理层可能因为司空见惯而没有充分意识到其危险，他们可能对工厂人员培训、维护、内务管理或应急程序等方面没有投入足够的时间或资金。同样，可能没有充分认识到对特殊设备的需求，也可能不了解降低特殊危险占用风险的相关风控技术。因此，当事故发生在特殊危险场所时，可能会很快失控。

特殊危险占用通常都局限于某一特定的工厂或商业企业的局部，与这些占用有关的危险并非适用于在该投保地点进行的大部分活动的典型危险。与特殊危险占用相关的火灾危险等级可能高于整个投保地点的火灾危险等级。在投保地点进行的主要业务活动可能是相对安全、低危险的，而一个特殊危险占用的出现就会大大增加火灾损失的可能性。

当某种特殊危险成为工厂的主流业务活动时，工厂管理层和员工通常对危险会有很高的认识，而工厂的保护系统也通常能够与所涉及的危险相匹配。例如，易燃气溶胶的制造商会充分意识到危险，并且通常会有固定的自动保护系统，以达到与这些危险匹配的水平。与气溶胶的制造和储存相比，考虑一个危险相对较低的办公用房，其中不时会使用少量装有易燃液体的气溶胶罐来清洁办公设备。即使是少量气溶胶罐的储存和处理不小心，也会大大增加火灾爆发的风险，并可能导致异常快速的火灾蔓延，其程度远远超过使用不可燃溶剂的情况。仅仅因为引入了一种特殊的设备清洁程序，这间办公室火灾损失的可能性就会大大增加。

这就是特殊危险占用的原理。特殊危险是主流活动的一小部分,但非常重要。它会带来火灾爆发的危险或潜在隐患,而这些危险或潜在隐患并非总能被完全识别和防范。

显然,鉴于保险公司承保业务类型的多样性,不可能列出所有特殊危险占用的详尽清单。本章讨论了最常见的主要特殊危险,旨在提供这些危险的快速参考,提醒我们应该对这些情况保持警惕,以便在遇到它们时,能够给予适当的考虑。

5.1 燃烧工艺设备危险

现代工业中使用的燃烧工艺设备种类繁多,通常由保险公司承保的工业风险会包含几种类型。最常见的燃烧设备锅炉和空间加热器在第4章中已经讨论过。在工业中常见的其他类型燃烧设备包括熔炉、烤箱、干燥器、窑炉、惰性气体发生器、工艺加热器、裂解炉等。

所有这些设备的共同点是在封闭的燃烧室中控制燃料的燃烧,以安全地产生热量。几种固体、液体和气体燃料及混合物是常用的,每种燃料都有自己的安全使用规则。燃油加热设备有两大危险:燃烧过程本身(必须控制燃烧强度和燃烧质量),以及燃烧室内的燃料爆炸。气体燃料还具有从供应管道和部件泄漏的风险,增加了在炉膛燃烧室外发生火灾或爆炸危险的可能性。

损失的主要原因是燃烧室爆炸,这是由于燃烧过程失去控制而引起的。这是所有类型的燃烧工艺设备的共同点,不论规模或行业,其基本原理同锅炉。在炉膛内保持特殊气氛的情况下,例如出于某些冶金热处理目的,燃烧室内的易燃气体通常会带来额外的危险。

5.1.1 燃烧室爆炸

在燃油和天然气这两种最常见的燃料之间,风险几乎大致相当。超过50%的爆炸发生在冷炉的初始点火期间,另外至少有10%的爆炸发生在热燃烧室火焰熄灭后的重新点火过程中。另一个最常见的爆炸原因是在正常运行期间失去对燃料的控制。燃烧室温度高于760℃时很少发生爆炸,然而在对正常工作温度超过760℃的炉膛进行加热时,确实曾发生过一些爆炸。

(1) 初始点火爆炸。在多燃烧器炉中更为常见,在这种情况下,操作员未能关闭所有单独的主燃烧器燃料旋塞,或在打开主燃料阀之前未能在所有燃烧器处建立可靠的引燃火焰。

(2) 燃烧时爆炸。发生在炉子正常运行期间,最常见的原因是:①燃烧器运行时空气不足,无法完全燃烧,导致在炉膛燃烧空间形成爆炸性一氧化碳和氢气-空气混合物;②燃烧器火焰意外发生故障,并无法自动切断燃料供应。

(3) 再点火爆炸。在燃烧器火焰意外熄灭后,通常是由于在重新引入点火源之前未能对炉膛进行吹扫而引起的。

燃烧室爆炸的其他原因包括:

(1) 燃烧器控制装置故障,尤其是燃料和空气供应的联锁装置故障。

(2) 当燃烧器耐火砖处于冷态时,由于引火燃烧器的不稳定运行而导致的意外燃烧器火焰熄灭。

(3) 燃料通过阀门泄漏到温暖的炉膛中,这个阀门被错误地保持在打开状态,或者正在泄漏。

对于蒸汽锅炉,单个燃烧室爆炸造成的财产损失通常与所涉及的炉子大小成正比,然而工业炉燃烧室爆炸的后果可能比大多数锅炉燃烧室爆炸更严重。首先,工业炉经常与其他相关装置和设备安置在一起,因此联合装置遭受财产损失的可能性更大。其次,工业炉经常处理的工艺物料本身就是可燃的,因此它们在燃烧室爆炸后为火灾提供了潜在的燃料。最后,与工业炉相比,蒸汽锅炉的"冗余"程度要大得多,因此虽然燃烧室爆炸可能会对特定锅炉造成大面积损坏,也许会在一定程度上降低生产能力,但其他锅炉通常可以维持工厂的生产。对于没有冗余设计的工业炉,整个工厂或生产线都可能受到影响,从业务中断的角度来看,潜在损失要高得多。事实上,工业炉常常是工厂生产的主要"瓶颈"之一。

工业燃烧生产设备燃烧室爆炸与锅炉燃烧室爆炸有着相同的三大类原因:人为因素、安全控制不完善或设备布置不当、设备故障。

5.1.2 燃料

气体燃料处于可燃烧的物理状态,可能是最方便的燃料来源。通常,气体燃料以天然气的形式通过中压或高压管道供应给工业用户,在用户现场没有燃料库存。有些工厂使用液化石油气,因此需要在工厂进行适当的储存。LPG 储存本身就是一种高危险。在许多工厂中,工业炉是用生产过程中其他地方产生的气体来燃烧的,例如炼钢厂的高炉煤气。

液体燃料也有非常普遍的使用,有几种等级。大部分石油产品均可用作燃料。燃料油通常都储存在用户现场,因此构成了与可燃液体储存和处理相关的危险。除了空气和点火能量外,燃油还需要被汽化成气态,或者至少雾化扩散以进行燃烧。

煤油和1、2级燃油可以通过加热完全蒸发,不留下残留物,并且可以作为气体在"汽化燃烧器"中燃烧。煤油和较轻的燃油也可以在不加热的情况下,通过压力或机械雾化燃烧器,充分雾化。较重的燃油都需要预热到足以将黏度降低到雾化所需的温度。最常见的重油燃烧器系统需要一个单独的雾化介质,以便将燃料充分扩散成细液滴进行燃烧。工业中最常用的雾化介质是空气和蒸汽,后者是残渣燃料油必不可少的。有些工业炉使用旋转雾化燃烧器,在这些燃烧器中,油被预热后喷射到一个由电机驱动高速旋转的杯子上。油在离心力的作用下扩散成一层薄膜,当它到达杯的边缘时会破裂成非常细小的液滴。实现了高度雾化后,最重的燃油也能使用了。

每种燃油扩散方法都有其优缺点,炉子设计者或制造商会在初始设计阶段对其进行平衡考量。一般来说,汽化燃烧器只适用于较小的炉子或温度控制范围相当宽的炉子。机械雾化需要通过小孔排油,而且由于扩散效果随压力降低而迅速下降,因此调节范围有限。在预热或汽化过程中可能会发生一些分解,产生的含碳残留物会堵塞燃烧器孔板。

固体燃料在工业炉中通常是在固定床的炉排上燃烧,炉排是用来除灰的。固定床中的固体燃料一般分两个阶段燃烧:首先是燃料加热时释放的气态碳氢化合物的燃烧,其次是残余的含碳残留物和其他化合物的燃烧。有时会使用煤粉,特别是在大型回转窑中,例如用于水泥制造的回转窑。

当空气不足或过量时,燃烧产物的成分会发生变化,并可能在炉膛燃烧室中形成可燃或爆炸性混合物。当燃烧产物是炉内材料加工的直接因素时,可能会设计并调整燃烧器,使其"富燃料"以产生还原性环境。这意味着炉内始终存在大量的氢气和一氧化碳,构成爆炸危险,超过了最初燃烧过程的爆炸危险。即使在燃料被切断直至用惰性气体吹扫炉膛时,也会有此危险。

有时,炉子设计成可以使用多种燃料,如燃油和天然气。必须为这两种燃料都设置燃烧器控制系统和联锁装置,只需按下一个按钮,就可以实现从一种燃料到另一种燃料的自动切换。但是,如果要使用燃烧炉和燃烧器设计中没有明确支持的燃料,可能会产生以前未考虑过的危险。

5.1.3 燃烧器特性

在工业设备中使用的所有类型的燃料燃烧器中,必须考虑四个特性:

(1)调节比。其是燃料输入率的范围,燃烧器将在该范围内运行。当需要在加热循环中改变热输入速率时,调节比很重要。当火焰速度相对于燃烧器端口中的混合燃料速度过高时,可能会发生回火,从而限制最小输入速率。当混合燃料的速度大大超过火焰速度时,最大输入速率受到火焰吹散的限制。高的速率需要更高的压力,因此需要更昂贵的设备。

(2)火焰稳定性。其反映了燃烧器在冷态下及在正常压力和调节比下,无需引燃器的情况下保持点火的能力。

(3)火焰形状。其取决于混合燃料的压力、一次风的量,以及更重要的是,燃烧器的设计。良好的混合会产生短而浓密的火焰,而延迟混合会产生细长的火焰。

(4) 燃烧容积。其指火焰包络中燃料、空气和燃烧产物所占的空间。

炉子设计师或制造商都会仔细选择燃烧器参数,以实现炉子高水准应用的安全性和可靠性。任何燃烧器更换或升级以适应先进的燃烧器技术可能会引入以前不存在的危险,因此只能在原始制造商或此类设备专家的充分参与下进行。

5.1.4　设备设计注意事项

充分考虑了位置、结构、管道和电气系统的选择、设计和安装,可将燃烧工艺设备的火灾和爆炸危险降至最低。适当的燃烧控制和安全系统(类似于蒸汽锅炉的"监控")是必不可少的。燃烧过程的新鲜空气进气口必须小心定位,以避免在工厂其他地方的异常情况下引入易燃或可燃材料。同样,如果工厂通常处理易燃或可燃液体或气体,因此存在电气危险区域,则炉子和进气口必须位于非危险区域。

燃烧设备最好位于单层不可燃建筑物或多层建筑物的底层。大型烤炉可能位于屋顶或建筑侧面,只有入口和出口位于室内。由于通风和可达性受限,应避免地下室位置。

如果危险设备位于燃烧设备附近,则应设置至少 1 h 耐火等级的隔墙,以将加热设备与可燃占用区分开。应在门口设置门槛或坡道防泄漏,如果位于第一层以上或地下室上方,应采用防水地板并铺设排水管把可能的泄漏物排至安全位置。如果无法提供防火隔墙,则至少应在干燥或烘烤工艺区周围用不可燃材料进行局部封闭。

如果在工艺区域不可避免地要储存可燃材料,则应与燃烧设备及其燃烧器等保持至少 3 m 的间距。燃油炉周围的可燃地板应覆盖不燃材料,可使用燃烧室下方提供的相同隔热层。

管道应隔热,周围空间通风,以使可燃建筑构件的温度保持在 70 ℃ 以下。避免金属管道或烟囱穿过防火墙。所有电线绝缘层应适合使用时的最高温度,安全和控制电缆的布线应小心,以避免火灾。

每个燃气或燃油工艺设备应配备一个远程手动紧急燃料切断阀,这些阀门应贴上明显的标签,并设在安全位置,最好在炉子区域外。还应该提供照明,以便在黑暗时操作。

虽然在存在燃料或蒸气爆炸危险的烤炉、干燥器或其他燃烧设备上并不总是能够安装泄爆口,但这一因素不应被忽视。如果易燃气体或蒸气大量释放,内部气流会将这些气体或蒸气混合并分布在烤炉的大部分区域。除非能消散爆炸压力,否则这些蒸气的点燃会对烤炉和周围建筑物造成严重损坏。如果安装泄爆口因特殊工艺要求而不切实际,则可省略,例如:使用惰性气体环境的低氧烘箱;因工艺原因焊接在一起的绝缘金属板制成的烘箱(在汽车工业中);由重型钢板制成的烤箱或炉子,带有加强梁和厚绝缘层。

5.1.5 燃烧控制

在加热工艺设备中,燃料爆炸通常存在四个主要条件:①未燃烧燃料的来源;②未燃烧燃料的积聚,通常为蒸气或气态,与空气混合处于爆炸上限和下限之间;③点火源,如火焰或火花,或高于燃料空气混合物点火温度的热表面;④通过一个外壳对混合物某种程度的限制。

工业燃烧设备的范围从简单的手动点火和控制的小型设备到大型复杂的工业炉装置,甚至可能是厂里最昂贵的设备。最高的安全标准是通过适当设计的燃烧自动控制装置来实现的,这些装置实际上消除了人为因素故障的可能性,并在设备发生故障时自动关闭机组。但是,即使是小型手动点火设备,按照正确操作说明严格执行,加上足够的指示仪表和简单的机械联锁装置以防止操作员错误,也是相当有效的。

广义地说,燃烧控制具有一定的灵活性,以适应现代工业中的大量应用,燃烧控制"监控"燃烧器操作的以下方面;足够的燃油流量和压力;足够的燃烧风流量和压力;足够的雾化介质温度和压力;正确的燃空比;引燃器工作稳定;主燃烧器保持稳定燃烧;燃烧室大气成分;燃烧热对关联过程的影响,在规定的工艺参数范围内调节热输入。

燃烧控制系统持续监控或测量上述每一个变量,并执行控制功能以保持所需的系统值。当被监测变量超出其预设范围时,将发出警报信号,以警告即将发生的问题。如果不良情况恶化到第二个预设范围,最终燃料将被切断,炉将关闭,所有燃烧控制装置返回到安全设置点。在正常情况下,在纠正停机原因后,炉子将重新启动,循环控制系统将安全地控制以使炉子恢复在线所需的操作。所有这些功能都将是完全自动的,在大多数情况下,工业炉不会接受操作员不安全的操作。原则上,此类设备的燃烧控制与蒸汽锅炉的燃烧控制相同,不再赘述。

燃烧控制系统可包括循环或非循环火焰监测。在非循环系统中,熄火将关闭整个系统,等待操作员重置并在纠正熄火原因后启动点火流程。在循环系统中,切断燃料供应后,控制装置将自动重置所有控制,并启动至少一个点火流程,以重新建立燃烧。当然,一个循环系统可以切换到非循环系统,并按照操作员的选择作为非循环系统运行。使用哪种系统取决于加热工艺。

以下说明针对可能会安装在工厂不同位置的设备类型提供了有关燃烧控制系统特性的更多信息,始终强调良好或理想的标准。

1) 点火

燃烧控制范围从手动点火到复杂的全自动系统,每个阶段都有许多内置的安全检查。

手动点火燃气或燃油加热设备的类型(如简单的炉子或烤箱),是指在燃烧器操作员的监控下,只能手动打开主燃烧器的燃料供应阀,并手动或半自动点火的设备。

自动点火燃气或燃油设备是指主燃烧器的燃料供应阀自动打开并点燃的设备。

无论采用何种方法点火,都要遵循一些基本原理,写进书面操作规范中(手动点火)或者编入点火系统控制程序里(自动点火)。对于每一次点火,有以下注意事项:

(1) 必须确保主燃料安全截止阀处于关闭位置。

(2) 必须确保引燃燃料安全截止阀处于关闭位置。

(3) 安全截止阀处必须有燃料和雾化介质,并处于要求的压力和温度下。

(4) 必须确保燃烧风机(FD)和/或引风机(ID)运行。对于自然通风炉,必须确保主烟气挡板处于打开位置。

(5) 炉膛燃烧室必须在设定的流速和时间段内用空气吹扫,通常以50%的设计额定风量吹扫四个燃烧室容积变化。

(6) 吹扫后,必须将燃烧风控制风门预设为一个低值以便点火。

(7) 然后允许打开引燃燃料安全截止阀,一次点燃一个引燃器,以便所有主燃烧器都能获得稳定的引燃火焰。现代控制器设计有一个引燃火焰建立期,允许引燃燃料安全截止阀在系统需要确保引燃火焰存在之前的有限时间内保持开启。

(8) 当引燃完成并确定后,允许打开主燃料安全截止阀,然后燃料依次进入每个燃烧器,在每个燃烧器处形成稳定的火焰。

(9) 如果在打开燃料阀后的试点火阶段内,主燃烧器的火焰不稳定,主燃料安全截止阀将关闭所有主燃烧器,直到故障得以纠正。在这种情况下,引燃器通常处于点火状态(至少足够长的时间来再次尝试点火),并保持流经炉子的气流,以帮助从点火失败的主燃烧器中吹扫清除未燃烧的燃料。对于需要雾化介质的燃气和轻质燃油,火焰建立时间通常约为10 s,对于需要雾化介质的较重燃油,火焰建立时间通常为15 s。

(10) 一旦所有主燃烧器的火焰稳定,预设值将被提升,以允许一次和二次风流量增加到超过点火的预设值。现在可以根据制造商的操作程序提高燃料燃烧率,并使炉子负荷增加。随着燃料流量的增加,燃烧风流量也会增加,雾化介质(如果使用)将随燃油需求而变化。

(11) 在使用中断式引燃的系统中,此时燃烧控制系统将停止监控引燃火焰的存在。

上述各项都涉及燃烧过程的启动和稳定。在大多数工业炉中,在点火之前还会有一些工艺条件,例如:回转窑可能需要旋转;燃烧式液体再热器或再沸器需要确定的流体流量;干燥器可能需要其相关的输送系统、冷却器系统和粉尘回收系统处于运行状态;特殊气氛炉可能需要循环风机运行等。这些先决条件将被整合到工业炉控制系统中,作为启动点火的先决条件,在大多数情况下,如果这些条件没有得到满足,也会触发炉子关闭。

2) 点火方法

在燃烧工艺设备中,主燃烧器的点火有三种方式。手动点火燃烧器由便携式气体或油燃烧器火炬点燃。点火过程完全由操作员控制,但燃烧器控制系统可通过对火焰形成试点火期进行预设从而来接管,并随后对燃烧过程进行监控。自动点火燃烧器通过直接电点火、电气点火或连续引燃器点火,该系统用于更复杂的工业炉控制系统中,除了最初激活点火序列外,不需要炉子操作员的参与。半自动点火燃烧器也可通过直接电点火或电气引燃器点火,但电点火是手动启动的。该系统允许工业炉控制系统完全监控点火,同时将过程的时间安排留给操作员。许多全自动系统可以切换到半自动模式运行。

3) 引燃燃烧器

自动和半自动点火燃烧器的引燃燃烧器有三种类型:

(1) 连续式引燃器。在加热设备运行的整个过程中,无论主燃烧器是否在燃烧,一个连续的引燃器都在不关火的情况下燃烧。

(2) 间歇式引燃器。在点火期间和主燃烧器点火时燃烧,并与主燃烧器一起关闭。

(3) 中断式引燃器。在引燃火焰建立和/或试点火期间燃烧,并在该阶段结束时或在炉子正常燃烧期间切断(即中断)。

4) 安全截止阀

安全截止阀是所有安全控制的主控装置,用于防止因各种操作意外中断而引起的爆炸或火灾。危险中断包括涉及燃烧器火焰、燃料压力、燃烧风压力、排气或再循环风机、温度控制或主电源的故障等。

通常,燃油安全截止阀由电能、燃料压力(或两者兼而有之)保持在开启状态,保持介质切断后 5 s 内自动关闭。安全截止阀有手动或自动开启类型,只有在应用了保持介质后才能打开两个阀门,并且它们都是封闭的,不会轻易被旁路或阻塞在开启状态。当保持介质被切断时,阻塞阀门的操作手柄并不能阻止阀门关闭。所有燃料安全截止阀都应有一个机械驱动指示器,以显示阀门是开启还是关闭。

5) 燃烧保护装置

燃烧保护装置是指直接响应火焰特性的安全控制装置,它能感应到火焰的存在,并在火焰失效时关闭燃料供应。燃烧保护装置应对火焰失效的响应时间不超过 4 s。

可编程燃烧保护装置由火焰检测和点火正时组件及一个或多个火焰传感器组成。这两个组件通常在同一个外壳中,并相互补充。这些装置可以连接到安全控制电路中,这样它们也可以通过自动限制引燃火焰的建立和/或试点火期来防止在点火期间发生爆炸。可编程的燃烧保护装置还可提供其他功能,如定时预通风和燃烧后吹扫周期。

可编程燃烧保护装置可以是再循环型或非再循环型,不同之处在于在正常点火过程中发生意外火焰失效后,在允许主燃料安全截止阀重新打开之前,它们是否自动进行至少一次重新点火和确认引燃火焰的尝试(如果炉子配备有中断式引燃,则在火焰熄灭时不会出现引燃火焰。如果使用间歇式引燃,它们将与主燃烧器燃料供应一起关闭。连续式引燃有可能被任何引起炉内火焰熄灭的干扰因素所扑灭)。

非编程燃烧保护装置最简单的形式是由火焰探测组件和一个或多个火焰传感元件组成。该保护装置的运行方式与上述类似,但如果发生意外火焰故障和相应的停机,则需要操作员注意,然后才能开始下一个引燃火焰建立或试点火期。由于这一操作特性,非编程燃烧保护装置通常被进一步归类为非循环使用。

安全启动检查程序被融入安全控制电路中(通常内置在燃烧保护装置中),以防止由于燃烧保护装置内的部件故障或存在实际或模拟火焰而使燃烧保护装置的火焰感应继电器处于不安全(火焰存在)位置时点火。当安全联锁装置通过切断所有燃料和炉膛点火能量来停止燃烧器运行时,即发生安全停机。通常需要手动重新启动。

6) 火焰监测

火焰监测是检测火焰的存在与否。火焰监测系统具有三个基本功能:①验证燃烧的适当条件;②提供按顺序控制的点火;③监测燃烧的存在。

火焰探测器通常按照温度探测器、火焰棒导电元件和光学(辐射)能量探测器的原理工作。最早开发的火焰探测器监测烟道或火焰中燃烧产物的温度,这些方法在对火焰失效做出反应之前,会延迟 1~3 min。这对于大多数燃烧器的安全运行来说太长了,尽管对于一些引燃和小型设备来说还可以接受。

温度探测器通常是双金属元件和开关、玻璃泡和毛细管组合及开关,或热电偶和继电器。双金属元件通常适合放置在炉子烟道中,而玻璃泡和毛细管装置通常与小型气体引燃器一起使用。

火焰棒导电元件取决于火焰导电的能力。火焰棒充当一个电极,燃烧器头部或炉壁作为地。施加交流电压,由于电流只在棒为负极且地为正极时流动,火焰起到了整流器的作用。此特性允许控制系统区分交流泄漏电流和直流脉冲,后者表示火焰的存在。由于火焰棒的温度限制,这些装置通常仅限于小型气体火焰和引燃器。火焰棒很少用在燃油燃烧器上,因为燃油火焰会在燃料棒上产生沉积物,从而阻止导电。

光学(辐射)能量探测器感觉火焰产生的辐射能,有三种类型:
(1) 可见光探测器基于光电管(如氧化铯或硫化镉),它们对可见光敏感,与光强度大致成比例。这些装置仅用于单燃烧器的燃油装置,因为它们无法区分多个燃烧器的光线。它们不用于燃气燃烧器,因为气体火焰亮度较低,发出的可见光不足。

(2)红外传感器通常是铅硫化物电池,当暴露在红外线辐射下时,其电阻会降低。特殊的放大技术应用于通过电池的电流,使该装置能够对火焰的闪烁做出反应,同时忽略从炉子耐火材料发出的稳定辐射热。这些装置可用于燃气或燃油火焰,是大型燃油燃烧器的理想选择。

(3)紫外线传感器可用于燃气和组合燃烧器,也可用于多燃烧器装置和煤粉燃烧器。电点火火花也会发出紫外线,因此这种传感器的安装必须确保只检测燃烧器火焰。

7)其他联锁和控制装置

高、低燃料或燃烧风压力开关是压力启动装置,用于关闭燃烧器或防止其在燃料或燃烧风压力过高或过低时启动。这些切断开关由类似的、独立的开关组成,设置在较窄的运行参数范围内,当参数变量超出其设定范围时,会发出声光警报然后触发开关。

低油温联锁装置是一种温度启动装置,用于在油温降至维持燃烧器制造商建议的黏度范围所需的限值以下时关闭燃烧器或防止其启动。对于压力控制装置,应包含一个预警系统,以便在跳闸开始前提醒操作员。

如果雾化压力和流量不足,或燃油和雾化介质压力之间没有保持适当的压差,则雾化介质联锁会安全停机。压力控制装置应包含一个预警系统,以便在跳闸开始前提醒操作员。

大多数工业炉会配备烟气分析仪燃烧控制装置,该装置连续取样和分析炉膛烟道中燃烧的气体产物,以记录氧气或可燃气体的含量。在炉子的燃烧过程中,燃烧风不足可能导致危险情况。这种不足会导致炉膛废气中可燃物质的数量逐渐增加。可燃物质积聚浓度达到2%时,已接近气穴积聚爆炸范围的危险水平,因此燃烧控制至少应在这一点上发出警报。如果由于熄火而产生如此高的可燃物水平,燃烧控制器应防止重新点火,直到炉膛大气恢复到富氧状态。

8)联锁装置和阀门验证

在前面的讨论中,某些步骤被描述为"已验证"。验证意味着建立一个单独的信号给控制系统,以确认所需的情况已实现。例如,在试图点火之前,必须确认主燃料安全截止阀已关闭。在这种情况下,安全截止阀将配备电气触点,只有当阀门实际处于关闭位置时才能启动。仅仅因为没有阀门打开信号就假设阀门关闭,是不充分可靠的。

用于验证情况的装置不应与"联锁装置"混淆,且必须独立于"联锁装置"。以燃料安全截止阀为例,联锁装置的设计旨在防止阀门被打开,无论是通过机械方式还是在控制器的信号调节电路中。可以看出,联锁装置防止阀门开启的功能与验证阀门关闭的功能不同。

9) 安全控制电路接线

工业燃烧过程设备的所有安全控制系统都依赖于电路,事实上,电力供应通常是启动工业炉点火程序的首要条件。所有此类电路必须为双线,一侧接地,最好不超过标称电压。交流或直流均可接受,所有开关必须在未接地的导线中(如果由于某种原因不能使用一根接地导线,则所有开关必须在一根导线上,并且必须安装永久性接地故障检测装置。没有接地导体的电路或接地导体中有开关的电路是不可取的,因为即使发生故障,设备也可能看起来正常工作)。

所有安全电路应在断电时跳闸至安全状态,因此必须为关键设备提供具有适当可靠性的电源。有时不间断电源和备用电池是合理的选择。所有电路应符合现行电气规范,包括所有非载流金属部件的接地、过流保护、电气设备外壳等。导线必须正确布线,防止机械磨损和热量破坏。

10) 安全控制装置的维护和测试

安全控制装置除了需要按照制造商的说明进行定期维护外,还应定期检查和测试,对所有的检查和测试都应进行适当的记录并保存。燃料安全截止阀、燃烧保护装置、温度限位开关、风机联锁装置或其他安全控制装置可能在操作员不知情的情况下发生故障,除非故障控制装置导致故障停机。在某些情况下,生产线上的操作员可能会绕过有故障的安全控制而不报告故障。测试应由有能力、受过良好培训、熟悉设备和各种安全控制装置具体功能的人员进行,通常最好由机械或电气维修部门的人员进行检查和测试。

5.1.6 其他危险

在某些情况下,爆炸风险可能来源于燃烧设备安全系统控制之外。例如,相邻仓库的可燃气体大量泄漏,或附近高压燃气管道破裂,可能导致爆炸性混合物与燃烧风一起进入燃烧室。此类危险可能由液化石油气储存或被保险人控制范围以外的邻近工厂的危险占用造成。

某些行业如炼油厂、石化厂和化肥厂,使用燃烧工艺加热系统来加热本身就易燃的高压工艺流。如果其中一个加热器发生泄漏,即使没有管道破裂,也会发生燃烧室火灾,甚至可能发生爆炸。

5.1.7 保护措施

对于包含燃烧工艺设备占用区的防火,要求有良好的设计、内务管理、维护和保养,并不得超过安全工作温度。消防控制主要是安装自动喷淋系统或其他类型的固定灭火系统。任何燃烧设备,如在其结构或内部物品中含有足够可燃材料能维持火灾的烤箱或烘干机,都需要自动喷淋保护。含有可燃沉积物的排气管道或烟气管道也需要喷淋装置。

一些烤箱、烘干机和窑炉可处理通过滚筒旋转、气动或多种方法运输的可燃材料,固定消防系统在这些装置内可能不实用。但是,可能需要在相关料仓、斜槽、管道和除尘器中安装消防系统。除了自动喷淋系统或雨淋系统外,这些地方可能需要高速红外探测器和水喷雾系统结合保护,以熄灭管道中的火源、火花或余烬,并防止火灾传播到收集器。

5.1.8 常规建议

所有燃烧的工艺设备应配备适当的控制系统和安全装置,如燃料安全截止阀、燃料和空气监控开关、计时器和燃烧保护装置,所有这些必须与应用相兼容。在任何情况下,设备应来自可靠的制造商,并具有经证明令人满意的项目经验。当地法律或法规必须适用于每个工业炉。根据外部尺寸,体积小于 $2.8\,m^3$ 的单个工业炉通常不需要特别注意,但即使在这种情况下,炉子操作员也应经过良好培训,熟悉所涉及的危险,并应按照书面程序执行所有操作。

在许多工业炉上,有效的泄爆孔是不切实际的。只有通过使用合适的自动关闭安全截止阀和定期测试所有阀门和安全控制装置,才能减少燃料通过阀门进入炉子时的爆炸危险。这类设备的培训、检查和维护标准最为重要,当出现问题时,经过适当培训并时刻保持警惕的操作人员是最有效的保护措施。

(1) 操作员必须接受工业炉的正确操作及各种安全控制装置的具体功能方面的培训。操作说明应张贴或保存以备参考。自动安全控制装置应被视为仅提供防爆的第一道防线。应依靠工厂操作员执行重要的预防措施,并始终确保安全操作规程。

(2) 必须定期检查和测试安全控制装置。这些检查和试验应在制造商说明书要求的定期维护之外进行。它们的目的是在发生紧急情况时确保正常工作。不进行定期检查可能导致火灾或爆炸损失和人员伤害,它也可能导致意外停机和产能损失。

(3) 所有设备必须定期维护,保持良好状态。根据设备和操作条件,维护细节和时间表会有所不同。程序应遵循制造商建议的特定程序,它应包括燃烧器设备的维护、电点火器和引燃燃烧器组件的检查和清洁,以及所有安全控制装置的维护。这些程序应按预定的时间表执行。重要的维护程序要求调整燃空比控制风门和阀门的联动装置和控制器,以及燃烧保护装置的操作控制装置。

5.2 易燃和可燃液体危险

几乎每个工厂都有易燃和可燃液体,在许多商业场所也会经常使用。NFPA 将易燃和可燃液体进行了划分,国际性保险公司核保会以 NFPA 标准为承保基础,因此本节的讨论基于 NFPA 标准。工程师应熟悉现行的当地分类和

NFPA 分类。就财产保险而言,易燃液体是典型的特殊危险。易燃液体的储存、处理和使用虽然不一定是生产制造的主要业务活动,但它们发生火灾的可能性高于平均水平。造成这种情况的原因有很多,工程师必须能够在财产风险查勘期间认识到这种情况,并提出建议,以确保将所有潜在危险降到最低。

易燃液体由于其物理特性(主要是闪点和挥发性),在工业或商业环境中比可燃液体更容易意外点燃。因此,它们比大多数其他危险性较低的可燃液体更容易引发火灾,通常需要更复杂的储存、转移、处理、分配和使用方法。在以下的讨论中,易燃液体和可燃液体都包括在内,因为对这两种液体类型进行区分实际上是为了方便控制风险,而不是基于明显不同的火灾特性。考虑一个实际的例子:丁醇的闪点为 36.7 ℃,属于 Class IC 易燃液体。乙氧基丙醛-3 的闪点为 37.8 ℃,因此被归类为 Class II 可燃液体。然而这并不表示在正常的工业工作场所,乙氧基丙醛-3 的危险性比丁醇低。

由于其固有的危险特性和广泛的使用,在大约 15% 的工业火灾和爆炸中,易燃液体被确定为主要燃料。火花或其他可能原本无害的点火源,在易燃液体泄漏产生的可燃蒸气混合物存在时,很容易导致火灾或爆炸。影响易燃和可燃液体火灾的因素包括缺乏足够的人员安全操作程序培训、危险作业未与其他作业隔离、设备和易燃液体使用不当、物业维护和监管不力、缺乏足够的消防系统。

5.2.1　易燃和可燃液体的物理特性

探讨易燃液体的火灾危险和表现特征前,有必要了解易燃和可燃液体的特性。

液体是由在液体中自由移动的分子组成的,但不会像蒸气或气体分子那样彼此分离。它们的运动也不像固体那样受到相邻分子的限制。简而言之,分子的流动性与物质的温度有关。如果液体的温度降低,分子的运动将减少,直到最后,如果保持冷却,液体凝固(或"冻结"),这个温度就是冰点。如果温度升高,分子运动也会增加,最终达到液体沸腾的温度,如果保持加热,液体将完全进入气相,这个温度就是沸点。所有液体都有冰点和沸点。

一般来说,任何物质都能以固体、液体或气体的形式存在,这取决于其容器的温度和压力。有一些例外,最常见的是某些固体在没有中间液相的情况下进入气相的能力(称为升华),但这与本节内容无关。在任何给定的压力下,纯物质往往具有特定的、独特的凝固点和沸点,但实际上,商业级材料总是含有一些杂质,并且通常在一定温度范围内发生状态变化。许多可燃液体是物质的混合物,它们在初始沸点(IBP)和最终沸点(FBP)之间显示出明显的沸点范围,最终沸点通常也称为终沸点(EP)。同样,它们不会只有一个精确的凝固点,而会在一个温度范围内凝固。

有必要提一下,汽化物质可以是气体,也可以是蒸气。这种区别与物质的临界温度有关,这是一种独特的性质。汽化的物质在低于临界温度时是蒸气,如果高于临界温度,它就是气体。如果任何液体与蒸发物质接触(如液体泄漏或容器中部分灌装的液体),液体上方的空间存在蒸气。这是易燃和可燃液体的常见情况,然而对于汽化物质的点火和燃烧,材料是蒸气还是气体无关紧要。如果易燃材料的临界温度低于大气环境温度,那么在通常的环境温度下是气体,则被视为易燃气体,在本节后面将进行讨论。

1) 液体蒸气压

考虑到液体中分子的流动性,在低于液体沸点的任何特定温度下,有些分子会从液相直接进入气相。如果液体在一个敞开的容器中,或者已经在一个敞开的空间中溢出,这些分子就会消散到大气中,此时液体被蒸发。然而,如果液体处于部分灌装但封闭的容器中,一些已经处于气相的分子会被液体重新捕获。对于任何给定的温度,容器中都会达到平衡,重新进入液相的分子和进入气相的分子一样多。

在给定温度下,封闭容器中达到气液平衡时,液体蒸气所施加的压力称为该温度下液体的蒸气压。如果温度保持恒定,并且液体上方的蒸气空间被压缩,一些分子将返回液相,保持液体的原始压力。这与蒸发相反,被称为冷凝。如果继续压缩过程,更多的蒸气将凝结,直到最终没有蒸气留下。相反,如果液体上方的蒸气空间膨胀,更多的液体将蒸发,以保持与液体温度相对应的初始压力,直到最终所有液体都进入气相。

当开放容器中液体的温度升高时,液体的蒸气压达到环境空气压力101 kPaA,液体上方的空间将被从液体中释放出来的分子完全占据。对应于该蒸气压力的温度(101 kPaA 或 760 mmHg),就是液体正常沸点的定义。

蒸气压是所有液体的可测量特性,许多参考书都包含纯物质的液体蒸气压与温度的曲线。对于由大量单独材料组成的碳氢化合物燃料,蒸气压通常报告为里德蒸气压,该蒸气压约为37.8 ℃温度下燃料混合物的蒸气压。里德蒸气压测试包含在 ASTM D323 中,在炼油和燃油销售行业中几乎普遍使用。

加热液体产生蒸气的容易程度被称为液体的挥发性。如果一种液体在给定温度下的蒸气压更高,就说明它比另一种液体更易挥发。挥发性较大的液体通常比挥发性较小的液体具有更低的沸点。

2) 液体比重

所有液体相对于水都有一个比重(SG),这是公认的基准。比重有时被称为相对密度,是液体密度与水密度的比值,两者都是在当时的温度下测量的。如果一种与水不相容的液体与水接触,它将在水面上或水下形成一个独立层。在前一种情况下,液体会浮在水面上,说明液体的比重小于1。在第二种情况下,水会浮在液体的顶部,液体的比重将大于1(从理论上讲,液体的比重可能非常接近于1,因此不会发生分离,但这种情况并不常见)。此外,上述情况没有考虑形成液态水乳液、发泡等的可能性。

可燃和易燃液体比重是消防工程中的一个重要因素,因为如果将水喷洒到比重小于1的燃烧液体溢出物上,燃烧液体有可能漂浮在水面上扩散到邻近区域。

3）蒸气密度

所有由液体产生的蒸气都有一个比重,以大气为基准。在消防工程中,蒸气（或气体）的比重通常被称为蒸气密度(VD),通过将蒸气材料的分子量除以大气空气的分子量29.4得到。分子量大于29.4的材料VD>1,而分子量小于29.4的材料VD<1。

了解易燃和可燃液体释放的蒸气密度在消防工程中很重要,因为相对于空气的VD>1的蒸气往往会在通风不良的区域或凹坑中积聚在地面上,从而增加易燃蒸气积聚的可能性。这些区域及凹坑中积聚的蒸气和空气可能处于该物质的爆炸上限和爆炸下限之间(UFL和LFL),从而可能导致着火或爆炸。

相反,VD<1的蒸气往往会消散到大气中,而不会在较低水平位置积聚。但在通风不良的建筑内,这些物质可能会积聚在屋顶下,可能会形成爆炸性混合物,在那里它们可能会被点燃,如照明装置。

4）易燃和可燃液体的闪点

由于液体的蒸气压,液体上方的空间中总会有一些液体分子存在。易燃或可燃液体的燃烧过程是由这些分子而不是底层液体本身来完成的。在富氧环境中,直到易燃或可燃液体以蒸气（或气体）的形式扩散以后,才会发生燃烧。即使已经实现了充分的扩散,混合物必须处于该物质的爆炸下限和爆炸上限之间才能发生燃烧。液体表面上的蒸气混合物不能太稀也不能太浓,以支持燃烧,并呈现火焰。液体上方空间中的蒸气量与液体的蒸气压有关,而蒸气压又取决于液体的温度。

最普遍接受的闪点定义是"液体的温度假定是均匀的,在该温度下,位于蒸发表面正上方的蒸气和空气混合物能够刚好支持闪燃传播,伴随小型气体火焰在液体表面附近快速扫掠而过"。显然,这并不是一个非常精确的定义,因为它使用了一些模糊的术语。出于消防工程的目的,闪点可被视为液体释放出足够的蒸气与液体表面附近或所用试验容器内的空气形成可燃混合物的最低温度。可燃混合物是指介于爆炸上限和爆炸下限之间的蒸气-空气混合物,因此可以将火焰传播到远离火源的地方。当然,在闪点以下会产生一些蒸气排放,但数量不足以形成可燃混合物。

应注意到,第二个定义意味着两个试验条件,即"接近液体表面"或"试验容器内"。在实践中,这两种情况分别由开杯和闭杯试验程序所包含。在开杯法中,当蒸气被释放时,以及当测试火焰扫过液体表面时,蒸气会消散到周围的大气中。在闭杯法中,蒸气被保留在容器中的液体表面上方,并且试验火焰被扫过一个小端口,该端口仅在施加试验火焰时才打开。开杯试验主要用于对运输用液体进行分级,由于它们试图代表在敞开环境中的液体,因此通常比闭杯试验得到更高的闪点值。开杯试验和闭杯试验之间没有相关性,因此不可能从一个试验结果推断出另一个。始终了解所指的闪点是开杯闪点还是闭杯闪点相当重要。

实际情况稍微复杂一些,因为所有测量闪点的方法都是主观的,取决于标准化的测试设备和标准化的测试程序。在美国,燃料的闪点通常由四个 ASTM 程序中的一个来测量,其中两个是开杯,两个是闭杯。开杯程序是 D1310 Tagliabue(TAG)试验和 D92 Cleveland 试验。闭杯试验是消防工程师最感兴趣的试验,适用于闪点在 93 ℃或以下的 D56 Tagliabue(TAG)程序,以及闪点高于 93 ℃ 的 D93 Pensky-Martens 程序。在其他国家,使用由 Abel、Albrecht、Elliot、Engler 和 Haass、Luchaire、Parish、Saybolt、Tagliabue、Treumann 等提供的测试设备和程序。

这些试验程序之间没有任何相关性,再次强调需要明确试验程序,以及在所有闪点测试中采用开杯法还是闭杯法。工程师关注的是工业和商业上常用的材料分级,以便从火灾角度正确识别更危险的易燃液体,并采用适当的防火方法。工程师使用 ASTM D93 TAG 闭杯程序得出的闪点,除非特别提及其他程序,否则可以假设这一点。

燃点这一表述有时与易燃和可燃液体有关,理论上这与闪点相似,只是火焰不只是闪燃后熄灭,而必须具有一定程度的自持性,以便继续燃烧液体。这可能与自燃温度(AIT)有关,这个术语经常被风控控制工程师误用。

点火是启动自持燃烧的过程。对于可燃气体或蒸气-空气混合物,引燃点火可以通过引入点火源来实现,例如火焰或火花。随着混合物温度的升高,点燃混合物所需的引燃能量越来越少,直到混合物在足够高的温度下自燃。这是因为燃料和氧气分子在发生化学反应以产生传播火焰之前必须被激发到某个阈值激活状态。这种激发可由引燃火焰或火花引起,引燃火焰或火花会使引燃物附近的混合物分子温度升高,或升高混合物的总温度。在化学反应后,氧气和燃料除了产生热量外,还会产生其他激活分子。如果有足够的燃料和氧气及足够数量的激活分子,点火源将被链式反应所取代,其中激活分子的产生速率超过其自然衰变率。当氧化反应所产生的热量的增加速率大于周围环境的热量损失时,系统或蒸气和空气的混合物就会着火。因此,点火温度取决于所讨论的特定系统的特性,而不仅仅是点火物质的特性。

一般来说,气体或蒸气-空气混合物的点火受成分、环境压力和容器几何形状(尤其是其体积和形状)及引燃源的性质和能量的影响。对于给定的燃料-空气混合物,存在一个最低温度,低于该温度将不会发生点火。

考虑到可能影响易燃液体释放的蒸气点火的变量范围,很明显,虽然通过对给定方法的试验装置和试验程序进行标准化,可以实现高度一致性和重复性,但结果不一定与另一种方法所得结果一致。以煤油为例,SFPE 防火工程手册列出了一个典型的煤油样品,其 Abel 闪点为 52.8 ℃,TAG 闪点为 54.4 ℃,Elliot 闪点为 53.3 ℃,Pensky-Martens 闪点为 57.2 ℃,Cleveland 闪点为 60.0 ℃,Luchaire 闪点为 58.9 ℃。前三种方法为闭杯闪点,其余三种为开杯闪点。同一手册另一处显示,煤油的闪点为 55.0 ℃,在 1 个大气压下的自燃温度为 255 ℃,在 33 个大气压下的自燃温度为 175 ℃。还有一处显示煤油的闭杯闪点约为 49 ℃,自燃温度约为 260 ℃。不同的测试方法导致了不同的测试结果。

然而,闪点仍然是评定各种液体可燃物的挥发性和易着火性的最有用的概念之一,也是大多数易燃和可燃液体分类的基础。前面的讨论并不是要破坏闪点的相关性,而是强调需要认识到我们所处理的是实际概念,而不是严格的理论模型,在应用闪点或任何其他单一属性时不应过于僵化,例如爆炸范围或自燃温度作为评估这些材料相关危险的唯一标准。

5.2.2 美国防火协会相关定义和分类

NFPA 30 是国际公认的易燃和可燃液体风控标准,是财产保险公司评估在企业中这些材料的储存、转移、分配和使用等相关危险的首选标准,适用于生产工艺中涉及易燃和可燃液体的储存和处理,但不是其主要生产活动的场所。

NFPA 30 将易燃和可燃液体分为三大类,采用闭杯闪点。将所有闪点低于 37.8 ℃ 的液体称为 Class Ⅰ 液体。将闪点介于 37.8~60 ℃ 范围内的液体,称为 Class Ⅱ 液体。如果液体闪点高于 60 ℃,环境温度下不能达到闪点,而需要相当大的外部热源加热才能达到闪点。

易燃液体的闪点低于 37.8 ℃,在 37.8 ℃ 温度下,蒸气压不超过 2 068 mmHg。

Class Ⅰ 液体包括闪点低于 37.8 ℃ 的液体,还可细分如下:

(1) Class ⅠA 液体:闪点低于 22.8 ℃,沸点低于 37.8 ℃。

(2) Class ⅠB 液体:闪点低于 22.8 ℃,沸点不低于 37.8 ℃。

(3) Class ⅠC 液体:闪点不低于 22.8 ℃,但低于 37.8 ℃。

Class ⅠA 液体举例:乙醛、乙醚、氯化乙酯、异戊二烯、戊烷和甲酸甲酯。从防火角度来看,Class ⅠA 液体由于其低沸点和高挥发性而最危险。

Class ⅠB 液体举例:丙酮、二硫化碳、苯、环己烷、乙酸乙酯、100%乙醇、甲醇、汽油、庚烷、辛烷和甲苯。

Class ⅠC 液体举例:苯乙烯、甲基异丁基酮、异丁醇和松节油。

闪点等于或高于 37.8 ℃ 的液体称为可燃液体,可细分如下:

(1) Class Ⅱ 液体:闪点不低于 37.8 ℃,低于 60 ℃。

(2) Class ⅢA 液体:闪点不低于 60 ℃,低于 93 ℃。

(3) Class ⅢB 液体:闪点不低于 93 ℃。

Class Ⅱ液体举例:煤油、正癸烷、乙醇和冰醋酸。

Class ⅢA液体举例:苯胺、苯甲醛、丁基纤维溶剂、硝基苯和松油。

Class ⅢB液体举例:动物油;乙二醇;甘油;润滑油、淬火油和变压器油;三乙醇胺;苯甲醇;液压油和植物油。

Ⅰ类液体称为易燃液体,Ⅱ类和Ⅲ类液体称为可燃液体。也就是说,任何闪点低于37.8℃的液体都是易燃液体,其他所有液体都是可燃液体。此分类目前仍被所有国际保险公司的财产保险人使用。

有经验的工程师会认识到,区分易燃液体和可燃液体只是为了方便,而不是科学原则,因此他们总是对Class Ⅱ可燃液体的存在保持警觉,因为它们的性质与Class ⅠC易燃液体的性质相近。在大多数工业和商业环境中,应该将闪点较低的Class Ⅱ可燃液体视为与易燃液体类似的类别,同样适用易燃液体的储存、转移、分配、处理和使用等风控原则。

在评估与易燃和可燃液体的储存和处理相关的危险时,必须记住燃烧或爆炸的不是液体本身,而是液体暴露在高于其闪点的温度下时蒸发产生的易燃蒸气。由于根据定义,大多数易燃液体通常在高于其闪点的温度下储存和处理,因此当蒸气-空气混合物处于易燃(爆炸)范围内时,它们会不断释放出容易被点燃的蒸气。

虽然液体的闪点通常被认为是易燃和可燃液体相对危险性的最重要标准,但它并不是评估危险性的唯一因素。液体的着火温度、与空气混合时的易燃(易爆)范围、蒸发率、蒸气密度、黏度、比重、水溶性和沸点都与液体的危险性有关。确定液体相对着火敏感性的闪点和其他特性实际上对火在短时间内燃烧后的燃烧速度没有影响。然而,蒸发率、黏度、在水中的溶解度等特性对于确定着火后和灭火操作期间的火灾行为至关重要。

当空气中蒸气的浓度在一定的百分比范围内时,即通常所说的易燃(易爆)范围内,就会出现可燃混合物。该范围的下限称为可燃下限或爆炸下限(LFL或LEL),是与火源接触时不发生火焰传播的最低浓度。低于LFL的混合物太"稀薄",不能被火花或引燃火焰点燃。该范围的上限被称为可燃上限或爆炸上限(UFL或UEL),是指最高可燃蒸气-空气浓度,超过该浓度,火焰不会传播。UFL上方的混合物太"浓"而无法点燃,如图5-1所示。

Class Ⅱ和Class Ⅲ可燃液体,当加热到超过其闪点的温度时,将具有易燃液体的许多特性,并且可能变得和更易挥发的液体一样危险。这两类液体之间的一个主要区别是液体从一个区域流向另一个区域时排出蒸气的行为表现。来自易燃和可燃液体的蒸气可以很容易地沿着表面、楼梯、电梯井或风管传播到远离其来源的区域。来自可燃液体的蒸气从其来源传播时的危险性较小,除非大气温度保持在液体闪点以上,即远远超过37.8℃。在正常通风的工业环境工作空间内,环境温度将低于37.8℃,虽然来自易燃液体的蒸气仍将接近其闪点温

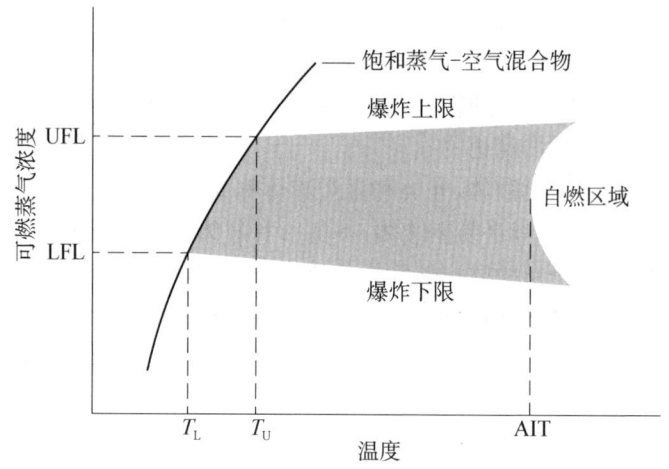

图 5-1 爆炸蒸气浓度范围

度,但来自可燃液体的蒸气将冷却至低于其闪点。但这仅仅是一个概括,因为上面提到的其他因素,以及气穴积聚的可能性,都有不容忽视的影响。

5.2.3 易燃和可燃液体火灾的特点

易燃或可燃液体火灾是指液体蒸气和空气混合燃烧,伴随着光和热的变化,但没有显著的压力变化。这些材料的燃烧热约为 46.5 kJ/g,是木材的 2.5 倍。燃烧速率随环境条件而变化。假设完全燃烧,储油罐、油漆浸渍罐和沥青饱和器将以约 1.9 MW/m² 的表面积释放热量。每平方米的表面每分钟消耗 3.4 L 液体;每 7 min 消耗 25 mm 的液体。燃烧持续时间仅受液体总深度的限制。

在相对水平的表面上,由于泄漏或溢出而导致的易燃或可燃液体火灾,也会释放约 1.9 MW/m² 的热量。火灾的持续时间取决于溢出的量或在燃料源被清除之前可以供应的量。易燃或可燃液体喷雾火灾是由压力下的泄漏引起的,如液压油管或液体输送管道破裂。由于高度雾化,即使在低于液体闪点的温度下,喷雾也很容易被点燃。液体燃烧的速度几乎和释放的速度一样快。火灾的持续时间取决于燃料供应中断的速度。

燃烧爆炸是易燃或可燃液体蒸气与空气的快速结合,伴随着光和热,压力显著增加。在评估工业装置中储存和处理易燃或可燃液体的危险性时,必须关注三种基本类型的爆炸:燃烧爆炸、爆轰爆炸和沸腾液体膨胀蒸气爆炸(BLEVE)。

燃烧爆炸是当可燃蒸气和空气的紧密混合物在可燃性范围内(即 LFL 和 UFL 之间),并在封闭空间或容器中被点燃时发生。如果不泄爆,燃烧产生的压力可能达到初始绝对压力的 6~7 倍。从大气压力下的系统开始,预计峰值压力将达到 500~600 kPa。可通过适当的泄爆降低最大潜在压力。设计用于更高压力的工艺设备有时能够承受这种压力,但例如建筑物及工业炉的燃烧室等将受到严重损坏。

爆轰爆炸与燃烧爆炸的区别主要在于热释放速率,而热释放速率在爆轰爆炸中要大很多倍。爆炸产生的冲击波以 1.6~8.0 km/s 的速度穿过爆炸混合物,这取决于混合物的化学和物理性质。所幸,爆轰爆炸在易燃液体发生的情况是相对罕见的。

沸腾液体膨胀蒸气爆炸是指当受限液体被火加热到高于其大气沸点时发生,并且由于封闭容器的破裂而突然释放的爆炸。一部分被加热的液体立即闪现为蒸气,如果液体是易燃的,蒸气会被暴露的火源点燃,释放热量的速度比燃烧爆炸低,但释放的时间要长。有时在没有暴露火源的情况下会发生爆炸,大量的易燃蒸气会释放到大气中,经过相当长的距离,才不可避免地找到火源,从而导致蒸气云爆炸。事实上,不可燃液体,甚至是水,都可能发生 BLEVE,蒸汽锅炉爆炸的破坏性效果就是明证。

由于易燃蒸气几乎都比空气重(即蒸气密度大于 $1.0 g/cm^3$),最大的爆炸危险是在房间或其他封闭空间的低水平处。具有以下情况的封闭区域存在爆炸危险:

(1) 易燃液体的闪点(闭杯)不超过 $-7℃$。
(2) 液体闪点为 43℃ 或更低,并加热至高于其闪点 33℃ 以上。
(3) 液体闪点为 149℃ 或更低,并加热到高于其沸点的温度。

闪点高于 $-7℃$ 的未加热易燃液体通常不会在建筑物或房间中产生爆炸危险。它们的蒸气析出率足够低,因此正常的空气变化率限制了爆炸性混合物的形成,易燃液体蒸发面较大的工艺除外。工作温度高于液体闪点的设备存在爆炸危险。根据操作温度、材料和操作性质,危险可以是连续的,也可以是间歇性的。

5.2.4 易燃和可燃液体的储存

工业厂区的易燃和可燃液体通常储存在储罐、大桶或托盘上纸箱中的小容器内。储存易燃和可燃液体的主要危险是液体意外泄漏到周围环境中。这种意外泄漏通常是由于以下原因造成的:①容器在遭受明火时超压失效;②因操作不当导致容器破裂;③因叉车等刺穿而导致容器泄漏;④输送管道破裂;⑤储罐灌装过满。

这些液体在火灾中的释放增加了火灾的强度,妨碍了消防工作,并经常导致额外的容器或管道破裂。

1) 固定储罐储存

储罐储存的危险不仅与储存的液体量和储存位置有关,还取决于液体的特性、储罐和基础的设计、通风孔的设计和位置、相关管道和连接件的充分性及操作程序。导致储存火灾的主要原因包括动火操作不当、雷击、储存或管道组件泄漏或破裂、周边暴露火灾及电气接地不当。当然，Class Ⅰ 液体比 Class Ⅱ 和 Class Ⅲ 液体更容易发生储存火灾损失。储罐火灾最重要的原因可能是在距离储罐一定距离处的易燃液体蒸气被点燃，导致储罐回火。蒸气可能是由于液体正常进入储罐时溢出或溅出，或储罐和附近的管道或组件破裂造成的。

从消防安全的角度来看，建筑物外埋地的卧式储罐是储存所有类型易燃和可燃液体最安全的方法，也是与散装槽罐车运输对接的首选方法。储罐必须位于不会暴露于车辆交通、建筑地基或设备操作所施加的破坏性荷载的位置。还必须考虑地下水条件，以避免浮力问题。必须保护地下储罐免受腐蚀，因为易燃或可燃液体的泄漏会污染地下室、下水道系统、工厂排水系统、地下水系统等，其范围通常远远超出工厂边界。

对易燃和可燃液体有更大量需求的用户被迫依赖地上储罐。最常见的是，它们在接近大气压力的情况下工作，但有时需要使用低压储罐，储罐压力通常在 3.4~103 kPaG 范围内。对于少数易燃液体，有必要从 103 kPaG 开始使用压力容器储存。

地上常压储罐最常见的是锥形顶储罐，当所储存液体的闪点高于正常储存温度且对蒸气保存无特殊要求时，通常选择锥形顶储罐。对于闪点较低的液体，或蒸气保存是一个考虑因素时，浮顶、升降顶、球顶或采用特殊的内部浮动密封的锥形顶储罐均可适用。低压储罐和压力容器用于在储存温度下具有高蒸气压的液体，或在蒸气保存很重要的地方。

储存易燃或可燃液体的储罐必须为钢或混凝土结构，主要是因为这些材料具有抵抗暴露火灾的能力。地上储罐应位于不会暴露于建筑物或其他工厂火灾的地方，储罐周围应设计围堰容纳可能发生的储罐内部物品泄漏和消防废水，而不会危及工厂排水系统。围堰区域应远离厂房，并且其布置应确保围堰区域内液体表面的火灾不会对其他厂房或装置产生暴露风险。当暴露在液体泄漏流淌火灾中时，高于储罐内部液体液位的罐壳会变弱并倒塌（通常向内），这通常会使灭火和控制更加困难。

对于蒸气空间高于储存液面的所有储罐而言，内部爆炸是一种潜在危险。只要液面以上空间的蒸气含量在爆炸下限和上限之间，并且有点火热源，就可能发生这种情况。储存在接近或高于其闪点的温度下的液体最有可能具有爆炸范围内的蒸气空间，因此更容易着火和爆炸。低闪点的液体在较冷的气候条件下更容易受到影响，因为在较高温度下，蒸气空间可能高于爆炸上限。没有蒸气空间的储罐，如浮顶设计，本质上不容易发生内部爆炸。

应避免将易燃和可燃液体储存在建筑物内的储罐中，因为此类储罐会对建筑物及其内部物品产生严重暴露风险。在无法消除此类储罐的情况下，必须遵守一些预防措施。首先，储罐的容积应尽可能小。其次，为了尽量减少暴露，储罐应位于独立房间的地面上，这些房间通过 2 h 的防火墙与工厂的其他部分分隔开。最后,储藏室应充分设置防泄漏、通风设施,并配备固定的自动灭火装置。如果储罐位于充分保护的耐火建筑内,可省略特殊外壳,但必须采取适当的预防措施,防止储罐溢流或管道破裂而泄漏的液体流入建筑物的其他部分。室内储罐的所有通风孔应直接连接到室外的安全位置,距离建筑物的任何入口至少 1.5 m。

2) 便携式储罐储存

这一类别涉及容量在 277~2 500 L 的便携式密闭储罐中储存易燃或可燃液体,这些容器通常不会固定安装。满罐通过铁路或公路运至工厂,空罐运回供应商进行再充装。便携式储罐在汽车、化工、食品加工和油漆制造行业中很常见。与固定式储罐一样,储罐火灾最主要的问题是在储罐内部物品转移过程中及相邻储罐的火灾暴露过程中发生。

这些储罐一定会装有某种形式的泄压装置,因此比下面讨论的非常常见的 208 L 桶更可取。但是,这些容器不适用于 NFPA Class ⅠA 级易燃液体,因为这些材料通常会在正常环境储存温度下汽化并从容器中排出。这些容器的通风通常是一个令人担忧的问题,因为除非储存区域中的每个容器都单独排放到远离储存区域的安全位置,否则暴露火灾造成的蒸气释放将积聚在可能着火的区域,最终为火灾现场添加燃料。

良好的储存方法是将这些容器放置在远离潜在暴露火灾的地方,并将任何可能的泄漏或溢出物引离工厂区域。如果位于建筑物内,则适用与固定储罐相同的要求。尽管这些储罐确实包含一个单独的蒸气空间,但损失相关经验表明,内部爆炸并不重要,因为在正常使用中,液体只能从储罐中抽出。进货时,所有储罐在验收入库前应检查是否有泄漏,一旦入库,如有移动,必须使用合适的搬运设备。

3) 容器储存

对于易燃和可燃液体的储存,容器储存通常是指将这些材料储存在容量小于 226 L 的桶中,最常见的是 208 L 的钢制桶。其他常用的标准容量容器包括 3.78 L 和 19 L。近年来,原有的钢制容器已被类似容量的非金属容器所补充,包括纤维板桶、内衬聚乙烯的瓦楞纸箱和高密度聚乙烯容器。

这些容器通常是密封的,因此在正常储存条件下,火灾危险性不大。但是,损坏的容器可能会泄漏,这些容器如果暴露在过热的环境中,会造成非常大的危险。暴露火灾会导致液体内部物品膨胀,导致容器超压和破裂,从而增加火灾的燃料。钢或金属 208 L 的圆桶在破裂前可以承受相当大的内部压力,因此它们往往会以爆炸性的力量爆裂,将燃烧的液体扩散到大面积区域。爆炸的桶也可以像"火箭"一样飞离着火点数百米。强度较弱的容器,如 19 L 马口铁桶,通常会在侧缝处裂开,或者在相对较低的内部压力下盖子会弹出,从而将液体扩散的危险降至最低。非金属桶的使用是一个相对较新的发展,并且有较少的实际损失记录。然而,高密度聚乙烯圆桶有软化和燃烧的倾向,在相对较低的火灾暴露温度下释放其内部物品而不会爆炸,当然也会向火中释放燃料。内衬聚乙烯的纤维板桶和瓦楞纸箱在火灾初期也有破裂的倾向,从而增加了火灾的强度。

4) 移动式罐和容器的储存区域

如果将容器与生产区、重要厂房和其他可燃材料隔离,通过适当的露天堆场保持间隔距离或建造专用储存建筑,可降低储存各类易燃和可燃液体容器的潜在损失。如果容器必须存放在厂房内,首选的方法是提供带防火隔断的储存室,而不是直接存储在厂房内,因为这样的布局使消防人员更容易进入,并允许在需要的地方进行适当的泄爆设置。一些典型的储存安排如下:

(1) 室外堆场储存区距离工厂任何重要建(构)筑物、普通可燃物仓库、工厂边界至少 15 m。

(2) 轻质结构的独立储存建筑,距离工厂任何重要建(构)筑物、工厂边界至少 15 m。

(3) 轻质结构的独立储存建筑,配备自动固定保护装置,距离任何重要工厂构筑物、任何建筑和任何工厂边界至少 3~15 m。

(4) 附加到厂房外的一层辅房,用 4 h 的防火墙切断。

(5) 附加到厂房外的一层辅房,配有固定自动消防系统和 2 h 防火墙切断。

(6) 在厂房内一楼的角落,有两个相邻的内墙和屋顶,其耐火性至少为 1~2 h,抗压等级至少为 488 kg/m^2,两个外墙设计为轻质泄压结构。

(7) 在厂房内一楼的角落,有耐火 2 h 的两个相邻内墙和屋顶,两个外墙设计为轻质泄压结构,储藏室配有固定的自动消防系统。

(8) 与前一项相同,但位于多层建筑的上层,具有足够的排水和防渗漏地板。

(9) 厂房内地面或地上,一面外墙为轻质泄压结构的,内墙和屋顶的防火等级至少为 2 h,且储存空间设有固定的自动消防系统。

(10) 完全在厂房内、地面或地上,围墙和天花板耐火等级为 1~2 h,整栋建筑设有固定式自动消防系统。

(11) 厂房内的无保护区域或任何地下室区域,应尽可能避免,尤其是对于 Class ⅠA、Class ⅠB 和 Class ⅠC 易燃液体。

易燃液体储藏室布局如图 5-2 所示。所有存放易燃和可燃液体的室外储存区域应提供照明,保安人员的巡逻路线应包括所有此类区域。

上述是指易燃和可燃液体的散装储存。日常装运容器中的少量此类液体可储存在正常工厂区域的易燃液体安全柜中,通常一般生产区域少量的此类液体(Class ⅠA 易燃液体除外)可存放在合适的安全罐内,而没有其他特殊限制(图 5-3 和图 5-4)。

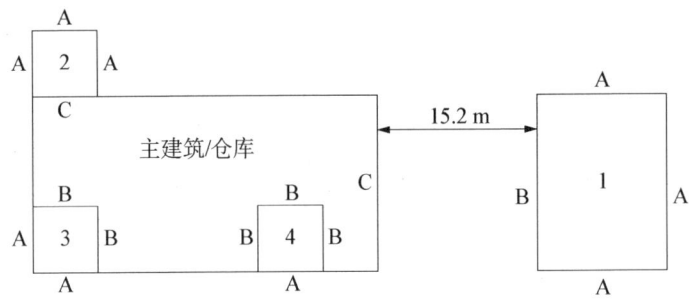

1—与主建筑分离；2—室外隔间；3、4—室内隔间

图 5-2　易燃液体储藏室布局(摘自 FMDS 7-29)

图 5-3　易燃液体安全柜

图 5-4　易燃液体安全罐

5.2.5　易燃和可燃液体的输送和分配

涉及环境温度高于其闪点的易燃或可燃液体的输送、分配和处理等操作，通常被认为比在工厂中使用这些液体的操作更危险。涉及环境温度低于其闪点的可燃液体的操作除了可燃材料本身的相关危险，通常不会出现其他异常危险，除非涉及高压管道系统。

任何输送或分配易燃或可燃液体操作的首要目标是防止液体泄漏，并将事故中可能溢出的量保持在最低限度。输送一般定义为液体从一个储罐、罐车、桶或容器到另一个容器的运动。分配通常被定义为将易燃或可燃液体分配到工厂各使用点的操作。

易燃和可燃液体的输送通常包括泵、重力流、液压置换或压缩气体置换。泵送系统最常用于输送大量液体，通过封闭管道系统进行泵送被认为是输送大量易燃或可燃液体最安全的方法。

用于易燃和可燃液体输送的管道应为全焊接钢管，并应避免使用螺纹配件和接头。容器上的阀门和连接处可以使用法兰，但必须安装防火垫圈。有时会使用软管，尤其是从公路或铁路罐车上卸装液体的软管，这些软管通常是带有专用配件的特殊用途产品。管道的布线必须避免暴露火灾，并且必须有足够的支撑和其他保护措施，以防机械损坏。应在容易接近的关键位置提供明确标识的安全截止阀和泵急停按钮。输送系统应配置适当的仪表和控制装置，以将泄漏、溢流、设备损坏的可能性降至最低，并在发生火灾时提供适当的关闭装置。在手动控制下进行输送操作时，需要使用"呆德曼阀"（Deadman valve）。

1) 泵送系统

容积泵是首选，因为它们提供了一个紧密的封闭环境，并且它们将虹吸的可能性降至最低。这些泵必须配备合适的泄压阀，并应将其连回泵或消防水箱的吸入侧。离心泵也能适用，而且可能比容积泵更常见。

泵应为钢制，所有泵部件，包括密封件、盘根（最好避免）和阀内件材料必须适合所泵送的流体。容积泵最好配置有吸入扬程，并且其布置必须确保泵发生火灾时不会危及系统中的其他设备。

2) 重力系统

这可能是最简单的工业输送系统，尤其适用于高蒸气压液体，因为高蒸气压可能导致泵送系统中的气锁问题。当遇到很大体量的供应源时，这些系统是不可取的。由于该系统持续承受压力，比泵送系统更容易发生意外泄漏。

3) 液压系统

原则上，这些系统使用水将容器中的易燃或可燃液体置换到管道系统中。该系统有三大缺点：不能用于水溶性的液体；要求将原始容器设计为压力容器；需要更复杂的控制系统，以避免系统超压。

4) 压缩气体置换系统

它们与液压系统相似，只是用压缩气体将液体从原来的容器中挤出。空气决不能用作压缩气体。由于气体是可压缩的，而且系统处于持续的压力下，由于阀门操作顺序不当或管道破裂，可能会意外排放或溢出大量液体。

分配操作通常指的是将易燃和可燃液体从固定管道系统、208 L 桶或 19 L 罐转移到较小的容器或设备储存器（如安全罐）中，并且通常在可能存在火源的工厂区域进行。在主厂房区域内的使用点分配易燃液体通常会释放一定量的易燃蒸气，可能会引起火灾。

工厂中分配易燃和可燃液体的首选布置是指定一个充分保护和通风的区域作为分配区域，所有最终用途的容器应被带到该区域进行灌装（而不是在各个工作站自行进行分配）。

当从固定管道液体输送系统分配时，最好通过一个闭环连接直接排放到容器中，使用一个呆德曼阀，当操作员释放阀门时会自动关闭。

从 208 L 桶或 19 L 罐中分配液体的优选方法是通过合适的手动泵从容器顶部延伸的浸入管中抽出液体，这样可以最大限度地降低溢出和泄漏的可能性。

如果使用经认证的自动关闭龙头和桶用排气口,则采用重力分配亦可接受。

当需要在分配区域外处理少量易燃和可燃液体时,应使用经认证的安全罐,以将火灾风险降至最低。严禁使用开口桶转移或分配易燃液体。

5.2.6 易燃和可燃液体火灾消防

易燃和可燃液体火灾的损害主要来自热量,而已知最好的吸热介质是水。湿式自动喷淋系统是这些液体的基本消防保障。喷淋系统设计规范通常包括针对易燃和可燃液体储存保护的喷水强度和储存要求。其他保护设备或系统的目的是补充自动喷淋系统,并将直接损坏或停机时间减少到仅使用喷淋系统保护时的水平以下。

喷淋水对易燃和可燃液体火灾的主要作用是冷却作用。为了达到最大限度的冷却,水的蒸发应该发生在燃烧表面附近。液滴的大小和速度是至关重要的,因为水雾必须穿透火焰和上升的热气层。对于闪点超过 93℃ 的液体,喷淋系统可以扑灭火灾。如果液体的闪点较低,则喷淋系统能够使温度保持在不会对建筑物或设备造成重大损害的水平。

水溶性很强的液体(如甲醇、乙醇或丙酮)火灾可以用水稀释灭火。诸如二硫化碳等不溶于水且比水重的液体火灾,水可以漂浮在燃烧液体表面形成窒息作用来扑灭火灾。

(1) 水喷雾保护系统适用于闪点高于 66℃ 的液体、一些闪点较低的黏性液体、水溶性液体和比水重的液体火灾。这些系统也适用于保护易燃和可燃液体设施免受暴露火灾的影响。在某些情况下,水喷雾系统可以作为无喷淋装置场所的主要保护措施。

(2) 泡沫灭火系统利用泡沫覆盖液体和窒息作用来灭火。泡沫覆盖会持续一段时间,从而降低重新燃烧的可能性。它们不适用于极易挥发的液体,如二硫化碳和某些醚类,因为蒸气会穿透并在泡沫层上方燃烧。对于加热温度超过 121℃ 的液体,可使用特殊的泡沫系统,不会导致泡腾。特殊泡沫也可用于能分解普通泡沫的液体,如醇类、酯类和酮类。泡沫系统特别适用于扑灭罐内易燃和可燃液体的火灾,因此炼油厂、碳氢化合物储存设施和石化厂的储罐上通常安装固定式泡沫分配器。

(3) 高倍数泡沫系统用泡沫填充整个房间或建筑物,从而减少氧气含量,并通过蒸发泡沫中的水分吸收热量,来扑灭易燃和可燃液体火灾。它们的主要缺点是要求房间无人占用,或必须提供人员疏散的预警期。

(4) 二氧化碳灭火系统通过直接局部喷洒或完全淹没含有液体的房间或封闭空间,从而降低周围空气的含氧量,扑灭易燃和可燃液体火灾。灭火剂排放后无须清理,但有人员安全问题。

(5) 干粉灭火系统通过直接局部应用或完全淹没封闭空间来扑灭易燃和可

燃液体火灾。

爆炸损害主要是由密闭空间内燃烧气体产物迅速膨胀所产生的压力造成的。爆炸性混合物可能积聚的场所应通过提供足够的通风设备、使用惰性气体或其他方法来消除或小心控制。爆炸的影响通过泄爆孔或损害限制结构(DLC)来降低。

防爆系统可用于检测初期爆炸,并通过抑制和/或排气动作,防止爆炸发展造成的巨大影响。它们适用于设备和较小房间的燃烧爆炸危险。

沸腾液体膨胀蒸气爆炸(BLEVE)可以通过减少对封闭容器的热量输入或通过释放容器中的多余压力来防止。热输入率可以通过隔热、掩埋或堆筑容器、自动喷淋或水喷雾喷水来降低。可通过大气通风管、泄压阀、爆破片或安全塞防止压力过高。

5.2.7 安全保护措施

以下安全措施原则上适用于所有易燃和可燃液体。在工业或商业的日常作业中,应尽可能优先使用合适的不可燃材料,而不是易燃和可燃液体。对于火灾危险,建议安装自动喷淋系统,仅当一个区域内易燃或可燃液体少于260 L时,而且水损风险很高的情况下不用喷淋保护。对于爆炸危险,如果每100 m^2 建筑面积中的易燃液体少于3.5 L,并且每个容器中的易燃液体总量小于19 L,则通常不必建议采取防爆措施。如果易燃和可燃液体同时具有火灾和爆炸危险,则以上两项保护措施均适用。

1) 操作员培训

涉及易燃或可燃液体运行操作的安全性取决于操作员的正确行动。以下错误可能会造成灾难性后果:以不正确的顺序混合液体;试图在压力下断开或维修设备;将阀门打开到开口管道中;将溶剂泵入已满的储罐中;绕过控制装置或未能对其进行维护。

在使用、转移或储存易燃或可燃液体的地方,以下内容尤其重要:

(1) 员工和主管必须接受易燃和可燃液体危险方面的培训,以及正常和紧急情况下的适当程序。这些程序必须包括在工作区域保持良好的内务管理,将易燃和可燃液体限制在安全容器内,将数量控制在最低限度,处理泄漏及在检测到异常情况时需要持续保持警惕。至关重要的程序应以书面形式张贴。

(2) 公共消防部门应熟悉现场涉及的易燃和可燃液体工艺的危险,并熟悉现场可用的保护设施。

(3) 应制定预防性维护计划,由有资质的人员保持设备安全和控制装置始终处于良好状态。

(4) 必须保持高水准的内务管理标准。在涉及易燃和可燃液体区域的设备、建筑表面和工厂场地应保持整洁,没有可燃物残留。

2) 隔离

涉及易燃和可燃液体的储存和分配操作应采用安全间距或结构进行隔离，以使其不会对重要的建筑物或设施产生暴露风险，同时也保护其免受其他地方引发的火灾影响。

隔离的程度取决于以下因素：易燃或可燃液体的数量、保护装置完全失效的后果，以及危险是单纯火灾还是火灾和爆炸同时可能发生。

（1）首选与主建筑和重要设施分开的场所，通常应提供至少 15 m 的间距。最好的位置是在露天不可燃雨篷下，有最低限度的围墙，或在没有地下室的单层建筑中。

（2）如果易燃或可燃液体设施与主建筑的距离小于建议距离，在火灾暴露面的墙要具备 1 h 耐火等级。如果主建筑是多层的，屋顶也需要 1 h 耐火等级。

（3）对于同时具有火灾和爆炸危险的液体，建筑物应具有损害限制结构。采用这种结构，不外露的墙壁和屋顶可以作为泄爆面。间距不足的建筑的暴露墙和屋顶应具有防火和抗压结构。

（4）对于泄爆墙和屋顶结构，通常使用带有轻型不燃护套的钢框架。墙面泄压结构优于屋面泄压结构。墙面泄压结构不受雪荷载的影响，也不太容易受到风暴的破坏。

（5）应尽可能避免设置在主要建筑物内。在不可避免的情况下，应提供易燃液体作业场所的防火防爆隔断。

（6）如果只存在火灾危险，应使用至少 1 h 耐火等级的隔墙将易燃液体作业场所隔开。如果主建筑同时存在火灾和爆炸危险，则该易燃液体房间应位于外墙上，并通过防火和防爆结构在水平和垂直方向上与主建筑内其他占用区隔开。外墙上应提供最大限度的泄爆。

（7）应避免在地下室或含地下室的建筑物内。如果无法避免，则地下室上面的地板必须是防火隔断而且防渗漏。地下空间不允许有易燃液体及相关设备或管道。

3) 限制

限制的主要目标是将易燃和可燃液体及其蒸气限制在工厂设备和管道内，将逸出的物质保持在最低限度并防止其扩散，并将溢出的液体排放到安全位置。

（1）只能使用封闭的设备或具有最少暴露液体表面的设备。

（2）对于敞开式容器，应提供通向安全处置点或集液池的溢流和应急底流管。

（3）液体应通过封闭式泵送和管道系统输送。液体的数量和流速应限制在工艺要求所需的最小值。应提供自动和远程手动控制装置，以便在易燃或可燃液体区域发生火灾、泄漏或其他紧急情况时快速停止输送。

（4）易燃液体工艺容器和储罐的钢支架需要是耐火的或受保护的。

（5）少量易燃液体可在经认证的安全容器中处理。

（6）易燃液体区域的地板应是防渗漏的，坡度为每1m倾斜8mm连通至排水管。排水管的尺寸必须能处理最大的泄漏量，以及喷淋系统和消火栓的排水量。

（7）在排放不会对其他建筑和设备产生暴露风险的情况下，可以使用墙壁排水口代替排水管。设备的布置应确保泄漏的易燃液体直接流入排水管，而不会危及其他设备或容器。

（8）应在易燃液体房间墙壁的地面开口处安装门槛、坡道或格栅覆盖的沟槽（图5-5）。

图5-5 防泄漏地沟

4）通风

通风是防止易燃液体火灾和燃烧爆炸的基本保障。其设计用于限制、稀释和去除蒸气释放的最大正常量。异常且过量产生蒸气的情况，如不受控制的化学反应造成意外排放、沸腾液体膨胀的蒸气、管道或观察窗破裂等，不能通过通风进行保护。

对于闪点高于43℃且未加热到其闪点以上的液体，大多数建筑物正常的漏风量能提供足够的通风，无需特殊的通风口或风扇。

（1）对于闪点为43℃或更低的易燃液体，以及闪点高达149℃的液体加热至其闪点以上的情况，应提供连续机械通风。

（2）通过送风机、风扇和管道系统排出的废气应直接排出室外，远离进气口、门口和其他开口。应在靠近易燃蒸气源、靠近地面和任何附近区域的地坑内进行抽吸。排气扇应与工艺设备电源联锁。排气管道应尽可能减少弯头。

（3）外墙上需要足够的新风入口。进气口应远离排气口，以便未受污染的空气能够扫过危险区域。如果需要从工厂其他区域吸入空气，则应确保该区域不含易燃液体的操作。应在内墙或隔墙上的入口开口处安装能自动关闭的防火阀或防火门。

除了造成火灾危险外，大多数易燃和可燃液体蒸气也会对健康造成危险。健康安全所需的通风通常比火灾和爆炸安全所需的通风要充足。

5）排放

无论易燃或可燃液体储存、运输、分配、处理或以其他方式进入在指定地点进行的活动时，必须考虑液体泄漏迟早会发生的可能性。很明显，易燃液体区域必须排干，以便迅速将任何重大溢出物转移到安全位置。同样，这些溢出物不能被排放到常规工厂排水系统中。常规工厂排水系统用于工艺废水排放、雨水排水系统和污水系统等，这些设施不能安全地处理易燃或可燃液体。用易燃液体污染下水道不仅危险,而且在大多数国家都是违法的。

应该考虑的是在易燃液体区域周围设置路缘石,以防止任何溢出物扩散到邻近的工厂区域。易燃液体泄漏产生的蒸气可能飘过相邻的工厂区域,迟早会找到点火源,火灾有可能在易燃液体表面迅速蔓延。同样,在多层建筑中,必须防止易燃液体泄漏到较低楼层。路缘石的存在意味着在易燃液体区使用的任何消防用水都必须通过易燃液体专用的排水系统进行处理。同样,如果易燃液体区位于室外,受限区域将积聚雨水,最终也必须通过易燃液体排水系统进行处理,因为不能排除在液体泄漏期间发生降雨或排水区域内的溢出液体起火的可能性。对于较大规模的易燃液体储罐装置,储罐区的围堰通常被认为能够至少作为部分积水的蓄水池,但围堰的设计本质上是为了安全地容纳破裂储罐的内部物品,而不是降低排水系统的峰值流量负荷。

综上所述,易燃液体排放系统的某些设计参数是显而易见的:

(1) 系统必须回收并将在易燃液体区域排放的易燃液体运输到安全位置。

(2) 该排水系统必须能够处理易燃液体区域来自消防和/或雨水的积水,无论是否同时发生易燃液体泄漏。

(3) 必须能够将易燃液体从废水中分离并回收,并让水可以通过常规排水设施从工厂排出。对于水溶性的易燃液体,可能需要进行比普通油/水排放分离器更复杂的回收分离系统,因为此类受污染的水不太可能合法地进入正常的市政排水沟,即使火灾危险可以忽略不计。

(4) 系统的设计必须确保不会将火灾从其他厂区引向易燃液体区域,反之亦然。这通常是通过在系统的关键位置提供水封来实现的,但是整个系统本身必须是不可燃的结构,因为燃烧的易燃液体溢出也必须被容纳。

(5) 系统应采用重力流操作,并应完全浸没,以防止易燃液体蒸气和空气的爆炸性混合物在系统内积聚。

(6) 在将易燃材料与任何伴生水分离后,必须将湿的易燃材料回收到一个可以安全处理的储罐中。处理的操作可能包括在工厂内回收利用、在工厂内焚烧、用作工厂燃料、返回原供应商进行净化、出售给外部危险废物处理机构等。如果要将火灾危险保持在可接受的较低水平,则每种可能性都会产生一组必须遵守的设计参数。

(7) 易燃液体/水分离设施和泄漏的易燃液体回收必须被视为具有高度火灾风险的危险操作,因此必须对其进行充分保护和选址定位,以免危及厂房或设施。它们还必须离工厂边界足够远,以免危及相邻物业。

6) 火源控制

基本目标是消除和控制所有潜在的火源。控制措施应防止火源接触任何易燃液体或蒸气。

(1) 具有明火、热表面或产生辐射热的设备,包括烤箱、工业炉和高压蒸气管道的安装和定位,应防止接触任何易燃液体或危险浓度的蒸气。

(2) 在对易燃液体进行加热时,应使用间接方法,并对热量输入量和速率进行准确可靠的控制,还应安装高温限制装置和任何其他防止过热的安全仪表。

(3) 易燃液体区内所有非易燃液体占用所需的设备、操作或条件,以及可能成为潜在火源的设备、操作或条件应予以消除,例如产生电火花、静电火花、机械火花或摩擦火花的机器和明火加热器。必须禁止吸烟、切割或焊接作业,以及使用可能产生火花的手动工具。对无火花安全鞋的需求常常被忽视。

安装在任何区域的所有电气设备和电线,即使只是偶尔会受到易燃蒸气污染,也必须是"防爆"的或其他与蒸气安全相关的分类。同样,所有处理或使用易燃液体的设备必须进行对接和接地,以防止静电积聚。

当维护操作需要使用明火或其他潜在的火源时,必须排空并吹扫设备或管道,或引入惰性气体环境,以防止形成可燃易燃蒸气浓度。

7) 保护

对于储存、使用或处理易燃和可燃液体的所有区域,具有充足可靠供水的湿式自动喷淋系统是首选的基本消防系统。在有爆炸危险的地方,必须保护喷淋管道、阀门和配件。建筑物内含有超过 1 893 L 易燃液体或加热可燃液体的储罐、容器和工艺设备应采用雨淋水喷雾系统进行保护,该系统的设计应确保容器表面积的排放密度至少为 $10.2 \text{L}/(\text{min} \cdot \text{m}^{-2})$。所有储罐基础和工艺设备支架应为耐火或受保护的钢结构。

(1) 特殊保护系统是补充自动喷淋系统的保护装置,除了发动机试验室和某些水喷雾系统的应用外,不能代替喷淋装置。

(2) 防爆系统应安装在存在严重燃烧爆炸危险和严重潜在损失的设备或小房间内,而这些设备或小房间无法通过其他方式进行实际保护。

(3) 手提式灭火器(泡沫、干化学品、二氧化碳)应配置在所有易燃液体设施区域。如果发生小型液体火灾或其他可燃物起火,则可以使用手提式灭火器。应将足够数量的各类型和容量的手提式灭火器放置在火灾情况下可接近的位置。

(4) 泡沫灭火系统适用于保护含有易燃或可燃液体的地上储罐。泡沫系统可以和喷淋系统联合工作,也可以独立工作。泡沫消防炮可以安装在储罐区周围,实现手动操作。

(5) 消火栓和消防水龙带在使用、储存或处理易燃和可燃液体的区域,应同时配备液柱流和水雾喷嘴,以冷却或扑灭火灾。消火栓水柱的主要作用有:①冷却相邻的储罐和构筑物;②扑灭易燃和可燃液体中的火灾;③扑灭普通可燃物中的火灾;④冲洗溢出物,将有害物质转移到安全位置。

对所有消防和控制设备应建立有效的维护、测试和检查计划,以确保其始终处于令人满意的运行状态。

8) 识别

大多数易燃液体都是由制造商选择的商品名或产品名来命名的,同一种物质的不同制造商很可能使用不同的商品名。识别易燃液体最可靠的方法是通过其化学名称,但实际上,这不仅是罕见的,而且可能会产生误导,因为在工业应用中,很少有物质是纯化学品,商业材料中几乎总是存在其他同分异构体或类似化学物质,会改变其闪点和燃烧特性。

对于工程师来说,首先应查阅产品的 MSDS,了解易燃液体的闪点等属性。另外,最好的参考标准是 NFPA 30 Flammable and Combustible Liquids Code(易燃和可燃液体标准),它涵盖了几乎所有常见的易燃液体(Class ⅠA、ⅠB 和 ⅠC)。

9) 小结

在没有依据时,应假定大多数工厂都会接触到易燃液体。风险情况和应对措施的充分性只能通过财产风险查勘进行评估,该查勘应该由熟悉相关风险的工程师进行。

在处理易燃液体和许多可燃液体时,都存在火灾危险。

在正常室温下,如果存在易燃或可燃液体,则存在爆炸危险:

(1) 闭杯闪点为 −7 ℃ 或更低。

(2) 闭杯闪点为 43 ℃ 或更低,在高于或加热至其闪点 33 ℃ 以上的环境中处置。闪点高于 −7 ℃ 的未加热液体通常不存在室内爆炸危险。热源可能包括化学反应和长时间搅拌产生的摩擦热。

(3) 闭杯闪点为 149 ℃ 或更低,在高于或加热至其沸点以上的环境中处置。

当具有设备爆炸危险的单一设备占据房间容积的 10% 或更多空间时,则存在房间爆炸危险。设备爆炸危险存在于所含液体在高于或可加热到其闭杯闪点以上的温度环境中处置的场所,或所含液体可能发生剧烈化学反应的地方。火灾或爆炸危险的程度取决于液体的数量、闪点、处理方法、通风、限制量及液体温度和室温。

在准备工业和商业地点的查勘报告时,工程师必须提供所有易燃和可燃液体有关的名称、闪点、数量、储存安排、泄漏控制、排放、通风、电气接地、保护系统类型、输送操作等信息。该主题与一些常见的危险主题有一定关系,包括电气设备的适用性、内务管理标准、吸烟控制、动火作业的控制,以及本地管理层对安全的承诺,所有这些都应在查勘报告中体现。

5.3 易燃气体危险

易燃气体在整个工业中被广泛使用,与之相关的危险很大,所以即使在一个地点使用的数量相对较少,仍将它们归类为一种特殊的危险占用。本节不包括与这些材料的制造、散装储存、容器填充和运输相关的主题。

1) 气体的定义

"气体"通常用于指在所谓的"标准"温度和压力(STP)条件下以气态存在的物质,即约20 ℃、101 kPaA。然而,在"标准"或接近标准的温度和压力下,许多物质可以以液体或气体的形式存在。对于财产保险,我们通常遵循 NFPA 标准,并将易燃液体定义为 37.8 ℃时,蒸气压力不超过 275 kPaA 的液体。因此,任何易燃物质或易燃混合物在 37.8 ℃下的蒸气压力大于 275 kPaA 可视为"易燃气体"。

前文中提到,在工业企业的正常环境中,可燃气体可能是真实气体或蒸气。然而,这对于消防工程来说并不重要,这里提到它只是为了澄清术语。事实上,在常温下是真正气体的可燃气体是相对罕见的,常见的例子是甲烷、一氧化碳和氢气。绝大多数易燃气体是蒸气,包括乙烷、丙烷、丁烷、异丁烷、丙烯、丁烯、氨等。

许多所谓的"气体"以"蒸气"或"液体"或两者的混合物存在于容器内,是防火要考虑的主要问题,因为它会影响气体在容器内的物理行为,也会影响容器意外泄漏后的物理行为。工业气体,包括易燃气体,通常根据其在容器中的物理状态进行分类,如下所示:

(1) 压缩气体是一种在容器内所有正常大气温度下,在压力下完全以气态存在的物质。这些物质的临界温度低于容器周围的主要大气温度。除了甲烷、一氧化碳和氢气外,其他常见的压缩气体是氧、氮、氩,可能还有乙烯。容器内的压力取决于容器最初充注的压力,以及容器中剩余的气体量,尽管气体温度会产生一些影响。容器压力没有普遍定义的下限或上限。在大多数工业化国家,在环境大气温度 21~38 ℃下,通常认为下限为 170 kPa。上限仅受容器结构的经济性限制,通常在 12.5~25 MPa 范围内。

(2) 液化气体在 21 ℃的封闭容器内,一部分以液态存在,一部分以气态存在(以"蒸气"的形式存在),只要容器内有液体,就处于压力下。容器内的压力主要取决于液体的温度,并近似于储存温度下液体的蒸气压。容器没有保温绝缘,内部物品始终处于环境温度左右。工业和商业中的大多数易燃气体都属于这一类,最常见的例子是液化石油气、丙烷和丁烷。这些材料的沸点总是与容器内的压力相对应。由此可知,这些材料总是高于其大气压力或"正常"沸点,因此从容器中逸出时会迅速蒸发。

(3) 低温气体是指容器中温度低于 −90 ℃的液化气体,因此这些物质低于临界温度。容器内压力通常非常接近大气压力,这意味着物质储存温度接近其沸点。容器采用特殊的保温绝缘材料来阻止和外界的热交换,这可以减缓来自大气的热量,但不能阻止其进入容器。热量往往会不断加热内部物品,"蒸发气体"(BOG)需要不断地放气。如果不排放蒸发气体,产生的压力最终可能超过任何现有的容器强度。与液化气体有关的主要区别是低温气体不能无限期地保留在容器中。液化天然气(LNG)是最常见的低温可燃气体;乙烯常作为制冷剂处理;氩是一种惰性气体,经常作为制冷剂运输;而大量供应的氧气、氩和氮气通常作为制冷剂运输和储存。

2) 易燃气体燃烧

易燃气体在空气中的燃烧方式与易燃液体蒸气在空气中的燃烧方式相同,即每种气体只在一定的气体-空气混合物成分范围内燃烧(易燃或易爆范围),并且仅在特定温度(点火温度)或以上点燃。

虽然易燃液体蒸气和易燃气体具有相似的燃烧特性,但描述易燃液体的燃烧特性术语"闪点"对可燃气体没有实际意义。闪点基本上是一种测量易燃液体产生足够的蒸气以供闪燃的温度,并且此温度总是低于正常沸点。易燃气体通常存在于超过其正常沸点的温度下,即使气体处于液态(通常在运输和储存中)。因此,气体存在的温度不仅超过其闪点,而且通常远高于闪点。

正如易燃和可燃液体产生的蒸气一样,易燃气体相对于空气具有蒸气密度(VD)。蒸气密度小于1的易燃气体释放到大气中时会上升,并可能积聚在通风不良的建筑物的上层。这一类别中常见的易燃气体包括氢、甲烷和氨。蒸气密度大于1的易燃气体(包括绝大多数可燃气体)释放到大气中时,往往会保持在接近地面的位置,可能会传播相当长的距离,也可能积聚在低洼地区、地下室或矿井中。凡有可能积聚易燃气体的地方,都必须预料到积聚的气体迟早会进入空气与该气体混合的爆炸范围。一些可燃气体的蒸气密度接近1,包括乙炔、乙烷、乙烯、一氧化碳和硫化氢,因此需要增加足够的设备通风以确保其消散。对于一氧化碳和硫化氢,通常都会提供这种通风,因为这些都是有毒物质,而且毒性浓度水平低于爆炸下限。

5.3.1 易燃气体的危险特性

对气体危险的系统评估将气体限制在容器内时所呈现的危险与从容器中逸出时所呈现的危险加以区分,即使这两种危险可能同时出现在单一事件中。

1) 容器内危险

气体(和液体)受热时膨胀,使容器内的压力增加。此外,容器在火灾中会失去强度并失效。压缩气体和液化气体在加热时受到的影响有所不同,但最终结果总是容器压力的增加,最终可能导致气体释放和/或容器故障。

压缩气体(仅处于气态)只是试图膨胀并遵循气体行为的经典定律,通常的结果是容器压力增加。液化气体的容器总是同时含有液相和气相,由于加热的最终结果是三种效应的结合,所以它表现出更为复杂的行为。第一,气相受到与压缩气体相同的影响,如上所述。第二,液体的蒸气压随着液体温度的升高而增加,从而增加容器内的内部压力。第三,容器中液体试图膨胀,对它上面的蒸气进行压缩。这些影响的综合结果是容器受热时压力增加。

虽然在低温条件下储存的气体也有液相和气相,但低温容器通常设计为在接近大气压力的情况下工作,这意味着有释放 BOG 蒸气的规定,容器内几乎没有内部压力。暴露火灾的影响会在一定程度上受到容器隔热的影响,但由于大多数商用便携式低温容器都是用聚酯薄膜在真空环形护套中进行隔热的,所以在实际意义上,隔热材料都无法承受暴露的火灾危害。较大的固定容器通常用珍珠岩进行隔热,珍珠岩在一定程度上更能抵抗外部热量,但最终结果通常是容器内部物品迅速蒸发,可能超过正常 BOG 蒸气出口的容量。

这些储存装置的共同点是,暴露于高于正常温度或暴露于明火中时,会导致容器内压力的积聚,而压力迟早会超过容器的设计压力。必须防止容器超压,大多数形式的过压保护会导致容器中的易燃气体释放到大气中。

2) 超压释放装置

压缩或液化气体的容器由于压缩或液化而使物质浓缩,可能会释放大量的潜在能量。容器发生故障时会释放这种能量,通常非常迅速和剧烈,向周围释放气体并同时推动容器或容器部件。压缩气体容器故障更显著的危险是容器飞弹,而不是气体释放的后果,因为这些容器含有的可燃气体较少。液化气体容器发生故障会释放出大量的可燃气体。

大多数压缩和液化气体容器上都装有弹簧式泄压阀、易熔塞或爆破片,有时甚至不止一个,以将容器压力限制在容器能够安全承受的水平。这些装置的初始排放压力设置与容器的强度有关。在大多数情况下,泄压能力(以通过它们的气体流速计算)是基于对火灾引起的热输入速率的考虑,因为这通常是最大的预期热源。

在某些国家,不为液化石油气(LPG)容器提供超压保护,其基本思路是由于泄压装置的动作而在室内释放气体的危险要大于由于超压而导致容器损坏的危险。其实,配合通风系统,可以控制泄漏或释放的气体燃烧爆炸风险。

3) 液化气体 BLEVE

液化气体容器发生故障并破裂成多个碎片的情况很常见,因此需要对其进行详细分析。这种破坏被称为"沸腾液体膨胀蒸气爆炸"(BLEVE),一种压力释放爆炸。不管所含液体是否为易燃气体,BLEVE 都具有极大的破坏性。如果涉及易燃气体,在蒸气从容器中释放后,会增加火灾或爆炸性点燃的危险。

所有储存在容器中的液化气体,温度都高于其常压下的沸点,并且只有在容器保持封闭的情况下,才会保持压力。该压力范围从一些低温气体容器的小于 7 kPa,到正常储存温度下非低温液化气体容器的 2500~3500 kPa。如果压力降低到大气压,比如容器失效,那么实际上"积蓄"在液体中的大量热量会导致一部分液体迅速蒸发。对于许多液化易燃气体,这可能导致容器中约 1/3 的液体汽化。

液体蒸发伴随着大量的液体到蒸气的膨胀。这种膨胀过程提供了能量在容器结构上扩大裂缝,推动容器碎片,迅速混合蒸气和空气,遇火点燃后形成特有的火球,导致 BLEVE,并且使余下的冷却液体雾化。许多雾化液滴会在空中飞行时燃烧。

液体释放和随后的 BLEVE 是由于容器的结构故障造成的。故障最常见的原因是容器金属因火焰接触而变弱;然而,如果容器被刺穿或因任何其他原因发生故障,也会发生 BLEVE。虽然大多数涉及容器失效的液化气体 BLEVE 是由火灾引起的,但也有少数是由于容器因腐蚀或外力冲击而失效。在涉及轨道列车和货运车辆的运输事故中,冲击失效尤为明显。在这些情况下,BLEVE 通常与撞击同时发生。

减压阀不能阻止 BLEVE,这种阀门不能将压力降低到大气压力,而只能降低到略低于其初始排放压力的某个点,该压力又根据容器内的正常压力设定。因此,液体将始终处于高于其正常沸点的温度,压力将始终保持在容器内,容器结构将在张力下受到应力。BLEVE 事故不限于大型容器,即使是小型零售容器(如液化石油气罐)在运输、处理或储存时,也必须将其视为一种风险,当容器掉落或因叉车操作不慎而发生事故。

4) 容器内燃烧

储存在容器中的气体的一个不常见但重大的危险是容器内气体燃烧产生的超压导致容器失效的危险。易燃气体-空气或气体-氧气混合物很少故意一起装在容器中,但可能会有意外发生。这些爆炸大多发生在工业和医疗气体应用中,氧气或压缩空气通常与易燃气体一起使用。如果这种可能性是工艺中固有的,例如氧气燃气金属切割系统,则必须制定措施,防止容器中出现此类混合物。一般来说,大多数爆炸都可以通过正确的容器灌装和使用程序的教育和培训来防止。

5) 从容器中释放时燃烧

由于其普遍存在,易燃气体从容器中释放时的行为是一个主要的研究课题。释放的易燃气体有两种基本危险:①燃烧爆炸;②火灾。如果不区分这两种危险周围的情况,可能会导致保护措施的误用。

燃烧爆炸要求一定量的可燃气体-空气混合物积聚在封闭外壳内,随后被点燃。由此产生的燃烧将在容器内产生一个比着火时的压力大几倍的压力。如果封闭外壳足够坚固,能够承受压力,则不会发生燃烧爆炸,因为外壳的工作方式基本上决定了是否会发生这种爆炸。

如果封闭外壳在大气压力下充满易燃气体-空气混合物,则外壳必须承受 400~750 kPa 的压力,以保持完整并防止燃烧爆炸。如果涉及反应性易燃气体或富氧环境,可能会出现更高的压力。传统的工厂结构和建筑物只能承受 3.5~7 kPa 的压力。这种巨大的压力差清楚地表明,传统的结构外壳即使没有充满易燃气体-空气混合物,也很脆弱。经验证明了这一结论,据估计,传统结构的大多数燃烧爆炸发生时,有易燃混合物的外壳不到 25%。这一事实不应被忽视,在可能发生爆炸或对建筑物造成明显损害之前,假设可燃气体-空气混合物需要完全填充房间或建筑物是错误的。

由于液化气体具有大量而快速产生易燃气体-空气混合物的潜力,规范和标准对在室内处理此类气体施加了严格的限制。考虑到BLEVE的火球因素,室内火球的行为和气体-空气混合物积聚被点燃的情况类似;位于室内的容器BLEVE的结果可能非常类似于燃烧爆炸。

易燃气体火灾可以被认为是一种中止的燃烧爆炸,其中易燃气体-空气混合物的积聚没有达到爆炸量,因为混合物点火过快或不存在封闭结构。当易燃气体逸出室外时,通常会发生火灾。然而,如果发生大规模的释放,周围建筑物有可能构成足够的封闭限制,从而导致一种被称为"露天爆炸"或"空间爆炸"的燃烧爆炸。液化非低温气体也会发生这种现象,氢气、乙烯和一些火焰传播速度极快的反应性气体也是如此。

5.3.2 易燃气体的储存

储气库的防火保护措施要针对以下内容:①气体容器组合的危险性;②气体从容器中逸出时的危险。在至少一段时间内,任何火灾事件都可能同时表现出这两种危险。然而,容器/气体组合危险总是存在的。如果气体不可燃,逸出气体的火灾危险可以忽略不计。

1) 气体容器保护

主要的气体容器危险是BLEVE。BLEVE危险仅限于液化气体容器,此类BLEVE的主要原因是火灾暴露风险。由容器腐蚀引起的BLEVE发生的频率要低得多,在储存的容器中,撞击造成的BLEVE甚至更为频繁。由叉车造成容器破裂的情况并不少见,尤其是用托盘装运的零售容器。

BLEVE危险很大程度上受到容器金属是否会过热的容器特性影响。在这方面特别值得注意的是,暴露的火和承受内部压力的容器部分之间存在隔热绝缘。通过考虑隔热系统在火灾暴露下的行为,基本上可以消除BLEVE危险。然而,绝缘通常只适用于低温气体容器。

非低温气体容器由于操作原因不需要隔热,出于防火安全考虑,很少进行隔热绝缘。然而,在缺乏其他BLEVE预防措施(如水冷)的特定装置中,大型液化易燃气体罐的绝缘越来越频繁。

一个基本的BLEVE保护措施是降低容器的火灾暴露概率。这一原理也适用于非液化气体(压缩气体)的容器,因为尽管根据定义,它们不受BLEVE的影响,但它们仍然可能因火灾发生爆炸。

2) 限制区域内的可燃物

这项保障措施的关键是限制气体容器附近的可燃物数量,无论储存在室内还是室外。除非涉及少量气体,例如一个或两个压缩气瓶,否则储藏室最好采用不可燃结构。如果储藏室所在的建筑物具有较大的火灾荷载,则储藏室墙壁应具有适当的耐火等级。

不要将易燃气体容器与不可燃气体容器存放在一起,尤其是对于那些一旦释放会加剧易燃气体燃烧的气体。在这方面值得注意的是氧化性气体,如氧或一氧化二氮。也最好避免在易燃气体附近储存惰性气体,因为容器压力的危险仍然存在。在同一区域储存不可燃气体和氧化性气体是安全的。

3) 分离

作为适用于钢瓶和小型液化气罐的一般规则,将易燃气体与不可燃气体分开 6 m 是合适的(图 5-6)。容量小于 454 kg 的气瓶或小储罐之间的间隔距离如果无法保证,一个替代方案是安装与容器高度相同的不可燃屏障隔断,通常高 1.5 m,耐火等级至少为 0.5 h。

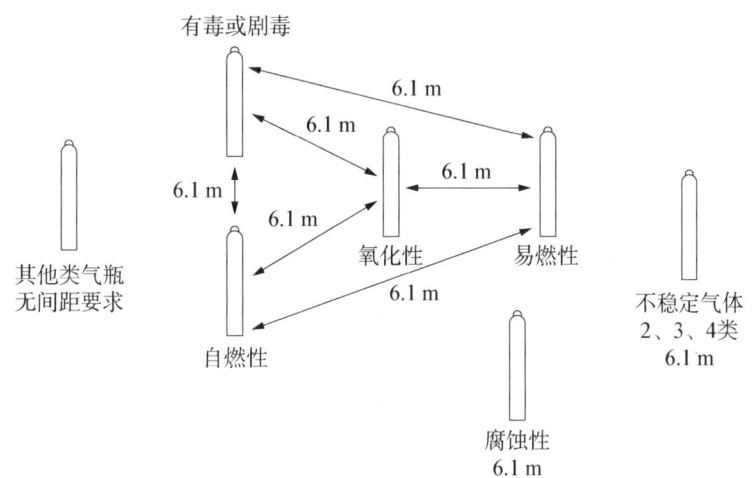

图 5-6 压缩气瓶安全间距

在较大的易燃气体容器周围使用屏障隔断是值得商榷的,除非它们允许使用冷却水,防止泄漏气体积聚,并允许人员在紧急情况下不受限制地撤离该区域。

对于限制可燃物接近氧化性气体的限制,必须认识到在存在这些气体的情况下,可燃性的程度几乎没有实际意义。例如,沥青铺面通常不被视为可燃物,然而与氧气特别是液氧接触时,它不仅可燃,而且可能爆炸。

4) 水系统保护

在发生火灾时,水系统保护是防止 BLEVE 或压缩气体容器发生故障的基本保障措施。在室内,自动喷淋系统可以极大地限制高温引起的压力上升和火灾引起的金属高温。为了达到最大效率,系统应能够在至少 279 m² 的面积上提供至少 10 L/(min·m⁻²) 的喷水强度,并且喷淋系统应位于存放容器的地板上方不超过 6 m 的位置。如果储存在货架或高堆垛上,则可能需要进一步研究喷淋保护方案。

同样容量的水喷雾系统也是有效的,并且可以安装在室外。为了保护较大的液化易燃气体容器(化学上不具有自反应性),容器表面的喷水强度必须超过 $10\,L/(\min\cdot m^{-2})$ 以防止容器发生故障,尽管 $10\,L/(\min\cdot m^{-2})$ 的喷水强度已经可以防止容器裂纹扩展至容器破裂点。

水系统保护的应用可能并不总是适合于装有低温液体的储罐。这些容器通常不是压力容器,冷液体处于其正常的大气沸点,因此容器不会发生 BLEVE。用水系统保护可能导致水进入泄压装置并冻结,使其失效并导致压力容器故障。而且,水的温度远高于液体的温度,是一种可以促进液体蒸发的热源。

5) 超压限制装置

容器超压限制装置的良好运行对于控制 BLEVE 或压缩气体容器的故障危险至关重要。尽管这些设备本身不能总是防止容器发生故障,但它们确实总能延长故障前的时间,并且通常可以在许多火灾暴露条件下防止故障。设备不得因腐蚀、油漆沉积等而堵塞关闭,也不得受到机械损坏。每次将便携式容器带进设施时,以及连接到使用设备或灌装时,都应事先检查这些容器。

容器不应受到物理撞击等粗暴对待相当重要,这样同样是气体容器的危险。尽管由于压力容器的设计非常坚固,但任何凹痕或凿痕都会降低安全系数,至少会缩短因火灾暴露而导致的故障时间,或导致后续移动撞击的失效。如果阀门在一些较小的便携式压缩气体容器上被切断,从逸出的气体中产生的喷嘴反应足以猛烈地推动钢瓶。如果容器设计包含了阀门保护盖或护圈,则在储存或移动期间,这些护盖或护圈应始终处于适当位置。

5.3.3 易燃气体处理系统

虽然许多工业应用将终端使用设备直接连接到易燃气体运输容器(如气焊设备),但有许多装置将气体从仓库中运输出来并在偏远的场所使用。如果发生气体泄漏或逸出,可能会给这些系统带来火灾风险,因此必须对所有此类装置采用适当的标准。

易燃气体分配管道应为钢管,铝管、铜管和塑料管均不适合这种应用。只有专门为专用终端使用设备设计的橡胶软管才是可接受的。对于较大的管道和管道部件,最好采用带适当耐热固体垫圈的法兰连接,而不是螺纹连接,但应通过使用全焊接管道将法兰数量减至最少。如果螺纹连接是必须的,它们可以是锥螺纹或平行螺纹。锥螺纹取决于合适的密封介质来保持气体,聚四氟乙烯胶带可能是最好的综合选择。平行螺纹通常用于气缸连接和其他部件,配合金属垫圈适用于最高压力。在火灾时,依赖橡胶或塑料 O 形环或类似密封件的平行螺纹装置不太可靠。

易燃气体系统的阀门必须仔细选择,最好是钢结构。隔膜阀通常用于减压应用,但不适用于紧密关闭要求。应提供远程安全截止阀,所有阀门必须清楚地标明其用途。止回阀的安装应能在需要时防止回流。对于所有止回阀,必须考虑到它们可能发生泄漏,因此它们能一定程度地阻止回流,而不是完全防止回流。在紧急情况下,如燃气/氧气工厂公用系统,回火防止器是管道布置中的一个基本元件。在许多应用中,位于主要储存容器上的溢流阀是非常理想的,并且在某些情况下是由当地消防法规规定的,例如丙烷、丁烷或液化石油气储罐。

安全阀或泄压阀,尤其是保护散装储存和歧管系统的阀门,必须包含在工厂预防性维护计划中,并定期验证和记录所有设定压力。在某些应用中,爆破片是可取的,特别是在有火灾危险的地方。当易燃气体被排放到大气中时,必须将其排放到安全的位置,并立刻消散到大气中而不会形成易燃蒸气。

1) 逸出气体的保护

逸出气体的主要危险是易燃气体的燃烧,进而表现为火灾或燃烧爆炸。当然,火灾也可能导致之前讨论过的容器爆炸故障。

(1) 空间通风。室内储存区域应通风,无论气体的化学危险如何。在仅用于储存的区域(不灌装容器),通风量不必很大,可大约每小时换气一次。然而,即使是惰性气体,因为它们通常是无色无味的,在不通风的地方也会造成窒息危险。

(2) 控制点火源。易燃气体储存区应控制点火源。气体的蒸气密度在一定程度上决定了应消除或控制点火源的区域范围。许多气体在任何时候都比空气重,另一些物质以液态形式释放并蒸发时,它们会暂时比空气重。一般来说,由于提供的通风和标称泄漏电位,没有容器灌装的易燃气体储存区域被划分为Ⅰ类2级电气危险场所。

2) 燃烧爆炸保护

基本的燃烧爆炸保护措施旨在限制易燃气体-空气混合物在结构中的积聚。基本保障措施是使用坚固耐用的容器和设备,将泄漏的可能性降到最低,将紧急流量控制装置释放的气体量降到最低,并使用限流孔板将泄漏量降到最低。燃烧器通常配备有熄火装置,当火焰因任何原因熄灭时,可切断气流。

许多气体无色无味,通常对使用更广泛的燃气加臭以增加检漏的机会。对于普通燃气,如天然气和液化石油气,尤其如此。规范、标准和法规通常要求对这些气体进行加臭处理,以便在空气中的气体浓度不超过爆炸下限的 1/5 时,人类可以检测到这些气体。加臭剂通常是含有化学结合硫的挥发性有机液体,具有典型的"气体"气味。

点火源控制也是防止燃烧爆炸的基础。这种保护措施也主要局限于工业操作。这些工业操作中,许多易燃气体在发热设备中燃烧,提供了固有的火源。

除了燃烧爆炸保护措施外,还能通过特殊的结构设计来降低爆炸的严重程度,即结构的某些元件设计成在较低压力下脱位,而其他元件则设计成在较低压力下保持原位。这就是所谓的"泄爆"。然而,对于大多数工业建筑来说,这种设计基本上是不实际的,因此只局限于某些特定的工业结构。

5.3.4　易燃气体火灾消防

气体火灾的控制通常是通过用水来控制火灾产生的热量,同时尽可能阻止逸出气体的流动。许多气体火灾可用常规灭火剂扑灭,包括二氧化碳和干粉。但是,如果气体在灭火后继续逸出,则必须认识到气体火灾可能转化为燃烧爆炸。一般公认的做法是,对小型气体泄漏火灾采用灭火剂进行限制性灭火,如果这些泄漏再次点燃,则不会造成危险。

水系统的灭火方法与一般火灾情况相同,即消火栓、水喷雾系统及喷淋系统。选择特定的应用方法或组合,需要对现有条件进行合理的防火分析。在用水来防止 BLEVE 的情况下尤其如此,因为如果涉及非绝缘保温容器,则响应时间有限。这一点加上应急人员的安全策略,在许多情况下严重影响了消火栓的应用能力。这也是人力灭火在风控系统评价中权重很低的原因。手动启动火灾区域水喷雾或喷淋系统不被接受,因为燃气火灾的强度会在水喷出之前迅速损坏供水管道。

传统的自动喷淋系统仅限于室内或屋顶区域。然而,喷淋系统已经有效地大幅减少了在火灾中的钢瓶超压释放装置动作的数量,可能因接触减压装置排出物燃烧而失效的钢瓶数量也会减少。但是,喷淋系统的喷水强度和喷头间距必须根据危险程度而定。

泡沫可以控制低温气体储罐中的火灾,但不能将其扑灭。控制的程度取决于泡沫覆盖液体的程度和泡沫应用可维持的时间长度。

所有的气体(氧气和空气除外),如果取代了我们呼吸的空气,都会对生命造成危险。氮、氦、氩和其他无色无味的气体特别危险,因为人类的感官无法检测到它们。有毒气体对生命安全有明显危险。它们在火灾中释放时特别危险,因为它们会阻止或延迟消防员进入现场,从而妨碍灭火工作。

氧气和其他氧化性气体虽然不可燃,但会使可燃物在较低温度下点燃,加速燃烧,并可能使燃料燃烧设备中的火焰延伸到燃烧室之外而引发火灾。

液化气体,包括低温气体,在以液体形式逸出时对人身和财产造成危险,因为它们的储存温度非常低。接触冷液体会导致冻伤。许多结构材料,特别是碳钢和塑料的性能受到低温的影响会变得易碎,这可能导致结构失效。

5.4　爆炸性粉尘危险

许多工厂在生产过程中通常会产生粉尘。有时粉尘与最终产品有关,例如在制造面粉或水泥,或将煤粉碎为锅炉燃料时。有时粉尘可能是主要工序不可避免的副产品,如家具加工作业中的木屑。无论何时出现粉尘,都有必要控制其向周围环境的释放,因为大多数粉尘即使不构成健康危险,也有其他危险性。易燃粉尘有爆炸的可能性,它引入了一个全新的危险类别。当可燃物质以细小的粉尘形式飞扬在空气中时,比同一种物质以较大的块状物点燃时的燃烧速度要快得多。在大多数情况下,燃烧非常剧烈,以致爆炸。

5.4.1 粉尘爆炸特性

粉尘爆炸与蒸气和气体爆炸有一定程度的相似处,但它们在某些重要方面有所不同。像气体一样,粉尘必须与空气或其他助燃剂混合,通常需要一个点火源来引起爆炸。很少有粉尘爆炸是由自然氧化和加热引起的。在蒸气和气体爆炸中,反应速率和压力上升率通常比粉尘爆炸时高。然而,粉尘在一定体积的空气中完全燃烧,通常会比气体燃烧产生更大的能量和压力。因此,粉尘爆炸有时比气体爆炸更具灾难性。这在一定程度上是由于它们的发展速度较慢,持续时间较长。发展速度较慢的原因是,粉尘的燃烧是一种表面反应,氧气向反应表面的扩散必然比在易燃气体中缓慢且不完全。

工业粉尘爆炸最令人不安的特性之一是它们能迅速吞没工厂的很大一部分。这是因为最初爆炸产生的爆炸波在邻近的区域激起堆积的粉尘,产生了适合于由初次爆炸引发的二次或多次爆炸的条件。二次粉尘爆炸产生了更严重的问题,因为原先沉积在地板和墙壁上的粉尘,或者从最初爆炸损坏的除尘器等设备释放出的粉尘,都被初次爆炸产生的冲击波吹入悬浮状态,从而使其可能被初次爆炸释放的火焰点燃。如此将发生一系列爆炸,从一栋楼传到另一栋楼,甚至覆盖整个厂区的情况并不罕见。

1) 粉尘爆炸所需条件

发生粉尘爆炸,必须同时满足四个前提条件:①可燃物固体粉末必须分散在氧化介质中,通常是空气中的氧气;②空气中的粉尘浓度必须在爆炸范围内;③必须有足够能量和持续时间的外部点火源以启动特定粉尘的爆炸连锁反应;④燃烧反应必须在有限的容积内发生。

只有满足前三个条件,才会发生粉尘爆炸的快速燃烧反应或闪火。粉尘爆炸定义中固有的过度压力的迅速积聚,只有在反应发生在封闭空间时才会产生。

在许多工厂内,粉尘危险源于粉尘在平坦的表面或其他偏僻角落的积聚。这些堆积物本身并不特别危险,因为可燃粉尘没有悬浮在空气中。也就是说,上述第一项不适用。当这些相对无害的沉积物受到干扰并悬浮到空气中时,第一项和第二项可能都满足时,就会变得危险。当这种情况发生时,存在的任何点火源都会引发闪火,在封闭空间内通常会导致爆炸。

2) 可燃粉尘爆炸

当可燃粉尘和粉末的特征粒径小于约 $400\,\mu m$,且悬浮在空气中的浓度介于爆炸下限和爆炸上限之间时,会产生爆炸危险。粉尘粒径越小,其粉尘云越容易点燃,因为给定重量的材料暴露表面积随着粒径的减小而增大。

3) 爆炸极限

同易燃气体和蒸气一样,粉尘在特定的浓度范围内,也可能发生粉尘爆炸。通常用单位体积空气中粉尘的重量来表示粉尘浓度,但在不了解样品粉尘的粒径分布的情况下,该表达式毫无意义。对于大多数物质,随着粒径的减小,最小爆炸浓度也随之降低。

粉尘的可燃性上限(粉尘浓度超过此限值不会发生爆炸)的定义不明确,通常不可重现,而且许多粉尘尚未确定此限值。事实上,是否存在明确的限值还有一些疑问。无论如何,从实际的角度来看,这些信息对于控制损失的价值是值得怀疑的。然而,爆炸峰值压力和压力增长率在爆炸下限处都处于最小值,它们都会上升,直到粉尘浓度达到某个最佳值,然后从该点开始缓慢下降。最猛烈的爆炸通常会发生在粉尘浓度略高于刚好消耗大气中所有氧气时。

特征粒径小于约 $100\,\mu m$ 的粉尘的典型爆炸下限为 $30\sim60\,g/m^3$,当以这些单位表示时,这大致相当于易燃气体和蒸气的爆炸范围。粉尘的爆炸上限通常在 $2\,000\sim6\,000\,g/m^3$,但这是一个很难进行的测量,更难作为实际的防爆措施来应用。因此,任何超过下限的浓度都应视为具有潜在爆炸性。

可燃性的下限因材料而异。对于某些物质,如苯酐、虫胶、硬脂酸铝和吩噻嗪,其含量可能低至 $15\,g/m^3$。对于金属锌粉,其含量可能高达 $500\,g/m^3$。

仅仅通过将环境空气中的粉尘浓度保持在爆炸下限以下来降低粉尘爆炸危险的尝试是不可靠的。主要有两个原因:首先,空气中粉尘真实爆炸极限的试验数据相对不可靠。其次,沉积的粉尘总有被干扰和悬浮的危险,如粗心的清扫工作。最初火灾/爆炸的一个常见原因是使用压缩空气软管将积聚的粉尘吹离工作区域。

第一个原因的实例可能是对塑料粉末筒仓中可能存在的爆炸性粉尘浓度的担忧。即使在正常装卸操作期间测量了悬浮粉尘浓度,在异常情况下(如使用振动或鼓风清除粉末流动结块物)也可能产生相当高的粉尘浓度。第二个原因是始终存在的危险,即地板和墙壁上的粉尘平时不会悬浮,除非在工厂其他地方引发的一次爆炸产生足够强的冲击波,将这些粉尘吹到悬浮状态。二次爆炸传播试验表明,即使当量粉尘沉积浓度低于报告的爆炸下限,也可能发生爆炸传播。

4) 爆炸压力

密闭空间内可燃粉尘爆炸产生的最大压力通常在 $520\sim860\,kPa$。这些数字适用于实验室试验条件,并取决于颗粒大小和浓度。在工业设备条件下产生的压力稍低,但对大多数应用中使用的设备仍具有很大的破坏性,还可能会对工厂其他设备内部环境产生粉尘污染。

粉尘爆炸压力增加的速度范围相当大:煤炭和木炭约 $13.8\,MPa/s$;大多数农业粉尘、许多化学粉尘和塑料粉尘在 34.5～55 MPa/s；铝片超过 138 MPa/s。

这一特性可能是评估粉尘危险最重要的一个因素,因为它主要决定爆燃的破坏性。这也是设计泄爆孔时最重要的一个考量因素,应认识到对以极快速度累积的压力进行泄爆可能是不切实际的。对于这种情况,产生粉尘的操作应在惰性气体中进行,或由防爆系统保护(假设环境或其他因素不允许在没有任何限制的开放空间进行操作)。

工业可燃性粉尘爆炸的破坏性不如从以上这些数字中推断出来的那样具有破坏性,原因之一是粉尘通常不会在整个爆炸空间内均匀分布,因此粉尘云爆炸不会产生实验室试验中能产生的最大压力参数。

5) 可燃性

粉尘云点火所需的最小电火花能量可以从 10 mJ 到 1 900 mJ 不等。点燃在接近化学计量浓度的可燃气体-空气混合物所需的电火花能量通常低于 1 mJ,混合物浓度越接近燃烧下限和上限时,所需能量会迅速增加。因此,可燃性粉尘的最小火花点火能量通常比气体的火花点火能量高两到三个数量级。然而,新的火花放电能量测试表明,一些粉尘(如锆)的最小点火能量低于 10 mJ。最容易被火花点燃的粉尘浓度范围为 200～500 g/m^3。小颗粒粉尘比大颗粒粉尘更容易着火。例如,试验表明,PVC 粉尘粒径从 125 μm 减小到 20 μm,减少 6 倍,最小点火能量降低 1 000 倍。

对于许多粉尘,通过设备接地来避免静电火源是不可靠的。对指定和认证为本质安全的电气设备进行测试,可以验证火花和内部热点不会点燃气体-空气或粉尘-空气混合物。然而,考虑到可燃粉尘的最小点火能量和着火温度范围,对一种物质的安全认证通常并不意味着对另一种物质的适用性。

点火源可能变化很大。火花可能是由黑色金属制成的工具或不合适的鞋造成的。其他可能的火源有静电、热表面、摩擦、明火、焊接电弧、砂轮产生的火花和吸烟。意外进入工艺流程的金属片(如研磨机)可能会在撞击其中一个研磨表面时产生火花;工艺设备和气动输送机应配备磁性或机械分离器,以清除进料系统中的任何金属杂质。

6) 点火温度

点燃大气中可燃粉尘云所需的温度大部分在 300～600 ℃。由于粉尘爆炸所需的最低点火温度(以及最低点火能量)远低于大多数常见点火源的温度(和能量),因此消除潜在的点火源是预防粉尘爆炸的首要任务。

7) 混杂混合物

混杂混合物是可燃粉尘、易燃气体和空气的三元混合物,粉尘悬浮在气体/空气混合物中。当气体和粉尘浓度低于二元燃料-空气混合物各自的限值时,它们尤其值得关注,因为它们的联合作用可能使混合燃料可燃。实例包括添加到磨煤机和筒仓中的悬浮煤尘中的甲烷,以及在流化床干燥器中向悬浮塑料粉或药粉中添加易燃溶剂蒸气。

5.4.2 工业粉尘危险示例

当细小的可燃物悬浮在空气中时，大多数都是危险的。如果被点燃，会导致爆炸。整个工业领域，包括农产品加工、化工、冶金、采矿、塑料和木工等行业都很容易遭受粉尘爆炸损失。虽然控制粉尘爆炸的基本原则大家早已了解，但严重事故仍时有发生。

1) 研磨作业

研磨操作的危险在于，该过程产生极细的易氧化材料颗粒，这些颗粒可能与工艺空气或易燃易爆浓度的环境空气混合。为了从送入磨机的较粗颗粒中分离出适当尺寸的材料，使用了一套分类器系统。在大多数情况下，分类器是基于重力和空气阻力以及粒子惯性的原理。通过磨机的连续气流经过调节，以便将所需细度的颗粒送到收集箱或隔间，而较粗的颗粒会脱落并返回磨机进行进一步研磨。

从理论上讲，工艺气流应完全且紧密地封闭，以防将成品或不需要的粉尘带入磨机周围的大气中。在实践中，这是相当困难的，粉尘会在厂房结构中积聚。因此，有两种截然不同的危险：一是制粉系统内可能发生爆炸，二是结构内可能发生爆炸。所需要的只是空气中物质的临界浓度和一个点火源。

2) 木材加工作业

大多数家具制造、刨花板和胶合板生产厂的砂光作业都会产生细碎的木材颗粒，这就使得这些占用具有较高的危险等级。现代机械配备有吸尘和除尘设备，一旦产生粉尘，就将其从机器上转移出去。更重要的是，需要良好的内务管理标准，以防止局部区域的粉尘积聚，尤其是在处理和抛弃中央过滤器和料斗系统中收集的粉尘时，要注意避免扬尘。

3) 气动输送作业

气动输送机经常被用来从产生粉尘的作业中回收粉尘，而且其本身也被用作散装物料运输机。在后一种情况下，系统内的磨损会产生粉尘。如果可燃粉尘形成积聚，则可能导致爆炸危险。

4) 农业谷物加工

大多数处理农业谷物的设施使用输送、提升、干燥、筛分和筒仓储存操作，以及破碎、制粉或研磨设备。每一种设备都为粉尘的产生和扩散到大气中提供了机会。一些装置还使用溶剂来精炼最终产品，而其他装置则拥有大量的包装设备。粉尘爆炸是粮食加工业的首要危险。

5) 煤矿开采

煤矿开采作业特别容易发生粉尘爆炸，现代矿井采用了一系列措施来降低风险。煤矿开采同时面临着易燃气体（甲烷）和爆炸性粉尘危险的严峻挑战。

6) 金属加工处理

许多金属粉尘能够在空气中形成爆炸性粉尘,特别易受影响的场所包括铝、钛、锆、镁、锌和青铜的加工处理区域,尤其是在机械加工或其他操作过程中会产生粉末,或者金属粉末本身就是最终产品的地方。使用铁粉等普通材料的工艺也可能存在爆炸危险。

7) 塑料处理工艺

虽然从石化原料中生产塑料原料通常不会被许多保险公司承保,但保险公司财产险部门承保的许多工业过程在生产或制造自己的产品时使用塑料原料。这些塑料通常以薄片、碎片或颗粒的形式购买,并在需要时存放在散装筒仓或类似的储存箱中。下游加工经常涉及气动输送、破碎或研磨、粉尘控制和回收设备,这些都会产生粉尘爆炸危险。典型的材料有聚乙烯、环氧树脂、三聚氰胺树脂、聚甲基丙烯酸甲酯(有机玻璃)、聚丙烯、聚氯乙烯、尼龙等。

5.4.3 粉尘防爆

燃烧和爆炸,或者更确切地说是爆燃,相对于粉尘来说,实际上是相同的过程。区别在于燃烧反应发生的速度。爆燃被定义为"在未燃介质中以低于音速的火焰速度发生的燃烧"。爆炸可被视为"由于内部压力超过建筑物或容器的限制能力而导致的建筑物或容器的爆裂"。由于粉尘爆炸通常是由受限爆燃引起的,所以爆炸一词通常用来指整个过程。

由于粉尘爆炸几乎是瞬间发生的,它不能像许多火灾一样用遏制的方法来控制。然而,通过某些保护措施可以将影响降到最低。这些措施包括预防、泄爆、惰化和抑制。防止爆炸的最简单方法是防止粉尘达到临界浓度,并消除任何潜在的点火源。

1) 预防

在工业操作中,有两种类型的场所可能会导致粉尘积聚。一种是工艺机械或设备本身。另一种是在周围环境中,即设备所在的建筑。

建筑的设计和构造可能会有很大的变化,这取决于被研磨的产品。建造一座能承受粉尘爆炸产生的压力的建筑物是不切实际的。普通的 0.3 m 厚的砖墙可被小于 7 kPa 的内部压力破坏,而大多数粉尘爆炸会产生更高的压力。工业设备中典型的峰值爆炸压力从锌的 90 kPa 到冲压铝的 614 kPa,大多数爆炸超过 210 kPa。

如果存在粉尘爆炸危险,该建筑应设计有泄爆面板、通风口、窗户或其他能在最低实际压力下打开的封闭装置,以尽量减少结构损坏。

建筑使用的材料应为不可燃或耐火材料。拟用作防火墙的任何内墙应能够在标准耐火试验方法下提供至少 3 h 的耐火性。内部楼梯、升降梯或电梯应封闭在不可燃材料的竖井内,耐火等级至少为 1 h。此类封闭外壳应通过自动关闭的防火门进行保护,防火墙上的任何开口也应进行类似保护。

应尽量减少可能聚集粉尘、难以接近或难以清洁的水平表面的数量。在可行的情况下,此类表面应与水平面至少成60°角,以便粉尘易于滑落而不会积聚。良好的内务管理是防爆的必要组成部分。这意味着保持设备和结构的清洁,以防止粉尘积聚。应使用真空负压系统清除粉尘。刷洗或清扫会扬起粉尘并增加湍流,从而增加发生爆炸的可能性并增加其潜在的严重性。

设备应由金属制成,并尽可能防尘。其设计应确保在研磨、倾倒、转移和类似操作期间,开口处有连续的抽吸。收集的粉尘应通过结构紧密的管道或斜槽输送至设计良好的除尘器。除尘器应设置于安全的地方,最好是在建筑外部。

应消除或充分屏蔽潜在的点火源,因为许多粉尘会被低能量火花点燃。除非工作区域无尘,否则不允许使用明火或进行动火作业。应该禁止吸烟。扭矩限制或液力传动联轴器的设计应便于散热。移动设备、电梯、皮带和输送机应接地或采用不导电材料,以消除静电火花的可能性。所有电线应符合含有可燃粉尘危险场所的适用电气规范。

应提供足够的固定式和便携式灭火设备。消火栓枪头应为喷雾式,因为液柱流会导致湍流并让粉尘扩散到空气中,增加爆炸危险。

2) 泄爆

泄爆不能防止爆炸,但它确实可以限制爆燃产生的最大压力,以限制对外壳的损坏。泄爆孔是设备或结构上的开口,使加热的爆炸气体更容易逸出。最有效的泄爆孔应该是自由和无限制的开口,但有时可能无法实现。

图 5-7 磁吸式泄爆窗

泄爆孔的关闭方式应使其在最低实际压力下能打开。典型的泄爆装置包括破裂隔膜、铰链式或吹出式窗户和面板,以及结构薄弱的墙壁和屋顶。图5-7为磁吸式泄爆窗(摘自FMDS 1-44)。

外壳泄爆面积的确定主要是凭经验的,根据经验公式计算的所需泄爆面积取决于预期压力及其上升率、关闭类型以及密封室的体积和强度。泄爆孔应设置于因泄爆压力会造成最小损失的位置。

3) 惰化

防止粉尘爆炸的另一种方法是惰化,即用氮气或二氧化碳等惰性气体代替生产过程中的氧气。该方法可保护研磨机、磨煤机、搅拌机、烘干机、输送机、除尘器和灌装机等设备。

为提供安全浓度而必须置换的氧气量取决于粉尘类型、颗粒大小、浓度、湍流、稀释气体和点火源的强度。例如,为了防止含碳粉尘被火花点燃,氧气应通过氮气降至8%,或二氧化碳降至11%。但是,如果存在更强的点火源,氧气应分别相应减少到3%和4%。

许多因素会影响惰化剂的使用来防止爆炸。其中包括人员安全、要保护的危险、所需的氧气浓度降低量、惰性气体供应的可行性和成本及必要的控制设备等。

4) 抑制

抑制是一种在爆炸产生破坏性压力之前阻止爆炸的技术。所涉及的因素与灭火所用的因素大致相同，即冷却、限制氧气供应和抑制火焰蔓延。

尽管在爆炸中燃烧进行得很快，但在破坏力爆发出来前还是有一段很短的时间。在这段时间（通常是几毫秒）内，初始压力上升可由合适的传感装置检测到，该装置会自动触发抑制剂的释放。抑制剂通常是一种惰性气体或液体，可抑制燃烧过程。

抑制系统可用于密闭空间，如反应器、混合器、磨煤机、磨机、干燥器、储料仓、烤箱、斗式提升机运输系统和气动运输系统。这些系统的有效应用需要仔细考虑许多因素。其中包括粉尘特性、压力上升率、点火源和抑制剂特性。尽管抑爆原理适用于所有装置，但每个装置都必须单独设计，以涵盖可能遇到的各种变量。

以上所述表明，当我们考虑工业粉尘及其相关危险时，已知会产生可燃性粉尘的占用区往往具有更高火灾危险等级。

在现代工厂中，设计人员应充分了解与其工艺或设备相关的粉尘爆炸危险，并设计适当的保护和安全系统。这些通常会偏向于内部（即加工设备和工厂内部）产生的粉尘爆炸危险，而不太重视作为一个整体的整个工厂和建筑物。例如，不太可能安装探测器来监测屋架构件上的粉尘积聚或管道系统上可能积聚的粉尘。一般的大气粉尘探测器不能被认为是可靠的，正如已经解释的那样。

因此，关键问题是：①工厂和设备的使用年限；②维护情况如何，尤其是设计用于降低粉尘积聚、着火和爆炸风险的设备；③内务管理如何，特别是在不易接近的地方防止或清除粉尘积聚的方法；④管理层如何致力于防止不安全的情况、技术和操作。

描述各种粉尘相对爆炸危险性的参数包括可能发生爆炸的粉尘浓度下限和上限、最小点火能量（粉尘云点火所需的最小电火花能量）、最低着火温度、防止着火的最大允许氧气浓度、爆炸过程中达到的最大爆炸压力、最大压力上升率（有时也指平均压力上升率）。

这些参数的值不是固定的，而是取决于各种因素，即颗粒大小和形状、环境温度和压力、粉尘的含水量、悬浮物中的湍流程度及点火源的大小。试验工作使得对这些因素的影响进行一些定性观察成为可能，但是没有定量关系。

5.5 易燃气溶胶危险

工厂可能会用到一系列气溶胶产品，而将数量可观的此类材料存放在仓库中及分布在工作区域周围也很常见。当气溶胶最初被引入时，通常使用不可燃材料,如氯氟烃、氟氯化碳作为推进剂。然而,大多数国家的环境法规现在已经取消了几乎所有用途的氟氯化碳,并且在气溶胶中最常见的是用易燃的碳氢化合物气体来代替它们,因此气溶胶罐已成为一种重大的火灾危险。气溶胶产品存在一些非常现实的防火和保护问题,NFPA 发布了涵盖这些产品的 NFPA 30B 标准。

典型的气溶胶容器是一个小型的、焊接连接的高强度金属容器,其设计压力高达 240~400 PsiG。根据 NFPA 标准,金属容器的容量可高达 1 000 ml,但玻璃或塑料容器不能超过 118 ml。容器的顶部和底部呈圆顶状以承受内部压力。其工作原理是,由推进剂产生的容器内压力,通过喷嘴将容器内的物质排出容器,喷嘴通常用于雾化液体,使其喷射到工作表面上。

现在通常使用的推进剂是碳氢化合物,如丙烷、丁烷和异丁烷,可以单独使用,也可以是各种混合物,这取决于产品和用途。它们在环境温度和压力下是气态的,在中等压力或低温下会凝结成液体。推进剂在给定的温度下保持罐内相对恒定的压力,直到所有液体推进剂转化为气体。其他不太常见的推进剂是氮、二氧化碳和一氧化二氮。碳氢化合物是高度易燃的,尽管一氧化二氮是不可燃的,但它是一种氧化剂,会导致气溶胶的火灾危险。

气溶胶产品中推进剂的数量范围为内部物品总重量的 0.5%~90%。有人认为,基础产品的可燃性是主要问题,推进剂几乎没有增加总体危险,除非推进剂占了罐内的大部分。尽管如此,碳氢化合物极为易燃,需要小心储存和搬运。

碳氢化合物气溶胶推进剂具有以下特性:易燃气体;无色无味;其蒸气比空气重,即其蒸气密度大于 1;闪点、沸点和燃点都很低;随着温度的升高,蒸气压显著增加;在相对狭窄的范围内易燃;当被限制和点燃时,是高度爆炸性的;会导致窒息。

5.5.1 美国防火协会易燃气溶胶分类

NFPA 根据气溶胶产品的化学燃烧热,对气溶胶产品进行了分类:

(1) Level 1 气溶胶产品是指总化学燃烧热小于或等于 20 kJ/g 的产品(表 5-1)。

表 5-1 典型的 Level 1 气溶胶产品

成分	质量百分比/%	H_c/kJ	质量百分比×H_c/kJ
异丙烷	30	42.8	12.8
水	69	0	0
香精等	1	43.7	0.4
总计			13.2

（2）Level 2 气溶胶产品是指总化学燃烧热大于 20 kJ/g,但小于或等于 30 kJ/g 的产品(表 5-2)。

表 5-2 典型的 Level 2 气溶胶产品

成分	质量百分比/%	H_c/kJ	质量百分比×H_c/kJ
异丙烷	20	42.8	8.6
乙醇	60	24.7	14.8
水	19	0	0
香精等	1	43.7	0.4
总计			23.8

（3）Level 3 气溶胶产品是指总化学燃烧热大于 30 kJ/g 的产品(表 5-3)。

表 5-3 典型的 Level 3 气溶胶产品

成分	质量百分比/%	H_c/kJ	质量百分比×H_c/kJ
异丙烷	25	42.8	10.7
丙烷	10	44.0	4.4
甲苯	25	28.4	7.1
丙酮	15	27.7	4.2
甲乙酮	15	30.6	4.6
颜料(TiO_2)等	10	0	0
总计			31.0

化学燃烧热(H_c)由 NFPA 定义为在正常环境大气中,当物质被氧化以产生稳定的最终产物(包括水蒸气)时释放的热量,单位为 kJ/g。NFPA 还规定通过对理论燃烧热应用"燃烧效率"(通常为 95% 左右)来计算化学燃烧热,NFPA 定义为当物质在氧弹量热仪里完全氧化以产生稳定的最终产品(包括水蒸气)时释放的热量。NFPA 30B 提供了一些常见气溶胶材料的化学燃烧热 H_c 值。上述内容听起来很复杂,我们将通过一些例子说明如何在实践中应用这种分类。

在对气溶胶产品进行准确分类之前,必须获得气溶胶罐中所含所有材料的详细信息,尤其是非固体基质产品的特性。在得到这些信息前,只有谨慎地将其视为最危险的 Level 3。

气溶胶分类示例:水溶性易燃碱产品有丙酮,乙醇,异丙醇;不溶于水的易燃基产品有乙醚、矿物油、甲苯、植物食用油、二甲苯等。

Level 1 气溶胶产品：剃须膏、喷雾淀粉、碱性烤箱清洁剂、空气清新剂、一些杀虫剂、窗户清洁剂、地毯洗发水、空气清新剂。

Level 2 气溶胶产品：麻醉剂、防腐剂、一些木材抛光剂、非油基除臭剂和止汗剂、非漆面头发喷雾器、挡风玻璃除冰器。

Level 3 气溶胶产品：油基油漆和喷发胶、发动机和化油器清洁剂、底漆喷漆、润滑剂、一些杀虫剂、油基止汗剂、一些木材抛光剂。

为了方便分类，将易燃气溶胶定义为闭杯闪点低于 260 ℃ 的可燃物质。

5.5.2 易燃气溶胶的火灾危险

气溶胶产品曾直接导致了广泛的、昂贵的，甚至致命的火灾。快速发展的火势通过气溶胶储存区蔓延，因为气溶胶罐像火箭一样弹射将火势蔓延到整个区域和邻近区域。火灾通常会导致屋顶早期倒塌和喷淋管道破裂。一旦起火，爆裂的容器会使手动灭火徒劳无功。

NFPA 在受控条件下进行了一系列试验，以便更好地了解气溶胶火灾的机理和各种保护方法的有效性。大量气溶胶产品的燃烧试验已经证明了正确的喷淋保护对这些产品的重要性。在失控情况下，Level 2 和 Level 3 气溶胶产品会产生强烈的热量；破裂的弹射容器会使手动灭火变得极其困难。试验还表明，即使 Level 1 气溶胶产品可能含有易燃气体推进剂，但也非常容易保护。Level 1 气溶胶产品可以根据 NFPA 13 中定义的 Class Ⅲ 商品采取相同保护方式。

Level 2 气溶胶产品通常是基于酒精的产品，大部分基质是水溶性的。虽然它们能产生非常强烈的火焰，但相对于 Level 3 气溶胶产品，它们热量输出较低，而且基质是水溶性的，因此更容易保护。

Level 3 气溶胶产品基质通常是石油溶剂。具有高热量输出并且缺乏水溶性，喷淋保护不充分时会产生非常强烈的火灾。

仓库中的 Level 2 和 Level 3 气溶胶产品设置需要喷淋快速响应。早期抑制快速响应（ESFR）喷头或货架内喷头，布置在靠近产品的地方，展示出对储存物品极好的保护效果。因为在气溶胶产品本身参与火灾之前，喷淋通常对包装纸箱火灾已经有了预湿作用。Level 2 和 Level 3 气溶胶产品的火灾经常能被喷淋扑灭，不会产生四处弹射的容器。当进一步需要手动灭火时，可以很容易地完成。

5.5.3 气溶胶仓储

在 NFPA 30B 发布前，曾发生了不少涉及气溶胶产品的大规模仓库火灾，其中最著名的仓库火灾摧毁了 Kmart 公司在宾夕法尼亚州运营的一个 10.9 hm^2 的配送中心。Level 3 气溶胶产品托盘存储的仓库发生火灾，拖垮了自动喷淋系统保护，火势迅速蔓延到气溶胶储存区之外。大型火灾和自动喷淋保护失效导致建筑物结构完整性的丧失,造成损失估计超过1亿美元。事故表明气溶胶产品的储存配置应维持在消防系统保护的能力范围内。

在托盘和货架储存试验中,破裂的气溶胶罐使周围的罐移位,并使其他罐暴露在火灾中,进一步加剧了火灾的严重性。试验中,灭火的主要机制是迅速扑灭水溶性的Level 2产品。结合屋顶喷淋的高喷水强度和货架内喷淋,通过预湿和冷却,实现了对非水溶性的Level 2和Level 3气溶胶的控制。

测试表明,在没有足够的喷淋保护的情况下:

(1) 不管里面装什么,这些弹射的罐子都会严重阻碍手动灭火。

(2) 一些Level 3气溶胶产生了浓重的黑烟,能见度在5 min内完全消失。如果提供足够的保护,产生的烟雾量将大大减少,因为释放和消耗的产品更少。

(3) 常规保护的普通仓库中,若存储单托盘Level 3气溶胶,则具有严重损失的潜在可能。

由于气溶胶火灾风险的异常严重性,如果保护系统没有专门为气溶胶占用而进行设计,则不太可能有效。因此,不得不考虑"损害限制"的方法。也就是说,在安装了足够的保护装置之前,我们必须接受这样一个事实:在可能出现气溶胶的地方,所能期望的最好结果就是限制其数量。为了实现此目标,可以从以下几方面的配置来考虑:专用气溶胶仓库;通用仓库中的气溶胶储存;储存在易燃液体仓库中的气溶胶;装运/接收/装货码头/领料区;室外储存和储存拖车;商业场所;其他占用。

下面的内容将讨论部分常见的情况,归纳总结一些最实用的方法。气溶胶产品的储存是一个技术日新月异的领域,因此必须确保仓库的储存程序和保护系统跟上技术的发展。

1) 专用气溶胶仓库

一旦气溶胶的数量超过通用仓库和易燃液体仓库能承受的裕度时,唯一可接受的方法是为气溶胶提供一个指定或专用的仓库。气溶胶仓库应该是和重要建筑分离的独立建筑。如果无法做到分离,可以通过带有耐火3 h的双层自动防火门和耐火4 h的独立防火墙与同一建筑中的其他占用区隔开。如果气溶胶储存在离重要建筑物或工厂边界大于3 m但小于15 m的独立建筑中,则暴露面防火墙应具有2 h耐火等级,防火门1.5 h。如果气溶胶仓库距离重要建筑物或相邻物业边界不超过3 m,则防火墙4 h,防火门3 h。

气溶胶仓库可用于储存可燃商品,包括装在0.9 L或以下的容器中的易燃或可燃液体,但前提是气溶胶储存的保护符合NFPA 30B的要求。如果保护不充分或没有保护,那么这种额外的储存是不允许的。

气溶胶仓库需要湿式喷淋系统保护。喷头间距、尺寸和温度等级将取决于最高等级气溶胶产品的分类和储存方法,即货架、堆垛或托盘堆。根据NFPA,采用托盘、堆垛或货架储存的Level 1气溶胶产品被视为等同于Class Ⅲ商品。

一般来说,对于 Level 2 和 Level 3 气溶胶,标准、大口径或超大口径屋顶喷头的应用范围有限,因为对储存高度有限制。储存高度超过 1.5 m 时,需要使用 ESFR 或大水滴喷头,而货架存储始终需要货架内喷头(除非 ESFR 喷淋装置安装在高度有限的货架上)。

根据 NFPA 30B,Level 2 和 Level 3 气溶胶容器的存储不允许采用"封装"包装,也不允许采用托盘化拉伸膜包装。但是,装有气溶胶罐的拉伸膜包装纸箱可以接受。仓库中不允许存放容器排气压低于 1 450 kPa 的 Level 2 和 Level 3 气溶胶容器。

NFPA 30B 提供了一个例外情况,涵盖未受保护的气溶胶仓库的场所。这样的仓库应位于距离暴露的建筑物或未来可能建造的相邻物业至少 30 m 的地方,前提是有防止气溶胶储存暴露的保护措施。如果没有暴露风险保护,至少需要 60 m。

2) 通用仓库

这里的基本假设是,一定数量的气溶胶将不可避免地与其他商品一起储存在仓库中。即使是少量的气溶胶也会造成严重的危险,可能导致灾难性的损失。在采取损害限制方法时,可允许在设计和用作一般储存用途的仓库中存放有限数量的 Level 2 和 Level 3 气溶胶。允许的数量取决于仓库是否有喷淋保护及气溶胶的等级。一般来说,气溶胶容器以实心堆、托盘或货架形式储存。

(1) 无喷淋保护通用仓库。这是一种非常不可取的情况,应该加以制止。即使是 Level 2 和 Level 3 气溶胶的单托盘装载也可能构成重大风险。保险公司通常不会接受这种情况。

(2) 喷淋保护的通用仓库。假设通用仓库配备有足够的湿式喷淋系统保护,NFPA 30B 将允许实心堆或托盘储存高达 5 450 kg 的 Level 2 和 Level 3 混合气溶胶,前提是:

① 气溶胶储存区上方及其周围 6 m 处的喷头设计参数与所涉及的气溶胶等级及其储存配置相适应,符合 NFPA 30B。

② 与仓库内任何易燃或可燃液体至少有 7.6 m 的距离。

如果气溶胶储存在货架上,NFPA 30B 允许 Level 2 和 Level 3 气溶胶的组合重量达到 11 900 kg,前提是:

① 气溶胶储存区上方及其周围 6 m 处的喷头具有适用于所涉及气溶胶及其储存配置的设计参数,这些参数符合 NFPA 30B 的要求,包括货架内喷头。

② 与仓库内的任何易燃液体至少有 7.6 m 的距离。

(3) 仓库中气溶胶的隔离储存。如果气溶胶储存区通过内墙、铁丝网围栏或空地与其他储存区隔开,NFPA 30B 允许将 Level 2 和 Level 3 气溶胶储存在喷淋充分保护仓库中的数量超过上面规定的数量。

如果使用内墙来分隔气溶胶储存,则必须是防火墙。2 h 防火墙将允许使用仓库总面积的25%,或最多3660 m² 作为气溶胶储存区域。1 h 防火墙允许使用面积高达20%或最大2745 m²。

如果使用铁丝网围栏将气溶胶储存区与一般储存区分开,则可使用高达仓库总面积20%或最多1830 m² 的气溶胶。超过NFPA标准Class Ⅲ的商品不得在围栏区域的2.4 m范围内存放,用于保护气溶胶的喷淋系统应延伸至围栏之外6 m。

如果使用净空间将气溶胶与其余储存材料隔离,则气溶胶储存区域不得超过仓库总面积的15%,或最大不超过1830 m²,且和所有Class Ⅲ以上的商品必须保持7.6 m的最小净间距。此外,气溶胶区域及向外延伸6 m处应配备喷淋保护。

(4) 喷淋系统设计系数。在任何将气溶胶产品储存在喷淋保护通用仓库的情况下,重要的是要了解NFPA 30B在大多数情况下对气溶胶区域的喷淋保护要求高于一般储存区域的喷淋保护标准。除非存在这种增强,否则可以合理地得出结论:在通用仓库中储存任何气溶胶产品会使原本充分的仓库保护变得不足。

对于Level 2和Level 3气溶胶的托盘式和实堆储存,1.5 m以上的堆垛几乎总是需要ESFR或大水滴喷头。对1.5 m或以下的堆垛,如果采用标准或大口径喷头,喷水强度根据最大屋顶高度确定。例如:喷水强度12.2 L/(min·m^{-2}),作用面积232 m² 可用于屋顶高度为9 m的Level 2产品或最大屋顶高度为6 m的Level 3产品。对于最大屋顶高度为9 m的Level 3气溶胶存储保护,NFPA要求喷水强度为24.4 L/(min·m^{-2}),作用面积为232 m²。

如果使用货架式储存,NFPA要求ESFR屋顶喷淋系统保护(对货架和屋顶高度有限制),或标准、大口径或超大口径高温屋顶喷头和货架内喷头的组合,屋顶喷淋系统的喷水强度随货架高度而变化。

相比之下,由保险公司承保的大多数通用仓库将配备标准的屋顶喷淋系统,设计参数通常不会大于喷水强度12.2 L/(min·m^{-2}),作用面积232 m²。在大多数情况下,这将不符合NFPA 30B的最低要求,并且必须将此类仓库中的任何气溶胶的储存视为与上述无喷淋的通用仓库属于同一类别。

此外,NFPA 30B要求喷淋系统和室内消火栓的供水持续时间为2 h,并为室外消火栓提供充足的供水。虽然与喷淋系统设计没有直接关系,但NFPA 30B还涉及保护主题和储存实践的许多其他因素。

3) 储存在易燃液体仓库中的气溶胶

易燃液体仓库中任何气溶胶的储存可分为两类,具体取决于是否提供了气溶胶隔离储存的特殊规定。如果对气溶胶产品的储存没有特殊规定,但储存符合NFPA 30易燃和可燃液体规范的所有要求,NFPA 30B允许在占地面积不大于47 m² 的易燃液体仓库中存放气溶胶数量如下:Level 2,454 kg;Level 3,

227 kg；Level 2＋Level 3，454 kg。

在占地面积超过 47 m² 的易燃液体仓库中，气溶胶的数量增加到：Level 2，1 135 kg；Level 3，454 kg；Level 2＋Level 3，1 135 kg。

NFPA 30 对易燃液体规定的足够保护不符合 NFPA 30B 规定的标准，因此对气溶胶存储数量有限制。如果气溶胶储存区的自动喷淋系统保护已得到加强，并满足 NFPA 30B 的要求，那么在占地面积超过 47 m² 的易燃液体仓库中，最多可装载 2 270 kg 的 Level 2 和 Level 3 气溶胶。

当气溶胶储存区被限制在一个单独隔间，或用铁丝网围栏隔离的区域（不太理想的替代方案），允许储存更大量的气溶胶产品：

（1）对于由内墙隔开的储存区域，允许使用仓库总面积的 25％，但不超过 3 660 m²，前提是隔断室墙壁的防火等级至少为 2 h（防火墙应该从地板到屋顶是连续的）。如果防火墙的防火等级为 1 h，则允许使用的面积最多为 20％，或不超过 1 830 m²。

（2）铁丝网围栏隔离区可使用不超过 20％的仓库面积，但不超过 1 830 m²。围栏必须从地板延伸到屋顶，并用 2.9 mm 钢丝编织成 50 mm 的菱形链环。铁丝网围栏外的所有仓储物应距围栏至少 2.4 m。

为了避免在火灾时溢出的易燃液体可能对气溶胶储存产生暴露危险，无论是在单独的气溶胶储存室还是在铁丝网围栏外，应在气溶胶储存区周围 2.4 m 的位置设置溢出液体控制和排水。

对于由铁丝网围栏隔开的区域，气溶胶储存区向外延伸 6 m 的区域应采用与气溶胶储存区（即 NFPA 30B）相同的喷淋系统要求或易燃液体储存区（即 NFPA 30）相同的喷淋系统要求进行保护，以更严格的要求为准。铁丝网围栏的所有开口应配备自动关闭装置，或采用迷宫式布置，使燃烧爆炸的罐子无法逃离围栏区域。对于超过上述区域或超过总仓库面积百分比的储存区域，需要一个单独的气溶胶专用仓库，并根据 NFPA 30B 进行适当保护。

4）常规建议

气溶胶的制造、运输、储存和处置是一个困难的课题，虽然认识到了危险，但人们对减少其风险和损失的最佳安排了解较少。本节的说明主要依据 NFPA 30B，原因有三：首先，它是一个合理全面的文件。其次，NFPA 30B 中的大多数建议都来自控制试验项目，这些项目证实了那些有扑灭气溶胶火灾第一手经验的人得出的结论。第三，这是目前提供的专门讨论这一主题的最新出版物。当然，其他权威机构也可能发布标准、规范和条例，这些在减少损失和降低火灾风险方面可能同样有效。然而时至今日，NFPA 30B 仍是我们最好的参考标准。

还有点必须牢记，在这个领域，新产品不断推出。商业或工业用户经常会更换新的气溶胶，而不会意识到他们可能会用危险更高的产品代替了原有产品。因此，先前可接受的储存条件可能在不知不觉中带来更高的风险。

最后是对仓储操作的监管。必须预见，一些气溶胶不可避免地会进入保护不足、不安全的商店和仓库。我们所能做的就是设法限制库存水平，并尽可能隔离气溶胶的储存，但这完全掌握在仓库主管手中。如果过量的气溶胶不加区别地分布在没有适当保护的仓库里，发生的任何火灾都将不可避免地造成 MFL 损失。因此，除非我们能够非常确定所涉及的气溶胶产品的范围，以及被保险人是否有能力真正控制其仓库运营，否则所有保险公司核保人应以全损金额为基础承保仓库，至少在工程师能够在该地点进行查勘之前是这样。

5.6 液压系统和设备危险

工业中会用到多种类型的液压系统和设备，工厂通常包括液压机械、冲压机或液压动力系统，作为其运作的一个组成部分。液压设备也广泛用于维护目的，以及起重机、电梯和各种建筑、土方和采矿设备。冲压机的尺寸大小差异很大，能力可以从小于 1t 到 5 万 t，价格从几千到几百万美金不等。大型冲压机的更换周期可能超过 2 年。

液压系统用于将动力或运动传递到设备和机器的各个部分。液压油的功能可以是倍增动力（冲压机）、驱动自动设备（压铸机）、远程驱动或压力控制机器或仪器。由于液压系统能将能量储存在高压蓄能器中，可以在电力供应中断的情况下运行，因此经常用于紧急关闭装置。

1) 液压油的危险

大多数液压操作设备使用特殊配方的矿物油作为液压介质。除火灾危险外，油是一种理想的液压油。它不腐蚀，不影响密封，具有良好的润滑性能，可以处在各种黏度范围内，并且易于获得。闪点范围为 150～315 ℃，自燃温度为 260～400 ℃。

早期的液压操作设备使用水作为液压介质，但由于水对机器的金属部件有腐蚀作用，且缺乏润滑性，因此被石油基油取代。最近，为了应对矿物油系统所带来的火灾危险，低危险液压油已被采用，如 FM 认证的"危险性较小的液压流体"。

一般来说，每个液压设备都有自己独立的油系统，尽管有些设备，特别是冲压机，可能有非常大或集中的液压油系统位于防火隔断区。无论是使用单独的系统还是集中的系统，都有一些共同的元素。其中包括一个储油罐（可能含有几升到几吨的油）、一个或多个通常由电力驱动的高压泵、一个或多个高压蓄能器、滤油器、油冷却器及油分配和回流管道（有时包括挠性软管）。

液压系统中液压油的闪点较高，因此人们往往会忽视其危险。其实液压油加压后具有相当大的火灾危险性，尤其是在经常存在火源的生产过程中，例如在钢锻造、塑料成形、压铸、自动焊接和熔化以及金属热处理等。溢出的液压油引起了许多严重的火灾,尤其是在建筑内部物品或建筑本身是可燃的,并且缺乏喷淋保护的地方。

火灾危险不限于溢出的高压油着火。仅仅是大量液压油的存在就是一种燃料来源,它可以为液压设备以外产生的暴露火灾提供燃料。

带焊接和螺纹接头的高压管、钢管和铜管及金属增强橡胶软管用于将液压油输送到各种装置,压力通常高达 69 MPa。管道故障,特别是螺纹部分、阀门和垫圈或配件故障,从配件中拔出油管及软管破裂,是导致系统漏油的主要原因。缺乏足够的支撑或锚固来防止管道振动或移动,通常是这些故障的一个因素。橡胶软管与其他软管或机器部件反复弯曲和磨损会产生薄弱点,最终导致故障。在维护过程中,受压管道可能因意外被焊炬割伤或踩到而失效。在维护操作期间,挠性软管也容易受到损坏,因为它们可能被重型维护机械夹住。

2) 液压油的着火特性

当高压矿物液压油因设备故障而释放时,通常的结果是喷雾或油滴雾状物,油滴可能从破裂处向外延伸至 12 m。易燃油雾很容易被热表面点燃,如加热或熔化的金属、电加热器、明火或焊接电弧。由此产生的火焰通常是火炬状的,热释放率非常高。

自动喷淋系统可以保护建筑结构,防止其他可燃物的加入,但火炬状火灾几乎没有燃烧面供冷却或润湿。高热释放可以持续,打开许多喷头,直到油停止排放。

在考虑高压油释放时,有必要了解液压蓄能器的作用。在大多数液压应用中,油缸的油耗不是连续的,而是周期性的,随着液压缸向前移动做功,然后再次向后移动释放。液压油泵通常是由电机驱动的恒速装置。由于需要较高的泵出压力,泵为容积(活塞)式。也就是说,泵以恒定的速率输送高压油,与机油消耗率或压机所需的工作油压无关。液压蓄能器安装在泵和压机之间,用作液压油的高压储液罐。因此,泵以恒定速率将油排入蓄能器,压机以可变速率从蓄能器中吸油。蓄能器中的油量在受控或预设限值之间不断变化,压力也随蓄能器中的油量而有所变化。

蓄能器"装载"着高压气体,因此当储存更多的油时,气体被压缩;当油被抽出时,压缩气体提供动力,因此抽出率可以大大高于泵输送油的能力。在高压管或软管破裂的情况下,蓄能器可以在很短的时间内完全排放,释放大量机油。

3) 危险性较低的液压油

危险性较低的流体,通常被称为耐火流体,已被开发出来,以取代石油基流体,应用于有潜在的流体引燃源的场所。尽管这些流体的火灾危险性比矿基油低,但在一定条件下都会着火。如果喷在非常热的表面上,可能会产生火焰。相关损失记录表明,与矿基油相比,适当的维护及危险较小的液压油可显著降低火灾中的损失程度。一些常见的替代流体如下所示:

（1）水乙二醇流体。通常由35%～50%的水、乙二醇或丙二醇、增稠剂和添加剂组成。建议的温度限制为－18～66 ℃，正常工作温度为49～54 ℃。在较高的温度下，水的蒸发速度使其经常需要添加补给水。随着水蒸发，黏度增加，耐火性降低。

水乙二醇液体与丁腈、氟碳、丁基或乙烯丙烯制成的大多数类型的密封件、垫圈和软管兼容，但与某些类型的皮革、软木和纸张不兼容。这些液体通常对大多数与石油相容的油漆和涂料有溶剂作用。

（2）合成流体。它们是不含水的人造材料，如磷酸酯、磷酸酯与石油的混合物以及多元醇酯。建议的温度限制为－7～66 ℃，正常工作温度为49～54 ℃。磷酸酯和磷酸酯混合物与丁腈、氯丁橡胶或天然橡胶制成的密封件、垫圈或软管不兼容，必须用氟碳化合物或其他兼容材料替换这些元件。多元醇酯与丁腈或碳氟化合物制成的密封件、垫圈或软管兼容。所有合成流体通常会腐蚀油漆、涂料和电气绝缘。

（3）油包水乳液。由35%～40%的水、石油、乳化剂和添加剂组成。水在油相中扩散成细小的液滴。乳液的建议温度限制为10～66 ℃，正常工作温度为49～54 ℃。在较高温度下，需要频繁加水。失水会降低黏度，增加可燃性。油包水乳液与大多数密封件和垫圈以及丁腈、氟碳或氯丁橡胶制成的软管兼容。软木、纸、皮革或丁基橡胶制成的密封或垫圈是不可接受的。这些液体通常对大多数与石油相容的油漆和涂料有溶剂作用。

4）常规建议

（1）尽可能使用危险性较小的液压油。

（2）应提供易于接近、标记良好的紧急关闭开关，以便在管道发生故障或火灾时切断蓄能器并关闭液压泵。

（3）避免使用螺纹管连接。在大型管道或连接到液压缸或歧管的连接件中，首选由合格焊工按照公认程序制作的焊接接头。如果必须使用法兰，则必须使用透镜垫密封接头或金属垫圈，以避免在明火中发生故障。

（4）管道铺设应尽可能减少弯曲，但应至少有一个弯曲，以提供热膨胀和收缩。必须提供适当的支撑，以限制压力下的弯曲。

（5）采用双套管，在第二根管子中装有铠装软管或封闭压力软管，以容纳溢出的液体。

（6）定期检查整个液压系统。

以下建议中针对非移动设备用矿基油所需的保护等级可能取决于：①假设泵未关闭，液压设备发生单一故障时可释放的矿基液压油总量；②设备运行期间是否存在点火源。这些点火源包括熔融金属、加热器或高于油自燃温度的其他热表面、明火或产生火花的设备。

（1）在液压设备上方安装自动喷淋装置，至少向外延伸6 m。如果是可燃建筑或占用超出范围,则需要喷淋系统全覆盖。还应为遮挡屏蔽区域提供喷淋保护,如设备下方的坑或平台下的区域。

(2) 如果液压系统的单个储油器含有超过 380 L 的矿基液压油,则应为液压系统提供一个自动驱动装置,用于关闭油泵和切断来自蓄能器的流体。

(3) 应提供适用于易燃液体火灾的灭火器,最好是干粉或泡沫灭火器。如果液压系统较大,即含油量超过 380 L,则应提供带喷雾嘴的消火栓水龙带。

(4) 在使用矿基液压油的区域,除了维护动火操作的其他建议预防措施外,在进行切割或焊接之前,应清除所有油垢,并对液压系统进行减压。

(5) 除其他建议的工厂应急组织职责外,设备操作员还应接受以下方面的培训:紧急液压油切断开关的位置、功能和正确操作;灭火器和消防水带的位置、功能和操作;防止液压管道、油管和软管意外破裂的预防措施;及时清理液压油泄漏的程序。

5) 业务中断

在某些场所,液压机械可能是关键的生产设备,火灾或其他损坏可能会导致相当大的业务中断风险,尤其是当该设备还是生产瓶颈时。这种设备价格昂贵,很少有备用设备,而且通常是为特定应用而定制的,因此通常在压机上处理的工作在设备发生损坏时不容易外包出去。

5.7 计算机中心危险

如今计算机的应用出现了爆炸性的增长,各种功能的计算机遍布商业和工业领域。除了一般的商务和会计功能外,计算机的主要用途还包括信息系统和数据库、办公自动化以及工厂自动化。当今,诸如 CAD(计算机辅助设计)、CAM(计算机辅助制造)、CAE(计算机辅助工程)和 CIM(计算机集成制造)等术语已被广泛使用。在许多情况下,计算机已经成为产品设计、工程、制造和仓储的一个组成部分,而且这一趋势正在增加。计算机也被用来将原材料、零件和成品的库存控制在最低限度。

对计算机操作和使用的依赖性日益增长,其本身并不会大幅增加火灾爆发的可能性。但这确实意味着,如果一家公司的电脑系统在一段时间内不能运作,公司的整体业务可能会受到严重干扰。也就是说,考虑到计算机设备和操作暴露在火灾中的脆弱性,业务中断的可能性会增加。

许多服务行业如金融机构已经几乎完全依赖计算机支持,而这一趋势在其他服务业也在增加。因此,在失去计算机支持后,成功地继续人工操作的机会是很渺茫的。计算机操作所提供的信息流处理量和处理速度,是无法人工匹配的。

效率的提高和由此产生的成本降低是计算机使用增长的主要原因。这得益于技术的不断进步,也有助于降低计算机使用的实际成本。然而,建造一个新的数据中心的成本仍然涉及大量的资本支出。

1) 计算机机房建筑

现代的大型机和小型计算机设备已不能再安装在一个典型的办公楼的几个房间里，或是在一个制造厂的一个分区角落里。设备的价值、业主对其计算机操作的依赖性及出于安全目的限制进入计算机装置的需要，所有这些都要求专门设计的建筑物。理想情况下，这些建筑应指定给计算机专用，与其他建筑充分隔离，并应配备固定的自动保护装置。计算机建筑的一些特定需求包括：

(1) 楼层间高度为 4.6 m。

(2) 结构地板活荷载为 730 kg/m²。

(3) 计算机硬件配置的最有效列间距为 9.1 m×9.1 m。

(4) 优化电力和数据电缆长度、布线及屏蔽，并根据架空地板面积提供 500~750 W/m² 的电力荷载。

(5) 环境条件保持在温度(21±1)℃，相对湿度 50%±5%。

除了与数据中心本身相关的危险外，计算机操作也可能受到数据中心之外发生的事件影响。建筑物的其他区域、通信系统和数据中心配套的公用设施中可能存在危险。

2) 灾难恢复规划

对计算机操作的依赖性催生了一个新的行业——"灾难恢复服务"。这些服务包括可以协助制定计划的顾问，恢复设备和数据的数据恢复公司，以及商业运作、设备齐全的计算机中心，这些计算机中心随时可供遭受灾难的公司立即使用，当然这家公司此前已签订了使用该中心的合同。

灾难恢复计划有许多名称，如应急计划、业务恢复计划、业务持续计划等，但它们的含义基本相同。灾难恢复计划，无论名称是什么，都是一份文件，详细说明了当计算机房因任何原因不能工作时，应采取的行动、可利用的资源和遵照的程序。

3) 供应品和原材料

除了与电气设备相关的固有危险外，多数基本设备(中央处理器、控制台、磁带或磁盘储存单元、高速打印机和通信设备)本身并不可燃。经验表明，它们可能发生部件故障，从而导致烟雾和火灾。使用手动灭火器的快速反应通常可以控制这种情况。某些特定设备可能必须停止使用。然而，如果设备有足够的冗余设计，计算机处理可以继续进行。通常风控工程领域要求的冗余设计至少是 N+1。

防火方面的一个主要问题是数据处理的原材料包括纸张、卡片、各种塑料、缩微胶片和其他与可燃记录有关的材料。计算机设备、磁带和磁盘也很容易受到热和烟雾的损害。因此，计算机中心的防火和灭火设计必须同时考虑计算机房附近和机房内可能发生的情况。

4) 计算机中心的火灾危险

计算机中心的很多输出打印在纸上,这是数据或信息处理造成潜在火灾危险的地方,因为使用纸质表格、纸质记录、磁带和储存纸质记录的纸箱。如果不遵照建议的保护标准,并且这些材料在等待使用或分发时积聚在计算机区域,则危险性会变得更大。

许多公司把磁带裸露存放在计算机房里。有些公司可能使用防火柜或保险箱,但保持门打开着以便于操作。在这两种情况下,计算机房的火灾都可能损坏或毁掉磁带。这样的储存也会增加机房的可燃物含量和火灾荷载。

5) 风控措施

(1) 选址。经验证明,必须从"总体"的角度来对待防火问题。它从选择一个地点开始。无论新的计算机室或信息处理中心是独立的建筑物,还是将占用现有建筑物的空间,都不应暴露在高危险之下。选址应仔细评估任何相邻建筑物或相邻楼层的活动是否存在危险。数据处理中心最好位于低危险区域。数据处理设施一直是蓄意破坏和纵火的目标。选址、施工和保护应考虑到这一点。他们应尽量减少爆炸或燃烧装置侵入计算机中心的机会,并且仅限中心运行所需的人员进入。

(2) 规划全面保护。通常,计算机室的设计将容纳处理器及其外围设备,以及必须位于机房内的附加设备(例如通信设备)和用品。与计算机室相邻的是各种储存和工作区,包括监控办公室和其他办公室。打印机和用于数据输出的辅助设备也应位于该邻近区域。要同时为主机房和相邻的支持区域规划防火措施。

除了常规的保护措施,如建筑结构、火灾探测和抑制,计算机房对于它们运行必需的动力供应还有特殊的考虑。NFPA对计算机和数据处理中心火灾的一项研究发现,30%的火灾是由配电系统引起的,28%的火灾是由"其他电气设备"造成,包括特殊设备、处理设备、维修设备和未分类的电气故障。

因此,电气火灾是数据中心火灾的主要原因。应特别注意电气危险及其预防和检测,这应包括:为满足需要而设计的电源;接线尺寸正确,无临时接线;地板下区域的布线保持在最低限度;地板下区域和机柜的定期清洁;足够的冷却气流,以防止机柜内的热量积聚;电源调节(计算机对线路干扰非常敏感)。

空调设备占火灾原因的9.3%。同样,在安装和操作空调设备时应特别考虑。计算机房应配备专用空调机组,空气过滤器应为不可燃型,电力供应应满足设备需求。管道隔热层和衬里也应为不燃材料。

规划还应考虑将计算机室中的纸张库存量限制在有效操作所需的最小值。机房内的可燃物应装在全封闭的金属文件箱或柜子内。储备的纸张、墨水、未使用的记录介质和其他可燃物品应存放在计算机房外的单独房间内,并根据需要将这些物品带进计算机房。

（3）建筑结构。该建筑应为耐火或不可燃建筑结构，并配备喷淋保护。在多层建筑中，机房上方的地板应合理防水，以避免水损坏下面的设备。计算机房不应位于进行危险工艺操作的区域或结构的上方、下方或附近。

计算机房的墙壁应具有至少 1 h 的耐火等级，并且应从一个楼层的结构底板上表面延伸到上一层底板。墙壁上的开口应保持在最小值，并用防火阀进行保护。如果计算机建筑物有外部暴露风险，应采取适当的暴露风险保护措施。

将纸张、记录和磁带与其他区域隔开的墙壁应具有 2 h 耐火等级。其他支持区域（可能包括办公室、机械和电气设备室等）的墙壁结构将取决于这些区域中保存的材料及需要单独保护的程度。

计算机房应配备足够的排水系统，以确保排除生活用水泄漏、喷淋动作、冷却剂泄漏或消防操作带来的水。电缆开口或其他穿过防火墙的贯穿件必须进行充分的防火封堵。计算机房或设备中使用的所有隔音材料应不会增加火灾风险或增强火灾蔓延。

（4）计算机系统的动力供应。计算机系统几乎都需要适当的供暖、通风和空调服务。它可以是专用的，也可以与计算机所在大楼中的其他用户共享。暖通空调装置的设计必须确保风管不会因烟雾、烟灰或热量而污染计算机区域，计算机室挡板应自动运行，为其他用户服务的管道不应从计算机房通过。所有风管衬里和隔热层及进气过滤器都必须是不可燃的。

电力供应确保安全，没有暴露风险，即使工厂其他地方发生火灾，也不会导致计算机长时间停机。安装在计算机区域的所有供电设备，如开关设备、变压器等，应采用干式；如果是油浸式变压器，则油必须是不易燃的。

计算机室必须在每个主出口处安装应急电源控制装置，以便操作员在紧急情况下切断电源。计算机房只允许使用计算机设备和必需的辅助设备。所有家具应为钢结构，所有垃圾桶应为自熄式。

（5）火灾探测设备。除了计算机室和支持区域外，还应在所有对人类安全和计算机操作至关重要的区域安装火灾探测设备，包括空调和电气设备、不间断电源、变压器和开关设备等区域。它应与灭火设备一起保护纸张和磁带储存区、维护区、数据输入区，以及经常大量使用纸张和其他可燃物的区域。

现代的探测设备对燃烧产物非常敏感，在火焰发生之前感应烟雾和气体。它构成了一个预警系统，可以在主计算机室和所有辅助区域提供出色的探测。探测系统除了发出本地警报外，还应向中控室或 24 h 有人值守的安全地点发出警报，例如建筑物内的保安或值班人员，或当地消防部门。该系统的设计应使任何试图篡改它的行为都能提醒负责人。

（6）灭火设备。火灾探测和灭火设备应齐头并进。计算机设备尤其容易受到火灾及伴随而来的热量、蒸汽和燃烧产物的损害，高温甚至可能损坏设备和数据。各种各样的电子元件和介质的失效温度会有所不同。测试研究表明，温度高于49℃时,可能会造成永久性损坏。在52℃时,磁带、软盘和类似的材料开始丢失信息。环境温度持续保持在66℃时会造成硬盘损坏。设备部件在79℃时开始失效,主要部件失效发生在149~200℃。当高湿度环境温度达到107℃时,缩微胶片开始损坏。即使是纸制品也可能在176.5℃环境温度下受损。最后,在310~399℃,聚苯乙烯外壳和卷盘降解,产生易燃苯乙烯单体。这种脆弱性也可以从计算机房火灾的高额损失中看出。

计算机房应配备二氧化碳或洁净气体灭火器。不应使用干粉灭火器。如有大量的纸张或普通可燃物,还要配备清水型灭火器。现场人员需要关于正确使用灭火器的说明和培训。

应按照NFPA 13的要求安装喷淋系统。喷淋系统可以是湿式系统或预作用系统,设计参数应通过水力计算得出。由于延迟时间的增加,不能采用双联锁预作用系统。对每个系统的喷水强度都要进行评估。基于房间里的可燃物数量,几乎没有计算机房符合轻度危险占用的定义。带有超级打印机,通常可以处理大量纸张的计算机房应被视为普通危险。特殊的介质存储安排可能会影响喷淋的位置和所需的喷水强度。任何对计算机房存在暴露风险的区域应安装与其危险相称的自动喷淋保护。据统计,机房配备了自动喷淋系统后,每次火灾的平均损失将减少3/4。

对于喷淋系统的保护,人们通常有一个基本的误解,即水和电子设备不能混合,水会永久损坏设备。如果设备没有通电,水不会对设备造成伤害。因此对通电设备首先要断电。否则,将出现短路、电弧,并最终损坏设备。如果电脑设备被弄湿了,就必须拆开晾干,然后再安装回原处。这是喷淋保护的主要缺点——需要时间来清洁和干燥设备。

当设备的价值和IT系统中断的风险占主导地位时,应提供固定气体灭火系统。使用气体灭火系统对保护过程中的数据,减少对设备的损坏,允许快速恢复到完全运行状态等至关重要。可以采用二氧化碳系统或洁净灭火系统,设计应符合NFPA 12或NFPA 2001。

启动灭火系统时,应断开机房电源,除非风险评估表明如果停止供电会造成更严重损失。空气处理系统应尽可能停止工作。采用全淹没设计的气体灭火系统工作时,空气处理系统应停止工作;如果不行,则需要冗余设计延长气体喷射时间,以确保机房内气体能达到灭火浓度并维持一段时间。目前常见的气体灭火系统有FM-200(七氟丙烷)和Inergen(烟烙尽)等。

无论机房内采用何种保护系统,机房周围如果有大量可燃物的纸张储存、磁带库、记录储存等区域均应考虑喷淋保护。此外,还应备有足够数量的消火栓和手提式灭火器,并培训人员使用。

在纸张储存方面,应仔细评估储存的纸质表单。它们可能包括昂贵的预印本表单,在这些表单上打印发票或其他重要文件。通常,生产这些表单的商业印刷商需要几个星期的交货期。如果数据处理输出依赖于这些形式,单靠设备保护是不够的,没有表单就完不成操作。

任何计算机中心都应该强调良好的内务管理。尽量减少存放在主机房的可燃物,并保持清洁和安全的工作区域。在数据处理中心,良好的内务管理还包括对架空地板下的区域进行定期检查。该区域容纳电缆、空气冷却和对系统运行至关重要的其他服务系统,必须保持清洁,无不相关的材料。

(7) 灾难恢复规划。尽管采取了最大限度的危险控制措施,火灾仍有可能发生。随着对计算机操作依赖性的增加,与这些操作的损失相关的财务风险也随之增加。这种计算能力的丧失可能会使一个组织完全停滞不前,并对组织的经营稳定性造成重大打击。这种依赖性导致了计算机操作灾难恢复规划程序的发展。

该规划的编制涉及关键功能的确定和优先次序的确定、资源需求的确定和替代操作设施的确定,以及制定应急响应和备用操作程序的系统方法。

这一计划的目标是:①尽量减少中断和损失的程度,并防止其恶化;②建立替代操作方法;③尽量减少经济影响;④培训人员并使他们熟悉应急操作;⑤提供快速和顺利的恢复服务。

书面的应急计划应包括火灾、损失控制和恢复程序,所有与计算机系统有关的人员都应该熟悉它。该计划应每年进行一次测试。

5.8 其他特殊危险工艺

本节前面的内容讨论了工厂中最常见的特殊危险占用(除了仓储相关问题,这会在后面单独的章节中讨论)。工程师和保险核保人应该认识到,在现代工业企业中进行的许多其他操作或工艺流程存在高于平均水平的火灾风险和/或业务中断损失风险。每一个行业都有自己的危险,而且经常涉及特殊的保护措施。许多存在的危险可以按照已经讨论过的思路进行考虑。例如,无论是用于清洗印刷机的易燃液体,还是用于萃取生产食用油的溶剂同样危险。

下面的清单不能穷尽所有的可能性,它涵盖了一些其他的特殊危险场所,这些场所并不少见,而且总是建议采取特别措施。

1) 机加工

机床用于工业的各个环节,用于金属部件的成型、尺寸标注或表面精加工,以用作机械元件、紧固件或成品。它们也用于工厂设备的维护。操作包括车削、刨削、成形、开槽、铣削、锯切、镗孔、开孔、钻孔、研磨、磨料切割、锉削、螺纹、铰孔、拉削、去毛刺、研磨、倒角、旋压和其他金属加工功能。除了金属,其他材料如塑料和木材,也经常会被加工。

现代工业机床可以是单电机机床,如钻床,它可以执行简单重复的操作,也可以是一个非常大、多电机的自动机床，带有高度复杂的计算机数控系统。尽管这些机器可能是完全自动的，但在操作时，它们总是由一个高技能的操作员看管。有些机床是专门设计的，只有一个制造商，可能需要长达2年的更换时间，如果发生损失，很难马上找到替代品。

机加工操作中遇到的主要危险有：

（1）切屑在机器上着火，点火源是由金属加工的热量、切屑与刀具的摩擦或两者兼而有之。

（2）机械加工过程中新表面的自发氧化。

（3）可氧化冷却剂/润滑剂燃烧。

（4）易燃或易爆的细颗粒（粉尘）。磨削、砂轮修整、动火产生的热颗粒（火花）。

（5）某些金属与水或其他介质的反应，通常导致氢和热量的产生。

（6）用于驱动机床和/或其附件的加压液压油的燃烧。

（7）沉积在建筑结构件上的油蒸气燃烧。

（8）油浸地板燃烧。

（9）某些自燃表面化合物的冲击点火，有时在制造的早期阶段形成（例如，有时会出现在镁合金铸件表面的氮化镁，它在很小的冲击力下会爆炸）。

2）喷涂和粉末涂层

喷涂是制造各种产品的基本工艺，大多数工厂会有一个喷漆室。无论涂层的用途是什么，在该工艺中通常会使用易燃或可燃材料。喷涂作业区域的火灾发展迅速，热释放率高，并产生大量有毒烟雾。必须采取控制这些危险的预防和保护措施，应注意每个工艺流程的特殊危险。

在许多工厂中，喷涂设施通常是建筑群内相对于其他区域的唯一高危险占用区域。由于涉及低闪点易燃液体，并且涂层干燥过程通常需要将溶剂材料蒸发到大气中，因此对于这些装置，对火灾损失控制的关注应高于平均水平。

在喷涂作业中造成火灾损失的最常见因素是自动喷淋系统保护不足、内务管理标准差及喷漆区域油漆供应自动切断装置无效。其他因素包括使用硝化棉基漆、喷涂区域与其他工厂操作的防火隔离不足、易燃液体的过量或储存不当。油漆喷涂房防火的关键要素包括危险识别、易燃液体的储存和处理、蒸气和过量喷涂的控制、点火源的控制、内务管理标准和所有与系统相关人员的培训。

在工业中，空气喷枪是液体喷涂应用中最常用的雾化装置。它提供广泛的输送速率，可以适应不同的流体特性，可以是手持式或机载式。无气喷枪是大批量生产线的首选。它不使用压缩空气，能产生高速液体喷雾，流体压力范围为 $2.1 \sim 20.7$ MPa。

空气和无气喷枪也用于静电喷涂操作。对于这一工艺，喷枪的设计可适应高电压（$35\,000 \sim 120\,000$ V）输入。由于带电的雾化颗粒被吸引到接地的工件上，因此该工艺很少会过度喷涂。

喷涂涂层的每一种工艺都可以通过"热喷涂"工艺进行强化。在此情况下，将要雾化的流体预热至37~93℃的某个温度。提高温度可以更好地稳定和降低流体黏度。控制流体黏度意味着降低流体压力或减少雾化所需的空气，这是减少过度喷涂的因素。工业油漆加热器几乎都是电动的。

工业应用中使用的第三种雾化器也依赖于静电原理，但使用快速旋转的圆盘或钟形物使液体分散到喷雾中。流体被送入带静电的圆盘中心，离心力将其扩散成薄膜，并将其带到圆盘的边缘，在那里分散成360°圆周形状的喷雾。工件通过被布置成环绕喷头的传送带穿过加工区，并在通过喷头时接受涂层。

另一种现代工艺是以干粉的形式应用有机面漆。粉末首先悬浮在空气中，充电至60 000~120 000 V，最后直接作用于接地的工件，通过静电力附着在工件上。随后，粉末在工件通过工艺烘箱时熔化，形成连续涂层。不存在溶剂和过度喷涂的涂层材料，这些材料在流体应用过程中被丢弃，可通过简单的除尘装置回收利用。

这种方法可以通过手持喷枪或机载喷枪进行。喷枪是简单的装置，粉末和悬浮空气通过一根管子供给。连接到喷枪上的电缆提供高压。

空气喷枪从软管供给系统或直接安装在喷枪上的小容器中吸取涂层液体。带整体容器的喷枪只用于小批量操作、装饰工作或修补操作。有时，一个较大的压力容器(7.5~227 L)会安装在喷枪附近，并通过一根短软管连接。

集中的"调漆间"在工业上很常见。在这种情况下，涂料混合物制备并保存在未加压的储罐中，油漆供应通过泵从储罐中抽出，并通过管道和软管分配到喷涂区域的喷枪。此类系统通常布置为在闭合回路中提供连续循环，以防止管道中发生沉淀。如果使用无空气喷枪，系统将处于相当高的压力，需要容积泵。集中调漆间具有额外的安全优势，即所有涂料、易燃溶剂的储存和处理、混合料的混合和测试及其他危险操作均在一处完成，该场所可与其他工厂作业区适当隔离，并得到充分保护，使调漆间外的液体储备最少。

对于热喷涂工艺，液体温度由油漆加热器控制。现在几乎所有的加热器都是电动的。加热器通常安装在尽可能靠近喷漆操作的再循环系统中，通常安装在喷漆室的外墙上，在那里它们不会吸附过量喷漆残留物。对于无空气系统，加热器将处于全管线压力下，压力可高达24.1 MPa。

无论是手持式还是机载式的喷枪都依赖于软管。作为最低要求，无空气系统需要一根软管来供应液体。空气雾化系统也需要一根空气软管。机载喷枪需要额外的空气或流体软管来移动喷头和操作流体控制阀。热喷涂过程需要从喷枪中引出第二根软管，以允许流体再循环以保持温度控制。所有喷枪必须接地以防止静电积聚，软管通常有内置电线或导电层。在使用静电喷涂的地方，必须提供将喷枪的电气特性与电气接地部件隔离的方法，并且必须使用高值电阻器终止供电，以避免喷枪的静电元件意外接地时产生火花。

喷涂过程中产生的蒸气和气载颗粒物必须加以控制，以防止其分布到可能构成不合理危险的区域。控制可通过动力通风的外壳或将喷涂过程与工厂内其他作业进行物理分隔来实现。

喷涂室是一种动力通风的外壳，设计用于容纳喷涂操作，并通过排气系统限制喷雾、蒸气和残留物的逸出。喷涂室最流行的通用配置是正面敞开式布置。这是一个盒子状的结构，有一个敞开面以方便工件进入。空气通过开口侧持续吸入，可最大限度地减少有害物质的逸出。如果喷涂过程使用传送带，则可能需要其他开口来进出工件。照明由防爆照明配件提供。更复杂的特殊用途外壳用于许多行业，如汽车制造的连续涂层技术的工艺。

可通过干式过滤器、瀑布式或级联式洗涤器从外壳排气中回收空气中的物质。洗涤系统的排放设计必须避免周围工作区域受到含有易燃蒸气的废气污染。

3) 浸渍和涂布工艺

在许多制造企业中，浸渍罐用于表面处理、浸渍、涂底漆、清洁、淬火和其他类似操作，这些操作是整个生产过程中不可分割但很小的一部分。虽然生产占用本身可能不存在异常火灾风险，但浸渍罐操作通常涉及具有高热能和热释放能力的可燃或易燃液体。当发生火灾时，会造成财产损失。此外，高浓度的烟雾和燃烧产生的有毒产物往往使灭火变得极其困难和危险。小型的浸渍和涂布操作通常没有像大型操作那样谨慎，而且往往没有给予足够的重视。因此，小规模的操作常常会造成重大的火灾损失。

浸渍和涂布工艺包括材料在制造过程中浸入、穿过或被液体覆盖的操作。浸渍介质通常是易燃或可燃液体。工艺变化范围很大，从小批量零星清洁小零件到使用装有数千吨的易燃或可燃液体的大型全自动精加工工序。

浸渍罐和涂布机是基本的工艺设备，也存在类似的危险。通常与浸渍和涂布操作一起使用的相关工艺设备包括输送机、泵、管道系统、易燃或可燃液体储罐、混合罐、烘箱、液体加热器或热交换器、搅拌器、检测设备、通风和排气系统，包括能量回收和污染控制装置，以及自动控制装置。在选择和安装支持设备时，必须充分考虑所涉及的固有工艺危险。

浸渍罐是简单的液体容器，工艺中可能涉及各种大小和形状的浸渍罐。浸渍罐的排水板和盖子应由不可燃材料（如钢筋混凝土或砌体）制成。它们的设计应考虑到液体的静压头、腐蚀、机械损伤及便于维护和维修等因素。泄漏或暴露火灾会削弱罐的支撑，可能导致浸渍罐倒塌。因此，大型浸渍罐的支架应采用钢筋混凝土或保护钢制成。

在涂布机中，涂层材料从喷嘴或槽中以未雾化的状态施涂到被涂布的材料上（不使用雾化液体的原因是涂布工艺与之前讨论的喷涂占用有所不同）。多余的部分被收集到工件下方的槽或集水坑中,返回到储液罐,并通过泵再循环到喷嘴。喷嘴可以是固定的或摆动的,但是使用摆动式喷嘴可以减少所需的数量。使用的喷嘴越多,所需的储液罐和泵容量就越大,溶剂损失也就越大。工件通常通过传送带开口进入和离开,并且使用滴水通道来代替与浸渍罐一起使用的排水板。除输送带开口外,通道四面封闭,并向槽或集水坑倾斜。空气中的溶剂有时被用来防止涂料在进入烤箱前干燥。

帘式涂布机用于在平坦或轻微弯曲的工件上涂布涂层材料。涂层材料从储液罐泵送至涂布头,涂布头有一个侧面为堰的小型储液罐。泵送至涂布头的涂层材料溢出堰堤并形成一条连续的垂直流,流到工件上。多余的涂层材料滴入槽中,并返回储液罐进行再循环。

滚涂机通过使工件与一个或多个液体涂布辊接触来施加涂层材料。涂层材料可能来自开口盘或由两个滚筒形成的"夹缝"。涂层材料由泵和管道系统从储液罐供应。

将物品或材料通过易燃和可燃液体进行浸渍和涂布,可能导致蒸气-空气混合物着火和爆炸。危险的严重程度取决于所用液体的性质和可燃性,以及存在的数量和蒸气的生成速度。

液体表面、新涂层物品表面、地板、排水管或滴水板,以及其他相关设备的表面产生易燃蒸气的速率及其易燃性确定了危险的程度。易燃蒸气的强度、持久性和燃烧特性,以及由于容器破裂、沸腾或溢出而产生的辐射热或燃烧液体流动引起的火灾蔓延概率,构成了整个风险的两个维度。

在这些过程中使用的易燃液体通常比水轻,并且不溶于水。在消防作业中,消防水应用于此类液体可能会导致燃烧液体从该工艺区域溢出并漂浮到其他区域,从而使火灾蔓延。

浸渍和涂布操作的固有危险可通过以下方式降低:根据工厂其他作业区的位置进行合理布局;安装通风和排气系统;消除点火源;提供适当的维护和定期检查。

特殊的设备设计,适当的员工培训和操作程序,以及适当的安全保护,都将有助于减少此工艺危险。

浸渍或涂布操作的最佳位置应位于独立或防火隔断的单层防火建筑内。当操作位于上层时,地板应防水,并配备适当的排水管。浸渍和涂布操作不应位于地面以下、地下室正上方或坑和沟渠附近,因为很难实现液体排放和蒸气安全清除。必要时,应提供路缘石和截流排水管,以控制液体流量。

当工艺因其性质而无法做防火隔断时,应位于远离可燃物、出口通道和其他重要工序的区域。可燃的地板、屋顶和周围墙壁应加以保护;不燃性幕墙应安装在工艺区域周围,并尽可能向下延伸。

由于易燃和可燃液体火灾通常会迅速发展并释放大量热量,尤其是在无喷淋保护的建筑中，热量积聚会很快遍布整个建筑。此时，自动屋顶排风口是非常理想的。屋顶排风口允许热量和烟雾逸出，从而提高了消防部门控制火灾的可能性。

在浸渍和涂布工艺中，将蒸气-空气混合物引起的火灾或爆炸危险降至最低的关键是通过适当设计的安全排气通风系统，使浓度远低于可燃下限（LFL）。没有蒸气（燃料）和空气的适当混合，即使有火源，也不能点火。由于几乎不可能确保易燃蒸气-空气混合物永远不会达到爆炸范围，必须消除火源，或者必须将设备设计为含有易燃蒸气的危险区域电器等级使用。

直接位于浸渍和涂布操作上方或附近的烘箱是造成许多火灾的点火源。当无法保持合理的距离时，该设备应尽可能远离浸渍和涂布操作，并提供不燃隔墙。直接位于浸渍和涂布工艺上方或附近的烘箱和干燥器的通风排气系统应与工艺通风系统联锁，以便加热和工艺设备在所有通风设备运行之前无法运行。在这些干燥操作中，首选间接加热系统，如不存在点火源的蒸汽。

对浸渍和涂布不是必需的设备和操作应该禁止，因为可能带来潜在的点火源。这些包括动火操作、便携式加热器、产生火花（含铁）的工具和吸烟。有色金属工具是可用的，排气扇的旋转部件及其电机都应该是有色金属。如果必须在浸渍或涂层工艺附近进行危险的维护操作，如动火则应由合格人员在持续监督下按照公认的良好动火作业规程进行。工艺区内应禁烟。

浸渍过程中应保持易燃材料附近没有不必要的易燃残留物。由于各种涂层成分之间的氧化或放热反应而导致的自燃通常发生在工作区域、管道及排放点或其他相邻区域中。当多余的残留物在这些地方积聚时，应停止作业，直到情况得到纠正。

浸渍和涂布操作的规模和复杂性可能相差很大，但在所有操作中，应指导相关人员了解所采用的特定工艺中固有的潜在安全和健康危险。过程的性质和操作、维护、安全保护和应急程序应包括在内。最好记录此类培训，并不时提供进修指导，以便在紧急情况下能采取适当的行动并确保运营连续性。

4）化学工艺

涉及易燃或易爆材料的石化厂和其他大型化工厂可能不是财产保险公司的目标客户，但普通工业保险标的有时也会涉及需要特别注意的本地化学加工作业。化学工艺通过一个或多个化学转化阶段改变原材料的性质。它们可能分别或同时包含液体、气体和固体。还有一些辅助操作，基本上是物理或机械性质的。这些步骤包括准备用于反应的原料，以及从工艺中分离和回收产品和副产品的步骤，以及原料和产品的储存。

化学工艺中引起火灾的一个主要原因是在有点火源的情况下，从设备中溢出或释放可燃或易燃材料。泵造成大量液体泄漏。阀门或法兰由于振动或腐蚀而发生管道故障，虽然这种情况很少见，但会释放大量燃料。意外或不受控制地将氧化剂引入含有燃料的工艺容器中也可能导致火灾。这可能是由于操作错误、仪表故障或空气意外泄漏到减压运行的设备中造成的。在涉及可控氧化的过程中，当失去控制时，氧化剂与燃料的比例可能进入易燃或易爆范围，会出现危险的燃料和氧化剂混合物。

最重要的考虑因素是识别与原材料、中间产品和最终产品相关的潜在危险。必须研究超出正常范围的温度和压力以及污染的影响。必须考虑在封闭系统中产生有害副产品并且其浓度逐渐增加的可能性。在尝试对工艺危险的严重性进行任何有意义的评估之前，必须对工艺的所有方面进行完整的危险识别。

5) 溶剂萃取

溶剂分离装置实际上是化工厂的一个特例，由于使用了诸如正己烷或甲醇这样的易燃溶剂，因此必须非常谨慎地加以考虑。这些过程尤其重要，因为它们几乎总是与另一种占用有关，例如种子加工或饲料（油饼制品）的制造，其表面上看来并不能反映出溶剂萃取装置产生的高危险。NFPA 36 是溶剂萃取这种特殊工艺的极好参考，建议在没有更严格的地方标准或规范涵盖这些工艺的情况下采用该标准。

6) 洁净室

"洁净室"一词与现代工业、尖端技术、最先进的生产制造设施密切联系在一起。洁净室在半导体、航空航天、制药和电子工业中越来越普遍。由于精密机械工业（如陀螺仪、微型轴承等加工）、半导体工业（如大规模集成电路生产）等对环境的要求，促进了洁净室技术的发展。随着对清洁度要求的增加，污染和长时间停机的可能性也将增加。必须始终将业务中断视为这些占用的潜在风险。保护这些洁净室的技术必须随着工艺的变化而持续改善，以保护它们免受火灾和相关污染。

洁净室占用可能会有很大的变化。每种变化都会带来新的、不同的危险。对于任何一种危险，有两种或三种可接受的保护方法。应尽可能将有害物质从洁净室中清除。在洁净室中，消除可燃物是降低损失可能性的最佳方法。

自动喷淋装置应安装在所有建筑物和区域内。可燃的管道系统需要喷淋保护。如果管道系统有氧化剂或易燃液体形成的残留物堆积，则需要为所有管道系统提供喷淋保护，即使是金属管道。如果有可燃格片天花板或可燃过滤器，则需要在每一层增加额外的喷淋保护，以保护这些可燃物。

洁净室需要危险评估管理程序，对其占用和每件设备都需要进行危险评估，以确保洁净室不会因火灾和灭火后的污染而遭受灾难性损失和长期关闭。

7) 工业实验室

工厂的实验室有多种不同的用途，包括原材料分析、工艺和产品的质量控制及产品或工艺改进。一些工业实验室也可能致力于基础研究和应用研究，或从事某一特定服务部门的实验研究。

工业实验室包含多种形式的能源和许多工业过程。实验室中的危险通常是很小的,因为只涉及少量的材料,并且强调控制条件以实现精确测量。然而,实验室也可能存在严重的火灾危险,这些危险来自过量的易燃或反应性化学品、不受控制的火源及处理危险材料的程序或设备不足。此外,实验室在正常工作时间之外一般不会使用,此时发生的火灾很难被人及时发现。

实验室中需要保护的财产不仅包括设施本身,还包括仪器、样品和正在进行的试验记录。实验室管理人员通常不会考虑仪器、样品和测试记录的火灾风险,如果火灾损坏或毁坏设施和仪器,投入的工作时间损失也不会考虑在内。

8) 油淬火工艺

对热处理金属的冶金要求差别很大,然而都有可能造成损失。一些热处理工艺中的一个关键步骤是金属的受控冷却或"淬火",这是通过将工件浸入淬火介质中来实现的。在大多数情况下,矿物油用于淬火,但特定的冶金要求可能要求使用矿物油、植物油和动物油的混合物。如果淬火介质是可燃的,那么淬火操作会带来相当大的损失。

淬火油的选择取决于材料的淬透性、结构和零件尺寸。然而,从防火和安全的角度来看,还需要对油本身、工艺设备、总表面积和负载重量进行评估。

热处理工艺条件直接影响潜在损失的发生。主要因素包括:特殊大气要求(淬火介质表面覆盖了空气以外的气体);淬火介质温度要求;淬火介质的物理性质;淬火介质体积限制;淬火材料的尺寸和结构;熔炉和淬火槽的距离;淬火与其他加工或储存设施之间的相互暴露风险。

淬火分为批量操作和连续操作。在实际应用中,批量操作可以手动或自动进行,而连续操作则是自动进行的。两者的结合是半自动操作。淬火过程使用升降机、皮带输送机、提升机和起重机将工件浸入、移动并从油浴中取出。虽然这三个步骤对工艺都很重要,但对安全最关键的一步是热工件进入淬火。

油淬火设施的总体设计应考虑以下保障措施:

(1) 所有自动创建的淬火操作关闭应导致工件完全浸没或从淬火中移除。部分浸入始终被认为是危险的。

(2) 由于设备故障或工件堵塞,工件进入或移出淬火停止时,必须允许合格的操作人员超控安全联锁装置,以实现完全浸入或移除工件的手动尝试。这些手动操作相当关键,并且只能由合格人员执行或指导。如果必须打开安全门,应预先考虑到火灾情况。应提供足以保护人员和防止财产损失的灭火设施。

(3) 可燃淬火油的温度决不能上升到其闪点以上 27.8 ℃。

(4) 所有安全控制装置及其联锁功能应定期进行测试。每次测试间隔应足够,但不得超过 6 个月。

(5) 为避免起泡和沸腾,当淬火温度为 100 ℃ 或更高时,不应添加补充油。

(6) 操作人员必须在正常和紧急操作程序方面受过良好的培训。此外,操作人员应接受有效处理淬火油火灾和使用所相关灭火设备的培训。

（7）液压控制系统增加了高温设备附近的火灾危险。应使用耐火液压油。当必须使用可燃液压油时，正确维护保养液压设备对消防安全至关重要。

（8）可燃油淬火作业的防火要求对每个特定区域或部门固有的火灾危险进行详细评估。必须考虑三个不同的关注领域：

① 无论涉及哪种类型的淬火槽，区域保护都是必不可少的。最有效的区域保护形式之一是自动喷淋系统。经验表明，安装在屋顶上的自动喷淋系统将限制淬火油火灾对建筑物和设备造成的损害，无论它们是局限于淬火槽表面，还是由淬火油沸腾扩散到大面积区域。

② 敞开式淬火槽表面和排油区域的特殊保护也很重要。大多数油火灾可以通过固定的二氧化碳或干化学系统扑灭。在某些操作中，各种泡沫系统也很有效。但是，泡沫的适用性将取决于所用的淬火油和所涉及的温度。这些系统被设计成在自动喷淋系统喷水之前自动启动。后续清理工作会减少，其余设备可以很快恢复运行。

③ 在需要操作人员手动释放堵塞的工件和关闭炉门的情况下，需要提供消防控制和灭火设施，这些设施的设计和安装是为了保护必须在火灾附近进行操作的操作员。在这些情况下，固定水喷雾系统是最有效的。

热处理车间最重要的防火防线是手动灭火、控制设备及经过良好培训的设备人员。

本章中讨论的许多特殊危险占用要求对保护和相关主题采取特定的风控方法，而且在某些领域技术发展迅速，使得工程师很难确定他们是否采用了最适当的风险评估和保护标准来控制潜在损失。作为最低要求，所有工程师应熟悉一些涉及特殊危险占用的 NFPA 标准，并应确保此类标准是最新的修订版。重要的特殊危险相关 NFPA 标准见表 5-4。

表 5-4　重要的特殊危险相关 NFPA 标准

编号	名　　称
NFPA 30	易燃和可燃液体规范
NFPA 30B	气溶胶产品、制造和储存
NFPA 31	燃油设备系统
NFPA 33	使用易燃和可燃材料的喷涂
NFPA 34	使用易燃液体的浸渍和涂布工艺
NFPA 36	溶剂萃取厂
NFPA 58	液化石油气规范

续表

编号	名　称
NFPA 61	农产品和食品加工设施的火灾和粉尘爆炸
NFPA 68	爆燃泄爆
NFPA 69	防爆系统
NFPA 75	IT设备的保护标准
NFPA 318	半导体晶圆厂的保护
NFPA 664	木材加工和木工设施中的火灾和爆炸
NFPA 801	放射性材料处理设施

这些NFPA标准可以作为参考资料,结合当地标准、规范或法律要求使用。

第 6 章
保护系统

保护系统是火灾和相关业务中断风险最重要的防御手段之一。本章中将介绍保护系统的原理及作用,包括供水、消防泵、自动喷淋系统、火灾报警、特殊消防系统、公共和私有消防队、工厂应急计划以及保护系统检查和维护的重要性。

几乎所有场所都在一定程度上提供了防火保护,工程师面临的基本任务是确认被保险标的是否有可用的保护系统,并根据现场情况评估其充分性和可靠性。如果现有的保护设施不足,工程师应建议适当的修改或增补,使系统达到可接受的标准。有时,工程师会被要求对仍处于设计阶段的保护设施的方案和设计参数提出建议。工程师应熟悉消防标准或规范的要求。在中国,首先要了解国标,如果有国际业务,那么掌握 NFPA 标准也是必不可少的。

简而言之,保护系统可以分为主动或被动。一旦火灾发生,减少其影响的第一个机会来自于设计中对可燃材料的取舍。主动保护提供了另一个机会,如启动自动喷淋装置。被动保护为限制破坏提供了最后的机会,同时它也为主动保护系统提供了更有效控制火势的空间,这一概念被称为防火分区法。防火墙和净空间分隔就是被动保护的例子。

为方便起见,我们把保护分为"私有"或"公共"的。私有保护完全由被保险人负责,他们通常对遵守影响其财产的当地法规或条例负责。公共保护由市政或社区为所有居民提供,被保险人有权享受公共保护。这两种类型的保护都与财产保险风险相关,工程师必须都熟悉。

"保护"项下要评估的主要因素包括消防供水质量、自动喷淋系统及其保护范围、火灾报警系统的质量、公共和/或私有消防队的保护水平、厂内急救和其他消防设备的水平、现场应急计划的有效程度。

这些因素都相当重要,因为它们相互影响。其他因素还包括建筑结构的细节,如垂直开口、隐蔽空间、大面积空间、非常规的屋顶高度等;占用类型本身的危险性;该场所面临的暴露风险。例如,在自动喷淋和警报装置不完善或供水不完全可靠时,充分的消防队保护就变得尤为重要。

本章从企业财产风险工程控制角度将保护系统以单独的分组呈现。针对特定占用区的保护系统及设施的选择和设计是一项复杂的工作,必须把风控专业经验和对风险所在地消防规范的透彻理解有机地结合起来。不同的管辖当局,由于其不同的规范要求,可能需要不同的方法来设计一个特定占用的保护设施。

因此，工程师必须彻底了解当地可以采用的保护规范和标准，尤其是他们在应对各种火灾情况时的优缺点。如果工程师能够很好地提供关于保护系统的选择和设计的经济有效的解决方案，那么他已经在风险控制领域登堂入室，成了专业的风险顾问。

坦白讲，很难有一个"完美"的解决方案来界定某个被保险标的应该实施怎样的保护措施。而且在大多数情况下，作为保险公司，必须从某个特定保险地点已经安装和运行的设施开始，而不是从头设计适当的保护措施。因此，工程师的基本任务是评估现有的保护设施，并决定是否可以依赖这些设施为当前的占用提供足够的保护水平。如果它们被认为是可靠的，那么从承保的角度来看，这种保护可能被评为"足够"。

作为工程师，在报告称保护为"足够"时，不一定能对任何特定火灾条件下保护设施的性能水平作出保证。工程师所做的是告知保险公司的核保人，系统的安装符合某些公认的标准，并且根据工程师的个人经验和判断，通过观察和可能的测试，火灾爆发得到控制或限制的可能性相当大，并且投保场所的破坏程度低于全损是合理的承保假设。

如果工程师认为保护设施在应对火灾时不会很有效，则必须将其评定为"不足"。此时，有必要决定是否可以对现有设施进行改进，使其达到可接受的水平。如果工程师认为可以进行改进，则把这些改进方案写进查勘报告的"风险改善建议"项下，并提供给核保人和客户，他们可能会安排落实这些建议。

在许多情况下，设计标准或规范是根据相当主观的参数制定的。同样，许多对"足够"的定义都是基于经验和经过证实的火灾响应案例，在核保人和工程师之间达成的共识。当然，随着大规模火灾实验的推进，规范和标准里的参数也逐渐得到更新和完善，越来越趋近火灾发生时的实际情况，保护系统的有效性也进一步得到了提升。

6.1 水流、水力学和流量测试

许多工程师都可能接触过流体动力学的相关理论，在这里除了提供一个更新的概述外，不再展开。消防水力学涉及水通过管道和孔口的流动，例如消火栓出口或自动喷淋系统及其管道。

本章节介绍了用于计算消防系统中流量和压力损失的水力计算和公式。工程师使用的技术大体上是简易的，还有许多可以更加精确计算或测量水流、压降等的方法。鉴于火灾情况下发生的情况的不可预测性，风控不需要很高的精度。风控测试的技术必须是快捷的，能用很少的仪器完成，把测试地点受到的中断影响降到最低限度，并能广泛应用于大多数场合。

6.1.1　伯努利定理

伯努利（Bernouilli）定理表达了应用于流体流动问题的能量守恒定律。这个定理可以描述为"在无摩擦的稳定流动中，任何不可压缩流体在其整个过程中的速度压头、压力压头和高程压头之和为常数"。换言之，系统内所有位置的总压力（压头）是相同的。流体的静压与动压之和（总压）始终保持不变。

伯努利定理引入了速度水头、压力水头和高程水头互换性的概念。在考虑任何系统时，为了应用伯努利定理，它们必须采用相同的度量单位表示，ft 或 m 可能是最常见的，但也可以使用其他压力单位 PsiG、kPa 或 bar，而且也很常见。然而，消防系统很少考虑速度水头。在所有有关水力计算的工作中，必须保持压力度量单位一致。

如果我们以 ft 或 m 为水头的单位，可以使用一个简单的公式将流体速度和流体压力转换为以线性单位测量的水头。例如，流体速度 v 可以通过以下方法转换为以 ft(ft/s) 或 m(m/s) 为单位的水头 h：

$$h = v^2/2g$$

式中　g——万有引力常数。

然而，实际流体系统在液体流动时一定会产生摩擦，在实践中，由于管道摩擦和其他因素造成的损失必须考虑在内。用公式表达，伯努利定理应用于流体系统中的位置 A 和 B 时为

$$v_A^2/2g + p_A/w + z_A = v_B^2/2g + p_B/w + z_B + h_{AB}$$

式中　v_A、v_B——在 A 和 B 处的流体速度（ft/s 或 m/s）；

　　　p_A、p_B——A 和 B 处的流体压力（Psf 或 kPa）；

　　　g——重力常数，32.2 ft/s² 或 9.81 m/s²；

　　　w——流体密度，水为 64.4 lb/ft³ 或 9.81 kN/m³；

　　　z_A、z_B——相对于系统基准的 A 和 B 的标高（ft 或 m）；

　　　h_{AB}——由于 A 和 B 处之间的流体摩擦而导致的水头损失（ft 或 m）。

6.1.2　管道中的水流

当水流过管道时，压力总会下降。消防系统中的水流要经过引水、导水等过流部件，水流会产生摩擦、撞击、漩涡和脱流等损失。这些情况所引起的水头损失，称为水力损失。它随过流的流速增加而加大。理论上，两点之间的水头损失主要是由以下因素引起的：①流动的水与管壁之间的摩擦；②水颗粒之间的摩擦，包括当水流改变方向或速度迅速增加或降低时，如在管径突然变化时，由湍流产生的摩擦力。速度的变化总会导致速度水头到压力水头的某种转换，反之

亦然。

在光滑管道中,水低速流动时产生的湍流很少,这种流动称为"层流"。在这种情况下,所有的水粒子沿着管道以一定的路径运动,这些路径基本上是直线,呈同心层。水在层流中的摩擦损失比湍流中的小。光滑或粗糙管道内的流动保持层流,直到速度达到所谓的临界速度。此时,存在一系列既不是层流也不是完全湍流的不稳定流。这就是所谓的"过渡流"。当水流速度继续增加时,它变得湍急。在湍流中,流体以漩涡形式运动,在任何一点上,单个水粒子以随机方式而不是直线形式快速移动。

雷诺(Osborne Reynolds)证明,对于任何流体,都可以预测从层流到湍流的临界点。他还开发了一个无量纲参数,称为雷诺数(Reynold's number),表示为 $Re = dv\rho/\mu$(d 为管道内径,v 为流动流体速度,ρ 为流动流体密度,μ 为流体黏度)。在圆管中,当雷诺数约为 2 000 时,临界点出现。雷诺数超过 4 000 时,到完全湍流的过渡就完成了(图 6-1)。

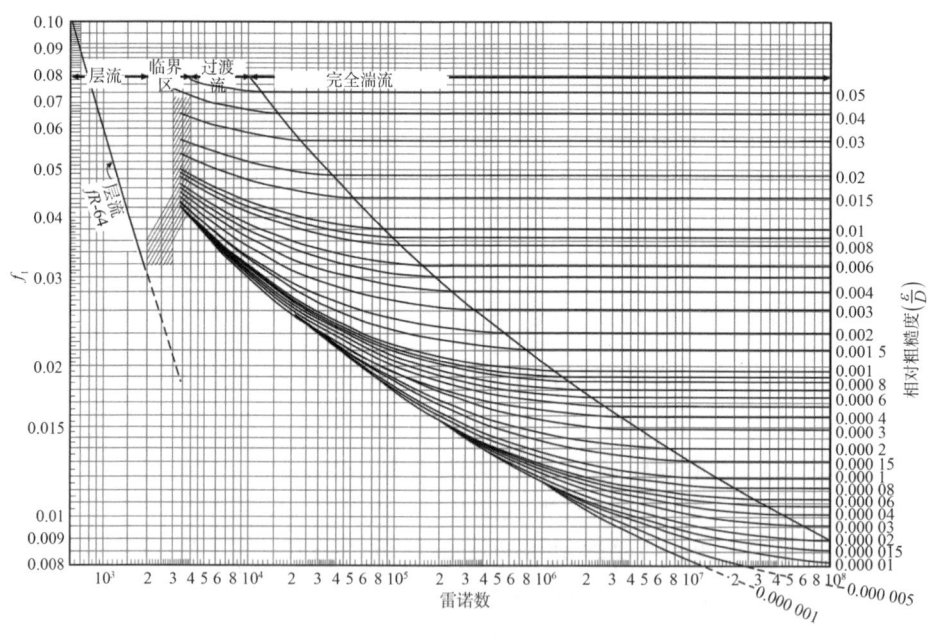

图 6-1 管道摩擦损失穆迪图

大多数消防系统和配水干管在湍流条件下工作,管道本身的摩擦损失占水头损失的大部分。其他损失通常也会一起考虑,称为"次要损失"或"配件损失",国内也称"局部损失"。

1) 摩擦/水头损失公式

试验数据表明,管道中的摩擦阻力与管道中的压力无关、与流量和水流特性成比例、随流速变化。

计算流体流动中的摩擦损失的公式有很多,许多工程分支已经发展出相当复杂的方法来计算精确的压降或流体流动,以适应其特定的领域。许多研究者都开发了预测流体流动的公式,如 Chezy、Darcy、Weisbach、Fanning、Nusselt、Reynolds 等,并在工程中得到了应用。对于水流,三个最常见的压降方程是 Chezy、Darcy-Weisbach 和 Hazen-Williams 公式。

2) Hazen-Williams 公式

消防系统最常用的公式是 Hazen-Williams 公式,其基本形式为

$$V = 1.31Cr^{0.63}S^{0.54}$$

式中 V——水流速度(ft/s 或 m/s);

C——取决于管道类型和粗糙度的系数(见表 6-1 的一些典型值);

r——管道半径(ft 或 m);

S——管道的水力坡度,单位长度水头损失(ft/ft 或 m/m)。

表 6-1 不同管道的 Hazen-Williams 公式 C 值估算表

管道类型		腐蚀程度		
		轻微	中等	严重
无内衬铸铁管	新管		120	
	10 年旧	110	90	75
	15 年旧	100	75	65
	20 年旧	90	65	55
	30 年旧	80	55	45
	50 年旧	70	50	40
水泥内衬铸铁管			140	
沥青珐琅衬里铸铁管			140	
新普通钢管			140	
新铆合钢管			110	
石棉水泥管			140	
钢筋混凝土管			140	
PVC 管			150	
玻璃钢管			160	

Hazen-Williams 公式的基本形式不适用于一般的消防流量计算,故需转换。给定压力(Psi)和流量(gal/min),转换公式为 $p = 452Q^{1.85}/C^{1.85}d^{4.87}$。其

中，p 为每 100 ft 管道的压力损失（Psi），Q 为流量（gal/min），d 为管道内径（in）。

以公制单位制表示，公式为 $p = 6.06 \times 10^9 Q^{1.85}/C^{1.85} d^{4.87}$。其中，$p$ 为每 100 m 管道的压力损失（kPa），Q 为流量（L/min），d 为内径（mm）。

3) 水头损失计算

这些公式计算很容易在计算器上实现，目前有很多水力计算软件可以在电脑上自动完成。有许多图表也可以查水头损失，其中两个图如图 6-2 和图 6-3 所示。这些图表对于工程师进行快速评估是非常有用的，只有在需要提高精确度时才使用公式。工程师通常是在验证其他人的设计，或对给定流量是否超过某个最小值做出判断，因此并不总是需要高精度。

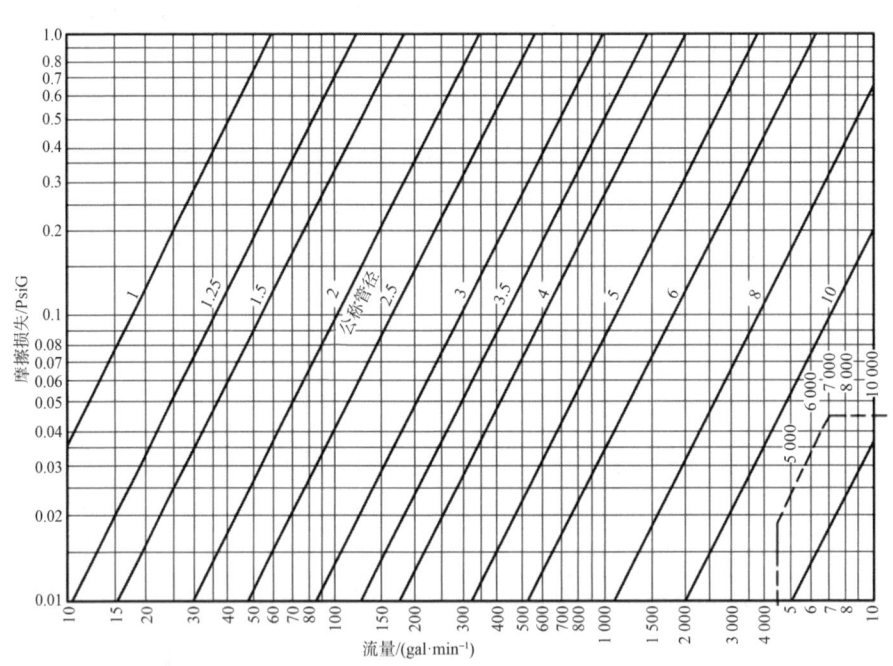

图 6-2　摩擦损失图（英制，40 钢管，Hazen-Williams，$C = 120$）

然而，在使用简化图表时，必须非常小心地确定图表或表格所依据的 C 值（摩擦系数）。如果管道的类型或条件需要使用不同的 C 值，则表中的摩擦损失必须乘以换算系数，以获得所需 C 值的正确结果。

虽然管道内的摩擦损失通常占水头损失的大部分，但当管道中的水流改变方向、管道尺寸改变或遇到阀门等配件时，也会出现水头损失，这些损失通常被称为次要损失。消防系统中常见的某些配件（如旋启式止回阀或倒流防止器）可能造成显著的水头损失。

配件的微小损耗量可以在许多规范和参考文献中找到，并且以各种形式表

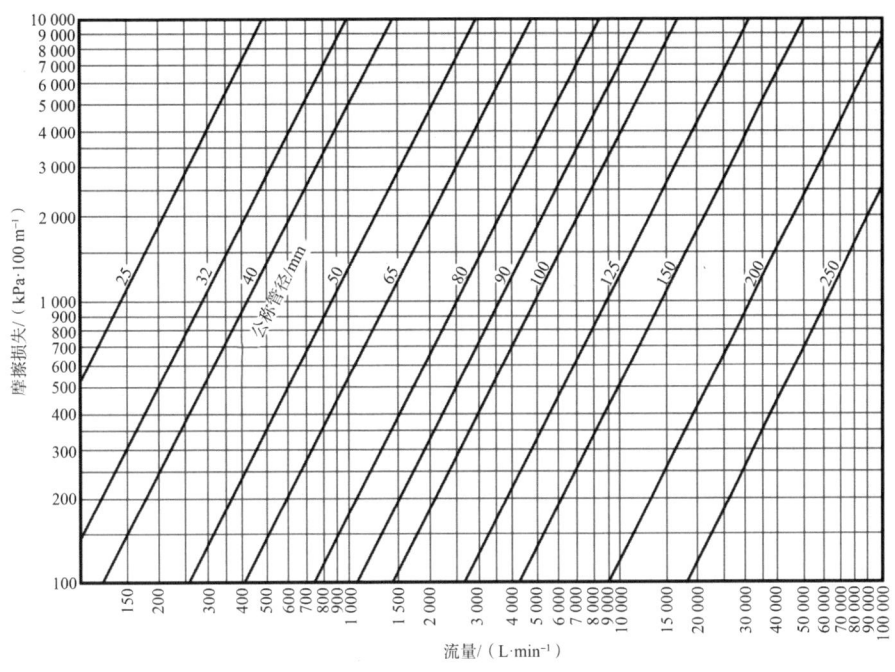

图 6-3 摩擦损失图(40 钢管,Hazen-Williams, $C = 120$)

示。最常见的是当量长度(l/d)、阻力系数(k)或流量系数(C_v)。工程师倾向于使用当量长度,该长度将管件的摩擦损失表示为与管件具有相同摩擦损失的"等效管道长度"。然后将该长度与管件连接的管道的实际长度相加,以获得管道和管件的总摩擦损失。表 6-2 给出了适用于正常水流计算的值。这些值基于 Hazen-Williams 系数 $C = 120$。对于不同 C 值的管道,应用校正系数见表 6-3。

表 6-2 配件管道当量长度换算示例

配件	管道公称直径						
	0.75 in (20 mm)	1 in (25 mm)	1.25 in (32 mm)	1.5 in (40 mm)	2 in (50 mm)	2.5 in (65 mm)	3 in (80 mm)
45°弯头	1 ft (0.3 m)	1 ft (0.3 m)	1 ft (0.3 m)	2 ft (0.6 m)	2 ft (0.6 m)	3 ft (0.9 m)	3 ft (0.9 m)
90°标准弯头	2 ft (0.6 m)	2 ft (0.6 m)	3 ft (0.9 m)	4 ft (1.2 m)	5 ft (1.5 m)	6 ft (1.8 m)	7 ft (2.1 m)
90°长弯头	1 ft (0.3 m)	2 ft (0.6 m)	2 ft (0.6 m)	2 ft (0.6 m)	3 ft (0.9 m)	4 ft (1.2 m)	5 ft (1.5 m)
三通、四通 (90°弯)	4 ft (1.2 m)	5 ft (1.5 m)	6 ft (1.8 m)	8 ft (2.4 m)	10 ft (3.1 m)	12 ft (3.7 m)	15 ft (4.6 m)

续 表

配件	管道公称直径						
	0.75 in (20 mm)	1 in (25 mm)	1.25 in (32 mm)	1.5 in (40 mm)	2 in (50 mm)	2.5 in (65 mm)	3 in (80 mm)
闸阀					1 ft (0.3 m)	1 ft (0.3 m)	1 ft (0.3 m)
蝶阀					6 ft (1.8 m)	7 ft (2.1 m)	10 ft (3.1 m)

表 6-3 管道中摩擦损失的换算校正系数(以 $C=120$ 为基准)

C 值	系数	C 值	系数	C 值	系数
150	0.661	110	1.17	70	2.70
145	0.704	105	1.28	65	3.11
140	0.752	100	1.40	60	3.60
135	0.804	95	1.54	65	4.23
130	0.861	90	1.71	50	5.06
125	0.927	85	1.89	45	6.13
120	1.000	80	2.11	40	7.68
115	1.081	75	2.38	35	9.76

【例题】计算 600 L/min 流量通过 200 m 长的管道(DN50，$C=120$)的总摩擦损失,这段管道上有三个 90°标准弯头,一个三通接头(90°弯)和两个蝶阀。

解：根据表 6-2 可以计算出此段管道总的当量长度,见表 6-4。

表 6-4 管道当量长度计算结果

管道配件名称	数量	单个当量长度/m	总当量长度/m
90°标准弯头	3	1.5	4.5
三通接头(90°)	1	3.1	3.1
蝶阀	2	1.8	3.6
管道本身	1	200	200
			211.2

然后,根据摩擦损失图可查到 600 L/min 流量在该管道中每 100 m 的摩擦损失是 500 kPa。

$$211.2 \div 100 \times 500 = 1\,056 (\text{kPa})$$

故此段管道总的摩擦损失为 $1\,056\,\text{kPa}$。

6.1.3 通过孔口的水流

当液体通过孔口离开管道或容器并排放到大气中时,标准压力转换为速度压力。通过孔口的流速可以用水流的流速和横截面积来表示,基本关系式为 $Q = av$,其中 Q 为流量(m^3/s),a 为截面面积(m^2),v 为流速(m/s)。已知 $h = v^2/2g$,其中 $v^2 = 2gh$,因此 $Q = a(2gh)^{0.5}$。

可以推导出通过孔口水流的流量公式为

$$Q = 29.84 d^2 p^{0.5} \text{(英制)}$$
$$Q = 0.066\,6\, d^2 p^{0.5}$$

式中　Q——流量;
　　　d——内径;
　　　p——压力。

上述方程假定射流是一股液柱流,与排出孔的全尺寸相同,而且总压头 100% 转换为速度水头,速度水头在横截面上是均匀的。不过,这只是一个理论上的情况,因为这两个条件并不是完全可以达到的。

1) 流量系数

在来自喷嘴或孔口的实际流量中,整个水流横截面上的平均速度,略小于从水头计算得到的速度。速度的减少是由于水与喷嘴或孔板的摩擦和喷嘴内的湍流造成的,称为速度系数,以 c_v 表示。c_v 值由实验室试验确定。对于设计良好的喷嘴,速度系数几乎是恒定的,大约等于 0.98。

一些喷嘴的设计使水流的实际横截面积略小于孔口的横截面积,如图 6-4 所示。这种差异称为收缩系数,以 c_c 来表示。收缩系数随孔口或喷嘴的设计和质量而变化很大。对于锐边孔口,c_c 值约为 0.62。

流速系数和收缩系数通常合并为一个流量系数,即 $c_d = c_v c_c$。

基本流量方程现在可以写成 $Q = 29.84 c_d d^2 p^{0.5}$ 或 $Q = 0.066\,6\, c_d d^2 p^{0.5}$。

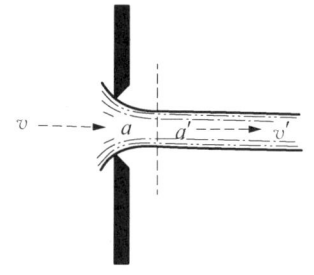

图 6-4　水流通过标准锐边孔口

流量系数 c_d 定义为实际流量与理论流量之比。对于任何特定的孔口或喷嘴,c_d 值由使用此定义的标准试验程序确定。实际流量由校准仪表测量。测得孔口或喷嘴直径及速度压力,就能用基本流量方程来计算理论流量($c_d = 1$)。

2) 标准孔口

具有锐边(方形)的孔口称为标准孔口,通常用于测量水流量。当水离开孔口时,它收缩形成一个横截面积略小于孔口横截面的射流。收缩在距离喷孔前表面约等于射流直径一半的平面处完成。

孔口表面的流量与收缩截面处的流量明显相同,因此可以通过测量任一平面上的流速和面积来获得流量。由于测量孔口直径比较容易,因此这就成了流量计算的基础。与管道一样,通过孔口的流量可以用公式 $Q=av$ 表示,其中 Q 为流量(m^3/s),a 为截面面积(m^2),v 为流速(m/s)。标准孔口的流量系数是速度系数和收缩系数的乘积:$c=0.98\times0.62=0.61$。

3) 其他孔口

优质液柱流喷嘴的水力特性在不同的流动条件下是一致的。由于与孔口或喷嘴的摩擦,大多数此类喷嘴流表面的速度略有降低。鉴于此摩擦,通常将 0.97 的速度系数应用于消防水的喷嘴。

流量系数适用于通过消火栓、软管喷嘴、自动喷淋装置和其他常见消防排放口的流量。这些系数只有当流量以相当均匀的速度通过全孔或喷嘴开口时才适用。

4) 短管内水流

如果连接到孔口上的管子长度比孔口直径长 2.5~3 倍,且其直径与孔口直径相同,则称为标准短管。比标准短管更短的管子不会满流,而更长的管子中的摩擦损失将影响测量结果,因此有了规定的长度限制。有时短管的形状是圆锥形的,称为锥形渐缩管,管的角度为 β(图 6-5)。

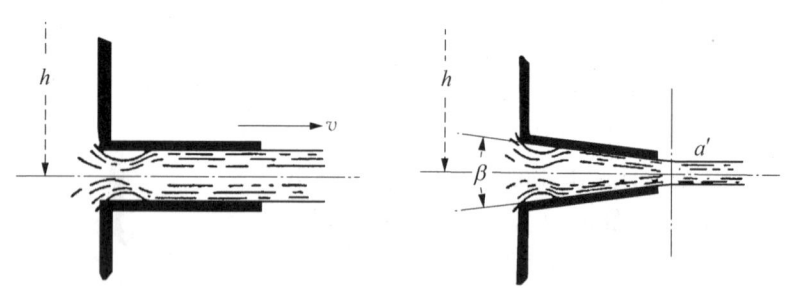

图 6-5 短管中的水流

短管与孔口中的流动原理相同,但系数不同。对于锥形管,系数 c_v 和 c_c 随角度 β 而变化。当 $\beta=0°$ 时,锥形渐缩管变成圆柱形管,$c_c=1$,$c_v=0.82$,$c_d=0.82$。随着 β 的增大,收缩系数(c_c)的影响增大,速度系数(c_v)增大,渐渐趋向于锐边孔口的 0.98。当 β 约为 13°时,流量系数达到最大值 0.94。

6.1.4 流量测量

风险控制工程经常需要测量水流。查勘时,除了 FM 认证的消防泵系统会自带文丘里式的流量计外,消防设施通常都没有安装流量测量装置。因此,我们必须采用其他的测量方法。

测量从孔口、喷嘴或明管排放的水流时最常用的方法是直接测量产生水流的速度水头。这个测量过程使用皮托管和压力表组合。所有工程师都会用到皮托管套件，必须熟悉其使用操作。

将皮托管小的开口插入水流同心圆的中心，开口直接对准水流，压力表将显示该位置的总压头。当水流在敞开的大气中时，压力表指示的读数就是速度水头，因此可以直接计算水流的速度。速度压力有时也被称为皮托管压力。

如果流速测量位置处的水流横截面面积已知，则可根据关系式 $Q=av$ 确定流量。因为内径和速度压力已知，根据公式 $Q=29.84c_d d^2 p^{0.5}$ 或 $Q=0.0666c_d d^2 p^{0.5}$ 来计算流量相对容易。还可以直接查表得到流量值。NFPA 和 FMDS 中都有相关表格，皮托管套件中往往也会附送这样的表格，方便工程师直接查询。

对于常规孔口和喷嘴，流量系数（c_d）已知且具有合理的精度。例如对于锐边孔口，可根据孔口的实际直径以及使用上一节关于孔口流量的 0.62 排放系数来确定流的面积。当测量直流式消防喷嘴的流量时，皮托管法的使用仅适用于 DN65 消火栓供水的最大尺寸 35 mm 的喷嘴。如果超过此限值，由于匀速和全流量的假设变得不那么有效，误差率会增加到可接受的范围之外。游管（underwriters playpipe）是一个例外，它对于 29 mm 或 45 mm 的喷嘴口径，能在广泛的流量和压力范围内保持一个均匀的系数。

皮托管法也常用于测量消火栓出口的流量，以确定可用于消防的供水量。与进入管道末端喷嘴的水流不同，通过大型消火栓出口或高速通过较小消火栓出口的水流既没有均匀的速度分布，也没有完全的流量，因为通过消火栓的水流产生的附加湍流并未消散。在这种情况下，必须改变流动条件，以使皮托管法所需的假设有效，或者应使用替代方法。如果水流来自敞开式消火栓出口，通常可以将喷嘴或短管连接到出口，以改善流量特性。如果消火栓由市政供水，需要测试消火栓流量以确定其是否足够。如果消火栓供水来自厂内消防泵，则只要测试消防泵性能并确保供水管网正常，而无须测消火栓流量。

为了简化特定孔口或喷嘴的计算，可将上述流量方程的常数合并，将公式简化为

$$Q=kp^{0.5}$$

其中，k 把上一公式中的常数和直径整合在了一起。此公式非常重要，必须牢记于心。

表 6-5 列出了消防常用排放孔的 k 系数值。

表6-5 常见孔口 k 系数

孔口类型	直径		k 值	
	in	mm	英制	
喷淋头	1/4	7	1.3~1.5	1.9~2.2
	5/16	8	1.8~2.0	2.6~2.9
	3/8	10	2.6~2.9	3.7~4.2
	7/16	11	4.0~4.4	5.8~6.3
	1/2	13	5.3~5.8	7.6~8.4
	17/32	14	7.4~8.2	10.6~11.8
喷嘴(c=0.97)	1/2	13	7.2	10.3
	7/8	22	22.2	32.0
	1	25	29.1	41.9
	1 1/16	27	32.8	47.2
	1 1/8	29	36.8	53.0
	1 3/16	30	41.0	59.0
	1 1/4	32	45.4	65.4
	1 5/16	33	50.1	72.1
	1 3/8	35	54.9	79.1
	1 7/16	37	60.0	86.4
	1 1/2	38	65.4	94.2
	1 9/16	40	70.9	102.0
	1 5/8	41	76.8	110.6
	1 11/16	43	82.8	119.2
	1 3/4	44	89.0	128.2
	1 13/16	46	95.5	137.5
	1 7/8	48	102.0	146.9
	1 15/16	49	109.0	157.0
	2	51	116.0	167.0
消火栓(c_d=0.90)	2	51	107.4	154.7
	2 1/4	57	135.9	195.7
	2 1/2	64	167.8	241.6

【例题】确定 51 mm(2 in)消火栓接口($c_d=0.90$)在 350 kPa 压力下的排放量。

公式法解题：
$$k = 0.0666 c_d^2 = 0.0666 \times 0.9 \times 51^2 = 156$$
$$Q = kp^{0.5} = 156 \times 350^{0.5} = 2918 (\text{L/min})$$

查表法解题：
查表 6-5，可知 $k=154.7$，
$$Q = kp^{0.5} = 154.7 \times 350^{0.5} = 2894 (\text{L/min})$$

在本例中，这两种方法的答案很接近但不完全相同。需要注意的是，结果并不意味着哪个方法的准确度更高更接近实际情况。考虑到消火栓接头的流量性质，在这种情况下，假设流量大约为 2 900 L/min 是合适的。

6.1.5 消防供水测试

消防供水流量测试是通过实际测量一系列点位的水流和系统压力来完成。在没有流动的情况下测得的压力为"静压"；当测试流流动时测得的压力为"残余压力"。静压力和残余压力之间的区别应该清楚地记录下来。静压仅仅是系统中没有水流动时的压力。这并不表明供水在有效压力下能输送所需流量的能力。

除非安装了流量计，否则要通过在孔口（通常是消火栓的末端）排放的水流中插入皮托管压力表来测量水流。通过一系列的流量和压力测试，工程师可以分析供水系统和配水系统的性能是否能满足处理可能发生的火灾。这种测试还能发现供水系统故障，如管道堵塞、阀门关闭、消防泵供水不足等。

只有有经验的人员才能进行水流测试，因为测试不当会造成人身伤害或财产损失。同样，进行测试本身就是一种破坏，粗心大意的测试会导致水压过度降低，影响其他用户，或通过水锤等方式损坏系统。由于这些原因，水流测试程序需要被保险人的同意。最后，必须设计测试程序，以便在测试期间始终保持受试场所保护系统的完整性。

水流测试是财产险风控工程中的一个基本要素，是风险查勘的一部分，在制定测试计划之前，应始终保持良好的判断力。应努力获取和审查所有可用信息（包括其他保险公司可能已经完成的流量测试），并在决定测试之前考虑此类测试的成本。

1) 水流测试频率

国际性保险公司通常会要求在初次查勘期间对现场所有的公共和私有供水系统进行测试。私有供水流量测试和自动喷淋系统排水测试应在再查勘时进行。消防泵应每年进行性能测试，或至少在每次再查勘时进行测试。公共供水

的消火栓试验之间的持续时间必须根据具体情况确定,特别是地方当局可能不允许流量测试。在初次查勘期间,私有和公共供水流量测试对喷淋保护的场所很重要,尤其是保险价值很大的标的。这是因为我们还需要对喷淋系统进行水力分析,如果没有准确的供水数据,就不可能进行分析。

2)消火栓水流测试

业主应向工程师提供协助,以安排测试、安装测试喷嘴、压力表等,以及运行泵、打开关闭阀门和消火栓等。工程师将使用自己的压力表和皮托管套装来获得流量测试结果。当涉及公共管道时,一定要获得市政的许可。

最简单的测试是将消火栓口本身用作流量测试。要准确测量水流量需要全流量,对于消火栓上的压力表和皮托管都是如此。首先,选择两个相邻的消火栓用于流量测试,其中一个供放水测试,另一个读静压和残压。压力表通常预先组装在改装的消火栓盖上成为一个组件,将组件安装在一个测压消火栓的出口上代替原来的盖子,压力表范围通常为 0~200 Psi(或 0~15 bar)。把放水消火栓的两个 DN65 栓头上盖子取下。检查两个出口,并决定哪个出口将用于流量测试。如果流量很大,有时候可以同时用两个出口放水。测量出口的直径,以确认其尺寸。尽管 DN65 消火栓开口的内径通常接近 64 mm,但有些栓头的直径相差很大,需要进行测量。摸摸出口的内部以确定其形状,即平滑、直角或凸出(图 6-6)。

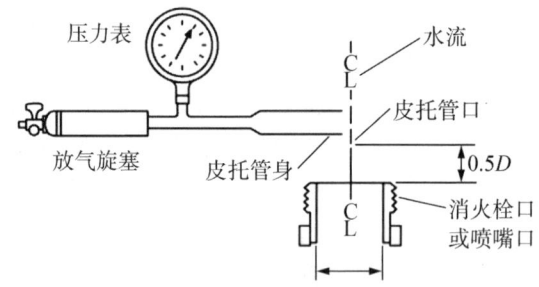

图 6-6 皮托管与消火栓口的位置

为了得到最具代表性的读数,皮托管在水流中的位置应该变换。在大多数开口处,皮托管最好在靠近水流中心线,离出口表面约出口直径一半的位置读数。通常,皮托管配有量程为 0~60 Psi(0~5 bar)的压力表,皮托管压力表读数通常在 10~30 PsiG(0.7~2.1 bar)范围内(图 6-7)。

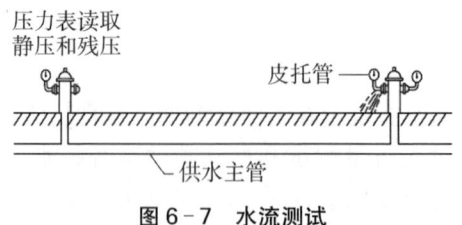

图 6-7 水流测试

使用消火栓枪头可以获得更精确的结果。使用好的喷嘴测得的流量可以非常接近实际情况,总流量是每个喷嘴计算得出的流量之和。如果希望知道在选定的残余压力下有多少水可用,则在两个或更多流量下读取读数并绘制流量曲线(图6-8)。

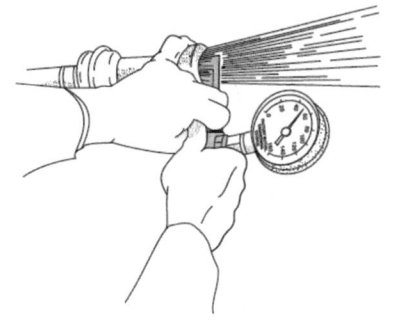

图6-8 喷嘴流量测试手法

3) 室外管网流量测试

在建立了测量消火栓水流的基本程序后,现在可以考虑如何将此技术应用于分析该场所的消防供水管道分配系统。基本上,我们要在两个方面得到满足:①供水水源必须能够向系统提供所需流量;②系统必须能够以所需的流量和压力向每个设施分配消防水。

室外消防水管网系统流量测试可准确得知系统中任何点的最大可用流量。室外管网流量测试还可以确定在公共系统中规定的最小残余压力下,公共供水系统的最大可用流量,这是消防车水泵连接到供水系统时的一个重要考虑因素。当然,室外管网流量测试还能确定系统中的诸多问题,包括阀门部分或完全关闭、供水主管中存在堵塞、止回阀泄漏或装反、主管小于设计图纸尺寸、地下管道严重泄漏、存在先前未知的阀门、消火栓不工作。

在所有情况下,测试程序都是相似的。压力表安装在系统的关键位置,并在选定消火栓处进行流量测试。当在放水消火栓处进行流量测量时,同时测量所有其他测压点的残余压力。

以工厂常见的单水源供水环网举例(图6-9),基本测试步骤如下:

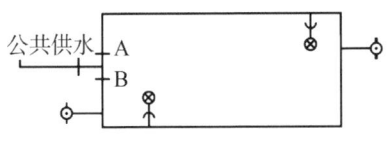

图6-9 单水源消防供水环网测试

(1) 选择需求区域附近的消火栓和喷淋立管来读取立管处的静压。

(2) 关闭阀门A并且消火栓开始放水(下回路),读取立管处的残余压力。

(3) 打开阀门A。

(4) 关闭阀门B并且消火栓开始放水(上回路),读取立管处的残余压力。

(5) 打开阀门B并且消火栓开始放水(双回路),流量充足的话就能证明供水满足需水量。读取立管处的残余压力。

(6) 读取静压。

根据系统各点的残余压力和相应的水流量,可以获得许多有用的数据用于以后的系统分析。但更重要的是，如果残余压力表的位置正确，则可以为管网系统的关键部分绘制显示压降与流速的水力曲线。这样的曲线很容易预测喷淋立管底部的残余压力。在每个水流测试点，每次测试应至少读取三个不同的流量读数。

这些试验的另一个有价值的结果是能够将管道系统中的实际水力损失与新材质管道的预期值以及与新管道相关的 Hazen-Williams 管道内部粗糙度系数进行比较。也就是说，可以确定实际的粗糙系数。这可用于测量给水管道的状况，以及维护或更换部件的依据。

最后，如果现场的消防供水有多个供水源，则要对这些水源的充分性和可靠性进行综合性的整体评估，而不是只评估单个水源。

4）水流测试期间的安全注意事项

水流测试是具有一定破坏性的，不应轻易进行。应谨慎选择测试消火栓的位置，最好在工厂偏远区域，以免水流干扰工厂的正常运行。水流必须引导到侵蚀不会引起问题的区域。流量测试不应将系统压力降至安全水平以下，也不应将公共供水压力降低到主管部门预设的最低水平以下。在水流测试期间，不能允许该程序损害厂内保护系统。试验结束时，必须彻底检查所有阀门和消火栓是否恢复至其原始操作位置。

6.1.6 水力梯度

如果水流测试表明供水量低得无法解释，则应通过确定水力梯度来寻找原因。供水量过低可能是由于阀门部分关闭或管道堵塞造成的。设计图上错误的管道尺寸信息也可能会使供水量出现异常。水力梯度隔离了导致低水流量的损失异常高的位置。水力梯度是水流动时系统中残余压力的分布。它假设在管道的不同点处得到残余压力读数时流速均匀。如果被测管道中有三通、四通、弯管、阀门或仪表，则在计算给定管道的 Hazen-Williams 系数之前，应确定这些装置的压力损失，并从观察到的压降中扣除。

为了减少测试次数，应选择系统使用年限较久和可能出现状况的位置。如果怀疑管道内有堵塞，应调查该部分的室外管网。应在测试段引入大流量，使从一个测试点到另一个测试点压降尽可能大，以减少压力波动或仪表读数微小误差的影响。

如果不存在工厂用水流量或重大泄漏，则消防总管中无测试流量时的压力表读数显示真实静态压力。如果消火栓压力表处于一个水平面上，则每个点的静态读数大致相同。如果管道布置如图 6-10 所示，或者压力表安装在不同高度的喷淋立管上，则各点的读数不同。在这种情况下，静压读数构成每个测试点的仪表高程值；读数高的表示低点，如 A 点，读数低的表示高点，如 B 点。图 6-10 显示了具有均匀流动的管道中压力和高程之间的典型关系：

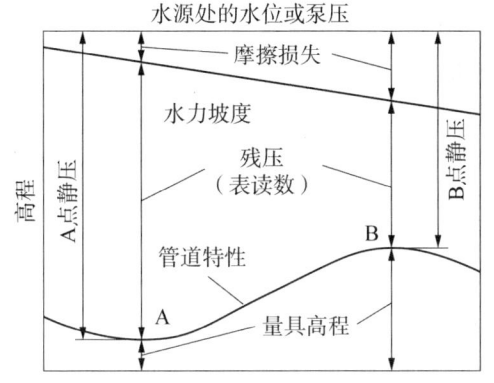

图6-10 均匀流管道中水压和高程之间的关系

(1) 静压读数随基准面以上的高程而变化。测试点标高越高,静压越低。
(2) 在管道沿线的所有点,基准面以上的静压加上测试仪表高程是恒定的。
(3) 静压减去残压等于从供水源头到测试点的总摩擦损失。
(4) 剩余压力加上基准面以上的仪表高程等于水力梯度高程。
(5) 摩擦损失与高程无关。

6.1.7 供水数据分析

消防供水的测试结果分析可以通过使用图表来提高效率,这些图表提供了有效表示水力条件的方法,并指出需要进行哪些改进。

有两种流量曲线:供给曲线和损失曲线,在具有线性坐标的绘图纸上显示为弯曲的线。同样的曲线在半对数纸上显示为直线,在垂直轴上有线性细分,在水平轴上有指数($N^{1.85}$)细分。该半对数纸符合 Hazen-Williams 压降-流量关系式:$p = 6.06 \times 10^9 Q^{1.85}/C^{1.85} d^{4.87}$。$N^{1.85}$ 纸张的垂直和/或水平刻度上的数值可乘以或除以任何常数,以将数据拟合到图纸上或放大曲线部分以便于研究。$N^{1.85}$ 图纸有诸多功能,包括显示供给曲线、计算单根管道的摩擦损失曲线、结合摩擦损失和供给曲线确定输出量、求解环网系统、根据供水组合计算输出量。

1) 供给曲线

供给曲线显示在任何残余压力下的可用流量。它们是根据水流测试中获得的流量与残余压力数据绘制的。当绘制由公共供水系统的消防水流量曲线时,需要三个或更多测试点(包括静态测试点)来检查准确性,并避免因超出测试数据限制的外推而引入的误差。此外,消防泵可能会随着流量增大而自动启动联网。如果使用三个测试点,可能会出现一条曲线,而不是通常的直线,因为水系统除了测试流量外,还提供一定流量以满足日常需求。由于正常水流的摩擦损失,真实静压可能高于观察到的静压。在这种情况下,在各观测点之间绘制的曲线将合理准确地指示可用的消防水流量。

2) 单根管道的摩擦损失曲线

绘制均匀尺寸管道的摩擦损失曲线,确定水流在两种不同流速下通过管道的摩擦损失。绘制这些点,并用直线连接它们。由于无流量时损耗为零,因此通常使用0-0坐标作为两点之一。另一个点应该选择在靠近图形顶部或右侧边缘的位置。

要绘制由不同长度和直径的管道组成的单一管道的摩擦损失曲线,按以下步骤进行:

(1) 对每个管道元件使用相同流速,确定各元件的摩擦损失。
(2) 把单个元件的摩擦损失相加。
(3) 绘制选定流量下的摩擦损失总和。
(4) 画一条连接该点与0-0点的线。

这就是整个管道的摩擦损失曲线。

【例题】绘制长1 120 ft(342 m)、直径8 in(203 mm)管道的摩擦损失曲线,$C=90$。

解:首先假设流量为1 500 gal/min,查摩擦损失图(图6-2)得出摩擦损失为0.172 Psi/ft,乘以转换系数1.71($C=90$转换成$C=120$),得到总摩擦损失为$0.172 \times 1.71 \times 1 120 \approx 33 (Psi)$。

然后在33 Psi和1 500 gal/min的交会处画一个点,并和0-0点连起来,这就是所求的摩擦损失曲线(图6-11)。它说明了给定管道在任何流量下的摩擦损失,以及在任何摩擦损失条件下通过管道的流量。

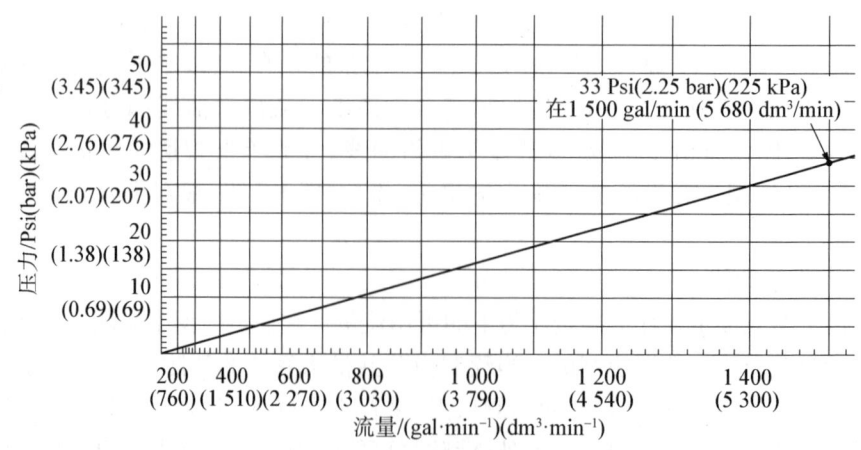

图6-11 摩擦损失曲线

6.2 消防泵系统

本节介绍消防泵的工作原理、驱动和控制方法。消防泵用于提高来自市政管网、消防水池或其他消防供水的压力。离心式消防泵是标准配置,它具有紧凑性、可靠性、易维护性和良好水力特性,以及各种可用的驱动装置。

1) 离心式消防泵

离心泵的一个突出特点是恒速下流量与压力的关系,即当压头增大时,流量减小。卧式和立式消防泵的额定容量为 95～18 900 L/min。卧式泵的额定压力范围为 275～2 750 kPa,立式涡轮泵的额定压力为 175～3 450 kPa。泵的额定容量是制造商规定的标称容量。对于给定应用,应选择额定容量最接近设计条件的泵,而不是越大越好。列名的离心式消防泵设计包括水平端吸式、直列式、分体式及立式涡轮机类型。立式涡轮泵也是一种离心泵。卧式离心泵的"尺寸"一般是出水口的直径。但有时可以通过吸入管和排出管法兰直径来表示。立式涡轮泵的尺寸是泵碗的直径。

离心泵的两个主要部件是叶轮和泵壳,它把动能转换成速度和压力能。来自电动机、内燃机或汽轮机的驱动力通过轴直接传输到泵,使叶轮高速旋转。能量转换的方式因泵的种类而异。主要的类别被称为轴流泵和混流泵。这些泵根据水流通过叶轮时相对应旋转轴的方向来识别。

水平轴单级双吸蜗壳泵是消防和商业用途中最常用的类型。在这类泵中,来自泵壳吸入口的水流通过一个开口(叶轮孔眼)从两侧分流进入叶轮。叶轮的旋转通过离心力将水从泵叶轮孔眼驱动至轮缘,并通过蜗壳流至泵的出水口。水在通过叶轮时获得的动能转化为压力能,在蜗壳内的速度逐渐降低(图 6-12)。

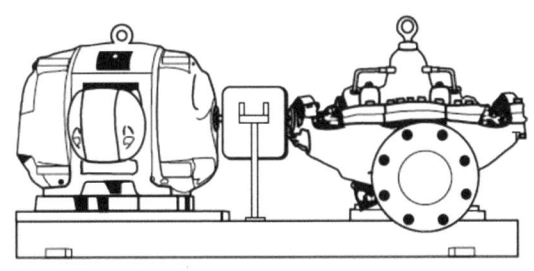

图 6-12 单级卧式离心泵

2) 泵的特性曲线

工程师必须熟悉消防泵的特性曲线。由于灭火或自动喷淋系统的运行必须适应多种不同的情况,消防泵必须能够在一定的容量和压力范围内工作。大多数喷淋系统规范都为喷淋泵设定了这些参数。根据 NFPA 20 设计的消防泵必须满足以下要求：

(1) 泵的扬程-流量特性曲线下降的最大坡度必须在总体运行参数允许范围内。

(2) 以泵的额定流量和扬程为基准(100%)，泵的闷泵压力(零流量)必须在额定扬程的 101%～140% 范围内。

(3) 在 150% 额定流量时，泵的扬程一定会低于额定扬程，但不得低于额定扬程的 65%。

针对特定设计的流量要求，来决定泵的额定流量，使工作点落在额定流量的 90%～150% 范围内。还应注意，尽管泵的特性曲线可以达到额定流量的 150%，但消防泵系统的工作点决不能超过额定流量的 140%。这是因为在超过额定流量 150% 的情况下，性能通常会迅速下降，而且还必须有一定的安全余量。如有必要，应选用具有更高额定流量的泵。但选泵时不应仅仅去满足给定的工作点。消防泵必须能够在其特性曲线上的任何一点连续运行，从零流量到额定流量的 150%。

典型的卧式离心消防泵的特性曲线如图 6-13 所示，图中泵的额定值为 500 gal/min、100 Psi、2 000 r/min。此泵由柴油机驱动，带有 14 in 叶轮。闷泵压力为 110 Psi，或 110% 额定扬程，远低于 140 Psi 的最大值；在 150% 的额定流量(750 gal/min)下，扬程为 90 Psi，超过了 65% 的最小允许值。最大制动马力为 55，最大效率为 75%。

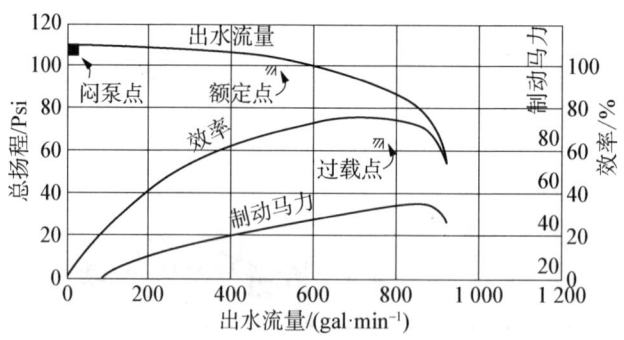

图 6-13 泵的特性曲线

离心泵的特性通常包括三条独立的曲线：总扬程-出水量；制动马力-出水量；效率-出水量。

这些曲线假定泵以其额定转速恒速运行。然而在实际使用中，驱动器的转速可能会随着负载的变化而改变，即速度通常会随着流经泵的流量增加而降低。

消防泵的流量和压力额定值通常是根据最大效率和期望转速来确定。根据不同用途的需要，叶轮可设计为平缓、中等或陡斜的扬程流量特性。扬程流量曲线受泵叶轮孔眼直径、叶轮宽度、叶片数量及叶片形状或角度的影响。图 6-14 显示了这些参数之间的相互关系。

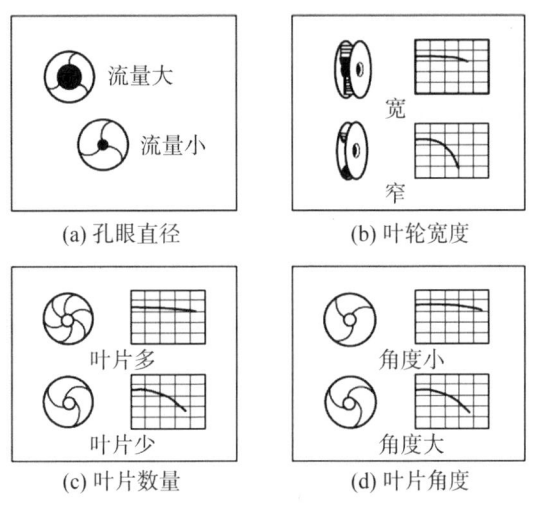

图 6-14 泵扬程流量的影响因素

3) 泵的总扬程

泵的总扬程是指泵的有效压头,是单位质量流体通过泵获得的能量净增加值。它可以用各种压力单位来表示,风控工程通常用 Psi 或 kPa,或者以 ft 或 m 的液体垂直测量高度为单位。泵产生的总压头是通过从排出液体中的能量(静压头加上速度压头)减去进入液体中的能量(静压头加上速度压头)来计算得出的。

泵的总扬程(H)通过以下公式计算:

$$H = h_d + h_{vd} - h_s - h_{vs}$$

如图 6-15 所示,对于卧式中开泵,在泵出口喷嘴法兰和吸入法兰处分别测量压头(h_v)。从安装在泵法兰上的压力表读取压头。对于立式涡轮泵,理论上在泵的出口法兰处读取排出压头。由于该法兰通常无法被接近来读取仪表读数,因此把压力表安装在泵柱管顶部的排放管接头处。额定流量下的扬程就是泵的额定扬程。

4) 离心泵的比转速

比转速是与离心泵的扬程、流量和转速有关的一个数字。实际上,比转速就是几何相似叶轮的每分钟转数,该叶轮将在 1 ft(0.3 m)的总压头下排出 1 gal/min(3.785 L/min)。凡以此标准相似比例制造的水泵,都称为这个比转数(N_s)系列水泵。

离心泵比转速的计算公式为

$$N_s = 转速 \times 流量^{0.5} / h^{0.75}$$

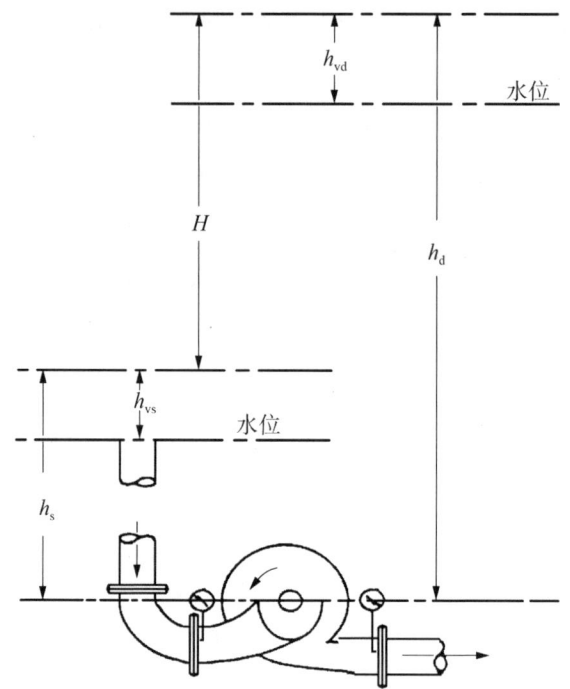

H—总压头;h_d—排出压头;h_{vd}—$V_d^2/2g$,排出速度压头;
h_s—吸入总压头;h_{vs}—$V_v^2/2g$,吸入速度压头;V—平均速度;
g—重力加速度(9.81 m/s²)

图 6-15 卧式离心泵的典型压头

式中 N_s——特定速度值;
h——压头[ft(m)]。

当公式中的扬程、转速和流量值与最佳效率下泵的性能相对应时,比转速是泵类型的一个指标。用于高水头的叶轮通常具有较低的比转速,而用于低水头的叶轮具有较高的比转速。与相同扬程和流量、比转速较高的泵相比,低比转速的泵将以更大的吸入扬程运行。经验表明,比转速是确定最大吸入扬程或最小吸入压头的有用指南。

5) 汽蚀余量(NPSH)

泵在工作时,液体在叶轮的进口处因一定真空压力会产生气体,汽化的气泡对叶轮等金属表面产生剥蚀,从而破坏叶轮等金属,此时的真空压力叫汽化压力。汽蚀余量是指在泵吸入口处单位重量液体所具有的超过汽化压力的富余能量,也称净正吸入压头(NPSH),单位为ft(m)。泵本身没有"提升"的能力,吸入压力取决于供水的性质。如果水泵是由池塘、溪流、明井或未覆盖的水库供水,且水位低于水泵,则吸入压头为大气压力减去高程压差。如果水位高于泵,如来自总水管、压力管道或地上水箱,则吸入压头为大气压力加上静压。

泵所需汽蚀余量是泵设计的函数,随任何一台泵的流量和转速及不同泵的设计而变化。所需汽蚀余量与泵流量的曲线通常可从泵制造商处获得,所需汽蚀余量曲线通常作为泵特性的第四条曲线提供。可用汽蚀余量是泵运行系统的一个函数,可以很容易地计算出来。可用汽蚀余量必须总是超过所需汽蚀余量并留有一定的冗余量,否则泵不能运行。

如图 6-16 所示,2 000 gal/min 时所需的 NPSH 为 10 ft,3 000 gal/min 时为 18 ft。零流量点是闷泵压力;过载点是额定流量的 150%,额定扬程的 65%。

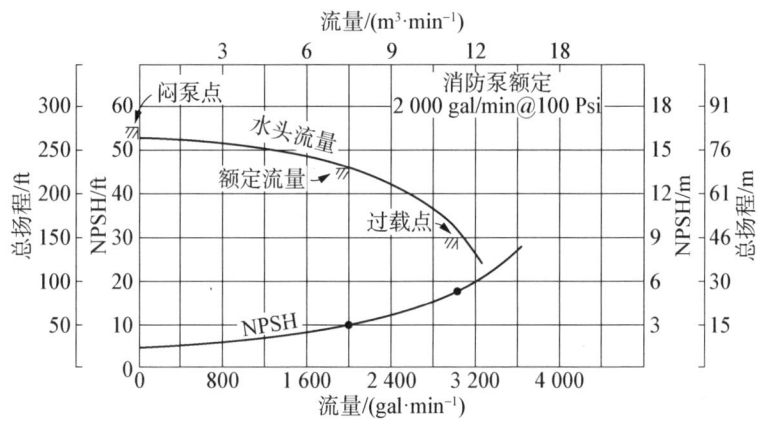

图 6-16 典型消防泵的 NPSH 曲线

当泵从其上方的敞开水源中抽吸时,可用汽蚀余量 $= P_a + h_s - h_f - P_v$。其中,P_a 为大气压力(ft 或 m),h_s 为吸入静压头(ft 或 m),h_f 为吸入管道和配件的摩擦损失(ft 或 m),P_v 为液体的蒸气压(ft 或 m)。

当水源在水泵下方时,上述方程中的 h_s 项假定为负值。也就是说,可用汽蚀余量减少。这种情况下,不得使用卧式离心消防泵,而要改用立式涡轮泵。

6) 离心泵中的气蚀

汽蚀是一种复杂的现象,可能发生在泵或其他液压设备中。当液体流过离心泵的吸入管路并进入叶轮的孔眼时,速度增加,压力降低。如果压力降到与液体温度相对应的蒸气压以下,就会形成气穴。当流动液体中的气穴到达较高的压力区域时,它们会破裂并产生强大的冲击效应,伴随着噪声和振动。试验表明,这种方式产生的极高瞬时压力可能会使泵壳和叶轮的各个部分凹陷,还有可能在没有太多噪声的情况下发生轻微的气蚀。如果不加以纠正,严重的气穴会导致效率降低,最终导致泵故障。

7) 离心泵的相似定律

扬程、流量、制动马力和叶轮直径之间的数学关系称为相似定律。如果知道某一转速或某一叶轮直径下泵的性能曲线的形状,就可以利用相似定律比较准确地预测该台泵在不同转速或不同直径叶轮下的性能。

定律1:假定叶轮直径不变,而转速变化。定律2:假定转速不变,而叶轮直径变化。表示如下:

定律1:

$$Q_1/Q_2=N_1/N_2,\ H_1/H_2=N_1^2/N_2^2,\ P_1/P_2=N_1^3/N_2^3$$

定律2:

$$Q_1/Q_2=D_1/D_2,\ H_1/H_2=D_1^2/D_2^2,\ P_1/P_2=D_1^3/D_2^3$$

式中　Q——流量;

H——压头;

N——转速;

D——叶轮直径;

P——功率(kW)。

定律1适用于普通类型的泵,包括卧式离心泵和立式涡轮泵。定律2适用于其计算得出的性能与实测性能相当接近的离心泵。一般来说,低比转速的泵比高比转速的泵表现出更高的一致性。

这些定律在实践中的重要性不容忽视。从定律1可以看出,一个很小的转速变化就会对泵的性能表现有很大影响。

8) 消防泵认证和列名

NFPA建议各种消防系统的设计和安装使用认证或列名设备。制造商能提供经测试认证的消防泵。承包商负责按照NFPA 20的规定安装消防泵系统,而客户有义务提供有关泵驱动器、供电、供水、场地等的足够数据。FM认证消防泵通常是连同驱动器以及流量计等配件成套供应的。保险公司更倾向于安装FM认证的认证设备,因为这是经过证明的充分又可靠的设备。

9) 卧式离心消防泵

卧式离心消防泵必须在正吸入压头下运行,尤其是在自动远程启动的情况下。如果供水无法得到正吸入压头,则应安装立式涡轮消防泵。

(1) 消防泵类型。卧式离心消防泵为分体式或端吸式。端吸式通常限制在1890 L/min以下。分体式消防泵的流量没有限制,但列名消防泵的最大容量目前为18 900 L/min。

(2) 供水设施。消防水池容量应足以在预计的需水量期间以过载率向消防泵供水。当使用溪流、池塘和其他敞开水体时,应提供适当过滤的进水口,以防止异物进入泵和消防系统。每个吸入口应配备正确设计的底阀。

消防泵应位于供其吸水的消防水池附近,以确保吸入管道的最大长度不超过30 m。如果每台泵都有自己的全尺寸截止阀,且系统设计总流量足够,则可以采用一根吸入管连接集管向多台泵供水。泵吸入管路必须真正水平,即没有任何可能截留空气的高点。如果吸入管和泵入口接头之间需要变径,则必须安装偏心型异径管,以使管道顶部平坦,避免形成气穴(图6-17)。

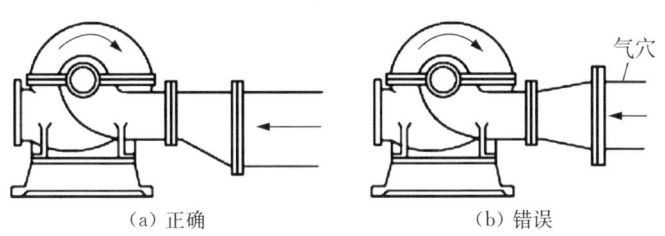

(a) 正确　　　　　　(b) 错误

图6-17　偏心型异径管安装

(3) 消防泵配件。辅助设备对消防泵的良好运行起着重要作用,其配备与否决不能仅仅根据成本来决定。NFPA 20给出了有关其安装的详细信息,以下内容应特别注意:

① 泄压阀。当泵的运行可能导致压力过大时,必须在泵排放管路上安装泄压阀。带有可调速驱动器的泵需要泄压阀,因为吸入压力加上闷泵压力可能超过消防设备的额定压力。

② 自动排气阀。在泵壳顶部安装自动或远程控制操作所需的阀门。对于由泵房内操作员手动启动的泵来说,伞形旋塞可能已经足够了,但对于通常充满水的泵壳,则需要自动排气。

③ 回流泄压阀。这些是可以自动或远程控制启动的泵所必需的。它们的功能是在稍高于额定压力的情况下,当几乎没有排放物时打开,以便排出足够的水来防止泵过热。在发动机驱动泵上不需要这些阀门,因为冷却水是从泵的出水口获得的。

10) 立式涡轮式消防泵

作为消防泵,首选卧式离心泵,在卧式泵无法获得正吸入压头的情况下,建议使用立式涡轮泵。立式涡轮泵的一个突出特点是无须正压上水即可运行。立式泵可用于从溪流、池塘、湿坑等处抽水,也可用作增压泵。

消防用水不建议从井中抽吸,但如果已确定井的充分性和可靠性,并且整个安装符合相关当局的要求,则可以接受。在许多情况下,安装深井消防泵的成本是很高的,特别是当泵在最大速率下的抽水水位低于地下15 m时。

11) 消防泵流量和扬程额定值

消防泵的流量和扬程额定值必须足以满足供水要求。认证的消防泵的设计旨在提供其额定流量并内置安全余量,以便在发生的火灾超过预期需求时提供一些保护。下面举例说明如何通过消防泵的特性曲线来确定额定流量和扬程的方法。

示例：在 90 PsiG 泵排放压力下，喷淋和消火栓的预计需水量为 1 400 gal/min。吸入源为地面消防水池，最大流量下的最小设计入口压力为 0 PsiG。请确定将要安装的卧式离心泵所需的额定流量和扬程。

在泵的过载能力范围内满足 1 400 gal/min 的需求，过载流量为额定流量的 150%。因此，1 400÷150% = 933（gal/min）。最接近的标准泵额定值约为 1 000 gal/min。1 400 gal/min 的需求将是额定流量的 140%，这是 NFPA 可以接受的。根据制造商的泵特性曲线，确定在流量为 140% 时，总压力为额定压力的 73%。在泵运行时，总压力等于排放压力（90 PsiG）加上吸入压力（0 PsiG）。因此，1 400 gal/min 时的净压力为 90＋0＝90（Psi），1 000 gal/min 时的额定压力为 90÷73% ＝125（Psi）。

结论：125 Psi 时，泵的额定流量应不低于 1 000 gal/min。

12）消防泵的功耗

在将驱动器与泵匹配之前，有必要了解泵在额定转速下的最大制动马力。这可以直接从泵制造商提供的马力曲线确定。典型消防泵在额定流量的 140%～170% 达到最大功耗。最大制动马力下的效率通常在 60%～75%。

13）消防泵驱动器

驱动消防泵的功率是根据可靠性、充分性、安全性和经济性来选择的。公用供电的可靠性可以通过停电记录和对所涉及系统的电源和配电布局的审核来判断。首选柴油发动机驱动消防泵，最大的优点是不依赖外部动力。

（1）电动机。驱动消防泵的电动机必须是消防泵专用类型。消防泵装置中的所有电气设备和接线必须符合现行的电气规范或标准，如 NFPA 70。由电机驱动的消防泵设计能够承受相当恶劣的工作条件。因此，这些泵的电源设计成可以承受大电气负载，而泵的配置将牺牲泵电机。这种设计与大多数电机的设计相反，以确保泵的可靠性。

电动消防泵需要备用电源。如果泵的电源不可靠，并且无法安装柴油泵，则需要应急发电机。除了涉及消防泵应急电源的国家法规或标准，应急发电机的安装可以参考 NFPA 37 的要求。

电动消防泵控制器是保证水泵成功运行的关键部件。这种控制器配备了各种内部组件，以达到可靠水平。这些部件可能包括断路器、断开装置、定时器和类似装置。电机控制器是一个完整的、组装好的单元，通过连接到电源和适当的电机端子，可以进行接线和测试。NFPA 20 包含了控制器的详细规范。

控制器可用于手动和自动操作。对于大多数工业应用，可以采用直接启动或压降启动控制器。当电动泵由柴油发电机组提供服务时，通常采用压降起动。电动泵应每周启动一次，每次至少 10 min。

（2）柴油发动机。消防泵最好使用柴油发动机驱动。系统安装首先应符合当地规范。此外，还应参考 NFPA 20、NFPA 31 和 NFPA 37 标准。

① 冷却系统。冷却系统对柴油发动机的可靠运行至关重要。NFPA 20 中认可的消防泵通常采用带热交换器或隔热歧管的闭式管道系统进行冷却。只有干净的水才能在发动机缸体中循环。冷却水通过管道从消防泵经过热交换器管道自由排放到可见位置。大多数发动机要求冷却水流量为 57～114 L/min，甚至更高。

工程师在消防泵性能测试时，启动柴油泵后必须立刻观察冷却排水管有无出水。如无冷却水流出，则应立即停泵，并检查冷却水管路有无堵塞。否则可能会使泵过热甚至烧毁。

② 储油罐。柴油发动机燃油储罐的尺寸应至少供应 8 h。如果没有及时重新加注柴油的设施，则应考虑更大的容量。储罐容量可以按照 1 gal/hp 估算。燃油储罐需要安装在消防泵房内，并配置防泄漏围堰；最好是与消防泵之间有防火隔断。所有列名的柴油发动机需要燃油在重力作用下使用，从而去除了发动机上的燃油泵。油箱底部高于喷油器水平面，也便于油箱的检查和维护。

③ 电池系统。允许柴油消防泵自动启动所需的能源取决于电池系统的容量。电池系统通常由专业服务承包商来维护保养，包括整流器、变压器和继电器等。电池分为两组，交替启动增加系统可靠性。

④ 发动机控制器。发动机控制器的结构、位置和驱动方法的规范与电机控制器相同。自动控制器配有手动启动和停止开关，以及报警装置。柴油泵的控制器面板上有一个码表会记录泵的运行时间。柴油泵应每周启动一次，每次至少 30 min。控制器由发动机电池提供的低压直流电源操作。其他对泵控制不必要的辅助设备由常规交流电源供电。

（3）消防泵自动控制。消防泵系统通常设置为自动运行，最好是自动启动和手动关闭。国内消防规范要求消防水泵应能手动启停和自动启动。自动控制的卧式离心泵必须始终在正吸水压头下运行，避免注水操作。

每个电机或发动机控制器都配有一个压力开关，当水系统管道中的压力降至预设水平时，该开关可启动泵。除非正常供水静压高于启泵压力，否则必须提供自动稳压泵，以将系统中的压力维持在较高水平。

对于某些系统可以考虑采用水流代替压降触发消防泵启动：①喷淋启动后系统压力下降不足以触发压力开关；②火灾需要消防泵立即提供服务的高危险场所；③消防和生产共用供水系统，安装稳压泵不可行；④压力波动很大，无法获得稳定切入压力的场合。

消防泵控制器的接线系统包括用于将继电器连接到喷淋系统或特殊消防系统的外部报警电路的端子。为确保泵的可靠启动，外部电路的安装应符合适用于消防服务的规范或标准。消防泵远程自动启动电路应由控制器电源供电。

14）消防泵的现场验收试验

新的消防泵安装完成后，需要进行性能验收测试。通过测试可以发现缺陷和故障，并采取补救措施。NFPA 20 给出了典型验收测试的详细信息。测试证明了泵吸入量的充分性以及泵根据扬程-流量曲线给水的能力。对电泵和柴油泵有各自单独的规定和要求。需要反复操作控制设备，以确保控制器的手动或自动操作可实现机组的全面运行。

进行消防泵流量测试，绘制泵的扬程-流量特性曲线。这个过程可以让消防泵按 5～6 个不同的流量运行，但是三个点必须包含在内，即 0%、100%、150% 的额定流量。以前是用皮托管连接到外部测试头测定流量的（图 6-18）。现在 FM 认证的消防泵都自带流量计测试回路，简便了许多（图 6-19）。

图 6-18　测试头

图 6-19　流量计

对于每一个流量，在泵的吸入端压力表和排放端压力表上读取压力。每分钟的转数也可使用转速表进行测量。柴油泵的冷却回路所需的流量可以加到测量的流量中。然而，这个流量很小，可以忽略不计。

消防泵系统应配备带流量计的测试回路，用于验收测试和定期性能测试。测试的水流会从流量计管路流回消防水箱，而不会干扰泵的运行。测试时只需操作测试回路上的阀门，根据流量计的显示即可获得不同的流量值。立式涡轮消防泵的测试方法与卧式泵相同，但没有吸入端压力表。此外，应在几个测试点记录泵送水位，除非水位是相对恒定的。

理论上，泵的特性曲线假定泵在恒定的额定转速下运行。在许多情况下，制造商从泵试验中获得的测试曲线要么是在恒定的转速下获得的，要么是修正为恒定转速后获得。实际上，柴油发动机的转速在关闭和最大负载之间允许有 8%～10% 的变化。电动机的转速几乎是恒定的。如果电源过载，可能会出现减速。在选择泵和现场测试期间，必须仔细评估这一点。

15）离心泵的布置和外壳

消防泵应安装在耐火或不可燃建筑中。即使气候温和，没有结冰危险，也需要足够的封闭结构来防止粉尘、腐蚀和恶意破坏。泵房必须与现场其他建筑结构分离，以避免发生火灾时，消防泵系统处于暴露风险之中。泵房和动力设施的选址应尽可能避免火灾、爆炸、洪水和风暴。

泵房应足够大，以便于检查和维护所有设备和装置，最好设置在地面上的干燥位置。泵房应提供照明、供暖、通风和地漏。对于柴油消防泵系统，加热、通风是必不可少的。

消防泵应尽可能靠近最需要保护的重要区域。在一些大型物业中，可能需要在多个地点提供消防水，以获得最有利的配水系统。理想的布局是在场地的对角分别设置一个泵房，形成供水环网。如果消防泵安装在一个偏远的泵房中时，对其要加强管理和监控。

16) 消防泵年度测试

消防泵应至少每年做一次性能测试，确认泵、驱动器、吸水和动力供应功能是否正常，如发现问题应及时修正。消防泵的水力性能是通过流量测试来测量的。通常取前文提到的三个点，即 0%、100%、150% 的额定流量。通过打开喷淋系统立管排水管的消火栓来测试消防泵的自动启动功能，并适当考虑消防系统的布局、压降或水流驱动、稳压泵等。在开始测试前，应仔细检查消防水池的水位和进水口等的状况。还应查阅断电、低水位和涉及泵、驱动器或相关设备的任何类型故障历史记录，并检查发动机控制器的仪表记录。

6.3 消防供水

对于绝大多数火灾情况，首选的应对措施是使用水作为灭火剂和冷却剂，以保护尚未发生火灾的相邻区域。当然，也有一些例外，特别是在水不起惰性作用的火灾中。但这些例外情况丝毫不会降低供水系统的重要性。

在确定水基灭火系统足够之前，应评估设施的供水系统。首先确定供水水源，以及消火栓和外部控制阀的位置，并确定是否存在高位水箱、地上蓄水池或其他水源。在较小的场所，必须考虑外部消防接合器的位置，因为这些设备被视为供水的辅助来源。

在确定水源时，工厂平面图和以前的查勘报告会非常有用，可能会显示某些特殊的供水来源，例如游泳池或装饰性池塘。业主也可以在这方面提供帮助。对于大型设施或工厂，应让现场人员提供有关供水系统的平面图和消防设计说明等信息。

在城市或发达地区，消防用水一般来源于市政供水系统。在农村地区，可能来自私有供水系统，可以由水箱、水库和水泵组成。在某些地方，可能会使用私有消防泵来增加公共供水的压力，以提供有效运行水基灭火系统所需的水压，前提是地方当局允许这样做。最常见的是，消防供水系统是公共和私有系统的组合。厂区配置了地上消防水池和泵房，公共供水进入消防水池，然后经消防泵增压，消防水通过管网输送到各处用水点。

6.3.1 私有消防总管和室外消火栓

无论供水来源是什么,都必须提供私有消防干管,以将水分配到整个工厂或建筑中。这些干管向现场的自动喷淋系统、水喷雾系统、泡沫水系统、室外消火栓、消防水炮、室内消火栓等供水。当连接到公共供水系统时,私有消防干管与公共供水系统的分界点通常设在靠近建筑红线的手动阀门处。

虽然单一水源的供水有可能满足现场的消防需求,但环状和分段的私有配水系统将提供最高程度的可靠性。单一供水管路可能会出现故障,或者被火灾损坏。环状系统上的分段阀可以隔离有缺陷的管路,从而允许通过管道系统的其余部分向大多数用户供水。

6.3.2 配水系统用控制阀

配水系统需要在关键位置有间隔地设置阀门,以便根据情况控制流量。闸阀、蝶阀、止回阀和减压阀是供水系统中经常使用的控制阀类型。阀门的安装应确保在高价值区域不会因单一事故、破裂或维修而需要关闭长度大于 150 m 的管道,或在其他部分长度大于 245 m 的管道,并确保通过其他干管可保持消防所需流量。通常在两个分段阀之间的消防设备数量不超过 5 个。

1) 指示阀

私有消防管线上的第一个阀门应为指示型阀门。它可以是三种类型之一:①带指示杆的地下闸阀(PIV);②带指示杆的地下蝶阀;③阀井内的明杆闸阀(OS&Y)(图 6-20)。消防管道中最好使用带指示杆的地下闸阀,方便检查和维护。指示阀可用于所有切断阀,被广泛用于工厂内部管网,因为它们能清楚显示闸门的状态。指示杆上有一块金属板,显示其开关状态。建议在上面标上所保护的建筑名称或阀门编号,并标示正确的打开方向。阀门通常被锁在打开的位置,但锁钩环是易碎的,阀门钥匙可以轻易地取下(图 6-21)。地下明杆闸

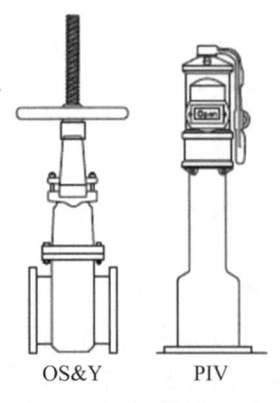

图 6-20 OS&Y 和 PIV

图 6-21 PIV 和"钥匙"

阀应安装在阀井内。重要的管网交会处通常需要多个阀门共用阀井。

2) 止回阀

止回阀安装在工厂内主控制阀旁边。止回阀必须安装在阀井中,除非它位于建筑物内,即使主控制阀是带指示柱的传统埋地阀。止回阀也需要易于接近,因此,阀井的尺寸和人孔的布置以及阀门周围的工作空间应足够大,以便于检修(图 6-22)。

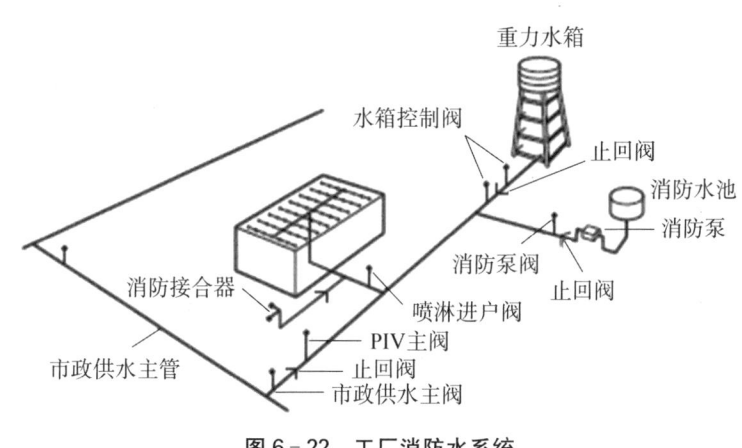

图 6-22 工厂消防水系统

止回阀允许水从公共系统流向私有系统,但不能倒流。在发生火灾时,它还允许私有系统中的水压高于公共水管的正常压力。在私有系统中,可以通过消防泵提供更高的压力,也可以由消防部门的水泵通过室外水泵接合器给建筑内自动喷淋系统增加压力。

3) 双止回阀

在某些情况下,可能存在泄漏或倒流的问题,此时可以采用双止回阀。双止回阀由青铜工作部件和橡胶饰面制成,因此它们具有紧密的阀座。其中两个阀门串联安装,因此效果增强,两者同时泄漏的可能性很小。双止回阀安装在阀井内的阀门之间,便于检查。此外,双止回阀还配有压力表和测试旋塞,其布置应确保在几分钟内可以验证每个阀门的气密性。

6.3.3 可接受的供水类型

风险工程控制将考虑接受以下组合或单独作为水源:①优质公共供水;②重力水箱;③消防泵和吸水罐(消防水池);④消防泵和水库(河流、湖泊、池塘等);⑤增压泵;⑥消防泵和缓冲罐;⑦压力罐。

1) 优质公共供水

公共供水旨在覆盖所有正常的家庭和工业需求,包括消防用水。在确保高度可靠的情况下,公共干管可以被视为一种良好的消防水源,能够保护较高保额的被保险标的。然而,高风险场所的消防如果仅仅依靠公共供水作为单一水源显然是不够充分的。

工程师不太可能对公共供水市政部门进行查勘,因此我们必须谨慎地评估这些供水情况。如果保险公司技术部门已经积累了足够的证据来确定当地公共供水的高度可靠性,可以通过将供水分类评为"优质"来将这种可靠性扩展到拥有同等供水服务的其他标的。

若要被评为"优质",则该场所必须由两条公共主干管供水,或由公共主干管分段环网供水,如此,整体供水不会同时受到损害(即,如果该场所外部的公共主供水设施的任何一个部分被关闭,另一部分必须能够提供100%的消防用水需求)。此外,该场所必须通过不会同时受损的双重管路连接到公共主干管上。

2) 重力水箱

具有适当容量和高度的重力水箱可作为单一供水源,也可作为多水源供应之一。重力水箱通常具有标准化的容量,其设计应符合现行规范。容量可以高达 $1890 m^3$,但通常使用较小的储罐。储罐通常由钢板制成,偶尔也会使用其他材料。

重力水箱高度是根据保持最高喷淋头最小压力的必要性来设置的,至少超过最高喷头上方 $10 m$,且距水箱底部可能高达 $50 m$。在有气候风险的情况下,必须保护储罐和相关的管道和阀门,防止冻结。储罐顶部必须完全封闭,以防止异物进入。要求有可靠的液位计,储罐内外均应涂漆,以防腐蚀。

应提供储罐的自动注水系统,且注满所需时间应少于 $6 h$。如果供水足够可靠,可考虑将进水量与水箱中可用消防需求水量相匹配。水箱可以供应该场所内的其他用水,前提是这些供水的取水口高于水箱内消防水的取水口,两个取水口之间的水量应大于消防水需求量。重力水箱必须由被保险人独立控制,并且必须仅连接到投保地点的内部干管,而且不应受到暴露风险。

3) 消防泵和消防水箱

带有适当尺寸消防水箱的消防泵可以作为单一水源,也可以作为多水源供水之一。消防水箱安装在靠近泵的地面上,其布置应确保泵吸入口浸水以始终提供充足的 NPSH。除了不涉及高架结构这一事实外,重力水箱的所有内容都应适用于消防水箱。储罐可由钢板或钢筋混凝土制成,容量可超过 $3800 m^3$。

离心泵是消防系统加压供水的首选泵。根据叶轮的数量和布置,有单级或多级泵。柴油机或电机可驱动离心式消防泵。如果只安装一台消防泵,则应采用柴油机驱动。认证的消防泵主要包括柴油泵和电泵两大类。国内消防规范要求消防泵至少一备一用。

消防泵系统包括给排水管道和阀门、泵、驱动器、控制器和辅助设备。辅助设备包括联轴器、自动排气阀、压力表、循环安全阀、泵测试装置、泵泄压阀和管道、报警传感器和指示器,以及稳压泵等配件。消防泵必须安装在专用建筑物内,保暖以防止冻结,并为柴油泵配备喷淋保护。从水箱连接消防泵的管道,在泵吸水端之前的管道应至少保持10倍管径长度的直管。

消防泵必须自动启动,并设置为手动关闭。此外,还必须监控它们是否无法启动,如果是电动泵,还必须监控它们是否断电。电动泵必须有一个安全可靠的电源,应考虑从尽可能靠近进线干线的位置,并在任何可能因火灾而跳闸的断路器之前供电。

4) 消防泵和蓄水池

原则上,这种水源类似于消防泵和消防水箱。然而,有一些关键的差异,使该系统的可靠性略低于消防泵和水箱。

蓄水池可以是湖泊、河流或类似的天然补给,也可以为此目的而建造,例如池塘。蓄水池的容量可能很大,因此可以认为是取之不尽的。相反,较小的水体必须全年有令人满意的进水量。必须考虑到气候因素,如洪水、冬季冰冻、干旱时供水减少等,如果水体不是私有并由被保险人控制,则必须考虑未来的规划。此外,还必须考虑其他因素,如水源的其他用户造成的污染、水上碎屑和泵站的安全性。周边风险也要考虑,从消防泵到保护区的长管线增加了脆弱性。

虽然有时可以将蓄水池布置成浸没泵的吸入水源,但在大多数情况下,需要泵有自吸能力。这是因为有必要将泵驱动器安装在洪水时预期的最高水位以上。如果该位置需要自吸提升,则应在适当的泵坑中使用立式涡轮泵。任何一种方法都需要仔细注意设计因素,以确保可靠运行。无论泵的类型如何,都必须注意泵的进水过滤,最低要求是可拆卸式双滤网。

5) 增压泵

增压泵是一种消防泵,直接从公共水管吸水,当公共系统无法在所需流量下提供足够压力的情况下使用。除了确保该泵不会将公共总管中的压力降低到可接受的水平(通常为20 Psi或1.4 bar)以下外,其安装方式与任何其他消防泵相似。然而,该系统在维持所需压力时的机械可靠性不如公共干管。

当然,增压泵只能在当地法规允许泵直接连接到公共水管的地方使用。增压泵经常安装在高层建筑中,因为达到上层所需的压力超过了公共水管的压力。在这种情况下,泵不仅需要供应喷淋系统和消火栓,还需要维持重力水箱或压力罐中的水位。

6) 消防泵和缓冲罐

这种供水方式是上述增压泵的改良版,地方性法规禁止将泵直接连接到公共水管的地方使用。一个小水箱用于接收来自总水管的进水,总水管的流量必须与泵的排水流量相匹配。水箱通常可容纳约15 min的供水,每个水泵应使用一个单独的水箱。除了水箱的尺寸外,安装类似于消防泵和消防水箱。由于该系统取决于进水量,其整体可靠性直接和干管供水的可靠性相关联。与增压泵的情况一样,泵的存在导致系统可靠性稍低。

7) 压力罐

设计良好的压力罐系统可以达到高度的可靠性。压力罐通常保持 2/3 充满水,空气压力至少为 500 kPa。压力罐应安装在建筑物内有采暖的房间里。压力罐用于供应喷淋系统、消火栓管路和水喷雾系统。有时它们与消防泵和重力水箱相连。然而,一些因素使得这种类型的供应仅适用于规模和危险均较小的标的。

首先是容量问题。压力罐的设计必须符合当地的非燃烧压力容器规范。因此,它本质上比普通储罐贵得多,它需要更高质量的钢材,而且更重。这些因素往往会将任何一个储罐的经济尺寸限制在 $7.5 \sim 57 \text{ m}^3$,因此需要多个储罐以获得更大的容量。

其次,有必要用空气压力罐对水箱进行可靠的加压,并对水位和气压系统进行监控。对于任何一个消防水箱,都需要可靠的自动补水供应,还有防寒、防腐蚀和清除沉积物等措施。当压力罐构成系统的一个水源时,设计必须确保避免气阻。这是指压力罐中的残余空气泄漏到配水管道中的情况,可能会削弱其他供水源保持足够流量或压力的能力。

通常安装压力罐是为了在消防主泵启动时,向打开的喷头提供快速响应的初始流量。如果使用压力罐为喷淋系统供水,则消火栓系统不得与压力罐供水相连,而是从其他水源供水。

6.3.4 供水充足性

判断消防供水是否足够,必须满足一定的标准:

(1) 可靠性。在需要的时候,有很高的可能性可以供水。

(2) 压力够。必须在足够高的压力下供水,以满足保护设备和消防活动需求。

(3) 流量够。在灭火期间,必须以所需的流量供给所有相关消防系统。

(4) 持久性。必须在设计供水时段内始终保持给水,可能长达数小时。

只有当满足所有这些标准时,才能确定供水是"充足的"。未能满足其中任何一项要求意味着供水不足。消防供水充足仅意味着"足以用于承保目的",这并不能保证供水足以确保该地点的任何可想象的火灾情况都能被迅速扑灭。通常,对充足的供水系统不需要提出风险改善建议。

并非每个企业都需要相同的消防供水系统来提供充分的保护。显然,一个大型设施,保险价值更高,其需要的供水系统设计一定与保险价值小的设施不同。同样,该场所的占用类型也会产生影响。同等规模企业,高火灾危险等级场所通常比低危险场所需要更强大的供水系统。

确定供水充足性的唯一可靠方法是进行流量测试。然后通过水力分析,在系统的关键点,在足够的压力下,确定足够的水量。每个供水系统必须单独测试,每个消防泵也应进行测试。工程师在现场查勘时应尽可能督导这些测试。

6.4 自动喷淋系统

自动喷淋系统是控制建筑物火灾的最有效手段。就保险而言,被保险标的是否配备了有效的自动喷淋装置是核保尤为关心的重要因素。本节讨论自动喷淋系统及其性能。

6.4.1 自动喷淋系统概述

自动喷淋系统应按照所在地当局颁布或认可的规范或标准设计。这些规范和标准本质上是经验性的,是在过去一百多年中,根据对实际火灾和相关喷淋装置有效性的经验和实际分析而制定的。鉴于这一发展,喷淋系统规范或标准必须具备完整性,不能从一个标准中选择"良好"的规定,并将其应用于按照另一个标准或规范设计的系统。例如,BS 5306:Part 2:1990 允许对四个相邻喷头流量进行平均来确定喷水强度。但这种"平均值"不能应用于根据 NFPA 13 来设计的喷淋系统中。相反,NFPA 提供了一系列与喷水强度和喷淋作用面积相关的曲线,允许在较大区域采用较低喷水强度。这一原则不能适用于为另一个标准设计的喷淋系统。同样,鉴于喷淋系统规范是基于经验的,因此不能将规范要求外推到规范中未明确涵盖的领域。

然而所有的自动喷淋系统都有类似的特点,即通过喷头向火中喷水。喷头通常是沿着悬挂在屋顶上的配水管道每隔一段距离分布的。喷头的孔口通常由一个固定的热敏释放元件(玻璃泡或熔断金属)来保持关闭。喷头的孔径范围很广,通常为 6~19 mm,热释放元件可在多种不同的温度下工作,通常温度范围为 57~149 ℃,但特殊用途元件可高达 343 ℃。

喷淋头有各种不同口径,以便在保持配水系统压力可接受范围的同时获得所需的喷水强度。显然,喷淋头需要一定的最小压力才能可靠地运行(通常为 50~70 kPa),但如果压力过高,则会出现水滴太小而无法穿透火焰到达火源的情况。

根据火灾强度和所保护的材料预期的相关屋顶环境温度,需要选择不同温度等级的喷头来实现最有效的保护。启动温度等级过低会导致在危险性较高的材料上打开过多的喷头,而过高的温度等级则可能导致在低危险性占用条件下,在火灾中启动的喷头数量太少。

喷头的技术发展和需要保护的占用性质的变化催生出了几种不同类型的喷头,通常不同类型喷头不能在任何一个系统中混用。喷头既可以是直立型的,水流朝上对着溅水盘,也可以是下垂型的,水流向下对着溅水盘。不管是直立型还是下垂型,最后水流形成的保护圈都是向下的(图 6-23)。

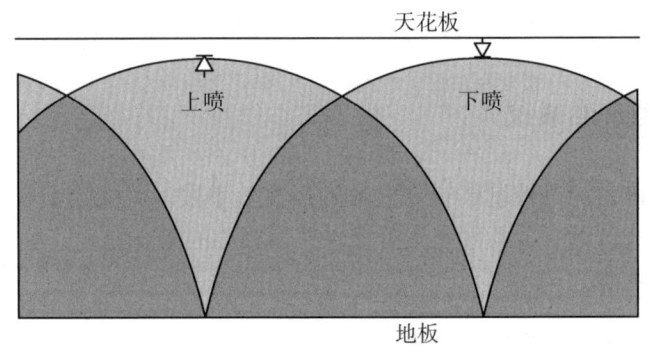

图 6-23 喷淋头覆盖范围

对美观有较高要求的建筑物，可以选择嵌入式喷头、隐蔽式喷头和边墙式喷头。其他喷头包括用于安装在仓库货架内的喷头、用于冷却暴露在火灾中的设备或建筑构件的雨淋喷头，以及用于应对在短时间内产生极高热释放率火灾的大水滴喷头。除了这些喷头外，人们还研发出了"快速反应喷头"系列，这是一种具有高度热敏感性的喷头，使其能够在火灾发展的早期阶段开启。其中最经典的就是早期抑制快速响应（ESFR）喷头，设计用于对迅速发展的火灾做出快速反应。

喷淋系统通过立管供水，立管底部有一个控制阀和一个水流探测装置，当任何喷头打开时，该装置将发出警报。喷淋系统立管还应配备一个测试排水阀，以便在不损坏系统的情况下测试水流警报。立管从建筑物的地下配水系统取水。立管底座上可能还有其他部件，如预作用系统的预作用阀和各种"监控"装置，旨在监测系统的准备状态，并在出现缺陷时发出警报（例如未经授权关闭立管阀）。通常，立管中使用的部件是专用的，喷淋系统规范确定了它们的特性。立管也可包含消防接合器的接头，以便系统压力不足时，由消防车朝系统内注水增压。

6.4.2 自动喷淋系统设计

目前最常见的是水力计算设计系统。喷淋系统的水力计算设计，以前是通过人工计算来完成，现在几乎都是由计算机来实现。只要把喷淋系统设计布局图导入计算机，所有的水力计算都由电脑完成。水力计算设计的系统可以完全符合占用场合的保护需求。同时，水力计算设计的系统不可能有太多的冗余设计，从而控制了成本。

以前还有一种所谓"管径规格法"系统，这是一种使用预定管道尺寸的标准现成设计，它基本上明确了给定尺寸的管道上能安装的喷头数量。由于找到一个完全符合占用场合的保护需求的"管径规格法"设计的可能性很小，因此这些系统大多都具有固有的额外容量，当占用性质发生变化时，这些冗余设计会很有用。

喷淋系统的配水管道通常都是架空的，管道布置有时看起来很复杂，但基本上我们可以确定管道要么是"分支"设计，要么是"网格"设计（图 6-24）。前者喷头安装在一系列支管上，每个支管的一端由一个主管供水，而主管从立管取水。网格设计的喷头安装在两个主管之间的支管上，因此支管从两端供水。网格系统的两个主管可以用不包含喷头的单独管道连接在一起，也可以仅依靠没有敞开式喷头的支管来平衡流向需要水的支管的水流。有时会遇到"环状"系统（图 6-25），但这可以看作是分支系统的变体。不同之处在于，在环状系统中，主管连接在一个连续的回路中，因此每条支管从两个方向接收供水。

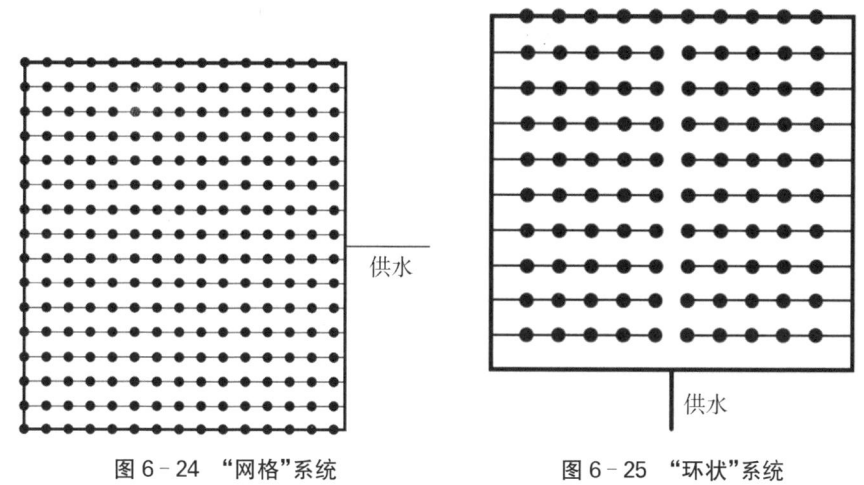

图 6-24 "网格"系统　　　　图 6-25 "环状"系统

支管沿主管以一定的间隔布置，通常间距 3 m 左右，喷头沿支管每隔一定距离布置，通常也接近 3 m。两种类型之间的一个明显区别是，在网格系统中，支管沿其整个长度具有均匀的直径，而对于分支系统，支管的直径随着支管供应的喷头数量的减少而逐渐减小。

1) 占用分类

自动喷淋系统设计的第一步都是对要保护的场所占用性质进行分类。在自动喷淋系统规范中，占用被划分为几个基本危险类别，每一类别都按预期火灾荷载和强度的增加顺序进行分类，这也就要求喷淋系统的性能随之提升。

NFPA 13 考虑了三个危险类别：轻度危险、普通危险和严重危险。在英国，BS 5306：Part 2：1990 规定了三个基本类别：轻危险、普通危险和高危险。中国的喷淋系统规范主要是借鉴 NFPA 13，因此在危险等级划分上也和 NFPA 13 类似。在大多数喷淋系统规范中，基本危险类别会被进一步细分。

(1) NFPA 轻度危险类别包括住宅、公寓、教堂、酒店、学校和公共建筑等占用，在这些地方，可燃材料的数量相对较低，火灾的热释放率较低。

(2) NFPA 普通危险类别包括普通商业、制造业和工业占用，而这些又可进一步细分为两组：

① 普通危险类别1组。是指内部物品的可燃性相对较低、材料数量适中、物料堆高不超过2.4m，且预计火灾会以中等速度释放热量的占用。该组包括停车场、面包店、洗衣店和罐头厂等占用。

② 普通危险类别2组。指内部物品的数量和可燃性中等到高，物料堆高不超过3.6m，火灾预计有中等到高的热释放率。该组包括谷物加工厂、纺织和印刷厂、制鞋厂、饲料厂、码头和造纸厂等占用。

(3) NFPA严重危险类别包括两组：

① 严重危险类别1组。有可能产生严重火灾，但没有或几乎没有可燃或易燃液体的占用。其中包括压铸和金属挤压厂、锯木厂、橡胶生产设施和使用塑料泡沫的装潢作业。

② 严重危险类别2组。包括含有中等至大量可燃或易燃液体的占用，例如易燃液体喷涂、开式油淬火、溶剂清洗、塑料加工或清漆和油漆浸渍工艺。

除了这些NFPA基本危险分类外，还需要考虑特殊占用条件。这些条件包括高堆垛可燃物、各种易燃和可燃液体、可燃粉尘、化学品、气溶胶和爆炸物。

目前中国自动喷淋系统规范最新版为《自动喷水灭火系统设计规范》(GB 50084—2017)。其中对被保护场所的危险等级划分如下："设置场所的火灾危险等级应划分为轻危险级、中危险级（Ⅰ级、Ⅱ级）、严重危险级（Ⅰ级、Ⅱ级）和仓库危险级（Ⅰ级、Ⅱ级、Ⅲ级）。"

在含有一些高危险物品的场所，水可能不是有效的灭火剂，除非它与某些添加剂结合。然而，对于大多数占用区来说，水是控制或扑灭火灾的主要介质。水基消防系统的设计可以满足各种情况，但它们始终依赖于自动可靠的供水源。

2) 喷淋系统喷水强度

自动喷淋系统的设计首先要考虑在最不利点（距离喷淋立管最远处）一定数量的喷头打开时的最小水流。这个水流和喷头的作用面积与被保护的占用区的危险类别有关，被保护的占用区危险类别越高，就需要更大的作用面积和喷水强度。

NFPA 13给出的喷淋系统设计曲线（图6-26），横坐标为喷水强度，纵坐标为作用面积。

NFPA 13喷淋系统设计曲线应用的一个例子：设计一个网格化喷淋系统保护严重危险1组占用，喷头间距3.05m。

方案1：每个敞开喷头保护的面积为$9.30\,m^2$，如果基于$465\,m^2$，将有50个喷头打开，最远的喷头必须排放75.7L/min，以提供$8.1\,L/(min \cdot m^{-2})$的喷水强度。

方案2：如果系统基于$232\,m^2$，则只有25个喷头打开洒水，但最远的喷头必须排放113.6L/min，以提供$12.2\,L/(min \cdot m^{-2})$的喷水强度。

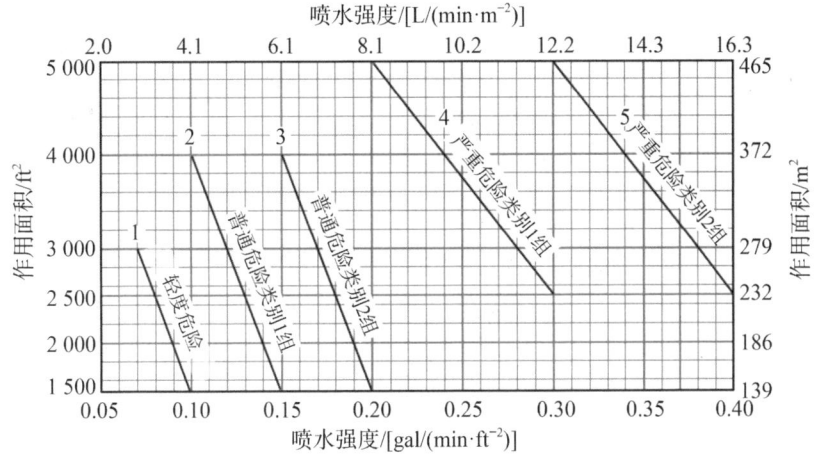

图 6-26 喷淋系统设计曲线

根据 NFPA 规范,设计师完全可以选择一些中间点。

方案 3:例如 372 m², 对于该区域, 所需的最小喷水强度为 $9.8 L/(min \cdot m^{-2})$, 将有 40 个喷头打开, 最远的区域必须排放 90.8 L/min。

对于每种设计情况,通过最远端喷头所需的水流将在该喷头处确定系统中允许的最小水压。假设我们使用带有 12.7 mm 口径的喷头,方案 1 需要 94 kPa,方案 2 需要 215 kPa,方案 3 需要 136 kPa。将喷淋系统立管的供水压力设置在适当水平,以克服系统管道摩擦损失并供应所有打开喷头所需的流量,从而获得所需的最小压力。

有时喷水强度单位用 mm/min 表示。从数值上讲,该密度与 $L/(min \cdot m^{-2})$ 相同。

6.4.3 自动喷淋系统类型

自动喷淋系统大致分为四类:湿式系统、干式系统、预作用系统和雨淋系统。其中湿式系统最为常见。系统选型取决于该系统所处的环境条件及受保护空间的性质。

1) 湿式系统

湿式系统(图 6-27)是所有喷淋系统中最可靠的系统,设计、安装和维护也最简单,应该始终是首选。湿式系统使用闭式喷头,系统管道中总是充满水,并直接连接到供水系统。当火灾发生并产生足够的热量时,会使一个或多个喷头爆破而喷水。然而,湿式系统有可能不适合某些场合,此时应考虑其他系统。当环境温度可能低于 4℃时,则不能采用湿式系统。

2) 干式系统

只有当环境温度可能低于 4℃,不能采用湿式系统时,才会考虑采用干式系

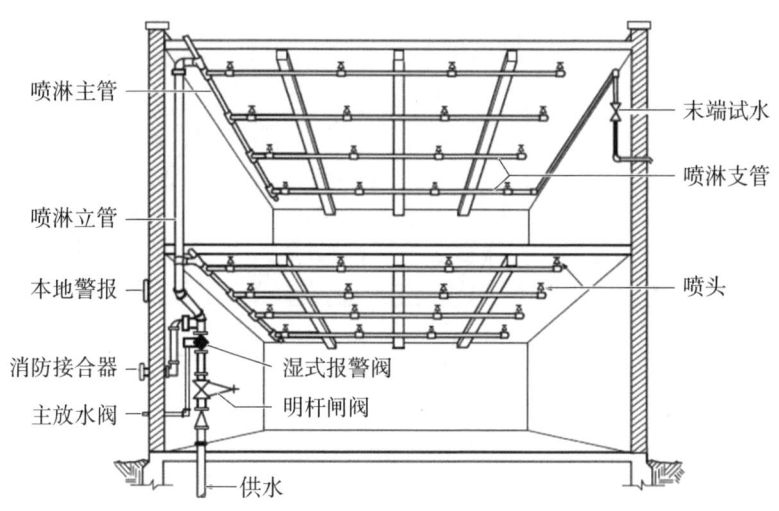

图 6-27 湿式系统示意图

统(图 6-28)。从表面上看,干式系统类似于湿式系统,也采用闭式喷头。区别在于,在静态条件下,干式系统的主管和支管含有加压的空气或氮气,而不是水。喷头打开时,首先释放系统气体压力,使供水侧水压大于系统侧气压,从而打开立管底部的干式报警阀,水就可以从供水管网流入喷淋系统,然后它就会像湿式系统一样工作了。

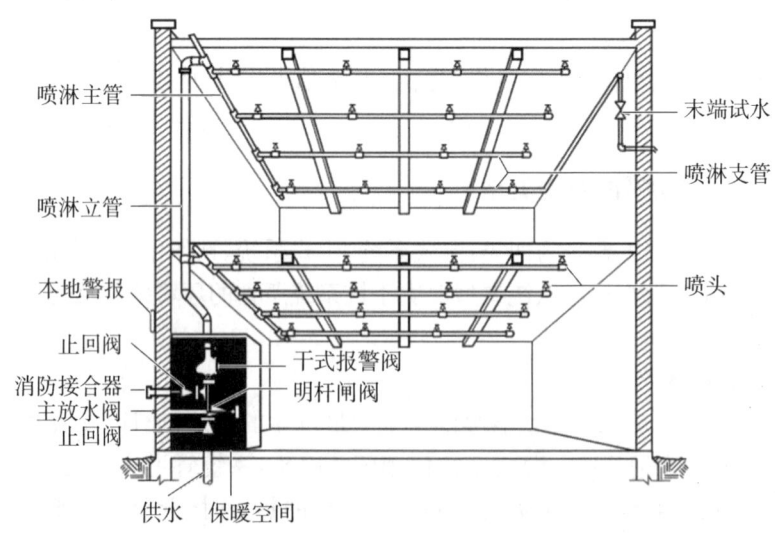

图 6-28 干式系统示意图

干式系统缺点是从第一个喷头开启到喷水之间会有延迟。干式系统有时被错误地用于可能发生泄漏或管道破裂的场景,来降低材料受到水损的可能性。

其实干式系统无法实现这一点,只是会比湿式系统的响应速度稍慢一些。由于干式系统排气到喷头喷水有时间延迟,这会造成很多设计上的局限。例如:水容量大于1900 L的干式系统必须配备快速开启装置。这种快开装置通常是一个加速器,放在靠近干式报警阀的地方。必须对干式报警阀和供水管进行保护,以免低温和机械损伤。为此,需要一个加热的保护外壳。快开装置的检查和试验频率与干式报警阀相同。

干式系统中的空气压力可能来自工厂供气系统或自动空气压缩机。氮气通常由高压气瓶供应。系统中的气压必须与干式报警阀规定的气压相对应,通常比计算的阀门启动压力高140 kPa。压力表安装在干式报警阀的供水侧和空气侧、气压源处、从供气到系统的每个独立管道中以及排气机和加速器处。工程师在查勘期间始终应检查这些情况。

3) 预作用和雨淋系统

对于水损非常敏感的场合,可以考虑选择预作用系统。该系统管道充满空气或氮气,无须加压。在与喷淋系统同一区域内安装了一个辅助火灾探测系统,用于打开立管底部的预作用阀,以便在发生火灾时水流入系统。一旦水进入系统,它就会像湿式系统一样工作。这种类型的系统经常用于涉及高精密电子设备的占用。由于喷淋规范通常限制预作用系统上的喷头数量,因此非常大的区域将需要多个预作用阀。

有时会遇到上述系统的变种是组合干式预作用系统。顾名思义,这是一个干式系统,但在喷淋系统的同一区域内增加了一个火灾探测系统。火灾探测系统会触发启动跳闸装置,并立即打开干式报警阀,而不需要等待系统中的空气或氮气压力下降。火灾探测系统的运行通常在喷头打开之前,也会先打开给水主管末端的排气阀。此时,火灾探测系统成为主要火灾警报。这种类型的装置适用于需要多个干式系统进行充分覆盖的非常大的区域,或者无法通过加热或其他防冻空间(如船坞和码头,以及大型冷藏库中)为干式报警阀安排供水的场合。当涉及多个干式系统时,火灾探测装置的启动通常会打开所有干式报警阀。

雨淋系统使用安装在管道系统上的开式喷头,通过雨淋阀与供水系统相连。雨淋阀通过位于与喷淋系统相同区域的火灾探测系统触发。当雨淋阀打开时,水会流入管道,并从所有喷头中同时排出。预作用系统和雨淋系统的区别很简单,在前者中,喷头除非被火打开,否则是关闭的,而在后者中,喷头总是打开的。雨淋灭火系统用于火灾可能迅速蔓延的高危险区域,可以在整个危险区域快速洒水。该系统的一个发展是除了水以外,还可以使用泡沫,雨淋系统经常用于飞机库、油库、纺织厂等。

6.4.4 自动喷淋保护的充分性

自动喷淋系统的设计,主要基于占用的危险等级,必须遵守消防规范。

NFPA 13 涵盖了喷淋系统的设计安装，工程师必须充分了解和掌握。此外，还应熟悉国内的喷淋系统规范 GB 50084。

根据 NFPA 标准设计和安装的自动喷淋系统通常被认为是优秀的，因为系统部件具有更高的可靠性和规格。此外，NFPA 喷淋系统标准由模拟实际火灾情况下的科学火灾控制试验支持。因此，NFPA 喷淋标准目前得到了世界各国的广泛认可，中国的喷淋系统规范 GB 50084 也主要借鉴了 NFPA 13。基于 NFPA 标准的喷淋系统更适合于一些风险较高的仓储占用，例如高堆货架储存，以及橡胶轮胎、打包棉花、纸卷、某些气溶胶产品的仓储。这并不是说一个喷淋标准优于另一个标准，而是认可 NFPA 13 是基于更专业的测试。NFPA 13 已经有了 2019 年的版本，比其他大多数的喷淋标准或规范都要新得多。

然而，这并不意味着根据其他标准设计安装的喷淋系统不能被评为"充足"而进行承保。本节的目的是讨论自动喷淋系统的等级标准，而不管它是 NFPA 系统还是根据另一套喷淋系统规则设计和安装的。对现有自动喷淋系统的正确评估需要有经验的工程师的判断。以下说明强调了在进行评估时必须考虑的一些主要因素。

工程师通常没有机会测试自动喷淋系统，此时，我们的判断必须依赖于对系统的水力计算分析，这种分析旨在评估系统在"水力最苛刻"情况下的充分性。专用计算机程序可用于处理喷淋系统供水分析。此类水力计算分析应作为所有初始财产风险查勘的一部分，并在占用性质变更为更高危险等级时再次进行。

标的现场安装了自动喷淋系统，并不一定就能保证其得到了充分有效的保护。喷淋系统的设计、安装、测试和维护必须符合公认的喷淋系统规范或标准，以下说明将有助于评估系统的整体充分性，并供保险公司核保作参考。

1) 保护等级："充足"

根据自动喷淋系统规范的要求设计、安装和测试的喷淋系统装置，必须适合于特定的占用情况，从而能够控制大多数火灾，把损失降到最低。它还应包括其他保护功能，使发生全损的可能性非常小。要判断自动喷淋系统是否"充足"，应基本满足以下所有要求。任何严重的缺陷都需要降低评级，并提出相应的风险改善建议。

（1）自动喷淋系统的设计应能适应当前的使用情况，并能充分保护 100% 的面积和投保价值。这包括可燃的隐蔽空间。货架或高堆垛等不应影响喷淋系统的有效性。

（2）应安排有资质的人员妥善维护喷淋系统。尤为重要的是，陈旧的系统是否有水垢、铁锈或泥浆，是否得到了定期检查，并在必要时进行冲洗。工程师应特别对这些要点进行评估，并在查勘报告中加以描述。

（3）系统应具备适当的保护设计，使任何部分都不会冻结。

（4）所有喷淋系统控制阀应易于接近。

(5) 应提供一项喷淋动作本地警报及中控警报服务。

(6) 任何没有喷淋保护的区域都应尽量小而且危险性低,否则该区域应以标准方式进行完全防火隔断,或采用不可燃结构并存放不可燃物。

(7) 如果隐蔽空间面积很大,则这些空间应采用不可燃结构。

(8) 所有垂直开口均应采用围堵或为此目的设计的喷淋装置进行充分保护。

(9) 最好有两路可靠的消防供水,并且必须具有足够的流量和压力,以便在任何危险区域为喷淋系统提供足够的供水。

(10) 必须配备足够的消防接合器,以使消防队能在喷淋管线上保持足够压力。

在确定干式喷淋系统的充分性时,应考虑以下附加因素:

(1) 干式报警阀应采用认证产品,并且在两年内的跳闸启动测试结果良好。

(2) 干式报警阀室应采取保暖措施,以防止阀门冻结。

(3) 干式报警阀大于 4 in 的系统应配备加速器或排气机(取决于系统上喷头数量)。

2) 保护等级:"待定"

自动喷淋系统能够控制大多数火灾,但仍存在某些缺陷,而不完全符合"充足"标准,如报警功能不达标、小部分区域无喷淋、或其他会在较小程度上损害其保护级别的缺陷。

"待定"评级是一个有待改进的中期评估,以使系统在合理的时间内达到可接受的标准。因此,该评级会始终伴随风险改善建议,以使被保险标的达到"充足"评级。如果这种升级改变是不可能的,那么该系统应被归类为"不足"。

3) 保护等级:"不足"

如果自动喷淋系统由于重大缺陷,如系统设计不适合当前使用、设计过时、缺乏维护、供水不足或不可靠,以及大部分区域或重要区域没有喷淋保护,因此无法合理预期其能够控制火灾。那么该系统应被归类为"不足"。

公共或私有消防队保护不足或缺失的场所,喷淋保护等级应按以下方式确定:

(1) 除非现场的喷淋保护完全满足"充足"的所有要求,否则将其定级为"待定",并提供实现"充足"评级的适当建议,前提是实现此类建议在被保险人的能力范围内。

(2) 其他所有情况保护等级评为"不足"。

6.4.5 自动喷淋系统警报

自动喷淋系统必须配备水流报警器,能在喷淋动作时立即发出警报。即使喷淋系统灭了火,不必要的水损也可能相当严重,因此在不再需要喷淋保护时可以立即切断供水。喷淋的报警系统应设置在本地和中央监控室，以便提供最可靠的服务。本地报警器可以是水力警铃或电铃，必须安排人员值守，在听到信号后立即采取救援行动。

6.4.6 自动喷淋系统性能

自动喷淋系统能快速灭火，至少可以限制火势发展。在大多数情况下，只有极少数喷头会打开洒水，火灾和水损都将局限在相对较小的区域内。

然而，即使有喷淋系统保护，仍有重大火灾发生，其原因可能是：

（1）针对该占用的喷淋系统供水不足。

（2）喷淋系统设计强度不满足该占用的要求。

（3）火灾发生时或火灾发展期间，喷淋系统的供水被切断。

（4）喷淋系统的喷头被阻挡。

（5）火灾在喷淋系统动作前蔓延，可能由以下原因造成：①粉尘、油或绒絮沉积物；②快速燃烧材料；③蒸气或粉尘爆炸；④喷头安装位置过低。

通常火灾本身对自动喷淋系统部件的损坏不是一个重要因素，最坏的情况通常也就是喷头打开数量过多。如果喷头、管道或阀门受损，则意味着系统在火灾期间可能没有供水，而整个喷淋系统无法起到应有的保护作用。火灾损失程度与喷淋系统损坏程度相对应。喷头故障可能意味着某条支线堵塞，而喷淋报警阀故障则可能意味着整个系统被关闭。

6.4.7 自动喷淋系统供水

自动喷淋系统能否有效地控制火灾，和供水系统的质量是密不可分的。除非有可靠的消防供水，否则自动喷淋系统将无法达到预期的性能。

（1）充分。供水系统必须能够提供100%的喷淋系统需求，包括货架内喷淋系统，以及消火栓的流量。通常需要消火栓来完全扑灭由自动喷淋系统控制的火灾。可组合多个水源以提供充足的消防供水。

（2）可靠。供水系统必须能够在喷头打开时立即做出反应。至少有一个消防泵站加一个地上水池。理想情况是采用两个消防泵站加两个地上水池，并且连接到地下环形管网两端的设计。

为了保证被保险标的喷淋系统的供水得到"充足"的评级，必须确定供水既充分且可靠。当然，供水也必须有足够高的压力。这些变量直接与被保险标的的危险等级相关。当一个被保险标的从轻度危险变成普通危险，再到额外危险和货架仓储时，对喷淋系统供水的最小流量、压力和持续时间的要求也会增加。

虽然只要几个喷头洒水就能控制许多火灾，但必须假定25个或更多喷头能真正运作。每个喷头的洒水量取决于系统的设计。在工业和商业建筑中，1890 L/min是正常的最小设计流量。根据占用情况，需求可能高达7570 L/min

或更高。NFPA中要求，当喷淋系统运行时，消火栓供水流量至少需要945 L/min，通常为1890 L/min，有时可能为3780 L/min或更高。

应安装一个或多个消防接合器，由两个2.5 in的连体软管入口管连接至喷淋系统。必要时，消防队可以利用这个接口朝喷淋系统中供水加压。消防接合器应位于易于接近的适当位置并正确标记。中国国标要求：系统应设消防水泵接合器，其数量应按系统的设计流量确定，每个消防水泵接合器的流量宜按10～15 L/s计算。当消防水泵接合器的供水能力不能满足最不利点处作用面积的流量和压力要求时，应采取增压措施。

6.4.8 自动喷淋系统测试

对喷淋保护场所，工程师在每次现场查勘时，应尽可能地去测试喷淋供水系统。最常用的测试方法是末端排水测试和2 in排水测试。

1) 末端排水测试(ITC)

每个报警阀组控制的最不利点喷头处应设末端试水装置，其他防火分区、楼层均应设直径为25 mm的试水阀。末端试水装置应由试水阀、压力表以及试水接头组成。试水接头出水口的流量系数，应等同于同楼层或防火分区内的最小流量系数洒水喷头。末端试水装置的出水，应采取孔口出流的方式排入排水管道，排水立管宜设伸顶通气管，且管径不应小于75 mm。末端试水装置和试水阀应有标识，距地面的高度宜为1.5 m。

2) 2 in排水测试

喷淋系统在立管底部安装了测试排水管，通常为2 in(50 mm)阀门。打开排水管将导致喷淋系统压力迅速下降，因此水将开始流入系统，以保持系统端压力与供水端压力的平衡。该水流应同时启动水流警报，并且触发消防泵的启动。这项测试能很快查出喷淋供水系统中是否存在关闭的阀门或系统损坏。

测试细节应包含在风控查勘报告中。试验前记录系统压力表上的静压，并在排水流量稳定时记录残余压力。试验结束时，应确保系统恢复到其原始状态。不少保险公司都会有一个报告喷淋系统排水测试的标准表格。

6.5 水力计算软件

水力计算软件可以对喷淋系统及其供水进行水力计算分析，以确定其是否充足。建议工程师了解水力计算程序的使用，毕竟全靠人工完成的年代已经过去，而且有些系统太过复杂（如Grid网状系统）是无法人工计算的。

虽然水力计算软件主要是为自动喷淋系统设计师开发的，但工程师也可能会审核批准将安装在被保险标的中的喷淋系统，完全可以利用该软件在安装之前对设计进行验证，也可以用其评估现有喷淋系统的充足性。

6.6 火灾报警系统

火灾报警系统在火灾中起到了降低生命和财产损失的重要作用,可以提供火灾探测、疏散预警及通知私有消防队或公共消防部门。报警系统被认为是被动灭火的一部分,因为火灾发生后其只能发出警报而不能灭火。

在火灾报警系统的整个生命周期内,定期检查和功能测试有助于确定系统是否出现故障。虽然火灾报警系统有电源和系统完整性监测的功能,但这些系统中固态电子元件的出现引入了许多无监测的部件和接头,这些部件和接头可能在没有故障通知的情况下发生异常。这种故障可能损害报警系统,而表面上系统的状态可能没有任何明显变化。

6.6.1 火灾报警系统类型

商业和工业火灾报警系统基本主要分为六大类:控制中心、本地、辅助、远程站、专用和紧急语音/报警通信。它们都具有一些类似的基本特性。每个报警系统都有报警启动装置电路,该电路提供了将火灾报警控制装置与手动火灾报警箱、水流驱动报警装置、自动火灾探测器或其他火灾报警启动装置相连接的方式。报警系统控制单元有一个主电源和一个备用电源。

(1) 控制中心系统。设计用于接收来自受保护场所的信号,该中心由一家提供控制报警服务的公司运营,始终有人值守。中心站的操作员收到火警信号后,会将其同时传送到公共消防通信中心。信号可由直流编码电路、多路信号系统或无线电传输接收。在国内,此类系统不常见,一些高新开发区能提供此类服务。如果辖区内某家企业或仓库有警报,也会得到及时响应。

(2) 本地系统。旨在发出本地警报,以便对受保护建筑进行疏散。必须另行安排通知消防局。

(3) 辅助系统。将建筑物的火警启动装置连接到公共消防报告系统。这可以通过附近的主火灾报警箱或通过公司专用电话线连接到消防局通信中心。此类系统在一些重点火灾防控单位或高级宾馆里会见到。

(4) 远程站系统。通过租用网线或数字报警通信系统,在 24 h 有人值守的远程位置接收可视和音频报警信号。如果远程站不是公共消防通信中心,远程站人员必须把警报传达消防中心。

(5) 专有系统。广泛应用于商业和工业。通过专有系统传输的信号在经常有人值守的中央监控站接收和记录,该监控站可能位于现场消防控制中心或门卫室。实际上,专有系统就是一个位于现场的控制中心系统。目前的大型专有系统都采用计算机控制,通常也提供报警启动和传输信号以外的其他消防联动功能。报警系统还可以操作防排烟设备,控制工厂暖通空调系统以减少烟雾传播,控制电梯降到首层,控制逃生出口大门,或启动特殊灭火系统。组合系统可以将火灾报警功能与防盗警报、门禁控制、寻呼系统或建筑能源管理系统集成。

(6) 紧急语音/警报通信系统。用于补充本地、辅助、远程站或专有系统,以便通知人员疏散或者撤离到避难区。本地和紧急语音/警报通信系统具有一个或多个警报装置电路,将声光警报通知设备连接到火灾报警控制单元。发生火灾时,这些警报装置会进行广播。根据受保护场所的需要,声光警报装置可能包括警铃、喇叭、警报器、扬声器、频闪灯和数字显示器等。

本地和紧急语音/警报通信系统还可以通知保安人员或当地消防队根据需要对火灾地点做出反应来保护人员和财产。控制中心、辅助站、远程站和专有系统是通过召集公共消防部门来提供财产保护。专有系统也可以召集当地的私有消防队。

6.6.2 手动火灾报警

这是最简单的火灾报警系统,其实就是一个按钮开关,当按钮被按下时发出警报。为了防止未经授权的使用或误操作,手动警报通常是"破玻"类型,但在非公共场所,可以使用敞开式按钮。报警开关应安装在出口附近,以及存在异常火灾危险的特殊位置。业主应定期对手动警报进行测试,并且手动报警盒的位置不能被阻挡。

6.6.3 水流驱动报警装置

该火灾报警系统通过适当的火警启动装置监控自动喷淋系统或其他灭火系统的运行。自动喷淋系统工作时,水流驱动的火灾报警装置将发出火灾报警信号,并送到消防控制中心。

火灾报警系统还应通过监控启动装置来监控这些灭火系统的正常备用状态。如果有人关闭自动喷淋系统控制阀或以其他方式破坏了保护系统,监控启动装置将使火灾报警系统控制单元显示"监控异常状态"。当阀门重新打开或破坏被解除时,监控启动装置将使火灾报警系统控制单元显示"监控恢复正常"信号。

6.6.4 自动火灾探测器

火灾发生时会有明确的特征,最常见的是热、烟和辐射能。风控专业称其为"火灾签名"。自动火灾探测器有可以保护一个特定区域的点型探测器,或者保护整条线路的线型探测器。

1) 感温探测器

感温探测器是对警戒范围内某一点或某一线路温度变化时响应的火灾探测器。它将温度的变化转换为电信号以达到报警目的。当检测元件达到预定温度或发生特定的升温速率时,做出响应。火灾热量通常位于屋顶附近,因此感温探测器也应该安装在那里。

所有探测器都应定期测试。使用安全热源可以测试可恢复式探测器,而不可恢复式探测器必须进行机械或电气测试。

(1) 定温式感温探测器。定温式探测器是在火灾引起的温度上升超过某个设定值时启动报警的火灾探测器。探测器实际工作时,由于固有的热滞后,探测器周围的空气温度会远高于探测器的设定值。它有线型和点型两种结构。线型是当局部环境温度上升达到规定值时,可熔化绝缘物使两导线短路,从而产生火灾报警信号。点型定温式探测器利用双金属片、易熔金属、热电偶热敏半导体电阻等元件,在设定的温度值上产生火灾报警信号。

不可恢复型点型定温式感温探测器使用由共晶金属合金制成的易熔元件,该合金在预定温度下快速熔化,通常为 57 ℃。喷淋头、防火阀和防火门的易熔元件通常也使用类似的材料。该类探测器达到设定温度启动后,会完全或部分报废,维修人员必须更换这些探测器。可恢复型点型定温式感温探测器使用双金属元件。探测器启动后,当温度降至探测器设定点以下时,双金属片会自动恢复,探测器也就恢复了正常状态。

(2) 差温式感温探测器。在缓慢发展的火灾中,这种探测器在周围空气温度达到预定水平时会做出反应。在快速发展的火灾中,探测器根据空气温度变化趋势估算出其将达到触发点,从而加速了探测器的启动。这时差温式感温探测器就好像变成了一个几乎没有热滞后的定温式探测器。

差温式探测器是在规定时间内,火灾引起的温度上升速率超过某个预设水平时(通常在 20 s 内达到 2.8 ℃或每分钟 8.3 ℃)启动报警的火灾探测器。在非火灾条件下,环境温度正常的微小变化不会导致探测器工作。它也有线型和点型两种结构。线型差温式探测器是根据广泛的热效应而动作的,点型差温式探测器是根据局部的热效应而动作的,主要感温器件是空气膜盒、热敏半导体电阻元件等。它们是可恢复的。

(3) 组合式探测器。此类探测器的实例包括组合差温式和定温式感温探测器,差定温式探测器结合了定温和差温两种作用原理并将两种探测器结构组合在一起。差定温式探测器一般多是膜盒式或热敏半导体电阻式等点型组合式探测器。此外,还有集感烟和感温功能于一身的复合式探测器。复合探测技术是如今国际上流行的新型多功能高可靠性的火灾探测技术。点型复合式感烟感温火灾探测器是由烟雾传感器件和半导体温度传感器件从工艺结构和电路结构上共同构成的多元复合探测器。它不仅具有普通光电感烟火灾探测器的性能,而且兼有定温、差定温感温火灾探测器的性能。

2) 感烟探测器

住宅火灾试验结果表明,几乎在所有情况下,可检测到的烟雾量都优先于可检测到的热量水平。因此,火灾报警系统的设计人员会更多地选用烟雾探测器。

三种常见的感烟探测器包括离子感烟探测器、光电感烟探测器和空气采样感烟探测器。

（1）离子感烟探测器。离子感烟探测器在电离腔内含有少量的放射性物质,可使电离腔内的空气电离,从而使其导电,允许一定电流在两个电极之间的空气中通过。当烟粒子进入电离化区域时,它们由于与离子相结合而降低了空气的导电性。导电率的降低可以通过一个电子电路来测量,当导电率降低到预设阈值时,该电路会发出火灾报警信号。

（2）光电感烟探测器(图 6 - 29)。光电烟雾探测器中,光源和光敏传感器的布置使得来自光源的光线通常不会落在光敏传感器上。当烟雾颗粒进入光路时,它们通过反射和折射将部分光散射到传感器上,使探测器启动火灾报警信号(图 6 - 30)。

图 6 - 29　光电烟雾探测器

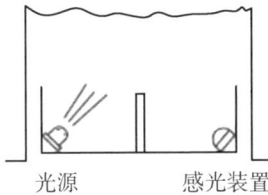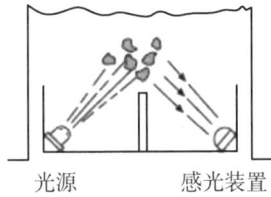

图 6 - 30　光电烟雾探测原理

（3）线型光束感烟探测器(图 6 - 31)。线型光束感烟探测器中,光源和光敏传感器布置在被保护的空间内,使得来自光源的光线通常落在光敏传感器上。它同前面两种点型感烟探测器的主要区别在于线型感烟探测器将光束发射器和光电接收器分为两个独立的部分,使用时分装在相对的两处,中间用光束

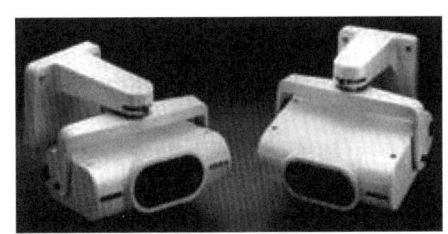

图 6 - 31　线型光束烟雾探测器

连接起来。当烟雾颗粒进入光路时,光的强度降低,导致探测器发出火警信号(图 6 - 32)。

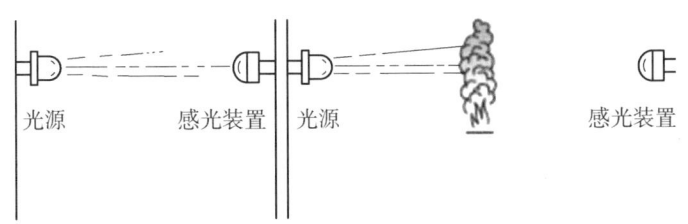

图 6 - 32　线型光束烟雾探测原理

3) 空气采样感烟探测器

空气采样感烟探测器又名极早期火灾探测器(VESDA),这种探测器采用主动吸气方式,相对于传统火灾报警技术产生了质的飞跃。空气采样烟雾探测器由抽气泵、过滤器、激光腔、控制电路等组成。探测器使用吸气泵通过预先布置好的采样孔和采样管道抽取保护区内的空气,并将空气样本送入激光腔,在激光腔内利用激光照射空气样本,其中烟雾粒子所造成的散射光被阵列式接收器接收,接收器将光信号转换成电信号后送到控制器的控制电路,信号经处理后转换为烟雾浓度以及设定的报警阈值,产生一个适宜的输出信号,并在符合条件的时候发出报警信号。因为其有极高的灵敏度,可以争取更多的应急响应时间,不至于酿成巨灾,目前在半导体芯片等高科技产业的无尘室中得到了普遍应用。

4) 辐射能传感火灾探测器

辐射能传感设备可以感应作为燃烧反应副产物的辐射能排放,包括由火焰或炽热余烬发出的紫外线、可见光和红外部分。它们被分类为火焰探测器和火花/余烬探测器。火焰探测器根据光谱又分为红外和紫外。针对每个特定的受保护空间,这些探测器在侦测到火灾时通常会同时启动特殊灭火系统。

辐射能传感探测器对火灾的响应非常迅速,然而也有许多局限性。选择辐射能传感探测器时要求设备的光谱响应与待探测的潜在火灾发射的光谱吻合。工程师还必须评估被保护区域内任何非火灾辐射能量源,以确定它们是否可能干扰探测器而引起误报警。此外,在探测器和潜在火灾之间不能有阻隔。探测器安装的位置和角度都应由专业人员完成。

6.6.5 感温和感烟探测器的安装

感温和感烟探测器的安装间距可以根据制造商建议的间距,但是必须符合国标或 NFPA 的规范。此类设备的正确使用取决于探测器的正确位置。我国国标《火灾自动报警系统设计规范》(GB 50116)中有详细的设计安装要求。原则上,安装人员应将探测器安装在屋顶上,距侧墙不小于 10 cm;或安装在侧墙上,屋顶和探测器顶部之间保持 10~30 cm。安装人员应结合屋顶高度和屋顶结构类型、探测器参数以及规范要求来调整探测器间距。对于国内企业,报警系统具体设计参数和要求主要参照国标。NFPA 72 中也有很多经验可以参考。

安装人员应按照当地电气规范的要求安装火灾报警系统接线。NFPA 70 电气规范是现行国际公认的标准,详细描述了各种情况下允许的接线方法。还规定了允许的电线和电缆类型、端子和电线电缆的标记、绞合线允许的绞合线数量以及火灾报警接线与其他系统接线间距的要求。

6.6.6 火灾报警系统的警报装置

本地和紧急语音/警报通信系统都必须采用声光警报。这些设备必须正确定位，以便所有在场人员都能清楚地听到和看到。这意味着必须使用一种不会与其他信号混淆的独特声音。声音警报通知设备必须产生的声级至少超过平均环境声级 15 dBA，或超过最高声级 5 dBA。在机械设备室，平均环境声级必须至少使用 85 dBA。平均声级高于 115 dBA 时需要使用可视通知设备。

6.7 公共和私有消防队

被保险标的是否有合适的消防队是评估整体保护的一个关键因素。消防队可以是私有的，也可以是公共的。消防队的可靠性、可信度和必要设备可用性等各方面品质必须由工程师进行评估，作为整体保护评估的一部分。

在评估私有消防队的能力时，相关因素包括组织架构，消防队规模，是否为一班、三班或连续运转，培训和演习水平和频率，巡逻、检查和报警安排，消防员是专职还是志愿者，消防队的设备类型和质量。

对公共消防队的评估类似，还包括消防队的响应时间。铁路道口、吊桥或交通拥堵会影响消防车抵达现场的响应时间。应根据消防队所服务地区的规模和类型来考虑该消防队的资源是否足够充分。公共消防部门应该有专业装备、设施和专职消防人员，随时可以对任何类型的警报做出即时响应。消防人员应经过充分培训，能够处理任何火灾情况，包括涉及特殊危险的情况。这很重要，因为被保险人由于其业务的复杂性，有时可能需要特殊的消防设备或技术。

工厂应急计划和组织的最重要一条便是建立、装备和培训私有消防队。有些客户由于其业务性质和所需的专业消防技术，不愿让其员工面临消防行动中固有的风险。这是一个对保险公司 PML 估算有重要影响的领域。在确定私有消防队的组织和训练级别时，涉及以下几个方面：

(1) 工厂是否具有较高的火灾易损性？
(2) 财产损失和业务中断的可能性有多大？
(3) 消防队是否能减少工厂损失？
(4) 公共消防援助是否有效？

首先需要回答的问题是工厂需要什么类型的消防队。需要控制哪些类型的危险？消防队是应该只在初期阶段灭火还是同时要扑救结构火灾？如果发生火灾，所出现的危险是工厂特有的还是常见的？考虑到火灾的危险性，是否要不计代价去扑救火灾，还是最好由经验丰富的公共消防部门处理？

例如，如果工厂处理大量由固定消防系统保护的危险化学品或需要大量泡沫来灭火的危险化学品，则工厂可能需要培训和配备一个私有消防队。如果厂区面积很大，内部消防车和训练有素的应急小组成员能够迅速扑灭火灾，那么一个私有消防队还是有必要的。如果工厂所在的社区没有公共消防部门或消防部门不充分，则私有消防队也是必需的。如果工厂规模较小，并且有可靠的公共消防部门,则培训员工使用灭火器和消火栓就足够了。对于中等至低危险占用的小型工厂,以及位于有足够公共消防力量的社区内的小型工厂,只扑灭初期火灾的应急行动小组可能是最佳选择。

工厂管理层应考虑:工厂自动消防系统的水平;在工厂工作的员工人数以及他们是否能够扑灭火灾;轮班情况;工厂是否在周末和节假日运行;以及公司愿意接受的损失程度。如果一个训练有素的公共消防队靠近工厂,能直接和自动地接收火灾警报,并且消防队定期访问工厂以熟悉工厂内危险的类型和位置,就可以迅速高效地做出反应,减少火灾造成的损失。私有消防队更接近潜在的火灾现场,是一个极好的初期火灾风险控制的资源。而大型的高危险工厂可能需要一个结构火灾消防队来实现其风险控制目标。

6.8 应急消防设施

几乎所有被保险标的都有最低限度的灭火器和消火栓,大部分是当地法规要求的。工程师在查勘时,必须评估这些设备状况,判断其是否充足并适合现场的情况。如果设备维护良好且不受阻碍,保险公司将接受有关室内外消火栓和灭火器等当地标准。手动灭火在风险评估中占比很小,灭火还是应该主要依靠自动消防系统。

6.8.1 室内外消火栓

常用的消火栓主要有两大类:室内和室外。国内消火栓的设计安装主要参照国家标准《消防给水及消火栓系统技术规范》(GB 50974)。

室内消火栓是室内管网向火场供水的带阀门的接口,为工厂、仓库、高层建筑、公共建筑及船舶等室内固定消防设施,通常安装在消火栓箱内,与消防水带和水枪等器材配套使用。设置室内消火栓的建筑,包括设备层在内的各层均应设置消火栓。室内消火栓的配置应符合下列要求:

(1) 应采用 DN65 室内消火栓,并可与消防软管卷盘或轻便水龙设置在同一箱体内。

(2) 应配置公称直径 65 有内衬里的消防水带,长度不宜超过 25 m;消防软管卷盘应配置内径不小于 ϕ19 的消防软管,轻便水龙应配置公称直径 25 有内衬里的消防水带,长度宜为 30 m。

(3) 宜配置当量喷嘴直径 16 mm 或 19 mm 的消防水枪;消防软管卷盘和轻便水龙应配置当量喷嘴直径 6 mm 的消防水枪。

室外消火栓是设置在建筑物外消防给水管网上的供水设施,主要供消防车取水实施灭火,也可以直接连接水带、水枪出水灭火。所以,室外消火栓系统也是扑救火灾的重要消防设施之一。

室外消火栓的数量应根据室外消火栓设计流量和保护半径经计算确定,保护半径不应大于 150 m,每个室外消火栓的出流量宜按 10～15 L/s 计算。室外消火栓宜沿建筑周围均匀布置,且不宜集中布置在建筑一侧;建筑消防扑救面一侧的室外消火栓数量不宜少于 2 个。

消火栓通常放置在距离被保护建筑物约 12 m 的地方。如不可行,则应将它们设置在墙壁倒塌的可能性很小,且消火栓操作员不太可能受烟或热影响的地方。消火栓如果位于交通繁忙的区域,要配备防撞设施。

6.8.2 灭火器

对于规模和危险较小的场所,符合当地规范的灭火器就足够了。应熟悉其现行的规范或标准,并应了解与灭火器相关的分类和限制。NFPA 10 和 GB 50140 是手提式灭火器规范,其附录包含了关于所有类型手提式灭火器的相关资料。

1) NFPA 分类

(1) A 类火灾。是指木材、布、纸、橡胶和许多塑料等普通易燃材料引起的火灾。

(2) B 类火灾。包括易燃液体、油、油脂、焦油、油基涂料、油漆和易燃气体。

(3) C 类火灾。涉及通电电气设备,其中灭火介质的电气不导电性很重要(当电气设备断电时,可安全使用 A 类或 B 类火灾灭火器)。

(4) D 级火灾。包括可燃金属,如镁、钛、锆、钠、锂、钾等。

2) 国标分类

(1) A 类火灾。指固体物质火灾。这种物质往往具有有机物质性质,一般在燃烧时产生灼热的余烬。如木材、煤、棉、毛、麻、纸张等火灾。

(2) B 类火灾。指液体火灾和可熔化的固体物质火灾。如汽油、煤油、柴油、原油,甲醇、乙醇、沥青、石蜡等火灾。

(3) C 类火灾。指气体火灾。如煤气、天然气、甲烷、乙烷、丙烷、氢气等火灾。

(4) D 类火灾。指金属火灾。如钾、钠、镁、铝镁合金等火灾。

(5) E 类火灾。指带电物体和精密仪器等物质的火灾。

灭火器必须定期检查维护,以确保其随时可用且性能良好(通常每月一次)。所有已使用的灭火器必须立即更换,并由合格的人员重新充装。有些地方还要求定期对有压力的灭火器进行水压试验,灭火器也有使用有效期。灭火器可扑灭的火灾量与操作员的培训程度和经验有关。

6.9 特殊灭火系统

除了自动喷淋系统,还有许多特殊的灭火系统可以进行消防保护。

1) 水喷雾系统

水喷雾系统的设计目的是控制和扑灭火灾，并保护特殊情况下的火灾风险；尽管它们与自动喷淋系统相似，只是喷水排放方式不同，但并不意味着它们可以取代自动喷淋系统。水喷雾可以设计成各种不同的排放速率和模式，包括毫秒级的超高速响应。所用系统类型取决于危险程度和所需的排水量。

水喷雾系统通常用于保护储存易燃液体和气体的带压容器，以及电力变压器、油浸开关、旋转电机、电缆桥架和管道、输送带系统、墙壁开口和类似的火灾风险（图6-33）。它们由固定管道和喷嘴组成，专门设计用于在受保护区域排放和分布洒水。

图6-33 水喷雾系统保护变压器

水喷雾的形成是使水在喷头内直接冲撞、回转和搅拌后再喷射出来成为微细的水滴。在灭火时它不像柱状喷水那样有巨大的冲击力而具有破坏性，具有较好的冷却、窒息与电绝缘效果。喷头类型如图6-34～图6-36所示。

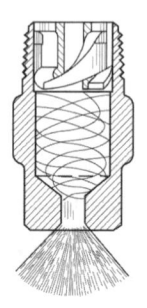  

图6-34 内螺旋型喷头　　图6-35 外螺旋型喷头　　图6-36 溅水盘型喷头

水雾喷头的工作压力高，喷出的水雾液滴粒径小，喷出的水雾呈现不连续间断状态，因此其具有良好的电绝缘性。水雾的比表面积大，吸热效果好，排斥空气、窒息燃烧的作用强。喷向燃烧液体的水雾,不仅可使其乳化或稀释,加强灭火进程,而且不致引起液滴的飞溅。水雾良好的电绝缘性能,使水喷雾系统可用于扑救电气火灾。

水流可以手动或自动启动,通常由火灾探测器启动。水喷雾系统对水的需求量很大,因为经常需要多个喷嘴同时进行高密度排放。水喷雾系统的供水必须得到充分的设计和可靠的维护。

NFPA 15 和《水喷雾灭火系统技术规范》(GB 50219—2014)包含了水喷雾系统的设计安装等要求。

2) 泡沫灭火系统

消防泡沫是水和浓缩液体发泡剂的混合物。它漂浮在易燃和可燃液体的表面,形成一层覆盖层,能够隔绝空气、冷却液体并且密封易燃液体的蒸气层。它还可以在变压器和其他不规则形状的物体上形成一层类似毯子的覆盖层来扑灭火焰。有几种发泡剂可用于灭火,其有效性随应用类型和所考虑的火灾性质而变化。

泡沫可通过便携式设备或固定灭火系统使用。在任何一种类型的应用中,关键是泡沫和水的正确配比,并且系统必须能持续稳定地输出灭火剂。当泡沫直接暴露在热和火焰中时,泡沫会分解,其含水量会蒸发。但是,如果泡沫能达到足够的体积,它就可以克服这种损失,能够控制并且最终扑灭火灾。窒息层有可能被机械、化学作用、空气或火的热气形成的湍流破坏分散。尽管如此,自动灭火系统还是可以有效地应用泡沫。

发泡剂类型包括水成膜(AFFF)、氟蛋白发泡、成膜氟蛋白(FFFP)、蛋白质发泡、高膨胀发泡、合成烃表面活性剂发泡、低温发泡、"醇型"试剂等。

泡沫与水喷淋或水喷雾系统结合,可有效保护易燃和可燃液体储存和处理的区域。这些设施包括飞机库、油水分离器、油泵区和输油管汇管、原油和石油码头、储存大量易燃和可燃液体的仓库以及类似设施。固定式和便携式泡沫装置广泛应用于炼油厂和石化厂,包括罐区储存区。泡沫喷出时的喷洒形状与水的喷洒形状基本相同。

泡沫系统应符合消防标准要求,定期检查维护并保存记录。定期测试以确定喷洒形状和覆盖范围、成品混合物中泡沫液的百分比、喷洒后泡沫排水的速率以及泡沫液的成膜能力等。

在任何泡沫灭火系统中,必须牢记两个重要因素:

(1) 许多泡沫剂在储存过程中会变质,定期更换储存的泡沫是保持系统时刻准备按设计运行的一个重要因素。

(2) 泡沫仅适用于系统启动时无人占用的区域。否则,在开始喷洒泡沫之前,必须有警报和疏散时间。这严重降低了系统的有效性。

3) 卤代烷灭火系统

卤代烷灭火系统是把具有灭火功能的卤代烷碳氢化合物作为灭火剂的一种

气体灭火系统。卤代烷系统曾是某些类型火灾的最有效的灭火系统,其通过干扰基本燃烧过程,抑制火焰前沿自由基的形成,从而降低火焰传播的能力,从而灭火。

由于卤代烷对臭氧层有破坏作用,出于环保方面的考虑已经被禁用了。目前卤代烷系统已经很少见了,都被洁净气体灭火系统所取代。其中应用较多的有FM-200(七氟丙烷)和Inergen(烟烙尽)系统。这些系统适用于不能用水灭火的场所。

4) 二氧化碳系统

二氧化碳主要是通过抑制火灾(窒息)起作用,其冷却效果微乎其微。二氧化碳可用于扑灭易燃液体、电气设备和特别容易受到水或烟雾损害的高价值场所的火灾。二氧化碳是一种有效的灭火剂,可用于大多数易燃材料的火灾,但对易燃液体、气体和带电设备尤其有效。它不适用于活泼金属、金属氢化物和含有有效氧的材料,如硝酸纤维素。NFPA 12涵盖了用于全淹没和局部应用的二氧化碳装置。由于二氧化碳对人有窒息的风险,因此,自动二氧化碳灭火系统不适合在通常有人的场所使用。二氧化碳系统适合保护的场所包括:无人值守的电气开关设备室;计算机或控制室下的隐蔽电缆空间;以及某些高价值电气设备,如计算机柜或变压器室内部。

5) 干粉灭火系统

干粉灭火剂可以灌装于各种类型手提式和固定式干粉灭火装置内或通过手持软管来灭火。目前常用的干粉灭火剂有五大类,分别是碳酸氢钠、碳酸氢钾、氯化钾、尿素-碳酸氢钾混合物和磷酸一铵。各种添加剂用于改善其储存、流动和防水特性。NFPA 17涵盖了干粉灭火系统。

干粉灭火系统在处理涉及易燃液体的火灾时非常有效,特别是有沸腾危险的情况下。干粉灭火不会在易燃液体表面产生持久的惰性环境,因此如果原始点火源(如电火花或热金属表面)仍然存在的话,则不会导致永久性灭火。干粉灭火剂可以与氟蛋白泡沫灭火剂、水成膜泡沫灭火剂联用,扑救油罐的初起火灾,能快速控制火焰发展,起到迅速灭火的作用。干粉灭火系统在涉及某些类型的电气设备的火灾中有一些应用。然而干粉灭火剂有一定的腐蚀性,清理也比较困难,因此在电气火灾保护中要慎用。

6.10 自检和维护计划

所有消防设施都需要检查和维护计划,以确保系统全面正常运行,并能对火灾爆发作出最快的反应。消防保护设备在其生命周期内的大部分时间内都是闲置的,如果没有合适的、常规应用的验证程序,就不可能确保其在需要时能够响应。此类计划要求业主承诺在其工厂实施高标准的风控实践。从保险的角度看,这种管理承诺的缺失或不足表明风险较差。

工厂保护装置中那些至关重要的设备应由工程师在现场查勘期间进行检查,无论业主是否有维保程序。这种由风险控制专家进行的专业检查通常可以识别出不太专业的工厂或分包商可能忽略的问题或潜在风险。通过提出专业风险改善建议来纠正任何缺陷,工程师就为被保险人和保险公司提供了有价值的服务。

6.10.1　工厂检查和维护计划

对工厂保护系统和设备的评估应该包括对检查、测试和维护计划的充分性和标准的评估和描述。本节总结了工程师在评估这些因素时,在确定保护设施充分性时应考虑的主要方面。

第一步是建立一个正式的检查和预防性维护计划,并根据工厂的记录来核实该计划是有效的、是最新的,并且得到了管理层的充分关注和支持。记录应反映出计划内所需的工作都按部就班地完成了。工厂应安排一名高级主管来监督该计划的执行情况。

该计划可由工厂内部人员或专门从事此类服务的外部承包商执行。很多情况下会是此两种形式的组合,外部承包商的专业人员负责专门的特殊设备(如消防泵系统的维保),工厂员工负责其余设备(如灭火器更新)。虽然政府机构对某些设备也会进行例行检查,但这些检查只能表明其符合当地要求的最低水平。正因如此,我们应重视自我检查计划。

制定有效的自我检查计划有两个重要组成部分。首先是确定哪些部件应该被检查或测试。其次是决定检查或测试的频率。当地法律或法规可能规定了检测频率,但仅仅遵守最低要求决不能被视为有效的计划。NFPA 25 是很好的技术指南,工程师在评估工厂检测维保计划时应参照该标准。在制定了工厂的检测维保计划后,有必要通过检查工厂的关键保护设施来验证其有效性。如测试结果表明设备状态良好,所有设备都能正常工作,这是有效程序的最终目标。

6.10.2　保护设备的检查

在每次财产风险查勘中,工程师应检查和评估工厂保护设施中的关键设备,并将此评估作为判断保护是否充分以及是否应提交改进建议的依据。需要考虑的关键领域有以下几个。

1) 灭火器

现场所有灭火器必须有一个自检程序,并辅以适当的测试和维护程序。应提供记录,以证明该程序的有效落实。通常可以聘请外部专业承包商为灭火器充装,同时承担测试和维护工作。在查勘过程中,必须清楚地看到所有灭火器都已就位,没有阻挡物,充装良好,而且明显有很高的维护标准。

2) 消防管网和室外消火栓、控制阀和分段阀

必须检查控制阀和分段阀的位置。供水系统控制阀必须处于"打开"状态。业主应每周检查所有阀门。在查勘期间,应目视检查所有消火栓,以确保其维护良好(无物理损坏,无设备丢失)且无阻挡。应注意观察系统是否有漏水迹象。工厂记录应能证明所有消火栓每年都有放水测试。

3) 消防接合器

应对消防接合器进行检查,以确认其可见且可接近。自动排水阀应就位并正常运行,识别标志也应明确可见。最后,应检查止回阀,以确保它没有泄漏。

4) 水龙带或软管

应检查维护是否良好且易于接近,水龙带或软管是否已正确盘绕,以便在紧急情况下能够不受阻碍地展开。

5) 消防水箱检查

检查消防水箱时可遵循以下检查内容:

(1) 是否所有阀门全开且密封良好。

(2) 罐区是否有杂草、灌木、垃圾和成堆可燃材料。

(3) 水箱是否用于消防以外的用途。

(4) 读取水位指示器,并验证是否有全年记录。

(5) 注意水箱结构、水箱本体及其附件的维护。

(6) 是否让专业承包商对水箱进行了全面内部检查。

(7) 检查阀井,确保阀门完好。阀井应防水,排水良好。

(8) 查阅寒冷天气期间保存的水箱温度读数记录。

(9) 检查水箱加热系统。

(10) 审查储罐涂装记录,并评估油漆状况。

(11) 检查支撑水箱的支架是否有侵蚀迹象。

(12) 对于压力罐,检查水位和储罐压力表,并将这些读数与之前记录的读数以及消防系统需求标准进行比较。确保加注泵能正常工作,并检查空气压缩机的容量和维护状况。

6) 消防泵检查

检查任何消防泵时,应首先阅读制造商的铭牌额定值数据,并将数据与最近测试的记录进行比较。应记录进水端压力、出水端压力、泵转速、流量,电动消防泵还要记录电流和电压,使用多个不同的流量值,包括闷泵、额定流量和过载流量。

在检查消防泵时,应通过打开测试接头来测试任何应该自动启动的泵。启动泵后,观察是否有泄漏、过热和性能不正常的迹象。确保所有警报和泄压阀正常工作。注意泵体是否与驱动器正确对齐,填料密封圈是否泄漏。观察压力表的指示是否不稳定,这可能表明吸水不良、堵塞、供水不足或吸水管浸没不足。

最后应注意，消防泵应该在预设的压力点自动启动，但不允许自动关闭，而只能手动关闭。

消防泵应每年进行性能测试，通过"三点式"消防泵测试来完成，即在"空载""额定负载"和"峰值负载"流量条件下进行测试。将测试结果和消防泵的出厂特性曲线进行比较，若性能下降超过10%，则需要进行大修。

试验期间，应检查润滑系统以及燃料供应的状况和可靠性。此外，还必须确认消防泵房是否保持清洁、干燥、无其他储存物料，并维持适当温度。柴油泵房必须有足够的通风，以向发动机供应空气并排出危险蒸气和废气。如果是地下泵房，则应该配备强制机械送风和排风系统。

7) 火灾报警系统的检查

火灾报警和探测系统通常符合当地法规和电气标准，并与所监控的系统相匹配。这些系统的检查和测试是比较专业的，大多数情况下由外部承包商进行，通常是负责初始安装的公司。工程师通常不能测试此类系统，查勘期间所需的全部工作就是验证是否正在进行此类测试，以及是否有一份涵盖安装维护的合同。

当火灾报警系统有增加或其他变化时，必须对系统的所有受影响部分进行重新验收测试。这将有助于确保火灾报警系统的持续完整性。

第 7 章
仓储风险控制

在本章中，读者将了解由现代仓储占用引起的较为特殊的风险控制问题，包括厂内仓储和第三方仓储。由于仓储占用性质的特殊性，故特设此章，重点关注高危险仓储的辨识及其保护。

本章概述了大多数仓储占用的一般要素，主要有三个目标：①使读者了解仓储火灾的特点及安全仓储实践；②审视适用于大多数仓储安排的通用保障措施；③为读者提供特定仓储应用的风控判断依据。

仓储几乎是所有工业风险的一个组成部分，仓储技术正在飞速发展和变化。不仅仓储操作的规模和复杂性在增加，而且它们在发生火灾时影响业务中断的程度也在增加。仓库火灾最常见的原因是吸烟、动火作业及蓄意纵火。大多数仓库火灾会导致水损、烟损和清理费用，在某些情况下，还会造成利润损失。

仓储行业最明显的发展趋势会影响保险公司承保的意愿：

（1）包装材料不断改进和优化。可燃材料和塑料的比例在不断增加。这些包装材料，从发泡聚苯乙烯到塑料托盘，以及纸箱和托盘的塑料薄膜封装，其本身可能就是仓储中的主要可燃材料。涉及塑料的火灾很严重，难控制，通常会产生大量有害的燃烧产物。

（2）仓库规模不断扩大，储存高度也越来越高。货架系统可能非常大，有时甚至成为建筑框架的一部分，并被延伸以支撑幕墙。

（3）现代工厂和配送中心处理的材料数量和价值巨大，导致了自动化仓储系统的诞生。该系统采用电脑控制，采用了自动堆垛机和自动导航车（AGV），有时货架高度甚至超过 30 m。货架高度增高，仓储的布局变化、暴露于火灾风险的材料价值的增加，以及更多危险的合成材料的使用，致使防火问题变得更加复杂。使用计算机控制的全自动库存控制仓储和检索系统，电脑系统稍有闪失通常会使整个仓库完全瘫痪。

（4）传送带系统作为生产过程的中间环节变得相当普遍，因为对材料库存的严格控制被用来降低生产成本。这些影响了传统的第一道保护线，就是将储存区与生产操作区分开。

（5）在大城市周边的工业区，涌现了许多的第三方仓库供租赁。通常这些仓库是以仓储为唯一的占用，但有时仓库与一些办公和运输设施相关联，有时还会有一些人工包装等简单作业，从而成了一个配送中心。

（6）保险公司经常被要求承保租赁仓库，虽然这些标的被设计为仓库，但可能不适合实际储存的商品。保护水准往往是勉强够格的。有时租户不是唯一的被保险人。对于这些租赁地点，被保险人是否有能力真正控制该地点的保护和其他措施，这是一个需要工程师现场核实明确的问题。

现代仓储占用面临迅速发展蔓延的高强度火灾的挑战。控制仓库火灾的唯一行之有效的方法是使用一个经过合理设计和维护的自动喷淋系统。如果没有喷淋系统，控制仓库火灾的可能性微乎其微。

对于仓储，应清楚认识火灾控制和火灾扑灭的区别。当足够多的喷淋系统在火灾前通过预先湿润燃料来阻止火势蔓延时，火灾被视为已得到控制。它还表明建筑内的温度已经降低到结构不再有倒塌危险的水平。此时，大火离被扑灭还有很长的路要走。虽然喷淋系统可能只需要几分钟就能把火控制住，但最终灭火可能需要几个小时甚至几天。

关于仓储保护问题，有几个因素必须加以考虑：

（1）被保险人不愿意安装自动喷淋系统（不能期望被保险人在租用的场所内增加或改进喷淋）。

（2）即使在安装了喷淋装置的地方，也不能假设其喷水强度足以满足目前的占用和可燃物荷载，尤其是对于陈旧设施。

（3）客户不愿意安装货架内喷淋装置。相关研究表明，一旦仓储高度超过 3.7～4.6 m，对许多占用区来说，就再也不能仅靠屋顶喷淋来有效控制火势了。然而，许多客户认为货架内喷淋系统容易受到货架装载设备的损坏（因此增加了水损的风险），降低了货架的容量，当然，安装成本也太高。

（4）在许多国家，公共消防部门没有从内部积极扑灭无喷淋仓库火灾的意愿，因为他们认为其主要责任是拯救生命和防止火灾蔓延。他们不愿意把消防队员的生命置于燃烧的仓库内不受控制的火灾危险之中。大多数仓库火灾，如果没有喷淋系统的控制，就会逐渐燃烧殆尽。

（5）在大城镇外围工业区的仓储区，不能简单地假设现有的消防部门和供水系统能够控制较大的仓库火灾。此外，快速开发的同时也带来了建筑物之间的火灾暴露风险的问题。

所有这些因素都要求我们重新认真审视仓储风险，必须运用专业的风险工程控制技术来提高我们对仓库占用的承保水准，并改进我们识别和评估这些风险质量的方法。

7.1 仓储配置

从风控角度来看，仓储方式分为四大类：散装储存、实心堆放、托盘化仓储和货架仓储。影响火灾行为和火灾控制难度的四个类别之间的区别，基本上在于仓储配置所形成的水平和垂直空气流通空间或"烟道"的性质。

1) 散装储存

散装储存由松散、自由流动的未包装材料组成，如粉末、颗粒或薄片。这些材料会出现在筒仓、料仓、槽罐或堆放于仓库地板上。物料在输送设备（如皮带运输机）中移动的某些阶段被搅拌。如果储存的是可燃材料且容易在空气中产生粉尘，则会增加粉尘爆炸危险，尤其是在粮食储存设施中。输送带通常是可燃的，并且可能与储存物一起在难以接近的地方燃烧，例如在架空的传送带或输送通道中。因此，在输送通道中以及传送皮带上方需要自动喷淋装置。

火灾往往会使大型堆垛倒塌，需要长时间用水浸泡才能扑灭。自燃火灾可能从堆垛内部开始，如果没有热传感器插入其中持续监测，很难发现堆垛内部温度的上升。在不可燃建筑中，是否在大型堆垛上方安装自动喷淋系统应视具体情况而定，但建筑周围的消火栓系统是必需的。

2) 实心堆垛

实心堆垛包括纸箱、捆包、袋子等，它们之间直接全面接触。只有在货物堆放接触不良，或不同堆垛之间间距很小时，才会存在间隙或烟道。与托盘和货架储存相比，实心堆垛给火灾发展的机会最少，使消防水能最大地发挥作用。尽管如此，如果堆垛外表面具有快速火焰蔓延特性，当其高度达到约 4.6 m 后，会造成严重危险。在火灾期间移动库存以进入火场内部将更为困难。

3) 托盘储存

托盘储存由安放在托盘上的货物单位组成。传统托盘有纵梁，以便于搬运设备操作。托盘通常是木制的，但也有金属、塑料、发泡塑料或纸板制成的。托盘储存的高度受包装货物的堆垛能力限制，通常最高为 9.1 m。为了方便叉车操作，托盘化储存都会有水平空隙。有时候这样的空隙会连续贯穿整个堆垛。这些空隙明显有助于火势在堆垛内蔓延，而且喷淋系统的水很难进入堆垛。经过阻燃处理的木托盘可能会延缓最初的火灾发展。然而，火被点燃后，使用它们的物料堆垛的燃烧方式与未经处理的木托盘物料堆垛的燃烧方式大致相同。

当堆垛的垂直烟道很窄时（小于 152 mm），空气流动和燃烧会受到限制。采用更宽烟道（0.3 m）的塑料堆垛进行火灾试验，结果显示空气流动增强，并且火焰会烧穿整个堆垛。除塑料外，这些特殊尺寸可能与堆垛材料无关。

4) 闲置托盘

成堆的木托盘或塑料托盘会导致严重的火灾。木托盘在使用一段时间后会变干，边缘会磨损和碎裂。此时，它们很容易就能被点燃。即使喷淋系统在工作，托盘的底部也提供了一个干燥的区域，在那里火可以发展蔓延。火跳到堆垛中其他托盘的过程会一直持续，直到火从堆垛顶部喷出。一旦发生这种情况，就会有一股强烈的上升热气流和火焰，只有很少的水能到达火的底部。托盘储存高度 1.8 m 被认为是通过普通危险级喷淋系统保护可控制范围内的最大值。对于堆积如山的托盘,需要更高的喷淋系统喷水强度。闲置托盘不得存放在主仓库货架上。如果它们存放在主仓库中,则需要适当的防火隔离和保护。最好将托盘单独存放,无论是室外还是专门设计的仓库。

5) 货架储存

货架由一个结构框架组成,通常在托盘上放置单位货物。货架的高度可能仅受物料搬运机械的垂直范围的限制,而物料搬运机械与货架本身一样,可设计用于极高的高度。虽然大多数货架大约有 9.3 m 高,但也有相当数量的货架更高,全自动仓库中的货架有时高达 30 m 甚至更高。一些仓库将其钢制货架作为支撑建筑外墙和屋顶的框架。与任何重要建筑一样,其结构设计应能承受雪荷载和风荷载,包括货架卸载时的稳定性。

(1) 单排货架。是指没有纵向烟道空间的货架,宽约 1.8 m,过道宽度至少 1.1 m 作为货架之间间隔。

(2) 双排货架。是两个背靠背放置的单排货架,组合宽度可达 3.7 m,由纵向烟道空间隔开,每侧至少有 1.1 m 宽的过道(图 7-1)。

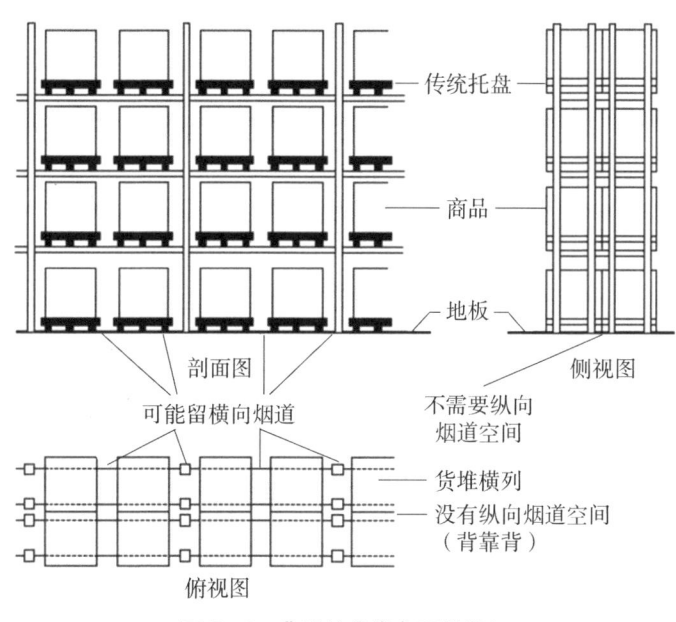

图 7-1 典型的背靠背双排货架

(3) 多排货架。是宽度大于 3.7 m 的货架,或者是过道宽度小于 1.1 m 且总宽度超过 3.7 m 的单排或双排货架。

(4) 便携式货架。没有固定位置,可以按照多种配置需求进行现场组装(图 7-2)。

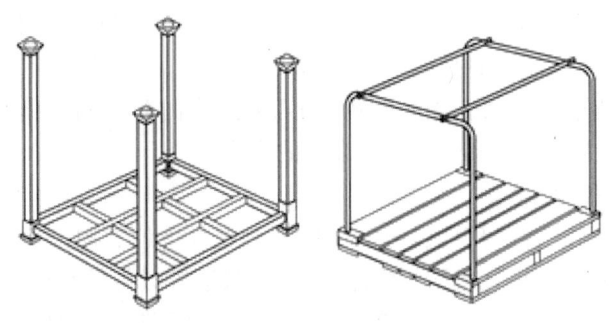

图 7-2 便携式货架

6) 自动仓储系统

自动仓储系统由多层容器组成,可滑入货架框架(图 7-3)。存放零件的容器由一个电动拾取器从货架上取下。分拣机位于一组轨道上的过道上,通常通过计算机终端进行操作。当移除或将容器返回其位置时,拾取器可以在三个方向上移动:在过道中来回移动、在货架高度上下移动以及在货架中进出。用于高货架的自动化物料搬运机械可以在狭窄的过道中操作,比如 1.2m 宽的通道,火灾很容易在通道之间跳跃扩散。为搬运方便,在货架的每层支架下方有大约 0.3m 高的水平空间。由于货架很少被完全填满,随机的空位也有助于空隙的形成。货架构件和单位货物之间形成了垂直烟道,允许火向上蔓延,同时也使一些喷淋系统的水能渗透到较低的货架层。

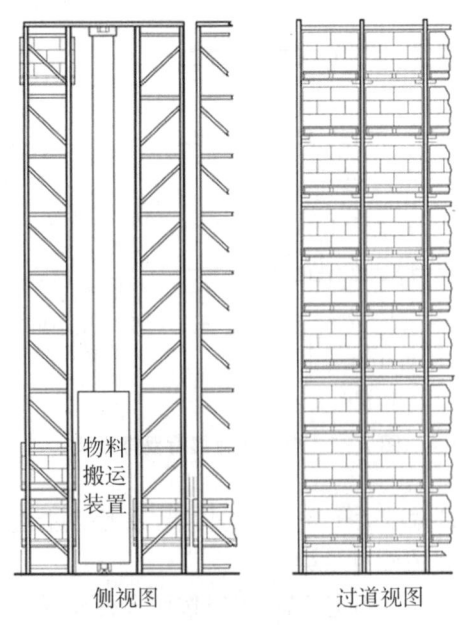

图 7-3 自动仓储系统

在自动化货架仓储操作中,即便火灾对物料本身造成的损失并不严重,也有可能使货架受热造成形变。如此,自动物料处理系统就不能准确寻址定位,从而可能导致整个自动仓储系统崩溃。所幸,大多数货架都是永久性的固定装置,可以支撑货架内喷淋供水管道。否则,由于水平空隙不受屋顶喷淋系统的保护,而且货架高度很高,过道又狭窄,传统屋顶喷淋系统很难解决此类问题。

7) 实心货架储存

实心货架储存是货架储存的一种特殊情况,实心货架安装在货架结构中,用来支撑储存的商品。实心货架储存组件深度小于 0.76 m,垂直间隔通常小于 0.6 m,过道宽 0.76 m。搁板可以是实心板、板条、金属网或其他类型的结构,这是和普通货架最重要的区别。无论其形式如何,在某种程度上,搁板都会促进火在货架上的水平蔓延,也可以阻止喷淋系统的水渗透到货架下部。

实心货架对仓库的火灾特性影响最大。例外,具有实心板条架的货架,其均匀开口率大于 50%,最大板条宽度不超过 152 mm,并且在货架横向上每 3 m 或货架纵向上有至少 76 mm 的横向烟道,则此类货架可以被视为普通货架。

图 7-4 的货架间的垂直空间足够大,以便于存取货物,从而提供了水平空气流通空间。还应注意两排货架之间的纵向烟道空间,以及横向烟道空间。

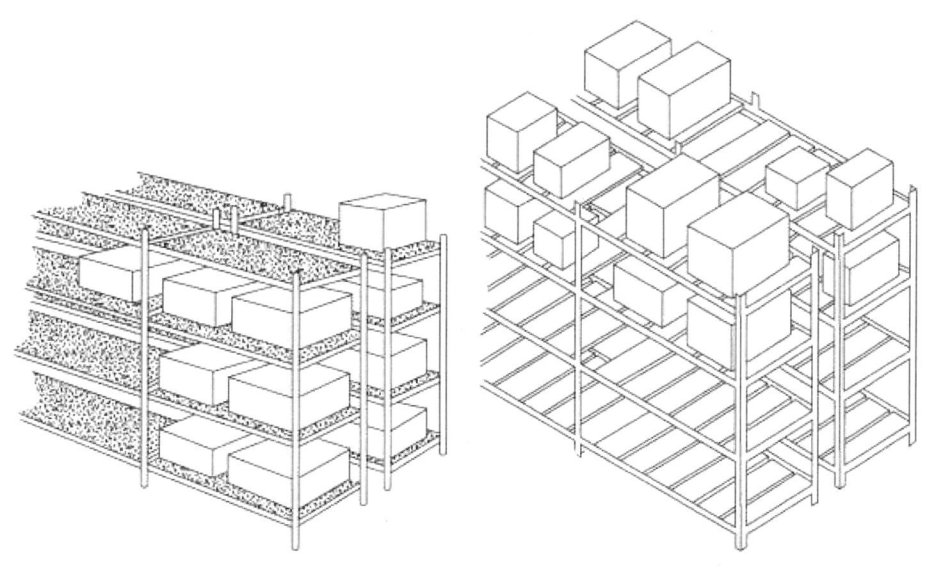

图 7-4　实心双排货架　　　　图 7-5　板条搁板货架

图 7-5 的搁板板条之间的空隙面积小于货架总面积的 50%,因此该货架不是普通货架,而应该作为一个实心货架来进行保护。

8) 仓储术语

建议工程师使用仓储相关的专用术语写报告,以免含糊不清。

(1) 可燃物是指任何可以燃烧的物质。

(2) 不燃材料是指加热至 749 ℃,5 min 内不会被点燃、燃烧或释放易燃气体的任何材料。

(3) 商品是指产品、包装材料、容器和物料搬运装置(如托盘)的组合,储存商品分类是以这些组合为基础的。

(4) 装运箱是指由于材料、设计和结构的原因,在不需要进一步包装的情况下能够安全装运的容器。制造厂通常将产品储存在装运箱中(不要与远洋商船上使用的大型容器混淆)。

(5) 包装是包装材料、缓冲材料及储存材料的容器的总称。

(6) 自由流动的塑料材料是那些在火灾中从容器中脱落的塑料,会堵塞烟道空间并对火灾产生窒息效应的材料。

(7) 发泡塑料是指那些因加入大量小空腔而密度降低的塑料。发泡塑料被广泛用作包装辅助材料,以支撑容器内的产品。

(8) 封装是一种包装方法,由塑料薄膜完全封闭装有可燃商品或一组可燃商品的托盘货物的侧面和顶部。如果完全不可燃的商品在木制托盘上,仅用塑料薄膜封闭,不视为封装。术语"封装"也适用于顶部和侧面用塑料薄膜封闭的单个纸箱,或外表面涂层防水的纸箱。如果纸箱顶部的塑料或防水盖上有超过顶部一半面积的孔洞或空隙,则不属于"封装"。是否属于"封装",关键看包装顶部的空隙面积。

(9) 过道是指货架之间或货架边缘上方的商品之间通常保持的净空间。

(10) 垂直挡板是沿货架装载方向穿过货架的垂直屏障。

(11) 水平隔板位于货架内的水平面上,覆盖货架中的所有垂直开口,货架内喷头安装在其下方。

(12) 屋顶高度是指在储存区域内,地板与屋顶底面之间的距离。

(13) 间隙是指储物顶部和屋顶喷头溅水盘之间的净空间。

(14) 烟道空间是双排/多排货架之间的敞开式垂直空间。纵向烟道空间垂直于装载方向。横向烟道空间与装载方向平行。烟道空间是无法消除的,因为大多数仓储安排都需要一定的间隙。

仓储中的烟道空间有时也被分为"封闭阵列"或"敞开阵列"。封闭阵列储存装置是指烟道宽度小于 152 mm,空气在垂直烟道空间的流动受到了限制。敞开阵列是指烟道宽度大于 152 mm 而增强了空气流动的阵列。

(15) 水平空隙常见于大多数仓储安排,特别是高堆垛托盘和高货架储存。这些通常是传统灭火方法无法触及的,它们会助长火灾蔓延到整个储存阵列。

(16) 储存高度是指从地面到储存物最顶层的高度。对于新的或拟建的建筑物,储存高度是指从地面到屋顶喷头溅水盘 0.9 m 以内的距离。对于现有建筑物而言，更准确的说法是"可储存高度"，即商品在地面以上储存的最大高度，同时与结构件保持足够的间隙和喷淋下方所需的净空。

（17）储存稳定性是指储存装置在火灾条件下可能发生的情况。稳定阵列是指在初始火灾发生后，不会马上发生倒塌、内部物品溢出或货物倾倒挤压烟道的情况。不稳定阵列则反之。储存高度的增加会增加不稳定性。

（18）货架内喷淋头是配备有附加防水罩的标准喷淋头。它们可以安装在纵向烟道、横向烟道或货架表面。货架内喷头阻止火焰通过烟道向上蔓延。货架表面喷头沿货架之间过道布置或位于货架横向烟道空间内，防止货架仓储外表面的垂直火灾增长。它们同时在两个相邻的货架之间提供一个水幕，以防止火灾跨越过道。

7.2 仓储火灾的燃烧特性

仓储火灾往往非常严重。在固体仓储中，火灾通常发生在货堆的外表面，并向上传播，呈扇形蔓延。底部的火不仅会预热上面的材料，使其准备燃烧，而且这种火焰的辐射热通常会对附近仓储中平行和垂直的表面产生影响，为燃烧做准备。最终，被辐射加热的表面会被点燃。一旦火焰在两个平行的垂直表面上形成，两个表面之间的热辐射和再辐射会导致迅速发展的严重火灾。过道或烟道空间中快速上升的热气流使屋顶喷淋的水很难穿透而达到火灾内部。这类表面火灾的发展取决于表面材料。例如，装有空铁罐的纸箱火灾，其速度和强度几乎和装有可燃物的纸箱一样。然而，火灾持续时间主要取决于容器内的材料。

由于燃烧时空气的可用性，货堆内的垂直空间（过道和烟道）越大，火灾越严重。相反，一个货堆越封闭，火灾就越不严重。火灾强度随堆高的增加而增大。水平空隙（如货架层之间的空间）可进一步提高火灾严重性。这个空间可以让火从一个通道燃烧到另一个通道，同时也会阻挡从屋顶喷淋洒下的水。

货堆越稳定，火灾就越严重，因为其表面保持在一个理想的燃烧位置。相反，早期货堆倒塌通常有助于防火。

货架式储存进一步增加了复杂性。它加剧了上述现象，通常会增加燃烧表面的数量，允许足够的燃烧风存在，并将可燃物保持在一种稳定的布局中，这是燃烧的理想方式。喷淋水很难穿透货架上狭窄的垂直空间。空间越窄越高，穿透力越小。最后结果是持续的火灾，需要人工干预。实心货架储存的火灾会表现出相似性。

火灾的严重程度取决于材料的燃烧情况。一般来说，塑料和合成材料比天然或普通可燃物燃烧得更猛烈。

7.3 仓库的建筑结构

任何重要的建筑都必须采用耐用的结构,能抵抗风荷载和雪荷载。耐火结构(混凝土或混凝土包钢)是首选,但用于仓储并满足所需荷载标准的许多结构类型是可燃的或易受火灾温度影响的。采用经认证的防火涂料保护的钢结构是可接受的,前提是涂层正确应用并且维护良好。然而要注意,这些涂层并不能保护钢免受长时间、不受控制的火灾影响。

外露钢结构虽然不可燃,但不是首选材料。钢在超过538 ℃的温度下即使几分钟也会失去强度。下垂的钢材会导致喷淋系统管道配件断裂,火灾失控。同样,倒塌的建筑部分可能会破坏内部仓储设施的稳定性。尤其重要的是主要钢构件和支撑大型喷淋管道或四条以上支管的构件。这种保护通常在喷淋系统设计中会涵盖。在某些高危险的情况下,可能需要特殊的喷淋装置或防火涂层。

由于仓储占用几乎总会配备自动喷淋系统,因此它们至少可以部分地抵消不燃和可燃建筑物的脆弱性。但是,不燃建筑物的主要构件应进行防火处理,而不应仅仅依靠喷水冷却。用于生产和仓储的建筑物之间应该有一道良好的防火墙,因为工艺危险越大,高价值库存就越可能受到火灾的破坏性影响。附带的相邻区域,如锅炉房、机房或工作房也应采用防火墙隔开。

火灾试验还没有证明自动通风孔的成本效益,它们甚至可能增加喷淋系统的用水量。因此,如果有散热和排烟口,应设定为手动操作。在平时,通常可以通过屋檐窗、门、非自动排气系统(重力或机械)或手动操作的散热和排烟口来实现排烟。火灾时,让喷淋系统优先控制火灾。必要时,消防部门可以启动排烟机,也可以在屋顶上开孔排烟。

地板或货架允许的荷载应预计储存材料以及吸水后可能产生的额外重量。仓储建筑物应得到高度维护。防火墙、防火门、地漏和货架结构等都应保持良好状态。建筑物维护经常涉及动火,需要对动火作业严加管控。

本身不危险但相互结合后会产生危险的材料应分开存放。产生有害烟雾或腐蚀性空气等问题的材料应与特别易受损害的产品分开存放。

过道空间在手动灭火、检修和抢救作业中具有明显优势。不同仓储的过道宽度会有所不同,通常至少为1.2 m。但在存放诸如纸卷、集束轮胎、打包纤维等大型物品时,建议至少保持2.4 m宽的过道。仓储物应由过道隔开,以确保货堆宽度不超过15.2 m,如果货堆靠墙,则宽度不应超过7.6 m。尽可能使过道与门或窗相对,以便随时进入。

受潮后会膨胀的材料应存放在离墙壁至少0.6 m的地方。仓储物不得阻挡通往喷淋立管、消火栓或其他重要消防设备的通道。储存高度应受到限制,不得阻挡屋顶喷淋洒水。仓储物应与加热器、送风机、照明设备或其他能够引发火灾的设备保持足够的距离。在所有方向上，与照明设备的距离至少为 0.3 m。灯具加装保护罩也有助于防损。

良好的内务管理必不可少。可燃物的堆积很容易被点燃，将火传送到储存阵列中或周围。应使用有盖垃圾箱，并定期清空。松散的包装物应取下或用胶带固定，以防止它们被点燃。可燃粉尘和绒絮沉积物不应堆积在仓库或建筑构件的顶部。但如果需要清除，应该用吸尘器等负压设备或刷子把它刷到容器里，而不是把它吹到空气中。电线、加热装置和叉车等也应适用于存在粉尘或绒絮的环境，要采用适合的防爆电器。

可燃物仓储区和生产区通常采用一小时耐火结构隔开，因为储存区火灾造成的热和烟雾损害可能严重妨碍生产。相反，生产区火灾发生频率较高，也给仓储区带来了着火和货物受潮的风险。

7.4 美国防火协会商品分类

仓储火灾有不同的种类，因此有必要对储存在仓库中的材料进行分类，以预测相对火灾的严重程度并设计适当的保护系统。国际上，风险工程控制通常采用 NFPA 对于储存场所中的商品分类，因为此分类有完整的规范和标准，在全球广泛使用，并且可以提供成熟充分的保护方案。

当商品类别多种多样时，应为最危险的类别提供保护。在确定不同商品混合的分类时，必须考虑最危险的材料及其对火灾的影响。如果最危险材料在火灾中支配着商品的燃烧行为，则该商品必须与最危险材料分类相同。当商品类别横向变化时，可以为实际类别提供保护。该保护应延伸至占用区域之外 4.6 m。但是，应考虑将来可能发生的变化。同样，设计师必须确保混合占用模式不会改变。大多数情况下，会为整个区域的最危险等级提供保护。

NFPA 13 将仓储物料分成七大类：Class Ⅰ～Ⅳ 和 Group A、Group B、Group C 塑料。商品分类的定义如下：

(1) Class Ⅰ。Class Ⅰ 商品为不可燃产品装在瓦楞纸箱内，有或没有单层分隔纸板，存放在木托盘上。

(2) Class Ⅱ。Class Ⅱ 商品是在 Class Ⅰ 商品的基础上，可燃包装物的数量略有增加（例如多层纸箱）或镶边（如塑料旋钮）。

(3) Class Ⅲ。Class Ⅲ 商品包括普通可燃物（木材、纸张、天然纤维布）装在纸板箱中，置于木托盘上。

(4) Class Ⅳ。Class Ⅳ 商品为 Class Ⅰ、Class Ⅱ 或 Class Ⅲ 商品中含有限量的 Group A 塑料，放在普通瓦楞纸箱内，以及 Class Ⅰ、Class Ⅱ 或 Class Ⅲ 商品放在瓦楞纸箱内，含有限量的 Group A 发泡塑料包装材料，置于木托盘上（有限量的 Group A 塑料：按重量计为 5%～15%，以体积计为 5%～25%）。

以上商品的分类是假设它们储存在木制托盘上。当使用塑料托盘（如HDPE塑料托盘）时，商品单位的分类应提高一个等级（即Class Ⅲ将变为Class Ⅳ，Class Ⅳ将变成纸箱装Group A不发泡塑料）。当使用增强型塑料托盘（如增强型HDPE塑料托盘）时，商品单位的分类应增加两个等级，但Class Ⅳ还是只增加一个等级（即Class Ⅱ将变为Class Ⅳ，Class Ⅲ和Class Ⅳ将变成纸箱装Group A不发泡塑料）。

仓储中采用增强型塑料托盘的现象日渐增多，然而在储存区域将木托盘转换为塑料托盘，一定要考虑到现有的喷淋保护可能不再足够，而需要翻修整个喷淋系统。现在已经有经过认证的塑料托盘可作为标准木托盘处理，如此，确定商品类型就很容易了。

（5）塑料。塑料燃烧可以产生的热量是同单位重量木材或纸张的1.5~3倍。此外，塑料会以更快的速度燃烧，产生非常高的热量，因此而面临更大的防火挑战。NFPA标准将塑料材料分为三组：Group A、Group B和Group C。相对而言，Group A塑料火灾危险性最高，Group C塑料火灾危险性最低。Group B塑料的危险性类似于Class Ⅳ商品，Group C塑料的危险性类似Class Ⅲ商品。

简单地将塑料材料分为Group A、Group B和Group C，并没有考虑到与塑料储存占用的适当保护系统设计相关的所有因素。应考虑塑料火灾的严重性以及封闭/敞开阵列、仓储物与喷淋之间的间隙、稳定/不稳定堆垛等因素之间的相互关系。NFPA 13在标准中制定了适用于塑料商品的保护等级。选择最合适的保护等级需要应用"决策树"。

7.5 仓储设施的保护

仓储占用的保护设计比普通工业占用更为复杂。例如，储存在仓储设施中的物料在燃烧特性和火灾荷载方面随时会变化。同样，仓储库存量也可能随时变化，从而对屋顶喷淋系统的效能产生影响。垂直和水平烟道空间的存在为火灾蔓延提供了便利条件。此外，更高的储存货堆要求安装货架内喷淋，因为仅靠屋顶喷淋系统无法控制高堆垛仓储的火灾爆发。

1）自动喷淋系统

自动喷淋系统和充足的供水是仓储的第一道防线和最好的防火措施。仓库自动喷淋系统的设计参数来自对以下因素的考虑：

（1）火势是否会迅速蔓延？

（2）对于现有的设施，实际要求的喷水强度是多少？对于给定的商品，喷水强度越高，灭火速度越快，喷头打开的数量也就越少。相反，喷水强度越低，喷头打开的数量也就越多。NFPA 13中反映了这一原则。然而，尽管喷淋系统规范建议采用某一个喷水强度和作用面积,但在实际消防应用中,消防控制需求有可能超出该喷水强度/作用面积组合范围。应记住,喷水强度越高,作用面积越小,则损失越少。

(3) 喷头的额定温度越低,火灾时喷头打开的区域越大。由于普通喷头和高温喷头之间的动作时间没有明显差别,因此首选高温喷头。

(4) 首选湿式喷淋系统,因为干式系统具有:①供水的固有延迟,因为空气必须首先从管道中排出;②由于维护要求,保护受损的频率更高;③由于管道结垢和其他障碍物,喷淋系统堵塞的可能性增加。预作用系统与干式系统相似,只是它们的运行没有太明显的延迟。干式系统只有在无法供暖或供暖很不经济的情况下使用。

(5) 对于货架储存,货架内喷头的层数越多,防火效果会越好,损失也就越小。因此,配置货架内喷头后,屋顶喷淋的喷水强度/作用面积可以相应减少。

(6) 喷淋系统基本都采用水力计算设计,以提供特定的喷水强度。如果供水可以在低压下提供大量的水,或者使用更大的管道来送水,都是很好的方法。水力计算设计的系统还与强大的供水系统结合使用,以减小管道尺寸并利用已有的高水压。这种方法是有效的,将为现有的危险提供充分的保护。然而,水力计算设计喷淋系统并不是一劳永逸的。如果占用风险不断增加,比如仓储情况经常发生变化,或供水系统恶化,则可能需要对系统进行水力计算校核加强。水力计算设计的系统比其他系统更容易加强。因此,当预计到可能的占用性质变化时,应在系统设计中保持灵活性,并留有余量,以便未来进行变更。

(7) 喷淋系统的供水必须充足、可靠和迅速。当需要时,消防泵必须配置成能够利用系统压力下降或水流来自动启动。泵必须设置成喷头打开后立即启动。

(8) 存取货物时应格外小心,以免损坏喷淋系统。有货架内喷头时,这一点尤为重要,货架内喷头应该加装保护罩。

2) 高倍数泡沫

高倍数泡沫是一种用于控制 A 类和 B 类火灾的药剂,特别适合用作密闭空间中使用的灭火剂。只要及早开始泡沫应用,迅速增加泡沫深度,它对高货架储存火灾尤其有效。

3) 手动保护

与手提式灭火器相比,可覆盖所有储存区域的室内消火栓更为可取,因为它们有无限的供水量和更大的射程。在清理作业中,带有组合喷雾器和液柱流喷嘴的水龙带也很有效。灭火器只有在火灾处于第一阶段时才有效,因此它们必须可以立即获得并迅速使用。

应设置多个消火栓箱,以便消火栓能覆盖所有区域。设置时,应考虑可能存在的移动障碍,如货架、隔板等。国标规定消火栓系统应有独立供水,不和喷淋系统的管道共享。这样,当喷淋系统损坏或在清理过程中关闭时,消火栓仍可以继续使用。NFPA 允许消火栓和喷淋系统共享供水管道,将 1890 L/min 添加到总的需水量中即可。在仓库周围应设置室外消火栓,消火栓间距应小于 120 m。对于大型无窗建筑,室外消火栓布置应尽可能靠近入口。消火栓的位置应确保其使用不会受到火灾的干扰。

仓储火灾通常伴随着大量烟雾,这是由于仓储特有的狭小空气通道引起的阴燃。烟雾很容易掩盖火灾的位置,千万不要为了寻找起火点而关闭喷淋系统,这是一个极其危险的操作。佩戴呼吸器进行观察是确定起火点位置更安全的方法。

4)警报和探测

对喷淋系统水流或火灾警报做出迅速反应至关重要。应提供消防中控站或喷淋系统水流报警器。当储存量非常高或特别容易受到烟雾或水损时,建议使用烟感火灾报警系统。

5)消防导致的水损

水损应该尽可能减少而且可以实现。对水损的恐惧决不应导致过早关闭喷淋系统或其他妨碍消防工作的行动。大多数的水损不是来自头顶的水,诸如喷淋水或地板漏水,而是由于水洒落在地板上,积水从下往上打湿库存。这会导致储存堆垛倒塌,产生额外的损失。防止这种情况的最好方法是将货物储存在托盘上,离地至少 100 mm,并设计地板坡度和地漏、墙壁排水口或其他排水装置。

在多层建筑中,从水损的角度看,储存的最佳位置是顶层,最差是底层。当易受影响的仓储物位于多层建筑的较低楼层时,应提供防水罩。低于地面的位置可能会积水,不适合作为仓储的场地。低于地面的位置也容易受到地表水、下水道溢水和洪水的影响。

6)人为因素

在紧急情况下,人员的有效行动至关重要,对仓储火灾而言尤为如此。每个仓库都应该有一个有效的应急预案,并指定专人执行。应急准备工作应包括定期检查,以确定喷淋控制阀是否全开,消防泵是否处于良好的运行状态,消防水箱是否装满,消火栓是否处于良好状态,以及其他消防设备和救援设备是否准备就绪。公共消防部门应定期检查现场设施,并熟悉仓储安排、危险和保护设备的情况。

在紧急情况下,应由预先指派的人员执行以下职责:

(1)召集并指挥消防部门灭火。

(2)确保喷淋系统控制阀处于全开状态,直到预先指定的负责人命令关闭阀门。如遇火复燃,随时准备重新打开阀门,直到更换喷头后,阀门可以重新打开并锁定。

(3)确保消防泵已启动并在火灾期间持续运行。即使消防泵设为自动启动,也应再确认。

(4) 操作消火栓系统。

(5) 在火完全熄灭之前,操作搬运设备以移动物料。

(6) 维持现场安保。

上述行动非常重要,无论自动控制或报警面板指示如何,都应落实执行。即使只有一个人值守,他也应该尽可能地履行这些职责。当然,在特定情况下,需要以不同的顺序或以不同的重点来完成这些工作,因此需要预先成立一个应急响应团队。

7) 救援

火势得到控制的情况下,有效的救援可以减少损失的严重程度,并将对生产的影响降到最低。一旦有物料或设备需要抢救,就应该马上行动。在任何可能的范围内,都应预先计划好救援程序。工厂自己的员工最适合这些程序,因为他们了解操作和产品。

救援应以三条原则为指导:①尽快恢复自动喷淋保护;②集中精力清除烟雾,抢救受损的库存和设备;③保持业务连续性。

8) 火灾原因

仓储区火灾的常见原因有五种:①动火火花;②叉车或其他移动设备的火花;③货物堆放在加热装置或电器附近;④吸烟;⑤纵火。

对所有动火作业应密切监控。在可能的情况下,应在仓储区域外专设的动火点进行动火作业。货架框架的设计应便于拆卸或修理,而无须在储存区进行切割或焊接。仓库内应采用"动火许可证制度",在动火点 11 m 半径的区域内,必须将所有可燃物移除。应指派一名消防值班员观察动火作业情况,并在相邻区域巡逻。在工作完成后至少半小时内随时准备使用消防设备灭火。自动喷淋系统不能使用时,不得进行室内的动火作业。

在高风险区域应采用经认证的叉车。认证叉车的设计和制造可以将点燃可燃物的危险降至最低。当然,持续的消防安全取决于定期维护计划,其中包括检查燃油管路,保持叉车不积聚油脂和机油,并确保所有保护罩都保持在原位。叉车应在仓储区外的适当区域停放和修理。同样的指南也适用于燃料储存和加油操作。电动叉车的充电区应该设在仓储区外没有可燃物的适当区域,并保持良好的通风。叉车应配备干粉或二氧化碳灭火器,用于扑灭初期燃料或电气火灾。多用途干粉灭火器适用于普通可燃物中的小型火灾,例如在仓库中移动时可能遇到的火灾。

仓储物的存放应避免与其他设备接触,如加热器、照明设备、电气设备或风机系统。接线和电气设备应符合当地的电气规范。吸烟点应设置在特定区域,远离仓库,并配备处理设施。

纵火在所有类型的占用中都是一个严重的火灾原因。仓库占用是最容易被攻击的目标，因为存在有利于纵火者的因素，如高价值商品、大量可燃物，以及不容易被发现的特点。保持喷淋系统控制阀处于开启状态，并保持安保、内务管理和对易燃液体等可燃物的严格控制，可将发生严重纵火火灾的可能性降至最低。

7.6 室外储存

由于室外储存通常没有自动保护，因此需要依靠及时的手动灭火和储存分区来防止不受控的火灾蔓延到其他分区、建筑物或设备。其他一些使室外储存成为一个独特问题的因素是多点火源和燃烧飞絮的传播隐患。

应尽可能避免室外储存，但对于不易受损的材料，也可接受。例如：火灾危险性低，即使位于室内也不需要保护（如金属铸件）；价值很低且潜在的损失不值得利用建筑空间；火灾危险性大，当与潜在损失平衡时，室内保护不切实际（如闲置托盘）；体积相当巨大且建造一座建筑物来容纳和保护它们是不现实的（如纸浆木材）。

以上这些因素都应该仔细评估。例如，打包的废纸可能看起来价值相对较低，似乎应存放在室外而不用保护。然而，造纸厂失去打包废纸可能会停产，从而导致业务中断。因此，它的实际价值决定了室内储存和保护，或在室外分单元隔开存放，每个单元都能保持生产运行。

室外储存选择的场地应足够大，以容纳储存量，并充分隔开，保持足够的消防通道。它还应考虑到与重要建筑物和设备的间距。此外，室外储存不应暴露在现有或未来不受保护的建筑物、公路或桥梁、林地、铁路或其他可能的火源。

场地应尽可能平整，以保证储存的稳定性并减少消防危险。它应该有良好的照明和围栏，并有足够的门，以便消防设备进入。储存安排和间隔应提前布置，最好在地面涂上油漆线。

各种规范中规定了室外堆垛的尺寸，但通常它们受到货物的危险类别或价值的限制。规范还规定了过道空间，其尺寸应能减少火灾蔓延，并为消防提供通道。最常见的堆垛尺寸为 $140\sim708\ m^3$，过道为 $9\sim15\ m$。纸浆木材和煤炭等大宗储存项目的相应数值将更大。建议与重要建筑物、焚化炉、高速公路和铁路保持类似的净间距。

消火栓通常应在所有室外仓储区配置。建议使用至少四条大型消火栓水柱进行保护。在设置消火栓和水龙带时，应预计可能存在的障碍物。消火栓和水龙带的位置应做好标记。

应清除破碎的托盘、废纸、杂草和任何其他可能引起火灾或为火焰传播提供路径的可燃堆积物。动火、车辆加油或维修作业不得在室外储存区 15 m 范围内进行。

除了有良好照明和围栏外，值守人员还应每小时巡逻一次，以维护安全和防止纵火。应急组织人员应熟练掌握手动灭火技术。

7.7 其他危险

仓储的风险除了防火，还应考虑其他危险。

1) 坍塌

由于自身的不稳定性、过高的高度、重量压碎下部的单元，都可能造成堆垛倒塌。多米诺骨牌式的货架倒塌是一个严重问题，主要是因为支架内缺少适当的支撑或构件，或是由于连接松动、缺乏锚固和荷载不对称。这些情况通常会因叉车损坏主货架构件而加剧。因此，货架边上要求安装防撞柱。正确的设计、安装、锚固和操作搬运设备时的小心谨慎能减少倒塌可能性。

2) 水损

水损通常是由于屋面板防水条件差、冰雹风暴、或设备造成的孔洞等引起的屋顶漏水。管道或储罐可能造成的损坏也很高。防止水损的措施包括维护良好的屋顶、合理保护的管道和储罐，以及使用托盘或垫仓板。

3) 入室盗窃

典型的盗窃目标包括食品、药品、烟草、服装、工具等。应为这些商品以及任何其他具有高价值和高吸引力的商品提供高水平的安保措施。应避免在不安全区域停放满载卡车的做法。足够的外部照明、围栏、安全锁、值守人员、所有装卸设备的封闭管理以及防盗警报器的使用都是保护措施的一部分。

7.8 普通仓储的喷淋保护

自动喷淋系统是迄今为止仓储最常见的保护措施。所有喷淋系统规范在一定程度上反映了在设计足够的喷淋系统保护储存空间时必须考虑的特殊因素。问题是，随着仓储技术的进步，特别是在高货架储存装置中，以及随着用于储存商品的塑料材料数量的增加，仓储火灾的特点也发生了变化。目前更严峻的火灾场景在有些情况下已超过了喷淋系统规范所依据的实际数据，需要用更为先进的规范替代，该规范应该始终与仓储火灾风险的发展保持一致。

涵盖仓储占用的各种 NFPA 标准会定期更新，而且这些标准也基于在实验室进行的实际火灾试验。例如，1995 年版的 NFPA 引入了仓储保护标准 231 和 231C，将大水滴喷淋和 ESFR 喷淋应用于仓储保护实践，这在当年是全新的喷淋技术。现今，NFPA 将仓储喷淋保护的规范整合进了 NFPA 13。

本节以 NFPA 13（2019 版）为基础，精选了仓储保护相关信息，涵盖了 Class Ⅰ~Ⅳ 商品和塑料的一般仓储防火。目的是促进对风控工程这一复杂领域的基本概念和原则的理解，提供一个专业的指引。本章节中的材料不应生搬硬套，而应该对适用的现行标准和规范的要求进行彻底审核,根据项目的特点制定保护计划。为了确定防火要求,NFPA 对常见的仓储布置进行了火灾试验,这些试验和工程判断构成了 NFPA 13 仓储保护部分的基础。其他特殊仓储布置可能导致与 NFPA 标准不同的火灾行为。因此,在评估任何与本文所述安排有很大不同的保护标准时,应谨慎行事。

7.8.1 保护基本原理

NFPA 仓储保护标准允许在规划仓储占用的保护方面具有一定的灵活性,而不是仅仅规定保护的最低要求。例如,用一些曲线表示喷淋喷水强度的范围,以及它们在各种储存条件下覆盖的面积。从曲线中选择的任何点给出了曲线所代表的特定条件下的喷水强度/作用面积标准;较小区域上的高强度喷水可导致较小的损害。通常设计者不受一条曲线的约束,可以改变条件,以便使用更有利的曲线。

NFPA 标准是很好的指南,但它们并不涵盖所有情况。有时需要通过外推法或插值法应用。NFPA 标准可用于规划新设施,也有助于升级不符合标准的现有设施,并判断保护的充足性,以便根据缺陷的严重性来权衡改进的成本和方案。

在定义或评估基本保护要求之前,必须了解可以考虑的变量。有了对这些条件的认识,工程师才能有效地评估现有的保护系统并在新系统的设计规划中即兴发挥。以下 12 个主要变量影响使用 NFPA 标准的经验判断,在标准要求中起主要作用。

1) 储存高度

除了商品本身的火灾特性外,可能没有任何其他条件比储存高度更能深刻地影响仓库的火灾进程和防火难度。在货架储存试验中,发现火灾强度大致随储存高度的平方而变化。

在计算喷淋系统喷水强度/作用面积时,如果设计师使用的高度小于可用的全高,则喷淋有效性可能会严重下降。例如,在一个 9 m 高的区域,原计划储存货物高达 5 m,相应设计的喷淋系统可以提供保护。当建筑物的新租户将货物储存提高到 7.5 m 时,这种保护会变得严重不足。由于占用条件可能会发生变化,并且对建筑物的未来使用存在不确定性,因此安全的做法是使用可用于储存的最大高度进行保护系统计算,而不是预计的最大储存高度。

对于高度超过 7.6 m 的货架,对屋顶喷淋系统的要求没有变化,因为除了最高储存层外,所有货架的消防控制基本上都是靠货架内喷淋系统。在这种高货架仓库中,屋顶喷淋系统主要保护屋顶结构,以及仓储物的顶部。

2) 过道宽度

宽阔的过道有助于使水进入火场,延缓火在堆垛间转移,并便于进入火场灭火和抢救。

一个实用法则可以参照以确定所需的过道宽度,限制火灾跨越过道,要求宽度至少为堆高的一半。物料的搬运处理方法决定了过道宽度和货架深度。在传统仓库中,过道通常是有效操作的必要条件,2.4 m 宽是操作叉车的正常最小宽度。

设计喷淋保护系统时,一定要考虑过道宽度的影响。当货架储存高达 7.6 m 时,过道宽度对喷淋系统的设计要求有重大影响。单、双排货架储存需要宽度为 1.2~2.4 m 的过道。介于中间的过道宽度采用插值计算。采用 1.2 m 过道宽度时所需的喷淋保护要求比采用 2.4 m 过道宽度的更高。过道宽度不小于 2.4 m 时情况基本相同,因此喷淋系统设计要求也相同。如果过道宽度为 1.07 m 或更窄,则必须将仓库归类为"多排货架",要求更高的屋顶喷水强度。

日常仓储作业中,在过道中堆货的现象比较常见,这很有可能使原有的喷淋设计变得不足。1977 年,德国的一个汽车零件仓库发生了火灾,就是由于在过道中堆货,将双排货架变成了多排货架,从而使得原有的喷淋系统设计不足。这是历史上最大的仓库火灾之一,虽有喷淋保护,仍造成了超过 1 亿美元的损失。

3) 货架内喷淋

货架内有很大区域是屋顶喷淋无法保护的。标准喷淋系统最初设计用于屋顶,以相当均匀的喷雾覆盖给定区域,而不是用于烟道或货架中的隐蔽空间。货架内喷淋的设计目的是为这些难以接近的区域提供一定程度的保护,从而阻断火灾在水平和垂直方向上的自由蔓延。货架越高,货架内的喷淋装置就越重要。货架内喷淋可以是下垂式或直立式的,带有防水罩,以避免上面货架内喷淋的喷水冷却。

如果自动高倍数泡沫系统与屋顶喷淋装置一起使用,则不需要货架内喷淋装置。此外,ESFR 喷淋系统为某些中等堆叠高度的货架储存情况提供了更快更好的屋顶喷淋系统的水渗透,因此可以代替货架内喷淋系统使用。这是因为 ESFR 喷淋系统有更灵敏的操作元件和超大的口径,它能迅速产生大量的水流,在火势还很小的时候就可以穿透快速上升的高温烟气。

4) 屋顶喷淋温度额定值

NFPA 标准涵盖了具有六种不同温度等级的喷头:①常温(57~76 ℃);②中等温度(79~107 ℃);③高温(121~149 ℃);④超高温(163~190 ℃);⑤严重超高温(204~246 ℃);⑥极高温(260~301 ℃)。

在较低高度的仓库中,一般使用 57~76 ℃ 的喷淋即可。国内通常选用 68 ℃ 的喷头。如环境温度较高,应选用更高的温度额定值。建议使用中等温度(79~107 ℃)或高温(121~149 ℃)喷淋头,以减少在实际火灾区域之外不必要动作的喷头数量,因为货物可能会产生快速的热释放,如易燃液体仓储火灾。

火灾测试表明,在超过 7.6 m 的货架中,货架内喷淋在屋顶喷淋之前动作,因为货架内喷淋减缓了火灾发展速度，释放的热量较少。这一结果与 6.1 m 高储存的试验结果不同。在这些测试中，屋顶喷淋系统在货架内喷淋系统之前运行。因此，在超过 7.6 m 的货架仓库中，首选常温屋顶喷头，它们要求的喷水强度明显低于高温屋顶喷头。

在控制模式喷淋保护中，喷头的额定温度会对动作的喷头数量产生重大影响。由于小口径喷头的性能相对较弱，即使实现了控制，屋顶气体温度也可能很高。这意味着远离火灾的喷头有可能动作，设计时必须考虑这一事实。对于较大口径的控制模式喷头和 ESFR 喷头，此影响很小。

5) 喷头下净空

为了使喷头洒水分布良好，CMDA 喷头溅水盘下方需要最小净空为 0.46 m。ESFR 和 CMSA 喷头溅水盘下方需要最小净空为 0.91 m。对于高堆垛或货架储存，需要多少净空另有规定，必须考虑到一些 A 组塑料。当净空约为 1.37 m 时，较细的液滴往往悬浮在空气中，或被火焰和热气的上升气流横向带走。因此，存在两个相互矛盾的变量：①在给定的屋顶高度下，堆货越高会产生更严重火灾的可能性越高；②如果净空开始超过 1.37 m，则较低位的仓储物会给喷淋系统灭火带来更大的困难。这两个变量可能并不完全相互抵消，因此储存变量的最坏情况，包括倾斜的屋顶条件，需要在设计时综合考虑。

6) 干式和湿式喷淋系统

湿式喷淋系统的管道始终含有加压的水。干式系统的管道中含有加压的空气或氮气；当喷头动作时，压力降低，"干式报警阀"打开，水进入管道，从打开的喷头流出。使用干式系统时，最早动作的屋顶喷头的排水延迟会造成热量传播，并比湿式系统打开更多的喷头。因此，干式喷淋系统设计的作用面积通常要增加 30%。喷水强度的选择应确保增加 30% 后的作用面积不超过设计曲线中给出的面积上限。对仓储而言，干式系统应仅用于冷藏区保护。

7) 堆垛稳定性

堆垛不稳定通常会导致货物坍塌进入过道，为火灾蔓延提供桥梁，妨碍消防作业，并可能危及建筑物墙壁。然而某些情况下，在发生倒塌、内部物品溢出或货堆倾斜穿过烟道空间后，喷淋会更有效。在这些情况下，倒塌的有利影响是烟道空间向上蔓延的火被阻断，其他隐蔽的火暴露在喷淋保护下。

火灾时堆垛的稳定性很难判断，但有一些指导原则。装有硬纸板隔板的纸板箱在火灾试验条件下是稳定的，而非分隔纸板箱在相同的试验中往往不稳定。在承重允许的高度限制内将货物储存在托盘上，以及采用火灾时不易变形的材料固定在适当位置的储存，都是稳定储存的例子。如果存在倾斜的堆垛、压碎的底部纸箱或可燃的捆扎带，则可以预估火灾时堆垛是不稳定的。虽然堆垛倒塌有时可能带来有利影响，但不应作为设计考虑因素。尤其是货架，应具有足够的交叉支撑、地板锚固和紧密连接，因为货架倒塌往往是连锁反应。

8) 塑料封装

封装是一种由塑料薄膜组成的包装方法,它将装有商品的托盘货物的侧面和顶部完全封闭起来。在货架仓储火灾时,这种覆盖物将明显地阻碍屋顶喷淋水从上方渗透到下方的货物。因此,货架内喷淋系统是非常必要的。测试表明,在有封装的情况下,即使有货架内喷淋系统,对所有高度的货架储存都需要更高的屋顶喷淋喷水强度。在托盘储存堆垛试验中,尚未观察到封装的不利影响。要将封装货物转换为非封装货物,只需移除塑料的顶部覆盖部分。

9) 排烟

排烟对手动灭火和清扫很重要。理想情况下,在喷淋保护良好的仓库中,通风操作应推迟到喷淋系统动作并将建筑物内的温度降低到环境温度后(通常在点火后 30 min 内)进行。然而,这往往是消防人员难以遵循的建议,因为往往无法获得理想的灭火效果。此外,消防指挥官可能不确定喷淋系统是否完全适合火灾发生时建筑物内的占用类型。因此,消防队员很可能会在屋顶上打洞,然后进入建筑用水龙带灭火。

关于在有喷淋保护的建筑物中自动屋顶排烟窗的问题,始终存在争议,这也是国标和 NFPA 存在差异之处。当达到设定温度时,排烟窗会打开,让烟雾和热气从火源附近逸出。测试表明,它们在无喷淋保护建筑中相当有效。然而,自动喷淋系统的启动会破坏热烟气上升的烟囱效应,影响通风效果。事实上,自动喷淋系统的最初效果往往是压制了烟雾,降低了建筑物内的能见度。

NFPA 仓储保护标准没有要求使用排烟设施,因为它们所依据的火灾试验没有采用排烟。然而,该标准确实提到,通过屋檐窗、门、重力或机械排气系统进行通风对于实现火灾控制后的排烟至关重要。有些仓库面积很大,很难依赖屋檐门窗,此时可以配备屋顶排烟窗。自动屋顶排烟口通常有一个手动释放装置,可在火灾期间使用。

在喷淋保护的仓库中,自动屋顶排烟窗的支持者和反对者对其优点看法不一,但可以提出几个普遍同意的观点:

(1) 如果有良好的预先规划,消防队就能充分了解占用情况和喷淋系统的能力,从而有信心制定一种等待喷淋系统冷却后再通风和灭火的策略。这需要仓库管理人员的全力配合。

(2) 配备方便手动操作的屋顶通风口将有助于消防人员决定何时通风排烟。

(3) 如果屋顶通风口配备有机械强制通风装置,而不是利用烟囱效应,喷水冷却后的烟雾可以被充分清除,使建筑物更适合消防员使用。

(4) 设计建筑时应考虑屋顶通风口。

(5) 不管有无排烟装置,手动灭火和清扫期间,喷淋系统必须保持运行。

10) 高倍数泡沫

虽然自动高倍数泡沫灭火系统可以作为一种独立的灭火手段,但人们不愿意将其作为仓库自动灭火的唯一手段。相对于自动喷淋系统而言，它们更昂贵且复杂。在泡沫达到屋顶层面之前不能保护屋顶结构，即使火灾很小仍会影响保护区域的全部物品，并且在排放后存在泡沫残留物清除问题。在某些高危险性的储存场所，如橡胶轮胎、纸卷和裸露塑料等，高倍数泡沫灭火系统可以和自动喷淋系统结合使用得到更理想的效果。

高倍数泡沫系统在屋顶层面使用一系列泡沫发生器。当火灾探测系统启动它时，泡沫系统会产生大量气泡，这些气泡级联到仓库区域，逐渐填满整个区域。泡沫的膨胀率高达1000：1，与燃烧的材料接触时会闪蒸成蒸汽，并吞没其他材料，使其不致燃烧。当系统启动时，建筑门会自动关闭。

当高倍数泡沫系统与屋顶喷淋系统结合使用时，除非另有规定，否则喷淋的喷水强度可降低一半，但对于 Class Ⅰ～Ⅳ 实堆或托盘式仓储商品（包括闲置托盘和塑料）而言，不得低于 $6 L/(min \cdot m^{-2})$。对于货架储存，如果安装了高倍数泡沫，则不需要货架内喷淋系统，屋顶喷淋喷水强度也可相应降低。

11）喷头口径

理论上，通过调整喷头的间距和压力，任何喷水强度可以使用任何尺寸的喷头。普通喷头口径为 12.7mm。在喷淋系统设计中需要更高喷水强度时，选用口径大于 12.7mm 的喷头会更有效。

使用喷水强度为 $0.40 gal/(min \cdot ft^{-2})$ 和更高的喷水强度进行的火灾试验，在 17/32 in 口径喷头上获得了更好的结果。用 17/32 in 喷头替换 1/2 in 喷头后，喷头在相同压力下可多输送 40% 的水，而渗透能力差的细水雾也更少。要注意的是，当水离开喷头时，异常高的水压会导致更多的雾化。我们需要尺寸合适的水滴，以确保渗透性和湿润性以及对火的窒息效果。

超大口径喷头"大水滴喷头"的口径为 16.25mm。它通常为快速燃烧、高热释放的仓储火灾（如 Group A 塑料）提供更好的保护，通过以大水滴形式输送大量的水，从而更好地穿透强大的火焰上升气流。

12）喷头响应时间

传统喷头对环境热量的敏感性随喷头的高度、与屋顶的间距、水平气流等而有所不同。喷淋系统设计时必须考虑喷头的响应时间。

ESFR 研究表明，在火灾发展的早期实现足够的水渗透，可以控制甚至扑灭很严峻的仓储火灾。这是更快的响应时间和更大的喷头口径导致的，因为大量的水能够在早期阶段输送到火灾根部。使用 ESFR 屋顶喷淋系统可以更快地抑制某些高难度的仓储火灾，而且使用 ESFR 喷淋系统有时可以减轻对货架内喷淋的需求。除 ESFR 喷头外，快速响应喷头在保护仓储方面既没有显著的优点或缺点。NFPA 13 规定使用标准响应喷头，除非是认证的仓储应用快速响应喷头。

7.8.2 自动喷淋保护

自动喷淋保护辅以手动灭火操作,以及良好的仓储和内务管理是最有效、最实用的消防手段。正确设计、安装和维护的喷淋系统将完成预期的任务。

自动喷淋的最新技术提供了三个仓储操作中喷淋保护的基本方法:①控制模式喷水强度/作用面积喷淋(control-mode density-area,CMDA);②控制模式特定应用喷淋(control-mode specific-application,CMSA);③抑制模式(ESFR)喷淋。

三种方法都与不同类型、口径和安装方式的喷头相关联,从而提供了许多储存情况下喷淋系统设计的备选方案。没有单一的"最佳"方法来保护给定的仓储安排,因为每个设计都必须考虑总体有效性、灵活性和成本。

NFPA 13 中任何给出的保护方案都能满足仓储的基本消防目标,然而某些方案更有效地将财产损失最小化,将未来更改存储安排的灵活性最大化,或将成本降至最低。

NFPA 对各种类型的商品仓储以及存储方式有许多不同的保护方案,在NFPA 13(2019 版)的不同章节有详细描述。针对需要保护的仓储物,找到相应的保护方案列表,再根据项目实际情况,选择最合理最经济有效的方案。尽管NFPA 对仓储保护进行了广泛的研究,但不可能涵盖所有商品组合、储存高度和屋顶净空的测试数据。NFPA 13 的一些保护标准基于对其他商品和储存配置的测试数据的外推,以及对可用损失数据的分析。

最常见的设计方法是用最低初始成本保证设计满足 NFPA 13(或国标)的最低要求。这种方法隐含的假设是满足规范要求的任何设计都是等效的系统,而初始成本是唯一考量因素。实际上,最小化初始成本通常不能使喷淋系统在其生命周期内的真正成本最小化,甚至可能增加它的总体成本。因此,最好具有综合设计的思维模式,合理确定长期运行和消防目标。这除了需要理解规范要求和喷淋系统外,还要深入了解目前可用的各种喷头以及设计的优势和局限性,并充分了解相关的火灾危险。

1) CMDA 喷淋

CMDA 喷淋是用于仓储保护最传统的技术。一个关键指标就是喷水强度和作用面积。CMDA 喷淋是唯一可以通过改变间距来更改其操作压力最小值的喷头,每个喷头的保护面积决定了其最低工作压力。而 CMSA 和 ESFR 喷头无论喷头间距多少,都有一个最小工作压力。CMDA 喷头 k 系数范围为 5.6(80)~25.2(360)。

此类喷淋在仓储保护中的特点是:喷头达到额定温度后打开并控制火势。通过预湿初始火灾区域周围可燃物,并冷却屋顶/天花板层面,火灾被局限于相对较小的区域,直到手动扑灭或自行熄灭。

试验表明，k 系数较大的喷头有着明显的优势。较大 k 系数的喷头达到规定的喷水强度所需的压力较小。用于保护仓储的喷头 k 系数不得小于 8.0(115)，最好大于或等于 11.2(161)。

NFPA 13 对货架存储的 CMDA 保护，包含了纯屋顶喷淋及屋顶喷淋加上货架内喷淋这两种方案。虽然与货架内喷淋相关的负面因素不少（主要是安装成本和机械损坏导致泄漏的可能），它仍然是保护货架仓储的最有效并可靠的方法。

2) CMSA 喷淋

CMSA 喷头是性能得到增强的控制模式喷头，通过对喷头口径/溅水盘设计改造，从而产生更大的水滴能更好地穿透火柱，比起传统的 CMDA 喷头有一定的优越性。该类型喷淋的喷水参数标准为一定数量的喷头以最小压力工作，而不是最小的喷水强度和作用面积。

第一个 CMSA 喷头是大水滴喷头。目前，已开发出具有更大 k 系数的 CMSA 喷头。各种类型的 CMSA 喷头的设计要求和应用可能有所不同，但都基于火灾测试结果。不能假设，因为一种类型的 CMSA 喷头的仓储保护方案被批准，那么其他类型 CMSA 喷头也能使用。

3) ESFR 喷淋

ESFR 喷淋是一个完全脱离控制模式的喷淋技术，其拥有独特的优势和局限性。ESFR 保护的前提是喷头产生的高流量高动能的喷水确实可以抑制仓库中的火灾。主要优势在于 ESFR 喷淋能保护许多货架仓储而无需货架内喷淋。与控制模式喷淋相比，它们在保护货架仓储方面比单纯屋顶喷淋更为有效，但并不比屋顶喷淋加货架内喷淋更有效。ESFR 喷头只能用于湿式系统，不能用于干式、预作用和冷藏区系统。屋顶上使用的 ESFR 喷头的额定温度为 74 ℃。同时，ESFR 也有自己相当复杂的问题和敏感的安装规则。

仓储的安排布置和塑料封装对 CMDA 喷淋有影响，对 CMSA 喷淋只有很小的影响，对 ESFR 喷淋没有影响。

7.8.3 喷淋保护案例

许多商品的仓储火灾特性都是单独研究的，因为与其物理形态、储存方式、消防难度大等相关。下面以闲置托盘为例，介绍不同模式的喷淋保护。

无论是否有货架内喷淋系统，对于仓储使用的托盘类型没有限制。在整体商品分类中应考虑托盘的可燃性。在仓储设施的设计中，托盘被视为储存材料商品分类的一个因素，因此较容易达到所需的保护水平。然而，闲置托盘的储存和保护通常没有得到与存货同样的重视。

托盘无论是木材还是塑料，应始终存放在室外或单独的建筑结构中（表 7-1）。

表 7-1 托盘室外存放与主建筑间距

建筑外墙		托盘堆垛距墙/ft(m)		
墙体类型	开口	托盘少于 50 个	托盘有 50～200 个	托盘多于 200 个
砖墙	无开口	0	0	0
	1 h 防火门＋外部喷淋	0	10(3.0)	20(6.1)
	0.75 h 防火门＋外部喷淋	10(3.0)	20(6.1)	30(9.1)
木墙、金属墙＋外部喷淋		10(3.0)	20(6.1)	30(9.1)
木墙、金属墙		20(6.1)	30(9.1)	50(15.2)

如果木托盘一定要存放在室内，那么必须采用喷淋保护。

（1）CMDA 喷淋保护方案（表 7-2）。

表 7-2 CMDA 喷淋保护

喷淋类型	堆放方式	最大堆高		喷水强度		作用面积			
						高温		常温	
		ft	m	gal/(min·ft^{-2})	mm/min	ft^2	m^2	ft^2	m^2
强度面积控制模式	地板上	<6	<1.8	0.2	8.2	2 000	186	3 000	279
		6～8	1.8～2.4	0.3	12.2	2 500	232	4 000	372
		8～12	2.4～3.7	0.6	24.5	3 500	325	6 000	557
		12～20	3.7～6.1	0.6	24.5	4 500	418		

（2）CMSA 喷淋保护方案（表 7-3）。

表 7-3 CMSA 喷淋保护

喷淋类型	堆放方式	k 系数	最大堆高		高大屋顶高度		系统类型	对应最小压力的喷头数		
								25 Psi (1.7 bar)	50 Psi (3.4 bar)	75 Psi (5.2 bar)
			ft	m	ft	m				
大水滴	地板上	11.2	20	6.1	30	9.1	湿式 干式	15 25	15 25	15 25

（3）ESFR 喷淋保护方案（表 7-4）。

表 7-4 ESFR 喷淋保护

喷淋类型	堆放方式	k 系数	最大堆高		高大屋顶高度		最小动作压力	
			ft	m	ft	m	Psi	bar
ESFR	地板或货架上	14.0	25 35	7.6 10.7	30 40	9.1 12.2	50 75	3.4 5.2

以上任何一个保护方案都可以有效控制室内闲置托盘的存储风险,但是应用这些设计参数表必须满足以下条件:托盘的存放高度不得超过 1.8 m;每个托盘堆垛不得超过 4 堆托盘;托盘堆垛之间隔开至少 2.4 m,或和仓储物隔开 7.6 m。

塑料托盘的火灾风险更高,一定要倍加关注。详细喷淋保护设计参数参见 NFPA 13。

7.8.4 货架内喷淋系统

货架固有的结构阻碍了热气上升,并阻挡了屋顶喷淋水下落到仓储物。因此,货架中的火灾对大多数屋顶喷淋都非常具有挑战性。当储存高度增加,水平和结构烟道空间变得阻塞时,结果更为严重。货架内喷淋的出现就是针对这一关切。

当存在可能减少或阻止屋顶喷淋水通过货架向下渗透到较低层火灾的情况时,或者由于水力限制,仅屋顶喷淋系统无法提供足够的水量来控制火灾时,就需要货架内喷淋系统。在水渗透不足的情况下,火灾可能会迅速失去控制,导致更多的喷头打开,从而耗尽消防供水。这将导致火势蔓延和热量释放迅速增加,随后钢结构屋顶出现问题并烧毁储存区域。应尽可能考虑安装货架内喷淋,只增加屋顶喷淋系统喷水强度并不能完全替代货架内喷淋的作用。

货架内喷淋可将火控制在很小的局部区域内。一旦激活,它们会立刻在火源附近喷水,没有传统屋顶喷淋的延迟。货架内喷淋也可直接对火源周边区域进行预湿,从而减少水平和垂直火灾传播。货架内喷淋还能将水损降至最低,因为水只作用于火源局部区域,货架内喷淋动作后,通常能避免屋顶喷淋的激活。使用货架内喷淋也可降低屋顶喷淋系统的喷水强度设计需求并更高效地使用消防供水。

货架内喷淋安装在货架结构的纵向烟道中。随着货架高度的增加,横向烟道中也可能需要额外的货架内喷淋(离过道 0.5 m 以内的空间),这种喷淋,称为"表面喷头",防止火势在货架的垂直面上蔓延,还有助于防止火从某货架"跳"到相邻货架。有时候货架内喷淋会结合水平隔板一起使用,隔板能更有效地激活货架内喷淋并减少打开的喷头数量。图 7-6 中右边货架使用了水平隔板。符号○、△和×表示垂直,或水平交替,或交错排列的安装方式。

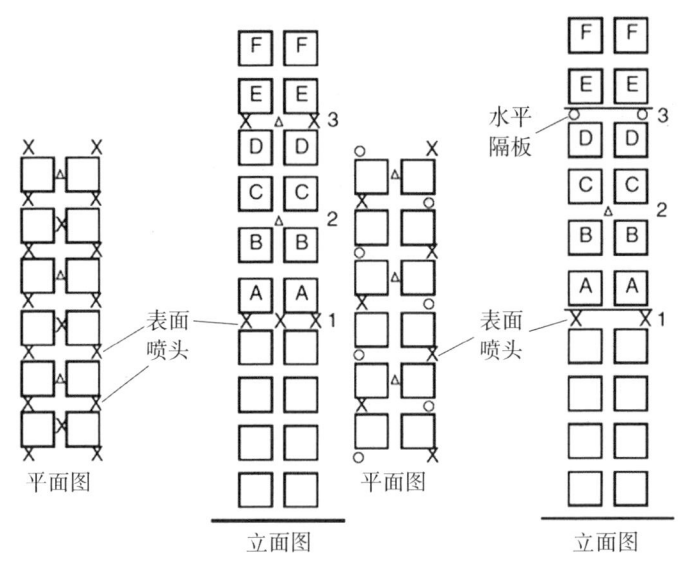

图 7-6 Class Ⅰ~Ⅲ 商品储存高度超过 7.6m 时货架内喷淋布置

货架内喷头可以是标准型或快速响应型的标准口径或大口径喷头。应使用普通额定温度喷头。然而在热源附近需要中温和高温喷头。货架内喷头上方需要防水罩。这是为了避免屋顶喷头或高层货架内喷头喷洒的水渗透造成的冷却效果,从而延迟低层货架内喷头的开启(图 7-7)。

是否需要货架内喷淋,取决于许多因素,包括屋顶喷淋系统的条件和类型、商品类型和储存高度等。通常,当屋顶使用传统喷头时,货架储存超过 7.6 m时,无论商品类型如何,都需要货架内喷淋。屋顶喷淋系统使用 ESFR 喷头时,大多数情况下不需要货架内喷淋。NFPA 13 提供了确定是否需要货架内喷淋、安装数量和喷头布置的标准。

图 7-7 典型货架内喷淋

NFPA 13 为不同类型的喷头提供了最小和最大间距的要求。最小与最大间距要求同样重要,喷头间距过小可能导致火灾时喷头被相邻打开的喷头洒水冷却而不能动作。对于仓储应用,大多数喷头的最大间距为 $9.3 m^2$,扩展覆盖喷头的间距为 $59.7 m^2$。

供水必须充分满足所有消防系统的需求。NFPA 13 概述了确定自动喷淋系统的供水需求的水力计算。喷淋系统供水需求以流量表示,如 L/min 对应一个最小的工作残压。自动喷淋系统管道设计(即管道尺寸、配件、材料等),影响残余压力。通常来说,屋顶高度分配点或立管顶部需要至少 207~345 kPa 的压力。最远端的传统喷头压力不得超过 414 kPa。

供水需要维持足够长的时间，以满足消防和清扫的需求。通常需要 2 h。当有消控中心监控火灾警报时，供水时间可以缩短到 90 min。供水的可靠性也需要考虑，特别是对于高价值仓储场所。应考虑多路供水，这种冗余设计基于风控工程判断。供水管网、消防水储罐、泵房、消防泵、消火栓和阀门等的布局最好在设计阶段就请风控专家审核，以免供水不足。

当存在混合用途仓储占用时，水力计算设计覆盖的区域应延伸出被保护货堆边缘至少 4.6 m，或延伸至仓库建筑的墙壁。当两个相邻仓储空间受到不同等级的保护时，应将高危险区的设计扩展到低危险区。

7.9 高危险仓储占用

人们发现有些商品在储存过程中会出现异常高的危险，即使它们不是仓储中的主要物料。我们必须了解这些危险的物料，因为在大多数情况下，没有专门设计保护系统的仓库都不适合存储这些物料。有时，从被保险人的主要占用情况来看，这些高危险物料的存在是显而易见的，例如橡胶轮胎、纸卷和炸药。但有时危险很隐蔽，可能是由于正常仓储中少量的危险物料造成的，例如易燃气溶胶、金属或塑料桶中的易燃液体、有毒物料等。

工程师应了解所有相关的 NFPA 标准和国标的最近修订内容。下面选几种危险物料作为示例。

1) 橡胶轮胎存放

橡胶轮胎火灾产生大量热量和烟雾，难以控制扑灭，需要高喷水强度的喷淋系统来控制火灾并保护建筑物。NFPA 13 包含关于橡胶轮胎储存的全面指南。

橡胶的燃烧热约为 34 727 kJ/kg，大约是普通可燃物的 2 倍。一旦被点燃，火势迅速发展，由于轮胎暴露的表面积相对较大，预计会出现高温。燃烧可能持续数小时。在火势已得到控制的情况下，经常会发生复燃。轮胎起火会产生浓密的黑烟，迅速影响仓库内的能见度。燃烧的产物是有害的，因此在大多数手动灭火和清理阶段都需要呼吸器。

火灾试验表明，尽管具有适当配置和足够喷水强度的自动喷淋系统可以控制轮胎火灾，但通常单靠喷淋系统灭火是不能成功的。自动喷淋系统失败的最常见原因是储存超过规范中规定的高度，以及储存配置会抑制热量向屋顶的移动，减慢喷淋系统的启动速度。

轮胎储存引入了一些其独有的定义，也说明同样货物的不同储存布置会有不同风险：

（1）捆绑式轮胎：轮胎并排捆在一起形成一个空心圆筒。

(2) 系带式储存:轮胎堆放在一起,两侧重叠,形成编织带的外观(图 7-8)。
(3) 侧面储存:轮胎平放或侧放(图 7-9)。
(4) 胎面储存:轮胎垂直存放(图 7-10、图 7-11)。

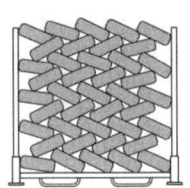
图 7-8 系带式储存

图 7-9 移动式货架托盘化侧面储存

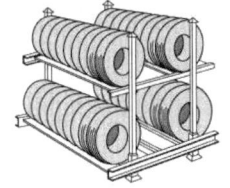
图 7-10 开放式移动货架胎面储存

图 7-11 落地胎面储存

(5) 金字塔储存:轮胎存放在地板上,呈金字塔形堆叠。

托盘储存和货架储存配置始终提供横向和纵向烟道空间。轮胎可以实心堆放、托盘堆放、在紧凑的移动式货架和货架上堆放。由于轮胎没有包装,它为货堆提供了圆形空隙,这形成了相当大的额外水平或垂直烟道空间。轮胎胎体的内部会猛烈燃烧,喷淋系统的水几乎无法到达火源。最后的灭火工作是费力地将水喷洒到各个轮胎上,通常是将轮胎从建筑物中移走。

高倍泡沫灭火剂结合喷淋系统使用,对橡胶轮胎火灾非常有效,造成的水损或污染也很小。为了完全穿透轮胎的内侧,建议在喷淋关闭后再让泡沫额外浸泡一小时以保持泡沫水平。

2) 纸卷仓储

纸卷可以侧面堆放,或者是端面堆放。大家可能认为后一种布置方式可以使喷淋的水更容易地穿透垂直的空隙并减缓火灾;纸卷火灾的经验表明情况并非如此。

端面储存时,火灾期间的剥落或分层是一个主要问题。通过金属捆扎线、用阻燃处理的紧密纸包住端面和侧面、或减少纸卷堆垛之间的间距,可以在一定程度上降低此风险。纸卷堆垛之间的间距减少到 100 mm 间隔是有效的。

NFPA 13 根据纸卷排列情况、有无扎带、堆垛高度和纸张的重量,规定了喷水强度和作用面积的要求。因为纸卷容易吸收喷淋水并且膨胀,存放时应该与墙壁有足够的间隙。

纸卷可以吸收大量的水,特别是新闻纸、瓦楞原纸和纸巾,地板设计必须考虑到在消防作业中可能吸收的水的附加重量。所有靠建筑墙壁的过道至少保持 600 mm 宽,以防止纸卷吸水后膨胀而造成结构损坏。还必须提供足够的内部通道,以阻止火势从一个阵列转移到另一个阵列,并允许消防、救援的进入及仓库的正常装卸作业。水损可能会很严重,尤其是当堆垛没有被搁置到托盘上时。潮湿、无支撑堆垛的倒塌也会妨碍灭火和清理工作。

3) 纤维捆包

棉花和其他植物纤维捆包的主要危险来自捆包表面大量暴露在外的微小纤维。火会在垂直表面上快速闪过,也会从地板上的松散颗粒或架空管道和建筑结构上的绒絮表面快速闪过。火灾如果发生在自动防火门的一侧,在防火门自动关闭之前,就可能通过地板上散落的碎片蔓延到防火门的另一侧。因此,在这些仓库里,内务管理尤其重要。超高的货堆造成无法接受的消防条件,必须避免。实现这一目标的最有效方法是要求存放纤维捆包的指定建筑物必须具有较低的屋顶高度。

火也会渗透到捆包之间和捆包内部,需要从建筑中清除燃烧的捆包进行灭火。火灾过程中会有大量的烟雾释放,将使灭火工作复杂化。某些纤维在潮湿时很可能膨胀,因此应考虑其堆垛在火灾中的稳定性,并与墙壁保持适当的间距。将分层或货架式储存的高度限制在 4.6 m,货堆大小限制为 700 包,主通道宽度为 3.7 m,交叉通道宽度为 1.2 m,最大防火分区为 10 000 包。喷淋系统的设计必须考虑采用较大的作用面积。

普通干粉灭火器在扑灭捆包表面火灾方面非常有效;但是,它们应该由来自消火栓的水雾或配备有水雾喷嘴附件的清水型灭火器来配合,以扑灭可能已渗透到捆包中的火灾。

4) 机动车库

机动车辆的长期库存被安置在车库或户外。由于其快速燃烧的内饰和汽油或柴油,车辆自身的火灾可能很严重,但整个建筑物的火灾荷载是中等的,因为车辆中大量的金属吸收热量,而且单位面积可燃物的平均重量并不高。

根据 NFPA 88A,如果车库和室内停车场符合以下情况需要喷淋系统保护:①位于地下室;②位于高度超过 15.2 m 且具有可燃屋顶/地板组件的建筑中;③位于其他用途的建筑物内或下面(如高层公寓、酒店或办公楼)。

在任何情况下,这些场所应配备至少每小时 6 次换气的机械通风。从地下油罐中分配易燃液体燃料有时是此类车库内的一项操作,但油泵应位于距离车辆出口或入口 15.2 m 范围内的街道水平面。许多建筑规范要求在超过一定面积和/或高度的公共停车场提供自动喷淋保护,因此必须检查适用的规范。

5) 冷藏库

冷藏库主要用于食品存储,有时也会储存一些抗生素、药品和不稳定的化学药品。迄今为止,在正常使用期间,冷藏仓库的火灾损失相关记录良好。在施工或临时停工维修期间,发生了一些毁灭性的火灾,通常是动火作业引起的。冷库中的容器、托盘、衬垫和电气设备存在着损失的可能性。

墙壁和屋顶上的隔热层会迅速蔓延火势。目前的做法包括预制夹心板、发泡聚苯乙烯内衬板或就地发泡聚氨酯。当使用发泡塑料衬里时,应在其上覆盖一层经认证的隔热层,可以是板条上的水泥塑料、石膏墙板、阻燃胶合板或合适的耐火无机喷涂材料(目前 UL 为此目的列出了其中一些材料)。当使用非塑料可燃衬里时,如果占用区不需要喷淋系统,也应覆盖一层隔热层。

与普通建筑相同的喷淋系统设计也适用于该占用区。由于储存区域的温度,必须注意避免喷淋系统部件结冰。可以使用干式系统,或者是预作用系统。如果工厂已有湿式喷淋系统,可以在冷库内加装干式下垂型喷头。干式系统的一个特殊问题是,在喷水管道进入低温储存区部分的下游,会慢慢形成"冰塞"。这是由空气中的水分冷凝和冻结引起的,可在空气进入管道系统之前,先对空气进行干燥来避免。

冷藏库火灾发生后,除了正常的烟损和水损外,还要考虑货物被当局没收的风险。同样,制冷设备发生火灾后,营业中断的风险也可能相当高。

6) 纸质或数据记录

现代技术带来的信息爆炸使所产生的记录总量大幅度增加。纸张、卡片、塑料胶片、磁带、磁盘等记录的数据,对大多数企业都必不可少。许多行业对长期记录有很大的依赖性。这凸显了保护档案免遭火灾的问题。传统的防火容器,如防火文件柜、保险箱和保险库等依然有效。随着技术的发展还出现了保护磁性或影像记录的设备。新的记录储存方法能最大限度利用空间,但其中一些储存安排含有严重火灾隐患,可能对建筑物和其他操作构成危险。

大容量储存记录本身就有火灾危险。储存场所可能是办公大楼内的一个区域或专门建造的记录储存设施。磁性介质及其容器的可燃性是大量储存此类介质时的首要问题。通常,醋酸和聚酯基磁带的危险不会比纸更严重。然而,聚苯乙烯外壳和卷盘存在严重的火灾危险,因为它们具有较高的热释放率和斥水性。与影像记录一样,磁性记录的安全性主要与乳剂的稳定性有关。对于磁性记录,即使是轻微的失真也会很严重。例如,如果乳化液被火的热量软化,那么卷轴上的胶带层会相互粘在一起,并在展开过程中被破坏。只有在 52 ℃的温度范围内,且相对湿度不超过 85% 时,才能认为胶带是安全的。

由于记录介质几乎总是可燃的,100% 有效的保护是不可行的,应努力降低火灾风险及其相关影响。控制档案储存设施火灾灾难性损失的最有效方法之一是准备副本,并将其存放在远离原件的地方(即异地备份),使其不受同一事件的影响。这种复制也是减少与记录储存设施火灾相关的业务中断风险的有效方法。

有多种自动灭火系统适用于记录储存保护;如何选取决于特定情况的经济性和复杂程度。NFPA 232 是适用的标准。

上述内容绝不是对仓储中可能遇到的所有较难处理的商品仓储的详尽解决方案。其他例子包括压力下的可燃气体和液化石油气、有毒物质、不稳定的化学品、可燃或爆炸性物质、放射性物质等。我们对这些商品进行了一系列审视,使读者对所涉及的危险类型引起警觉,并了解查勘仓储场所的重要性,以便我们确切地知道储存的是什么以及储存条件。

　　保护仓储设施免遭火灾是一项特殊的挑战。有效利用空间,如缩小储存物料之间的烟道,也有利于控制最大燃烧速率和火灾蔓延。有效的消防策略需要考虑各种因素,包括商品分类、储存安排、储存高度和仓储物顶部到喷头的净空、喷淋系统供水以及建筑结构等。这些因素决定了自动喷淋系统的类型、设计、尺寸和安装布置。

第 8 章
项目风控实例

前面已经介绍了建筑、行业的常见危险和特殊危险及保护系统等。本章将把这些内容有机地结合起来,以发电行业的项目为例,阐述风险控制在具体行业的实践和思路。旨在帮助读者初步了解风控技术在实际中的应用,从而能够举一反三,合理管控不同行业的风险。

发电即利用发电动力装置将水能、化石燃料(煤炭、石油、天然气等)的热能、核能,以及太阳能、风能、地热能、海洋能等转换为电能。到 20 世纪 90 年代中期,主要的发电形式是水力发电、火力发电和核能发电。最基本的形式是化石燃料发电厂将燃料转化为蒸汽,使发电机旋转产生电能。本章涉及各种燃料的火灾相关危险及发电厂独有的特殊危险。

当发电厂在设计阶段或进行设计变更时,应启动风险评估程序以确保所有危险均已识别且得到了有效的管控(图 8-1)。火灾风险评估应包括火灾预防

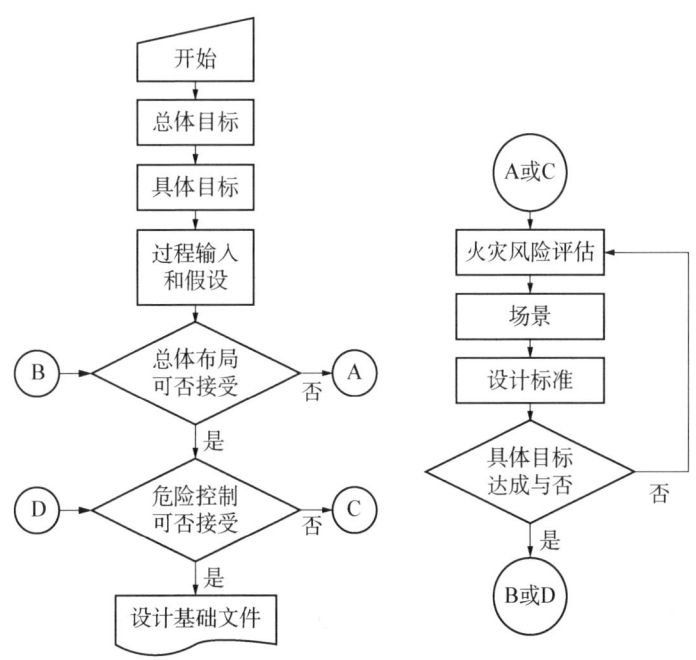

图 8-1 项目设计风险评估流程示意图

和 NFPA 850 和 NFPA 851 中提供的消防概念。

在项目设计阶段就引入风险控制的做法在国际上很通行。国际性的大公司通常在项目规划阶段就会聘请风控专家一起参与项目设计,提供专业风控咨询建议。业内称之为"do it right at first time"。第一次就把事情做好,可以免去日后风险整改的诸多麻烦。

工厂良好风险控制的一个关键要素是管理层制定了风险管理政策并贯彻执行,以保护生命财产,确保运营的连续性。对于运行中的发电厂,这包括书面的工厂防火计划(即可燃物控制、内务管理、动火控制等)、火灾应急预案、测试、检查和维护计划,以及其他相关政策和程序。管理层关于是否建立工厂消防队应在考虑多种因素后决定。不管怎样,都需要制定可行的火灾应急计划。消防人员应针对发电厂火灾可能造成的特殊危险进行培训。

火力发电厂主厂房容纳了蒸汽发生器(锅炉)、汽轮发电机组和辅助设备。发电厂通常是大型开放式结构,可达几层楼高。寒冷气候下的建筑结构通常是带绝缘保温金属板墙的重型钢框架结构。温暖气候下,结构可能是开放式的,包括汽轮发电机组操作层。采用联合循环发电的主厂房内通常会有一台或多台燃气轮机、一台或多台余热蒸汽发生器(HRSG)、一台汽轮发电机和辅助设备。

水电站和抽水蓄能电站可能位于相当于地下几层的钢筋混凝土结构和无保护钢结构中。发电机可能被安置在一个没有分隔的建筑物或结构中。新技术发电如风能涡轮发电和固定式燃料电池电源电厂的主厂房相对较小。

8.1 火力发电

1) 燃料

火力发电厂使用的燃料具有火灾风险评估应解决的特殊危险问题。

(1) 燃煤。燃煤电厂使用烟煤、亚烟煤及褐煤。由于环境原因,许多发电厂燃烧低硫煤。煤炭的主要危害是易燃性、自燃性和产生扬尘。煤通过各种途径运送到电厂,堆进煤仓或露天堆放。出于经济考虑,通常库存保持在 30~45 d 的供应量。露天堆放的煤应压紧以防自燃。

煤处理系统将煤从堆场送到锅炉。煤粉和空气在锅炉炉膛内进行混合和氧化燃烧,燃料的化学能转化为热能。热能以辐射和对流的方式传递给锅炉内的高压水介质,分阶段完成水的预热、汽化和过热过程,使水成为高压高温的过热水蒸气。水蒸气经管道有控制地送入汽轮机,由汽轮机实现蒸汽热能向旋转机械能的转换。高速旋转的汽轮机转子通过联轴器拖动发电机发出电能,电能由发电厂电气系统升压送入电网。

典型的输煤皮带是可燃的,传送带和滚筒的摩擦、皮带打滑或静电都可能将其点燃。不受控的动火作业也可能导致输煤区域发生火灾。内务管理和粉尘控制至关重要，尤其是某些煤的溢出物和煤粉容易自燃的场所。需要安装自动喷淋系统或水喷雾系统保护传送带上方和下方的区域。建议使用阻燃输送带，但它们在某些情况下也会燃烧，因此不能代替自动喷淋或水喷雾保护。

厂内煤炭储存可能采用筒仓或燃料库。在电厂停运期间，应排空煤炭防止自燃。煤炭火灾可能导致爆炸而且难以扑灭，火可以持续几天甚至几周。NFPA 850 讨论了此类火灾的防护策略。

（2）燃气。随着对环保要求的提高，燃气的使用日益增加。对于单循环或联合循环运行的燃气轮机配置来说尤其如此。供气管道系统应根据 NFPA 54 燃气规范和 NFPA 58 液化石油气体规范设计。

（3）燃油。燃油通常在泵送至锅炉燃烧器前会预先加热。加热设备可安装在主厂房内。管道故障和人为失误可能导致火灾，包括泵送和加热设备对重要设备产生暴露风险。NFPA 850 要求安装自动灭火系统保护此危险，并且用 2 h 防火隔断将危险隔离。

（4）替代燃料。NFPA 850 将替代燃料定义为垃圾衍生燃料、城市固体废物和生物质。后者包括木屑、木材废料、稻壳和甘蔗茎等。每种燃料都有独特的危险需要作为火灾风险评估的一部分加以控制。

2) 蒸汽发生器

蒸汽发生器或锅炉的主要风险是燃烧室爆炸。在燃烧器处燃油流量不均匀或过低可能导致锅炉内部分火焰消失。此时继续引入燃油可能导致燃料积聚，并可能被另一个燃烧器或热表面点燃。统计数据表明这些罕见的事件可能极具破坏性。NFPA 锅炉燃烧系统危险技术委员会制定了通过正确控制锅炉运行防止爆炸和内爆的指南。参见 NFPA 85，锅炉和燃烧系统危险规范。

锅炉的燃烧器前部火灾是一种严重的火灾危险。当燃油从燃油系统或点火系统中意外释放出来并在锅炉外部热表面点燃时会发生这种情况。泵油系统为火提供燃料，这可能导致火势在锅炉的整个垂直面蔓延达几层楼高。NFPA 850 建议安装灭火系统保护输油管、点火管道、点火器等部位。

3) 排烟处理

环保要求努力控制二氧化硫、氮氧化物和颗粒物的排放，尤其是燃煤电厂的排放。因此工厂采用了符合环保要求的设备，包括烟气脱硫（FGD）系统（洗涤器）、静电除尘器、织物过滤器（袋式除尘器）和排放废气的烟囱。它们都有独特的火灾危险，在 NFPA 850 中都有涵盖。

烟气脱硫系统可能含有大量塑料和其他可燃物，尤其是用于防腐目的的管道衬里。FGD 洗涤吸收塔需要一个紧急水淬系统来冷却异常事件（如空气加热器起火）期间可能上升的热烟气。这些水淬系统需要很大的供水流量，应配备专用供水系统，以便水淬系统的供水需求不会损害消防系统。

4) 汽轮发电机

汽轮发电机的消防核心是加压的润滑机油系统,压力范围在1 035~1 725 kPa,使用Class ⅢB可燃液体,闪点范围为204~260 ℃,自燃温度为371 ℃。如果润滑油管系统破裂,则会释放润滑油,在加压状态下,会呈雾状喷出。点火可能会在热表面发生,从而导致喷雾火、三维火、池火或这三种火的组合,伴随着产生大量烟雾和热量。汽轮发电机可能需要20~40 min减载。涡轮轴驱动泵在额定速度的90%~95%时停机。然而,电动备用泵的设计是在轴旋转时继续供应润滑油,所以会火上浇油。

NFPA 850概述了应对汽轮发电机火灾的策略。所有轴承上应安装自动喷淋装置和温感探测器(图8-2)。所有润滑油管,包括汽轮机操作台上方的仪表管线及其隔热层或裙板区域应采用自动喷淋进行保护。使用自动喷淋保护汽轮发电机下方的区域至关重要。这个覆盖范围应延伸至夹层下方区域和冷凝器坑区域。还建议对储油罐和过滤设备安装灭火系统。理想情况下,该系统应安装在具有至少2 h防火隔断的房间内。

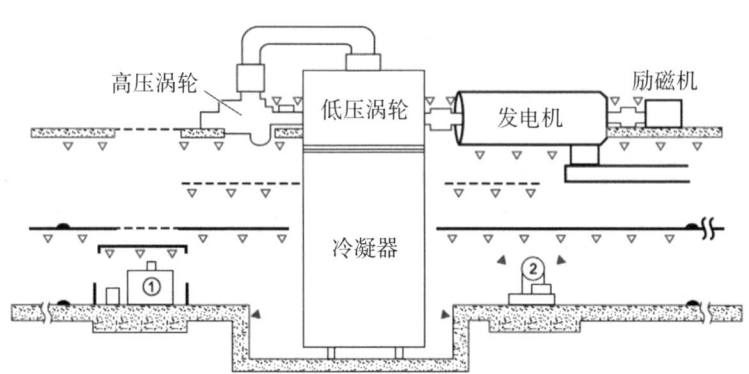

图8-2 汽轮机喷淋保护示意图

汽轮发电机火灾暴露也会使汽轮机房屋顶过热并可能导致结构失效。大型汽轮机房的屋顶没有喷淋保护要求,但屋顶喷淋对于没有实心汽轮机操作层的更紧凑的工厂来说可能至关重要。排烟和散热对于防止屋顶结构损坏很重要。

另一个潜在危险是液压控制系统,与上述润滑油系统类似。这些系统在高压下运行(高达11 MPa)。因此,可能导致油喷雾火灾。更新的装置采用单独的电液控制系统,使用易燃性较低的合成液体,几乎消除了这种危险。

润滑油系统的同心或防护管道被公认为良好的设计实践(图8-3)。然而,这并不能完全替代自动喷淋系统。火灾经验表明,不能被实际放入同心管道中的较小管线会发生故障。

绝大多数发电机都是氢冷却的。氢气可能以拖车或高压气瓶等散装形式外购,也可能在现场生产氢气。氢可能导致汽轮发电机火灾和爆炸,与润滑油火灾

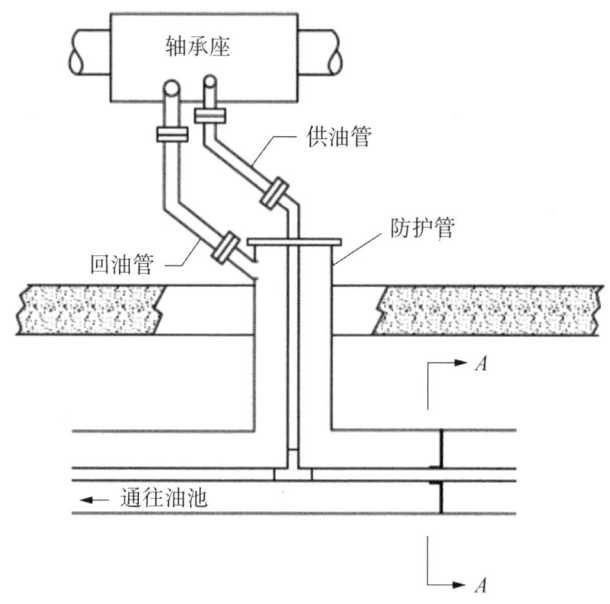

图 8-3　润滑油系统的防护管道

损失相比,预期损失较小。发电机内部氢气爆炸可能性很小,由于氢气通常是 100%纯度,因此没有足够的氧气支持燃烧。坚固的发电机外壳也使损失的金额最小化。

5) 燃气轮机

燃气轮机通常作为成套设备购买,由卖方而非买方决定火灾抑制系统类型。最初,绝大多数人使用二氧化碳或哈龙系统进行保护。最近,FM-200 已用于保护新装置。害怕热冲击是避免使用水基系统的主要原因。目前,对于大型燃气轮机的保护已经有采用专门认证的细水雾技术和系统。燃气轮机经常安装在联合循环设施中利用余热锅炉(HRSG)。水蒸气余热锅炉产生的蒸汽驱动的汽轮机具有如前所述的相同火灾危险。NFPA 针对锅炉燃烧系统的危害建立了 NFPA 85 标准。

8.2　水力发电

NFPA 851 涵盖了水力发电厂的风险控制及防护。水力发电厂没有上述火电厂的许多火灾危险,但也面临着独特的防火挑战。其中是否有生命安全保护(尤其是当设施低于地面近百米时),是否使用充油电缆和集束电缆、最少的人员配备或无人值守操作,变压器暴露风险,使用液压控制和润滑油系统的压力管道,以及发电机绕组的使用等。

8.3 风力发电

风电厂是指采用风力发电的电厂(图 8-4)。在风力发电的过程中需要使用风力发电机,空气切入风轮叶片中会产生阻力或者是升力。在这两种力的作用下,风机的叶片就能旋转起来,从而带动发电机产生电能。风能是可再生能源,同时也属于清洁能源。通过风能发电不仅可以减少能源的消耗,同时也会减少发电过程对环境的污染。NFPA 850 涵盖了风力发电厂的风险控制及防护。

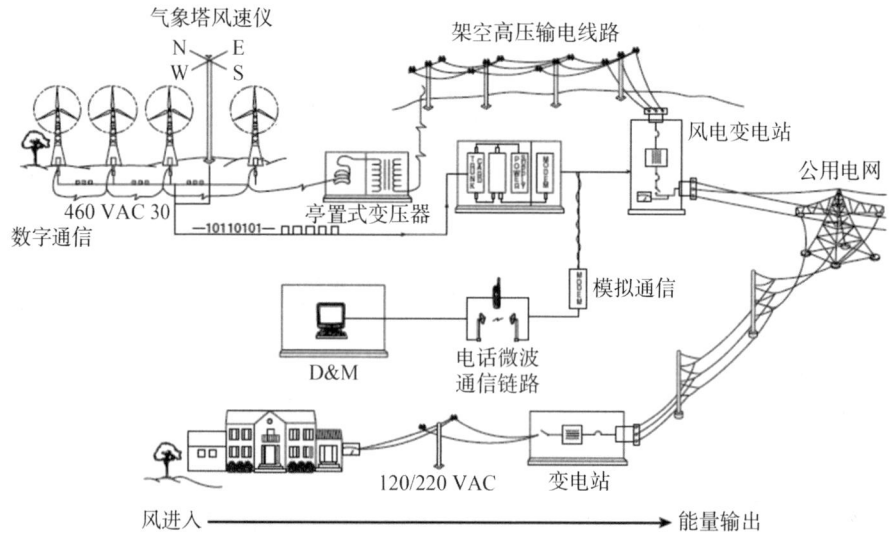

图 8-4 典型风力发电厂的设施

1) 发电机绕组

如果发电机的相位(A、B、C、N)不完全平衡,这些部件可能过热或短路。此类电气故障是很高能量的点火源,考虑到发电机中可燃成分的数量,很容易发展成大火。发电机火灾危险的大小取决于使用的材料。热塑性材料(如沥青)在较旧的单元更常见。热塑性材料高度易燃,容易分解,导致电气故障的高风险。热固性材料(如玻璃纤维环氧树脂)在新单元中更为常见。热固性材料在断电后通常会自熄。用热固性绝缘材料重绕发电机不能完全消除危险。其他可燃成分依然存在,如电流互感器、电势变压器、接地变压器、接地电阻器、热塑性塑料端匝绕组和同相母线槽等。应安装保护系统。以前常常使用二氧化碳灭火系统。考虑到人员安全问题,如今逐步用水喷雾系统、FM-200 和 Inergen 系统来取代。此外,等相位管道应考虑防火封堵。

2) 电缆

发电厂的电源、仪表和控制均使用绝缘护套电缆。电缆通常布线在整个主厂房的开放式电缆槽中,有的厂会有专门的电缆夹层。由于计算机技术的进步(包括光纤电缆的使用),未来的发电厂可能会使用更少的电缆。许多发电厂都是按照传统方式布置,将电缆集中在控制中心正下方的区域。该布置通常把控制室设在顶层,下方有电缆扩展室,再下来是燃烧器管理室,电机控制中心和继电器室在更低的层面。所有这些区域的墙壁和地板/天花板组件都应该有 2 h 耐火等级,开口应加以适当保护。

NFPA 850 建议安装通过 IEEE 383 火焰传播试验的电缆。许多较新电缆的护套和绝缘材料很难点燃。但是,在某些情况下此类电缆仍会燃烧。应进行火灾风险评估,以确定在有大量集束电缆的区域是否需要自动喷淋系统保护。

3) 变压器

发电厂使用室内和室外变压器。室内变压器相对较小,空气绝缘,服务于单个工厂。更大的室外油浸变压器用于主发电机升压和场站服务(图 8-5)。这些变压器通常成组安装于发电机附近的区域,以将发电机引线至主电源变压器的离相母线槽长度最小化。变压器冷却油量可能在 75 000~94 750 L。内部的高能故障可能是剧烈的,消耗巨大的能量,破坏变压器外壳,释放油(可能出现飞弹),然后点火。曾经发生过变压器火灾蔓延至发电机或从发电机到变压器,导致要同时扑救两处火灾。

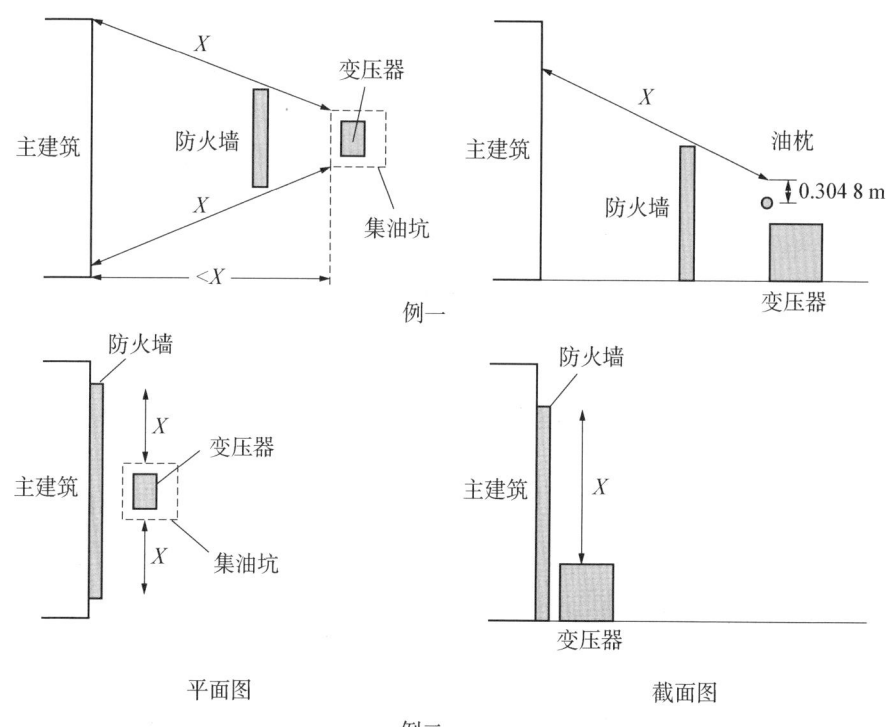

图 8-5 油浸变压器的布局设计

NFPA 850 提供了变压器、空间分隔和防火墙的指南。例如,油容量在 1895~18950 L 的变压器应同相邻变压器和建筑物分开,间距至少 7.6 m,或者建防火墙。风险专家会对各种保护方案进行比较,然后选择几个经济有效的方案提供给业主作为参考。

NFPA 850 还提供了防火墙的耐火性和高度标准参数。最好的实践,应包括防雷、排水系统、防火隔断和自动水喷雾系统。后者应根据 NFPA 15 消防水喷雾系统标准进行设计。

本章介绍了传统的火力和水力发电。此外还有许多发电技术,如地热、太阳能、风能、核能和燃料电池等,由于篇幅有限,不再展开。高度的技术进步可能会带来更多新的未知电力生产技术。这就要求工程师不断地学习,更新知识结构,掌握新技术。通过以上内容,相信读者在面对一个电厂新项目或者已建成发电厂会有初步的风险认知和风控思路。虽然各个行业具有不同风险,但是风险控制的方法论可以适用所有项目。大家可以体会如何辨识危险源、设计保护系统、有效运用工具,逐渐掌握风控技能。

第 9 章 自然灾害风险

自然灾害风险很可能导致巨灾损失,因此一直是保险公司关注的课题。通常企业在项目立项阶段的尽职调查就会包括必要的巨灾风险识别(如地震、洪水、台风等),从而在选址时能够很好地规避风险。保险公司工程师对在建或建成的项目进行巨灾风险识别,也可对各类自然灾害风险采取必要的防范措施,起到防灾减损的作用。目前,国际保险业主流的自然灾害风险地图系统主要有慕尼黑再保险公司(Munich Re)的 NATHAN 系统和瑞士再保险集团公司(Swiss Re)的 CatNet 系统。近年由中再保险集团(China Re)开发的"再瞰巨灾平台",在国内保险公司中也逐渐得到了推广应用。下面对上述三个主要自然灾害风险地图查询系统进行简介。

9.1　NATHAN 系统

NATHAN 系统由慕尼黑再保险公司研发,该系统提供了各种自然灾害的风险管理工具,系统的风险数据库是基于长达 141 年之久的风控知识和经验的积累。NATHAN 系统的登录有离线和在线模式两种。

NATHAN 离线模式通过电脑端安装软件运行。启动后可通过输入经纬度坐标的方式对标的物进行查询,示例如图 9-1 所示。

查询的结果在图 9-1 左侧以柱状图的方式定性显示,并在右侧图示区域对应地显示出风险区域(通过不同的色块标识),每个灾害类别都有不同的色标相对应。

NATHAN 在线系统需要登录 Munich Re 的风险工

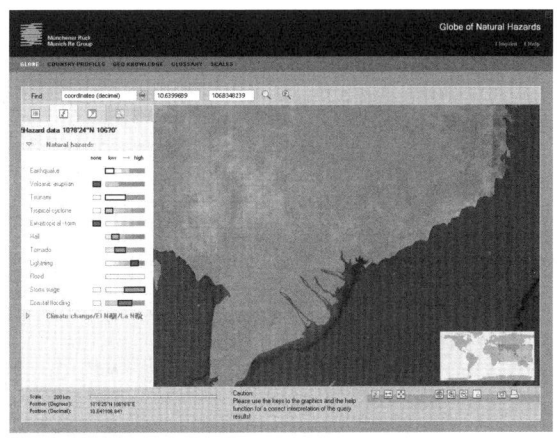

图 9-1　NATHAN 离线系统示例

具网站,注册账号并输入密码登录(图9-2)。

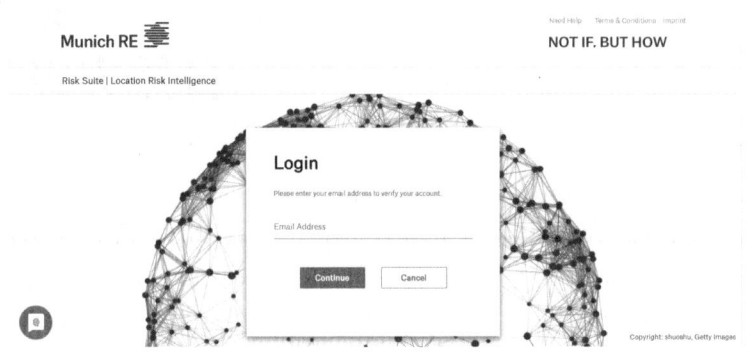

图9-2 NATHAN在线系统登录界面

NATHAN在线系统的查询方式与离线系统类似,即通过经纬度坐标或者确切地址信息输入方式进行,其各类风险状态栏和风险图示区的布置基本与离线模式类似,但精度更高。

在线模式的一大亮点是可以下载自动生成的自然灾害报告,并采用其独特的色块模式将各类自然灾害直观地显示出来,同时还附有各种风险的分类等级标准定义,便于保险公司或企业相关人员查询,如图9-3所示。

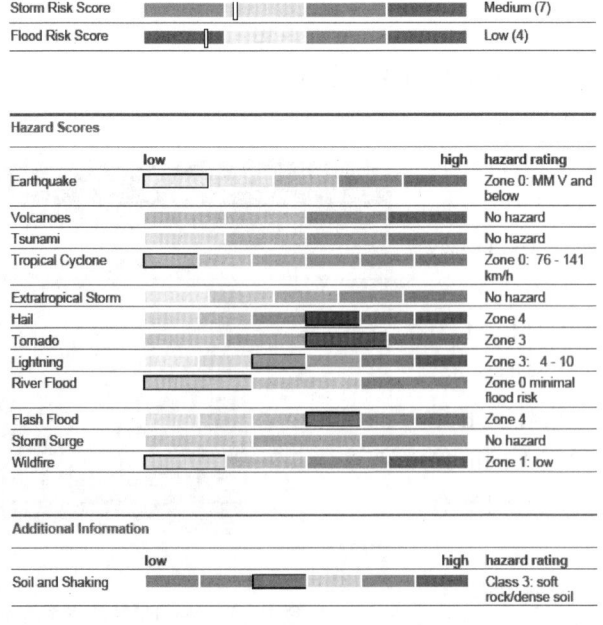

图9-3 NATHAN自然灾害报告示例

9.2　CatNet 系统

CatNet 系统由瑞士再保险集团研发，能够使用户对世界任何地点的巨灾风险进行专业评估，例如地震灾害分布、热带气旋轨道、风暴、洪水、海啸、冰雹和泥石流等，堪称巨灾界的"活点地图"。

CatNet 系统的登录方式只有在线模式，需要登录 Swiss Re 的风险工具网站，注册账号并输入密码登录（图 9-4）。

图 9-4　CatNet 系统登录界面

其查询方式有两种，一种是直接通过地址输入查询，另一种是通过 Excel 工具表将待查询标的物的经纬度坐标地址导入。查询结果如图 9-5 所示。

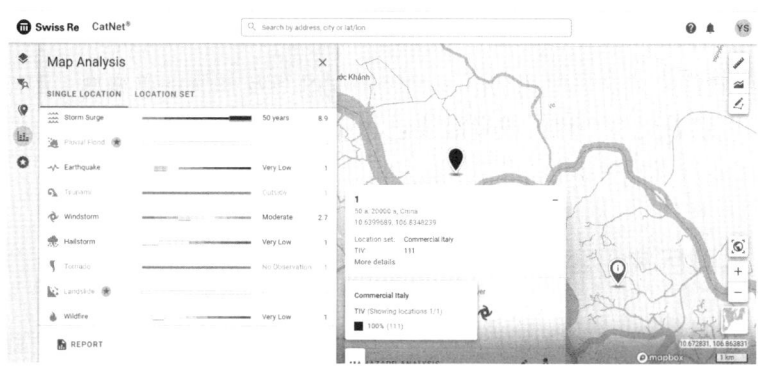

图 9-5　CatNet 系统在线系统查询界面

CatNet 系统可以下载自动生成自然灾害报告，并形成定性的自然灾害评价，如图 9-6 所示。

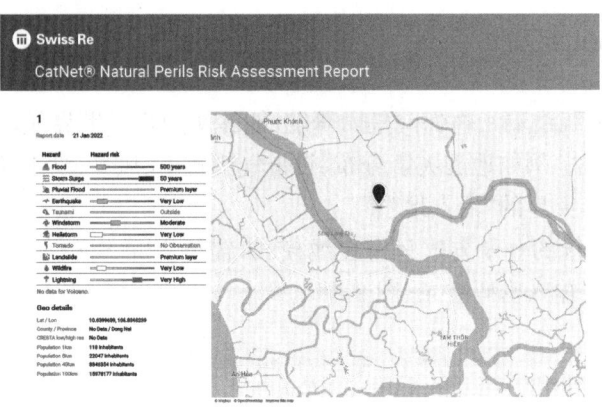

图 9-6　CatNet 自然灾害报告

CatNet 系统还具有多点查询功能，这是其一大亮点，如图 9-7 所示。

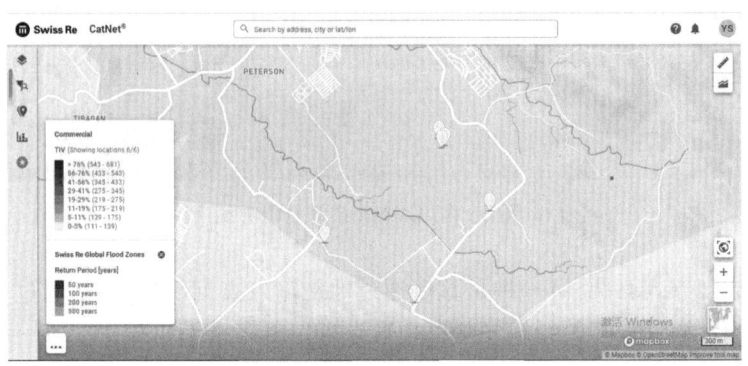

图 9-7　CatNet 多点集中查询

这种查询模式对风电场、光伏电场、输配电线及其他管道线型工程项目有很大帮助，可以看到整个片区或者沿线自然灾害的分布情况，具有快捷、高效的查询功能。

9.3　再瞰巨灾平台

中再的再瞰巨灾平台由中再巨灾风险管理股份有限公司研发。再瞰中再巨灾平台目前仅能覆盖中国国内的自然灾害查询。然而，其最大的优势是有中国气象局、地震局、国内各高校、科研机构的技术支持，相信未来的再瞰中再巨灾平台将会不断完善并走向世界。

再瞰中再巨灾平台的登录方式只有在线模式。需要登录中再的风险工具网站,通过注册账号输入密码登录(图9-8)。

图9-8 再瞰中再巨灾平台界面

其查询方式有两种,一种是直接通过地址输入查询,另一种是通过输入经纬度坐标查询。查询到的画面与 NATHAN 和 CatNet 相比有所不同,查询画面如图9-9所示。

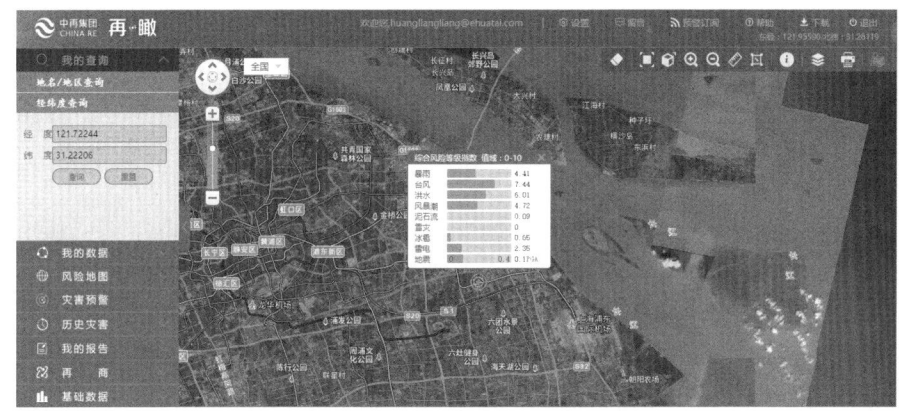

图9-9 再瞰中再巨灾平台查询界面

该平台对标的物进行定量化的各类自然灾害风险分析,但该系统目前缺失了海啸、沿海洪水等重要的巨灾风险模型。对我国沿海地区来说,目前的再瞰中再巨灾平台还不能完全满足自然灾害查询要求,必须配合 NATHAN 系统或者 CatNet 系统同时使用。此外,再瞰中再巨灾平台虽然量化了各类自然灾害的风险等级,但没有给出灾害回归期。如洪水模型,NATHAN 系统和 CatNet 系统均给出了 50 年/100 年/200 年/500 年的洪水回归期模型,但在再瞰平台里是通过不同风险数值和风险色标体现。

再瞰中再巨灾平台可以下载自动生成的自然灾害报告,并给出各类自然灾害的风险值(图9-10)。

标的报告

一、标的简介

　　标的名称：上海市 浦东新区 上海市浦东新区人民医院
　　标的位置
　　　东经：121.69909689765684　　北纬：31.191499688897256

二、标的危险性等级图表

1、危险性等级表

序号	专题类型	风险值	值域
1	暴雨综合危险性等级	4.41	[0-10]
2	台风综合危险性等级	7.44	[0-10]
3	洪水综合危险性等级	6.01	[0-10]
4	风暴潮综合危险性等级(1km)	4.72	[0-10]
5	中国设计基本地震峰值加速度分区	0.10	[0-0.4]
6	中国滑坡泥石流危险性等级	0.09	[0-10]
7	雪灾综合危险性等级	0.00	[0-10]
8	冰雹综合危险性等级	0.65	[0-10]
9	雷电综合危险性等级	2.35	[0-10]

图 9-10　再瞰中再巨灾平台自然灾害报告示例

第 10 章
风险查勘及标准

本章将涵盖风险查勘的基本流程和技巧，以及采用的相关标准，主要介绍 NFPA。

10.1 风险查勘

对于企事业单位，最好的风险控制手段，就是进行定期的风险查勘。风控专家在查勘中发现问题，提出相应切实可行的风险改善建议，从而帮助企事业单位控制风险，降低发生损失的概率和后果。

风险控制查勘有多种，侧重点各有所不同。财产风险查勘主要针对财产损失的风险隐患。一般的生产型企业会侧重于财产风险控制，和员工意外伤害、职业健康等风险控制。而宾馆、学校等单位，则会偏重火灾和生命安全等风险控制。

关于财产风险控制的查勘，又可以细分为以下几类：

(1) 完整核保查勘。收集并分析被保险标的详尽的风险信息，评估最大损失可能和严重度，主要给保险公司核保人员提供保险依据，同时也会给被保单位提供防损建议。适用于风险等级高或生产复杂的行业。

(2) 风控防损查勘。主要针对企事业单位自身的风险评估。专家会针对性地进行风险评估和分析，列出风险点的等级，并出具风险改善建议。适用于所有想自我改善风险且需要专业风控指导的企事业单位。保险公司对已有的重要客户也会安排专业工程师定期拜访，提供风控技术支持。

(3) COPE 查勘。COPE 查勘是介于上述两种查勘的服务，涵盖了一部分基本的风险信息供核保参考，也会包括风险改善建议给被保单位跟进。适用于生产比较简单或风险等级较低的行业。根据需要，COPE 查勘有时候也会涵盖自然灾害风险评估，通常包括地震、洪水、风暴等。

10.1.1 风险查勘流程

查勘流程主要包括开场沟通会、现场查勘和总结交流会。

开场沟通会上，简单介绍一下此行目的，需要现场人员如何配合等。通常可以索取一张现场平面图，请相关人员做一个简要说明，然后确定查勘走访线路。

该线路应包括所有可能存在常见危险和特殊危险的场所，以及配置防护系统的场所。建议初级工程师按照生产流程安排该线路，如此查勘不容易遗漏重大风险点和关键场所。风控专家通常会客随主便，按照客户安排的线路进行查勘，并会提醒客户要看哪些关键场所。

查勘过程中，主要还是遵循 COPE 规则，逐项辨识现场的风险点，对风险状况做出评估。具体的内容在本书前面章节中都有详细描述，下面对财产风险控制的 COPE 做一个归纳：建筑结构（construction）、产业属性（occupancy）、保护设施（protection）、周边环境（exposure）。

"C"部分（construction）主要考虑建筑结构、建材、防火间距和防火墙分隔等。

"O"部分（occupancy）主要针对生产或运营中的各项常见危险和特殊危险进行分析（如加热加压工艺、易燃液体气体、爆炸粉尘等）。

其实还有一个"U"部分（utility），通常会隐含在"O"下面，包括对动力设施的评估（如供电、锅炉、燃料供应、空压机等）。

"P"部分（protection）主要评估所有保护系统，如自动喷淋系统、报警系统、气体浓度探测器、CCTV 监控系统等。

"E"部分（exposure）是针对周边环境的暴露风险做出评估。自然灾害风险也属于这一部分。

查勘时，要眼观六路耳听八方，迅速吸取现场资讯的同时，也应注意自我的安全防护。大型企业一般在进厂时，会有一个简短的安全培训，介绍现场的危险源以及参观路线。查勘时最好请现场的安全人员陪同，以确保安全。

查勘信息来源包括平面图、消防设计及说明、现场人员的介绍、各类设备铭牌、保护系统安装情况，以及工程师在其他方面的独立观察所得。有经验的工程师具备发散性思维，如看到高耸的烟囱，立刻会联想到可能会有锅炉或工业炉的存在，从而对此类危险加以关注。资深的风控专家对标准和规范的技术参数都谙熟于心，在现场基本上看一眼就能发现问题所在。

查勘完毕，风控专家会和现场管理人员开一个总结会讨论发现的问题，听取客户的解释和说明，然后再做出自己的判断。比较理想的方法是把现场发现的问题点用 PPT 的形式展现，附上相关照片，便于交流讨论，正所谓一图胜千言。

10.1.2 风险查勘报告

完成现场查勘以后，下一步就是准备查勘报告了。根据查勘性质的不同，报告内容也会有所差异。简单的风控防损报告可能几页就够了，COPE 报告或许十几页，而针对复杂风险标的完整的核保查勘报告可能就要几十页甚至上百页。一篇优秀的查勘报告不在于篇幅的长短，而是在于读者读到某段时想要看到的风险描述和技术参数都能恰到好处地映入眼帘。常见的财产险查勘报告中通常会包含以下内容。

1) 摘要(summary)

项目的简要摘要,包括一段描述一般占用性质和建筑情况的段落。最后给出一条评论,说明预防损失的整体水平。对于再次查勘,应描述自上次查勘以来的任何重大变化。此外,列出所有已完成的防损建议。

2) 防损建议(recommendations)

每一份查勘报告都应包含改善风险的建议。因为"完美的风险标的"不存在;如果存在,就不会要求投保。建议通常可以分为两大类:人为因素和物质因素(前者意味着通过加强管理等活动来控制风险;后者意味着系统改造或添加,通常需要资金投入)。建议应清晰、简洁、完整,尤其是有针对性。它们应解决查勘期间发现的风险隐患和防护缺陷。应避免含糊、笼统和不必要的冗长。

所有建议应遵守以下原则:

(1) WHAT:对发现的缺陷进行描述。

(2) WHERE:缺陷所处的位置(哪栋建筑物、楼层、操作区域等)。

(3) WHY:说明缺陷如何对良好的损失控制产生负面影响。

(4) HOW:如何改善缺陷。

(5) PLAN B:尽可能提供备选方案供选择。

显然,应用这五项原则使得我们几乎不可能在风控查勘报告中使用"标准格式"的建议。然而,经验丰富的工程师通常会以"剪切粘贴"格式编制一份常用建议短语列表,以便节省报告起草和键入时间。

工程师在提交防损建议前,应根据以下内容进行审查:

(1) 建议是否涵盖了所有缺陷。

(2) 建议的可行性、实用性以及是否考虑了可用的替代方案。

(3) 建议是否完整,从而不必在报告的各个章节之间来回查找建议的必要性和好处。

(4) 以前查勘提出的建议得到了正确处理,还是被推迟了。

提出建议时主要考虑的是特定缺陷可能造成的损失频率和严重程度。例如,涉及易燃液体储存和处理的工厂区域的任何缺陷显然具有很高的潜在火灾损失频率,应作为优先事项予以纠正。公寓楼遭受这种危害的损失频率较低,虽然不足之处应该得到解决,但并不那么严重。一般而言,仓储区的财产损失严重程度较高,损失频率较低;而生产区域的财产损失频率较高,严重程度通常较低(因此将生产区与仓储区分开是很好的实践操作)。

风险改善建议如果能受到被保客户管理层的高度重视,这是非常重要的。只有通过客户与保险公司一起积极参与防损计划,才能提高被保人的风控质量,减少保险公司的风险敞口。通常,上述两部分会发给客户。核保有权暂缓某些较为敏感的建议，但是工程师无权越俎代庖，只要从专业角度客观地在报告中提出建议发给核保即可。

3）地点（location）

描述应简短、完整、明确，并归纳总结所有相关因素。

4）风险暴露（exposure）

确保提及所有外部和内部风险暴露；审查平面图，并注意任何差异。

5）建筑结构（construction）

应提供所有建筑相关特征的说明。

6）占用（occupancy）

报告的所有信息应清晰简洁，这至关重要。不应留下任何未回答的问题。应充分描述普通占用情况，以确定不存在异常危险，并预测所需的保护。特殊危险、仓储安排、计算机操作等不应在此处讨论，而应在下一部分中讨论。本部分不必讨论供水问题。

7）危险（hazards）

应明确识别和评估各类危险，并提供薄弱领域的详细信息。报告必须将特殊危险与常见危险分开，并应充分涵盖仓储主题，如高堆垛或高货架存储、仓储与生产分离情况等。如果存在爆炸危险，应明确识别和解释。防损建议必须与本部分的内容呼应一致。

8）保护（protection）

应提供喷淋系统的简明准确描述，并参考适用的喷淋设计规范。应就维护、供水可靠性、特殊消防系统、值班员、报警系统、灭火器、软管、喷淋系统障碍物等提出意见。这里应讨论供水的主要情况，以及供水测试产生的任何意见。防损建议必须与本部分的内容呼应一致，但不必重复信息。

9）管理（management）

应涵盖工厂应急组织、消防中断程序、消防检查计划、喷淋控制阀监控、内务管理、动火作业许可及被保险人对损失预防的态度，并提供适当的建议。

10）营业中断（BI）

应合理评估，充分解释所有瓶颈（工艺、设备、材料或其他可能限制生产的因素），确定所有相互依赖性和（或）有风险，正确估计营业中断持续时间，以及确定和解释可能导致异常风险的任何其他因素。防损建议应与报告的这一部分保持一致。

11）其他风险（other perils）

如果对以下风险项提出了任何建议，则对每个风险项的描述应与防损建议相符。必须适当强调风险，以使任何阅读报告的人都不会对风险暴露程度产生任何怀疑。对潜在损失和相关预期损失及所需保护程度做出评论。涵盖的主题包括抢劫和盗窃、水损、烟损、故意毁损、爆炸、飞机/车辆损害、坍塌、蓄意破坏和恐怖主义、沉降/滑坡、暴乱/内乱/罢工。

12) 巨灾风险(catastrophic exposures)

如果提出了任何建议,则每个建议的叙述应与建议一致。必须适当强调地震、洪水和风暴等灾难性危险,以使任何阅读报告的人都不会对暴露程度产生任何怀疑。涵盖的主题包括地震/海啸、洪水、风暴、其他巨灾风险。

13) 损失记录(loss history)

通常应至少包含最近三年的损失记录。如果没有,则应连同提供此信息的人员姓名一起加以说明。

14) 备注(comments)

本部分仅适用于逻辑上不适用于其他标题叙述的内容。

15) 附录(appendix)

本部分可能包含现场平面图、设备的技术资料或证书,以及一些查勘时的现场照片等资料。

综上所述,一篇好的查勘报告应包含正确的风险描述和评估,以及对风险点的改善建议。风险评估主要为核保人提供了决策依据,而防损建议有助于客户减少损失。当然不同水准的风控人员发现问题的水平和提出相应解决方案的能力是截然不同的,因而对保险公司的风险控制及对客户的帮助也会差之千里。风险控制是非常专业的领域,工程师要提升自己的专业能力,第一步就是了解并熟悉各类风控专业标准和规范,尤其是国际公认的标准规范,如 NFPA Codes 和 FM Datasheets。

10.2 风险控制标准

10.2.1 美国防火协会标准

NFPA Codes 是国际上公认的风控标准,各大国际保险公司都接受 NFPA 标准,所以在保险界的财产险风控查勘报告中,经常会看到诸如是否符合 NFPA 标准的描述。对于全球工程师们来说,NFPA Codes 是财产险工程师必读的规范标准。

NFPA 的标准通常每三年更新一次,由来自各领域的专家们组成的委员会完成,其间也会事先发行初稿给世界各地的专业人士,收集并整合反馈意见,最后成为标准正式发行。在新标准的起始部分会列明该次更新涵盖的内容概述,在标准具体内容部分也会用竖线标识更新的内容,对熟悉旧标准的专业人士来说有事半功倍的作用。

NFPA 成立于 1896 年 11 月 6 日,属非营利性国际民间组织。它的宗旨是:推行科学的消防规范和标准,开展消防研究、教育和培训;减少火灾和其他灾害,保护人类生命财产和环境安全,提高人们的生活质量,制定防火规范、标准、推荐操作规程、手册、指南及标准法规等。一个多世纪以来,NFPA 一直是防灾防损的先驱,NFPA Codes 成为国际公认的标准,为世界各国所接受。中国消防规范也在逐步吸收 NFPA 中先进的条款,融入国标当中。

NFPA 除了发布和更新标准规范,还有许多培训课程。这些培训大致可以分为三大类:

(1) 交流会。业界人士分享信息和交流 NFPA 规范及相关技术的会议。形式包括展会和演讲等,对参加者没有特别要求,网上报名注册即可。NFPA 每年会在美国举办消防防火展,届时来自世界各地的专家和供应商等济济一堂,一起进行技术交流和研究探讨。近年来的主题已经从传统风控技术渐渐向物联网和大数据的技术运用演化,说明 NFPA 这家百年老店也在与时俱进。

(2) 研修班。针对某个 NFPA 规范的专题培训课程,可以是公开招生培训班,也可以是为某公司定制,在公司现场讲课。这种课程会由 NFPA 专家针对一个特定的规范作讲解,帮助学员更好地理解和掌握该规范。课程结束可以发证书(只能证明学员参与了此课程,没有资质证明效用)。

(3) 认证程序。NFPA 最高等级的资质考核认证程序。这里的证书和研修班的证书是截然不同的,具有资质效力,被广泛认可。简单地讲,程序包括报名者资格预审、短训班、考试、发证、定期重新审核。

NFPA 标准有数百个,其中某一个标准可能就有上千页,要全都读完几乎是不可能的。所幸,工程师只需要熟悉掌握其中一些常用的标准,基本就能顺利完成风控查勘任务。如果遇到一些生僻的风险,可以再去查询相关标准。以下为大家精选了一些必修的和常用的 NFPA 标准(表 10-1)。

表 10-1 常用的 NFPA 标准

编号	名称
NFPA 1	Fire Code(消防规范总则)
NFPA 10	Standard for Portable Fire Extinguishers(手提式灭火器)
NFPA 11	Standard for Low-, Medium-, and High-Expansion Foam(泡沫灭火系统)
NFPA 12	Standard on Carbon Dioxide Extinguishing Systems(二氧化碳灭火系统)
NFPA 13	Standard for the Installation of Sprinkler Systems(自动喷淋系统)
NFPA 15	Standard for Water Spray Fixed Systems for Fire Protection(水喷雾灭火系统)
NFPA 17	Standard for Dry Chemical Extinguishing Systems(干粉灭火系统)

续表

编号	名称
NFPA 20	Standard for the Installation of Stationary Pumps for Fire Protection(消防泵系统)
NFPA 22	Standard for Water Tanks for Private Fire Protection(消防供水系统)
NFPA 25	Standard for the Inspection, Testing, and Maintenance of Water-Based Fire Protection Systems(消防系统维保程序)
NFPA 30	Flammable and Combustible Liquids Code(易燃液体规范)
NFPA 31	Standard for the Installation of Oil-Burning Equipment(燃油设备规范)
NFPA 36	Standard for Solvent Extraction Plants(溶剂萃取工厂规范)
NFPA 51B	Standard for Fire Prevention During Welding, Cutting, and Other Hot Work(动火规范)
NFPA 54	National Fuel Gas Code(燃气规范)
NFPA 58	Liquefied Petroleum Gas Code(液化气规范)
NFPA 68	Standard on Explosion Protection by Deflagration Venting(爆燃泄爆规范)
NFPA 69	Standard on Explosion Prevention Systems(防爆系统规范)
NFPA 70®	National Electrical Code®(电气规范)
NFPA 72®	National Fire Alarm and Signaling Code®(火灾报警系统规范)
NFPA 75	Standard for the Fire Protection of Information Technology Equipment IT(设备消防规范)
NFPA 80	Standard for Fire Doors and Other Opening Protectives(防火门规范)
NFPA 85	Boiler and Combustion Systems Hazards Code(锅炉燃烧系统规范)
NFPA 101®	Life Safety Code®(生命安全规范)
NFPA 110	Standard for Emergency and Standby Power Systems(应急备用电力系统规范)
NFPA 214	Standard on Water-Cooling Towers(冷却塔规范)
NFPA 220	Standard on Types of Building Construction(建筑类型规范)
NFPA 318	Standard for the Protection of Semiconductor Fabrication Facilities(半导体芯片厂规范)
NFPA 400	Hazardous Materials Code(危险品规范)

续表

编号	名称
NFPA 484	Standard for Combustible Metals(可燃金属规范)
NFPA 495	Explosive Materials Code(爆炸材料规范)
NFPA 652	Standard on the Fundamentals of Combustible Dust(可燃粉尘规范)
NFPA 750	Standard on Water Mist Fire Protection Systems(细水雾灭火系统规范)
NFPA 780	Standard for the Installation of Lightning Protection Systems(避雷系统规范)
NFPA 1620	Standard for Pre-Incident Planning(应急预案规范)
NFPA 2001	Standard on Clean Agent Fire Extinguishing Systems(洁净灭火系统规范)
NFPA 2010	Standard for Fixed Aerosol Fire-Extinguishing Systems(气溶胶灭火系统规范)
NFPA 5000®	Building Construction and Safety Code®(建筑安全规范)

10.2.2 FMDS 规范

FM Global 是以财产险风控著称的保险公司。FM 在风控上做了很大的投入,在美国有自己的火灾实验室,通过试验得到了许多宝贵的参数,如火灾发展的特性、不同可燃物的火灾控制及自动喷淋系统的保护等,因此得到了财产险风控领域的高度认可。NFPA 和中国国标也有部分借鉴 FM 的数据。现在 FM 已经在其官网公布了 FM Datasheet,可以免费下载。绝大部分是英文版,只有少数几个规范为中文和西班牙语版本。NFPA 的标准编制审核专家组成员中,就有 FM 的资深工程师。NFPA 和 FM 有许多技术规范也是相互借鉴的,只是个别的技术细节和参数有些不同。

由于 FM Global 在财产险风险控制领域有着独特的地位,所以受到许多国际知名企业的推崇。在新建项目或者管理企业的风险时,他们会用 FM 的技术规范作为要求。因此,FMDS 非常值得大家学习借鉴。

FMDS 分为几个大类,每个大类又包含许多规范,涵盖了财产险风控的四大要素(COPE 及 utilities),其中各种危险和保护系统尤为重要。分类如下:建筑;喷淋系统;消防供水;灭火设备;电气;锅炉和加热设备;危险;仓储;其他;人员因素;机械。

10.2.3 常用国标

风险控制常用国标见表 10-2。

表 10-2　风险控制常用国标

序号	名　称
1	《建筑设计防火规范》(GB 50016)
2	《建筑内部装修设计防火规范》(GB 50222)
3	《消防给水及消火栓系统技术规范》(GB 50974)
4	《建筑给水排水设计标准》(GB 50015)
5	《自动喷水灭火系统设计规范》(GB 50084)
6	《自动跟踪定位射流灭火系统技术标准》(GB 51427)
7	《固定消防炮灭火系统设计规范》(GB 50338)
8	《泡沫灭火系统技术标准》(GB 50151)
9	《细水雾灭火系统技术规范》(GB 50898)
10	《水喷雾灭火系统技术规范》(GB 50219)
11	《气体灭火系统设计规范》(GB 50370)
12	《干粉灭火系统设计规范》(GB 50347)
13	《火灾自动报警系统设计规范》(GB 50116)
14	《建筑防烟排烟系统技术标准》(GB 51251)
15	《建筑灭火器配置设计规范》(GB 50140)
16	《建筑物防雷设计规范》(GB 50057)
17	《石油化工企业设计防火规范》(GB 50160)
18	《汽车加油加气加氢站技术标准》(GB 50156)
19	《煤化工工程设计防火标准》(GB 51428)
20	《危险化学品重大危险源辨识》(GB 18218)
21	《精细化工企业工程设计防火标准》(GB 51283)
22	《爆炸危险环境电力装置设计规范》(GB 50058)
23	《地铁设计规范》(GB 50157)
24	《火力发电厂与变电站设计防火标准》(GB 50229)
25	《20 kV 及以下变电所设计规范》(GB 50053)
26	《电子工业洁净厂房设计规范》(GB 50472)
27	《医药工业洁净厂房设计标准》(GB 50457)

续表

序号	名 称
28	《洁净厂房设计规范》(GB 50073)
29	《锂离子电池工厂设计标准》(GB 51377)
30	《城镇燃气设计规范》(GB 50028)
31	《压缩天然气供应站设计规范》(GB 51102)

第 11 章
新兴风控技术

随着科学技术的不断发展,风险控制除了前文介绍的诸多传统技术外,也在逐渐引入新技术。风控新技术主要有两方面的应用,包括对传统风控技术的优化,和依托互联网的信息化风控技术。

11.1 传统技术优化

工程师在查勘现场,往往要进行流量测试来判断消防供水系统的充足和可靠性。传统流量测试比较烦琐,用皮托管在消火栓接口或喷嘴接头测出压力,再根据接口或喷嘴的口径和粗糙度,计算或查表换算成流量。另外,消防水排放也是一个问题。如今可以采用新的流量测试技术,流量测试新装备自带皮托管,工程师无须再手持皮托管了。测试时,用水龙带把测试装置和消火栓连接,并放置在可以安全排水的地方,对周边的设施不会造成任何影响(图 11-1、图 11-2)。

图 11-1 水流测试套装

图 11-2 水流测试

红外成像原来常用于电气系统的检测。电力行业在预防检测领域中是目前应用最成熟、最稳定的。作为最有效的在线电力检测手段,红外热成像技术可以快速地对电力设备进行检修,从而有效降低设备检修的时间成本和提高设备运行的可靠性。

石油化工领域的许多重要设备需要在高温高压环境下工作。根据安全生产要求,需要对其进行实时监测,及时消除隐患。使用红外热成像技术能对产品传送管道,耐火及绝热材料,各种反应炉的腐蚀、破裂、减薄、堵塞及气体泄漏等进行检测,获得相关信息。还可以采用热成像技术对催化裂化装置、反应堆尾气设备和熔炉、安全阀与凝气阀的泄漏等安全隐患进行检测,迅速准确地对风险点进行排查与定位。

从红外热像仪观察到的目标图像中可以提取出物体表面温度信息并对其进行量化,利用这一特点可以应用于风控领域。堆垛自燃或不明显的阴燃容易引起大火,仅靠人工监控难以及时发现,利用高灵敏度红外热像仪可以通过设置目标温度上限来对监测目标进行实时分析。如果目标温度达到设定上限就会发出报警信息,由此便可迅速确定起火点的位置和规模,将火灾消灭在萌芽阶段,从而消除火灾隐患(图11-3)。

图11-3 红外成像检测

其他新技术应用包括:利用 VCE 模型软件,对化工企业蒸气云爆炸风险进行模拟分析,测算爆炸当量并估算损失风险(图11-4);利用水力计算软件来评

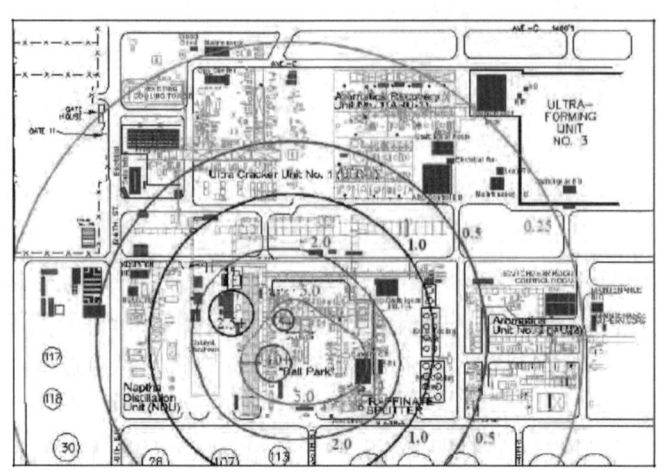

图11-4 VCE模型软件

估喷淋系统和消防供水;利用无人机对线性工程、大面积大空间的场所进行辅助查勘等。

11.2 风控技术信息化

风险控制结合不断发展的信息技术,也展现了一个崭新的面貌。信息技术在风控中的应用目前主要有以下几种。

1) 传感器+物联网

根据保险标的现场情况,选择合适的传感器检测风险点和重要防护设备,如出现异常情况,会立即感知并发送报警信号到现场相关人员或者保险公司风控和理赔人员的手机上。比如:在仓储区域安装温湿度传感器,环境温湿度超出设定值即发送警报;在消防泵系统安装监测传感器,系统出现异常即报警等。

2) 互联网大数据

保险整合各行业的风险数据、自然灾害数据、投保标的具体危险等数据,形成一个庞大的数据库,供核保人检索查询。有的保险公司甚至依托数据库直接对投保标的进行自动风险评级,考虑到影响风险评级的诸多因素,这种实践可能有点操之过急,还有待商榷。

现行比较稳妥可靠的实践,还是有效利用信息技术提升风控的效能。例如我们团队和第三方合作开发的风控核心系统(图11-5)。

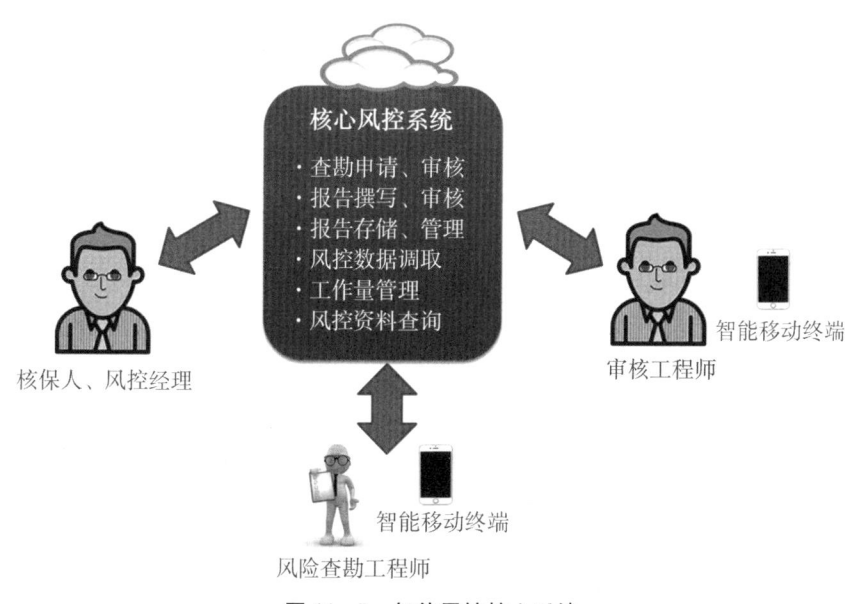

图11-5 智能风控核心系统

通过互联网技术实现查勘业务流程自动化管理，在云端服务器建立风控核心系统查勘管理功能。用户可在 Web 及 APP 端实现查勘任务发起、审核、改派、现场数据记录、报告撰写、报告审核与提交等工作。通过上述功能完成查勘任务推送、及时调度、就近查勘、高效数据采集、自动化报告撰写、高效审核、工作量记录等功能以达到提高核保及风控效能的目的。

构建统一专业的检查项体系，在云端服务器建立风控核心系统查勘工具表库管理，可针对不同行业、类型的标的，量身定制查勘工具表内容，该内容会被 APP 端及 Web 端的查勘记录页面直接调用，通过人性化的功能设计，并整合手机拍照、离线填写功能，帮助现场查勘人员实现高效、全面、准确的查勘信息记录。

查勘结果自动生成查勘报告，在云端服务器建立风控核心系统查勘报告管理功能。系统可根据预制的报告模板，基于 APP 或 Web 端记录的查勘结果，自动生成报告，并可以同时进行审核，大幅提高报告产出效率。通过优化的数据存储和调取机制，实现了报告查询的便捷性、灵活性。

风控核心系统采用"元数据"的数据库及系统设计理念，保证数据质量的同时，实现了灵活的数据应用机制，为后期引入风险量化模型、自动风险评价体系，并实现基于大数据人工智能的风险管理机制建立了良好基础。

系统采用混合云架构，并预留了第三方及物联网数据接口，在保证公司业务流程定制化的同时，也为后期接入高并发的实时数据，建立动态风险预警机制提供了基础，比如和再保公司的自然灾害风险数据库对接等。

参考文献

[1] NFPA. 2013 National Fire Codes Set[Z]. 2013.
[2] 建筑设计防火规范:GB 50016—2014[S]. 北京:中国计划出版社,2014.
[3] FM Global. FM Datasheets[Z].
[4] NFPA. NFPA Fire Protection Handbook[Z]. 20th ed.
[5] 中国保险监督管理委员会. 财产保险危险单位划分方法指引[Z]. 2006.

附录

1. 危险单位划分

国内保险公司通常都会参照《财产保险危险单位划分方法指引》来进行危险单位的划分。

1) 危险单位

《中华人民共和国保险法》第 100 条指出:"危险单位"是一次保险事故可能造成的最大损失范围。"保险事故"概率有着很大的不确定性,不同概率情景之下的最大可能损失有着很大的差别。保险公司一般将概率情景分为两类:普通保险事故和极端概率事故。普通保险事故与极端概率事故的区别主要在于两方面:一是发生概率,极端概率事故的发生概率要大大低于普通保险事故;二是损失范围,普通保险事故的损失范围通常限定在单一地点,极端概率事故(如高烈度地震、飓风、海啸等)则往往波及广大地域。我们通常所言的危险单位划分主要指普通保险事故情景下的最大损失范围划分,极端概率事故则主要通过累积风险控制进行管理。

风险有后果和概率两个维度。普通保险事故是保险公司可以预期,通过危险单位划分后,完全有能力承受的风险。极端概率事故往往是巨灾,必须有专业的风险控制手段早期介入,才能防灾减损。比如防台防汛风控预警和灾前查勘就是这个目的,能够在一定程度上降低巨灾损失。

2) 划分危险单位的目的

危险单位划分是评估可能最大损失的基础。通过危险单位划分确定最大损失范围后,保险公司对该范围内保险财产遭遇保险事故可能损失的程度进行进一步的估测,便可得出可能最大损失的金额。以此为据,保险公司可以确定自身在特定项目上的自留风险比例,并安排所需的各项再保险保障。

对于普通保险事故,通过合理的危险单位划分,基本上能够估算出最大可能损失。然而,可能最大损失这个定义没有和国际上公认的保险风控术语接轨,容易产生误解。从风控专业角度,和危险单位比较接近的定义应该是 MFL (maximum foreseeable loss),也就是只考虑空间的间距和有效的隔断。

MFL 的定义在全球保险界几乎都一致,所以也是核保参照的一个关键数据。国际通用的保险风控术语还有 PML(probable maximum loss),是在 MFL 的基础上再加上对消防系统有效性的考量。PML 在各大保险公司可能会有定义上的差别,有的公司会用 EML,或者 NLE 等。

PML 风险估算是由专业工程师先设定一个可能的损失场景,然后做出相应的损失分析和评估,具体的风险估算要综合本书介绍的所有相关内容,结合工程师的经验来完成。由于工程师的水平参差不齐,所以得出的估算结果也会有差异。MFL 风险估算则相对客观,只要考虑建筑的间距是否满足要求,以及防火墙和防火隔断是否有效。

3) 危险单位划分的基本原则

危险单位的划分应该本着科学、谨慎和合理的原则进行。"存疑不分"是危险单位划分的重要原则,即在存有疑惑和不确定的情况下,应该不做一个危险单位以上的进一步划分。要合理划分危险单位,必须要有充分的科学依据,存疑不分,切忌盲目冒进。目前,国内还有保险公司不讲专业风控判断,纯粹依靠大数法则,这既不科学,也不可取。

危险单位划分的标准是坐落于同一地点的两(多)项保险财产彼此安全区隔,发生于其中一项财产的保险事故不会同时影响另一项保险财产。同一保单下的保险财产如果符合上述危险单位划分的标准,该保单可以进行危险单位划分。同一地点不同保单下的保险财产如果可能受到同一保险事故的影响,上述保单下保险财产应合并视为一个危险单位。

例如:一个保单下有两个厂房相隔 1 000 m,一旦发生普通保险事故,不会同时受影响,故此可以作为两个危险单位。而如果两栋建筑有连廊,中间又缺乏有效的分隔,那么这两栋建筑也只能视为一个危险单位。

最大损失范围应以最大可能损失为判断基础。最大可能损失是指在所有保护系统失灵,相关应急处理人员以及公共救灾机构无法提供任何有效救援的情况下,单一设施可能遭受的财产损失以及营业中断损失的合计最大金额。对于火灾风险而言,这意味着"完全焚毁"的状态。在这一情景下,只有充分的区隔距离及完整无隙的防火墙(即防火墙上不能开有通口,即使这些通口有防火门一类设施遮蔽)才能有效阻止火势蔓延。简单说,最大可能损失是主动保护系统无效情景下的可能最大损失。

危险单位的划分只考虑充分的间距和有效的防火墙,如果防火墙不完整,则不能划分危险单位。

4) 危险单位划分的基本方法

对于财产险来说,一座建筑物,不管有多少个被保险人或有多少张保单与建筑物有关,其建筑物及建筑物内所有物品,包括相关的利润损失险、营业中断险和后果损失险都应被看作是一个危险单位。即一座建筑物及其内含物品将作为一个危险单位,不应进一步进行危险单位划分。

这是比较安全的提法,就算一栋建筑里有MFL防火墙,也视作一个危险单位,初级工程师就按照这个原则操作。专业的高级工程师可以再精细化地判断,此建筑中是否有充分有效的MFL防火隔断,这样能够更合理地估算MFL。

对于建安工险来说,同一地点一个工程不管涉及多少个被保险人或保单都应视为一个危险单位,其中除建安工险以外,也包括预期利润损失、延误开工和后果损失。同时应明确记录在案工程项目属于新建、扩建还是内部改造。

由于建工险阶段很难保证有效的间距和分隔,所以一个地点视为一个危险单位是很合理的。

如果保险公司承保的附加风险受位于不同地点的风险影响时,包括但不限于由于物质损失引起的供应商、客户及相互关联的风险,无论它是在标的物所在地或其他地点,每个地点可被看作一个独立的危险单位,但利润损失风险不能划分。当标的包含已知和列明的位于其他地点的相关延伸风险,包括由于物质损失引起的但不限于供应商、客户及相互关联的风险,而且保险公司在承保时记录在案时,每个地点可被看作一个独立的危险单位,但利润损失风险不能划分。未知、未列明或不能被确认的附加风险将按地点被看作是不同的危险单位。

不同地点的标的通常都可以视作独立的危险单位,但仅限于财产损失(PD)。而对于利润损失(BI),由于不同地点的标的之间可能有相互关联,因此不能划分危险单位。国际上风控专业做法是对BI做一个专门的查勘分析,以确认不同地点标的之间是否有关联。

5) 危险单位划分的时机

保险公司应当在承保风险时就确认危险单位划分并记录在案。如果两个或两个以上的危险单位存在同一地址,保险人应在其承保时就要在记录中明确标明这些建筑物、建筑物内物品及利润损失或营业中断险、后果损失如何构成一个或多个危险单位。如果没有做这些确认,在该同一地址上的建筑物及建筑物内物品及其相关利润损失等将被认为是构成一个危险单位。

这条其实也符合存疑不分原则。要划分危险单位,一定要事前确认划分依据。通常保险公司会在承保前,委派风控专家对标的进行风险查勘以确定危险单位以及最大可能的损失。

2. 爆炸专题讨论

爆炸风险是公认的工业风险之一,常见于地下煤矿开采、炼油、石化制造、塑料制造和类似占用。爆炸也可能发生在似乎没有潜在爆炸风险的占用区。起因可能是人们忽视或不了解爆炸风险,或由于工作方法的改变,例如用可燃材料代替不可燃材料。同样,工厂中的新设备可能会带来前所未有的爆炸危险。总之,爆炸起因可能是多方面的，工程师在查勘过程中，必须对可能存在的爆炸危险隐患保持警惕。

商业标的，如银行、酒店、零售和类似行业，与业务活动相关的爆炸风险通常很小。然而，这种占用往往是恐怖袭击的目标。这种爆炸风险与占用中固有或可能发生的爆炸风险不同，被保险人或工程师几乎无法有效降低此类风险的可能性。此类爆炸不在这里讨论。

在最基本的层面上，爆炸是物理或化学能迅速转化为机械能，包括气体的剧烈膨胀。这种剧烈的膨胀会产生冲击波，虽然在敞开的环境中，冲击波消散得很快，但却能对建筑物、构筑物、厂房和设备造成严重的物理破坏。建筑物内部产生的冲击波通常比外部产生的冲击波更具破坏性，如果建筑物、工艺设备的碎片有可能成为抛射物，则此类爆炸的破坏性更大。

1) 爆炸类型

爆炸指在周围介质中瞬间形成高压的化学反应或状态变化，通常伴有强烈放热、发光和声响。爆轰指以冲击波为特征，在未反应物质中传播速度大于声速的化学反应。爆燃指以亚音速传播的燃烧波。

通俗讲，爆炸是一种统称，泛指能量剧烈释放的过程。爆炸并非一定是化学反应。按性质，爆炸可分为物理爆炸、化学爆炸、核爆炸等。锅炉内的水加热形成蒸汽，蒸汽压力升高，超过锅炉极限强度后发生的爆炸就是物理爆炸；炸药爆炸、粉尘爆炸属于化学爆炸，因为发生了化学反应；核能释放引起的爆炸叫核爆炸。爆炸会产生冲击波，冲击波带着能量从起爆点向外传播，穿过并引燃未被引爆的物质。如果这时冲击波超过声速，就是爆轰。TNT炸药、C4炸药、核弹引发的爆炸就是爆轰；采矿、修路等用到的工程爆破也属于爆轰。

作为工程师，主要关心爆炸对财产标的物的影响。主要有两种类型的爆炸，简要介绍如下：

(1) 物理爆炸。源于压力能快速释放的纯机械现象，如蒸汽锅炉、压缩气瓶或其他压力容器破裂时发生的现象。

(2) 化学爆炸。也称为热爆炸，是由非常迅速和不受控的化学反应引起的。如易燃蒸气爆炸、粉尘爆炸、化学品、炸药或爆破剂的爆炸。有些化学爆炸是由燃烧引起的，前提是爆炸材料与适当数量的空气混合。某些物质在其自身分子结构中就包含了爆炸所需的所有成分，只需被触发即可。例如，炸药可以用于水下爆破作业，这表明空气并不总是化学爆炸的基本成分。

化学爆炸有时是由受控放热化学反应在密闭条件下发生了"热失控"引起的。如果冷却源失效，反应器内部物品的温度将升高。随着反应温度升高，反应速率和产热加速，直至容器因超压而失效。由此产生的爆炸可以是物理爆炸，也可以是化学爆炸，这取决于爆炸过程中喷射出的材料的燃烧特性。这种反应的可能性在采用批次生产操作的化工厂中并不少见，通常会在工厂设备设计中采用相当复杂且快速的控制,以防止"热失控"。

沸腾液体膨胀蒸气爆炸(BLEVE),是由于装有液体的容器在压力下破裂而引起的,温度远高于其大气压沸点。当"过热"的液体逃逸到大气中时,压力的突然降低导致一些液体蒸发成蒸气,能量由膨胀的蒸气产生。爆炸可能是物理爆炸,也可能是物理爆炸加化学爆炸,这取决于容器破裂释放出的物质是否易燃。

BLEVE 不一定需要火,也可能发生在不可燃液体中,如热水器破裂或蒸汽锅炉的管子爆裂。然而,BLEVE 通常涉及易燃液体,如丙烷、丁烷、丁二烯和丙烯。

(3) 蒸气云爆炸(VCE)。可能是由于在远高于其大气沸点的压力下受限的易燃物质泄漏引起的。如果泄漏物质是低于沸点的液体,则释放的蒸气量是有限的。VCE 存在严重火灾危险,可能发生爆炸。由于蒸气没有与空气预混合,如果立即点火,燃烧的主要影响是火和热,而不是爆炸力。但是,如果点火延迟,空气与蒸气混合的机会就更大,会形成一些成分在爆炸范围内的区域,然后会产生非常剧烈的爆炸。如果没有着火,风和扩散作用最终会使蒸气消散,这样既不会发生火灾也不会发生爆炸。

如果一种可燃压缩气体被释放出来,并且气体有一条畅通无阻的逃逸路径进入大气,从而得到了稀释,则混合物很可能保持在爆炸范围以下,不会发生无约束的蒸气云爆炸。但如果气体撞击地面、建筑物墙壁或其他物体并失去动能,混合物可能在爆炸下限以上富集,形成一个大的可燃气体云,从而可能发生严重的蒸气云爆炸。当然,如果泄漏发生在建筑物内部,那么爆炸性气体和空气混合物的形成只是时间问题,点火后将导致严重爆炸,对建筑物及其内部物品造成毁灭性破坏。

如今,越来越多的易燃、易挥发材料通过公路和铁路罐车运输,并在码头和用户工厂散装储存。事故(如脱轨)和设备故障,会产生更大的、无约束的蒸气云。这些释放通常会导致火球,有时还会发生蒸气云爆炸。

2) 爆燃和爆轰

爆燃是一种放热燃烧反应,燃烧产生的热量通过传导、对流和辐射从燃烧反应区传播到未反应的材料。爆燃的燃烧波以低于音速的速度从着火区域通过热传递向未反应物质传播,速度一般可达 $10 \sim 300 \text{ m/s}$。如果爆燃受到限制,如密闭容器爆燃,将达到的峰值压力通常在初始压力的 $5.3 \sim 8.0$ 倍。

爆轰是一种放热化学反应,其波前在未反应物质中以大于声速的速度传播,产生冲击波并维持反应。爆轰与爆燃有着根本的区别。在爆燃中,随着爆炸的发展,压力增加几乎均匀地以亚音速通过剩余的未反应材料。而爆轰过程中的压力上升是很不均匀的,几乎是瞬间发生的。在爆轰过程中,突然的空间上不均匀的压力上升阻碍了泄爆或爆炸抑制系统的使用。在评估结构抗力时,需要特别考虑高峰值、短时间的爆炸压力荷载。在设备和结构中,爆轰的峰值压力受反射冲击波的影响,通常比同一燃料空气混合物的密闭容器爆燃压力高4倍以上。

爆轰通常发生在固体或液体材料中,如炸药或爆破剂。气体爆炸如果受到限制或气体量很大,可以达到爆轰速度。某些类型的涉及气体的热爆炸可能会引发爆燃,但也可能成为爆轰,这取决于封闭系统的几何形状。这是因为爆燃区前面的未反应物质将被膨胀燃烧区所施加的力压缩,从而加快燃烧反应速度。当反应区穿过材料时,紧靠在反应区前面的未反应物质的压力和温度都会增加。这意味着反应速率将增加,从而增加反应区的传播速度,直到最终反应区的速度达到音速,此时爆燃变成爆轰。

在大型不受限蒸气云爆炸中也有类似的现象。即使没有对正在作为爆燃燃烧的未反应材料进行有效限制,反应区的传播也会导致其前方未反应材料的压缩和加热。如果存在足够的材料,爆燃将变成爆轰。经验表明,蒸气云爆炸至少涉及100 kg的易燃气体,更常见的是1000~10000 kg的量。最常见的气体是乙烯、丙烷和丁烷。蒸气云爆炸通常发生在建筑物内或受其他大型结构影响而形成的"半封闭"环境中。

3) 爆炸机理

爆炸是物理或化学能迅速转化为机械能的过程。首先,在爆炸前有一个积聚期。在此期间,物理或化学能以某种方式积聚,从而可能突然转变为爆炸(注意:在TNT等炸药中,由于材料的分子结构,这种能量积聚始终存在)。其次,在爆炸瞬间,在系统中引入触发剂,启动能量转换。在积聚期间,必须没有触发剂。

积聚期可以是几秒到几小时甚至几天。在这段时间里,爆炸的"舞台正在搭建"。例如:①可燃气体或蒸气云与空气混合,导致气体或蒸气/空气爆炸;②粉尘云与空气混合导致粉尘爆炸;③压力在储罐内积聚,导致容器破裂;④容器中的化学反应失控导致热爆炸。

触发剂可能会被引入系统中,或者在积聚期间积累的材料可能会扩散或移动而包围触发剂:

(1) 可燃蒸气或气体云与空气混合后,点火源被引入封闭壳中;蒸气/空气云膨胀或移动以包围点火源。

(2) 粉尘/空气云接触足以将其点燃的火花或火焰。

(3) 容器壁破裂,将潜在的物理能转化为气体膨胀的机械能。

(4) 水与热的熔融物质接触,将热能转化为膨胀的水蒸气。

(5) 雷管或其他类似装置引爆爆炸物。

(6) 化学反应容器破裂将热化学能转化为BLEVE爆炸。热爆炸过程本身可能是由两种化学物质的突然混合引起的。

4）防爆

通过防止积聚期，消除触发剂，或确保触发剂在积聚期内存在，可以防止爆炸或将爆炸转化为可控的能量释放：

（1）蒸气/空气爆炸可通过以下方法防止：将易燃蒸气排除在系统外，将空气排除在系统外，防止着火的机会，或确保在空气和燃料首次引入时存在火源。

（2）防止粉尘/空气云的形成，使点火源远离粉尘/空气云；对于粉末燃料燃烧器，确保在分散粉末燃料时存在点火源，可以避免粉尘爆炸。

（3）防止压力积聚超过安全限值，确保容器壁不低于最大允许压力，以及在过度压力积聚之前通过打开容器泄压阀或爆破片释放能量，可以避免容器破裂爆炸。

（4）水/熔融材料爆炸可通过排除熔融材料，防止水接触熔融材料或通过引入极少量熔融材料以逐渐吸收能量（如黑液锅炉的溶解罐）来防止。

（5）爆破爆炸可通过将炸药远离该区域和使引爆剂远离炸药来防止。

（6）通过控制放热反应、充分冷却或其他反应抑制装置以及通过排气装置逐渐释放能量，可以防止热爆炸。

5）爆炸的影响

爆轰在相对较小的体积内释放出巨大的能量，引爆材料附近会产生极高的压力。因此，通常会出现钢材或混凝土的破碎或粉碎现象。弹坑通常是由地面或地表附近的爆轰产生的。

爆燃的能量释放速度较慢，尤其是在通风良好的区域，产生的压力较小。破坏更可能是将材料撕成相对较大的碎片，通常没有弹坑。

爆炸对建筑物和工厂设备的影响：

（1）有外承重墙的旧建筑比有幕墙的现代建筑更容易受损。有承重墙的建筑物更容易发生内部倒塌。

（2）与其他类型的建筑相比，具有钢或钢筋混凝土基本结构框架的建筑更好。现代的钢或钢筋混凝土框架办公大楼一般都能躲过重大的结构破坏，因为爆炸能够将窗户砸碎，然后在炸开另一边的窗户之前，能够不受阻碍地在大楼里横扫敞开的办公空间。

当然，这只是在财产损失的背景下。如果爆炸发生在正常工作时间内，现代建筑中有敞开式平面楼层和玻璃幕墙的住户所遭受的生命损失和伤害无疑要比旧建筑高出许多，因为较重的承重墙将为现场人员提供更多的保护。

附表1总结了具有特定峰值爆炸超压的冲击波通过各种建筑物和典型工厂设备时可能造成的损害程度。由于峰值超压水平在靠近爆炸中心的地方更高，因此那里的工厂设备和建筑物的损坏程度也会更高。

附表1　爆炸对建筑物和工厂设备的损害程度

峰值爆炸超压(外部)		可预期的典型损坏
Psi	bar	
通用建筑构件		
0.5~1	0.03~0.07	玻璃窗破碎,偶尔会出现框架故障
1~2	0.07~0.14	建筑物的瓦楞石棉墙板粉碎,钢或铝镶板屈曲和连接故障
1.5~2	0.10~0.14	屋顶损坏,部分倒塌
2~3	0.14~0.20	混凝土砌块墙(400~600 mm厚,未加固)破碎
3~4	0.20~0.27	自框式钢板建筑倒塌,钢框架建筑的变形
7~8	0.48~0.55	砖墙(400~600 mm厚,未加固)的剪切和弯曲破坏,钢框架建筑框架变形严重
7~10	0.48~0.70	钢结构建筑倒塌
工业厂房和设备		
0.3	0.02	冷却塔百叶故障
1.5	0.10	锥形罐顶坍塌、空罐顶升
2	0.14	类似结构的燃烧工艺加热器和熔炉开始变形,内部耐火材料衬里出现裂缝和部分倒塌
3~4	0.20~0.27	超过50%满的储油罐破裂,冷却塔倒塌,钢架、管桥等钢结构变形,混凝土框架结构开裂
4.5	0.30	高塔和蒸馏塔的地脚螺栓屈服
5~6	0.33~0.41	木制电线杆折断,混凝土框架结构倒塌,暴露在外的电气设备,如变压器、电动机遭受飞弹效应损坏
6	0.41	烟囱开始倒塌,地基开始倾覆
6.5	0.44	几乎所有尚未破裂的圆柱形储罐都将倾覆或开始倒塌
7	0.48	容器和轻型设备及其基础的倾覆,满载的轨道车倾覆
7.5	0.50	由于设备移动或相邻装置和设备倒塌而导致较大工艺管道破裂
9	0.60	球罐倾覆

3. 损害限制结构

损害限制结构(damage limiting construction,DLC)通常用于封闭具有爆炸可能性的危险占用,作为其他常用保护措施的补充。其目的是在发生与正常占用相关的爆炸时,尽量减少对工厂设备及其周围建筑物的损害。典型的占用是易燃液体和气体的储存和处理，以及粉尘或易发生爆炸性分解或反应的材料的操作。

损害限制结构，可以是一个单独的建筑物，一个与建筑物外墙相邻的建筑，或者沿着外墙在建筑物内，旨在限制损害的程度，并为工厂的相邻部分提供保护。这些原则适用于危险占据整个建筑物的情况，以及包含有爆炸可能性材料的压力容器外壳。

损害限制结构的设计没有预期最坏的情况。这是一个简单的经济考量，并与整个工程设计规范中使用的概念类似，如风荷载、洪水位、雪荷载和抗震结构等设计。它的目的是在更可能发生的情况下有效，即现场人员预期的爆炸混合物只在封闭空间内的一部分形成。考虑到这些因素，并从这种结构中获得最大的优势，设计应最大限度地利用泄爆墙或泄爆屋顶。敞开式结构当然更好，因为它们提供了最大可能的损害限制。

对于与建筑物相邻或沿外墙的建筑物内的围墙，应在危险区和保护区之间设置防爆墙。一般来说，如果同时使用防爆墙和泄爆墙，则防爆墙应能承受几倍于泄爆墙承受的荷载。在这样一个比例下，坚固的墙有望吸收最初的爆炸冲击，直到较弱的墙释放并泄掉压力。除了考虑围墙的设计外，还应确认建筑物的相邻构件，包括公用设施和喷淋管道，不会受到围墙内爆炸作用的影响。必要时，应对这些构件进行加固，以抵抗预期的冲击力。

1）布局

需要损害限制建筑的占用区首选设置在与主厂房相当远的独立建筑物内。如附图1中Ⅰ所示，独立建筑离主厂房超出安全距离，不需要DLC设计。如附图1中Ⅱ所示，独立建筑离主厂房可能不满足安全距离要求，则面向主厂房的围墙采用防爆墙。

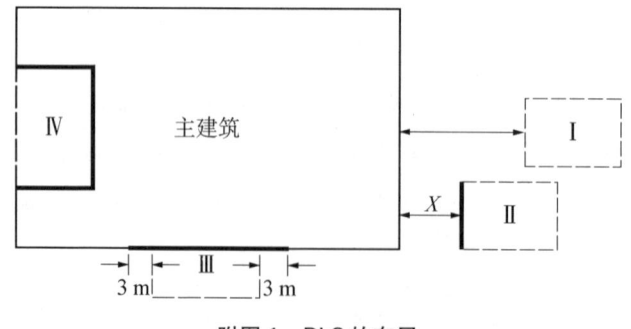

附图1　DLC的布局

在独立建筑不可行的情况下，单层建筑的替代布置方案：①沿着主建筑的外墙建造（附图1中Ⅲ）；②在主建筑内底层沿外墙设置围护结构（附图1中Ⅳ）。图中粗实线为防爆墙，虚线为泄爆墙。单层和多层建筑内部中间位置及地下室的封闭空间不可取，应避免或消除。

2）结构

对于独立的 DLC 建筑，应有一个结构钢框架，轻质的泄爆屋顶或泄爆墙，或者不设墙。爆炸会炸掉屋面板或墙板，留下结构框架。之后，建筑可以很快地重新布置，为继续生产做好准备。

独立 DLC 建筑的建议也适用于危险占据建筑物大部分或全部的建筑物。当这些建筑物有几层时，建筑物内部应尽可能没有隔墙和实心地板。最好使用敞开式格栅式地板，实心地板应仅用于需要操作员舒适性、排水控制和叉车运输的区域。应避免使用整体式屋顶、砖墙和地下室。

对于紧邻主建筑外墙的外部封闭空间，应该有一个结构钢框架，相邻处的公共墙应采用防爆墙，其余三面墙和屋顶采用轻质泄爆墙。公共防爆墙应在相邻处向外延伸提供有效保护。

对于沿外墙的内部封闭空间，内墙应为防爆型，外墙应为泄爆型。

虽然不被接受，但有时在内部中心位置也有占用，这需要 DLC 设计。如果存在类似情况且无法轻易改变，则所有围墙应为防爆墙，并通过屋顶泄爆。这种类型的封闭空间有时采用类似天窗的高顶部分泄爆，并用轻质通风板覆盖。

经验表明，承重砌体墙或预制屋顶单元不是 DLC 结构的理想构件，应予以避免。承重墙在遭受爆炸时很可能倒塌，它们所支撑的一切都落入废墟中，需要对围墙或建筑物进行全面重建。在爆炸过程中，由轻质或传统混凝土或矿化木纤维制成的预制屋顶单元会成为飞溅的碎片。爆炸后残留物在清理的早期阶段会成为安全隐患。

3）防爆墙

防爆墙旨在吸收和抵抗初始爆炸力，直到泄爆墙释放。防爆墙及其支架应能抵抗至少 100 Psf 的爆炸力，设计应由专业公司完成。

整体墙或具有一定弹性的墙是最理想的。此类墙体结构类型包括钢筋混凝土、钢柱上的金属板条和灰泥，以及钢框架上带有石膏板芯的隔热金属板。钢板或波纹板墙应仅在随后发生的火灾持续时间短和/或强度低的地方使用。

钢筋砌体墙、30 cm 砖或混凝土砌块墙是替代品，按可取性降序排列。不建议使用 20 cm 砖、混凝土砌块或结构性黏土砖墙。这些墙的侧向阻力很小，当受到爆炸力时，会碎裂并产生许多小弹丸，对邻近的保护区造成损害。

4）泄爆墙

当受到爆炸力时，泄爆墙的作用是在爆炸力造成过度破坏之前迅速安全地释放爆炸力。泄爆墙的设计应提供必要的泄爆区域，并在受到 20 Psf 的爆炸力时释放。20 Psf 对抵抗正常风力刚好足够。当规范要求这种墙具有更高强度时，防爆墙和泄爆墙之间的强度比应为 5∶1。轻质波纹钢和铝板是最理想的材料。泄爆窗装置也是可以接受的，但其使用略有限制。如果铰链板用于泄爆，则应在底座处铰接,以便向下打开。

必须特别注意与泄爆板一起使用的紧固件的设计和选择,以使其在设计压力下释放。普通紧固件对于泄爆来说太强了,应采用专用的泄爆紧固件。此类紧固件经过预处理,在设定压力下会自动断开。

5) 爆炸抑制

爆炸抑制系统用于在压力上升到外壳损坏阈值之前检测和抑制初期爆炸。通过从安装在保护外壳上的压力容器中快速释放灭火剂来实现灭火。它们的应用主要是控制受限爆燃,而不是真正的化学爆炸。

当只有一小部分可燃气体或粉尘燃烧时,压力或火焰辐射探测器会感应到初期的爆炸。传感器信号触发将液化气体或粉末药剂释放到外壳中。当药剂到达膨胀的波前时,它将熄灭火焰,从而抑制爆炸。

爆炸抑制系统的基本部件包括探测器、电源和控制系统及快速作用的固定灭火装置。压力传感探测器通常用于涉及粉尘爆炸危险的应用系统,而气体爆炸应用系统可采用压力传感器或紫外线辐射探测器,取决于所需的响应时间(紫外线探测更快)及对探测器的误触发和光屏蔽的担忧。电源必须不间断,电源和控制系统必须包括联锁装置,以便在启动时进行自我监控、报警和关闭相关工艺操作。爆炸抑制应用中常用的灭火剂是干粉,通常以磷酸铵盐为基础。

试验数据表明,各种抑制剂对低速至中速爆燃具有相同的效力,但磷酸铵和碳酸氢钾基灭火剂一定程度上对快速爆燃更有效。药剂的选择还涉及其他因素,包括药剂的保留时间以抑制复燃,以及药剂与工艺材料的相容性。

与泄爆系统相比,抑爆系统的一个重要优点是不排放火焰或燃料。因此,爆炸抑制系统更容易应用于室内或涉及有毒材料的地方。其缺点是系统安装复杂及在系统排放后重新填充和复位的成本很高。